新时代
大学体育与健康

○主编 **唐 艺**

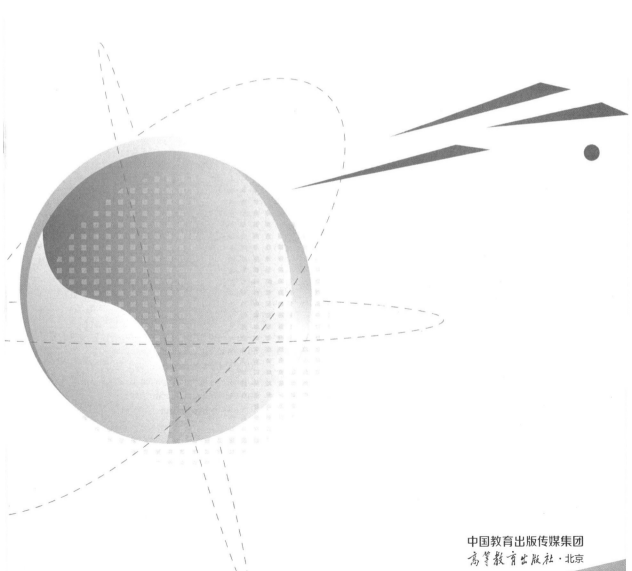

中国教育出版传媒集团
高等教育出版社·北京

内容简介

　　本书为普通高等学校公共体育教材，从大学生体育锻炼现状及现实需求出发，结合运动健康理论与实践，对大学体育课程内容进行了系统全面的梳理。全书分为基础理论篇和运动实践篇两篇，共17章，主要内容包括：体育与大学体育、健康体适能、体育锻炼的理论基础、体育锻炼与保健、田径运动、足球运动、篮球运动、排球运动、气排球运动、乒乓球运动、羽毛球运动、网球运动、垒球运动、腰旗橄榄球运动、武术与民族传统体育项目、健身操舞类项目、休闲体育项目等。本教材为新形态教材，通过二维码关联视频、拓展知识等素材，突出了教材的时代性、实用性和可读性。

　　本书可作为普通高等学校体育必修课或选修课教材。

图书在版编目（CIP）数据

　　新时代大学体育与健康 / 唐艺主编 . -- 北京 ： 高等教育出版社，2022.10
　　ISBN 978-7-04-059417-1

　　Ⅰ. ①新… Ⅱ. ①唐… Ⅲ. ①体育–高等学校–教材 ②健康教育–高等学校–教材 Ⅳ. ①G807.4②G647.9

　　中国版本图书馆 CIP 数据核字（2022）第 170049 号

新时代大学体育与健康
Xinshidai Daxue Tiyu yu Jiankang

策划编辑	易星辛	责任编辑	易星辛	封面设计	裴一丹	版式设计	马　云
责任绘图	李沛蓉	责任校对	高　歌	责任印制	赵　振		

出版发行	高等教育出版社	网　　址	http://www.hep.edu.cn
社　　址	北京市西城区德外大街4号		http://www.hep.com.cn
邮政编码	100120	网上订购	http://www.hepmall.com.cn
印　　刷	高教社（天津）印务有限公司		http://www.hepmall.com
开　　本	787mm×1092mm 1/16		http://www.hepmall.cn
印　　张	26.75		
字　　数	630千字	版　　次	2022 年 10 月第 1 版
购书热线	010–58581118	印　　次	2022 年 10 月第 1 次印刷
咨询电话	400–810–0598	定　　价	49.00 元

本书如有缺页、倒页、脱页等质量问题，请到所购图书销售部门联系调换
版权所有　侵权必究
物　料　号　59417–00

本书编写人员

主　　编：唐　艺

副 主 编：周文军　李志伟

参编人员：周圣文　贺　华　吴应广　申　锐　李东祁　罗艳春
　　　　　袁春燕　陈　潋　吴爱利　黄　颉　陶　霞　王　佳
　　　　　易正兰　李阳福　焦一飞　郑一中　熊　俊　李　卓
　　　　　方君磊

前　言

　　《"健康中国 2030"规划纲要》中指出，健康是促进人的全面发展的必然要求，是经济社会发展的基础条件。实现国民健康长寿，是国家富强、民族振兴的重要标志。

　　大学体育是学校体育工作的重要组成部分。本书旨在贯彻落实全国教育大会、《关于全面加强和改进新时代学校体育工作的意见》和《全国普通高等学校体育课程教学指导纲要》等精神，贯彻立德树人根本任务，树立"健康第一"的教育理念，注重体育与健康知识的传授、运动技能的学习以及价值塑造的引领，使学生在体育锻炼中享受乐趣、增强体质、健全人格、锤炼意志，养成终身锻炼的良好习惯。

　　本书包括基础理论篇和运动技能篇两篇，共 17 章内容，基础理论篇包括体育与大学体育、健康体适能、体育锻炼的理论基础、体育锻炼与保健；运动实践篇包括田径运动、足球运动、篮球运动、排球运动、气排球运动、乒乓球运动、羽毛球运动、网球运动、垒球运动、腰旗橄榄球运动、武术与民族传统体育项目、健身操舞类项目、休闲体育项目等。本书在内容方面力求全面、系统，在呈现方式上追求新颖、适用，在教材写法上简明扼要、通俗易懂，注重弘扬和传承中华优秀传统文化，并运用"互联网+"技术，通过二维码关联视频、拓展知识阅读等内容。

　　本书由唐艺担任主编，周文军、李志伟担任副主编，参加编写的人员有：周圣文、贺华、吴应广、申锐、李东祁、罗艳春、袁春燕、陈澂、吴爱利、黄颖、陶霞、王佳、易正兰、李阳福、焦一飞、郑一中、熊俊、李卓、方君磊。周砥坚、敬铭情、邹香菊参与了教材资源拍摄工作。

　　本书得到了湖南工商大学党委副书记、体育与健康学院院长肖小芹教授，体育与健康学院党委书记匡玉梅副教授的鼎力相助和高等教育出版社的大力支持。

教材编写过程中参考了许多的研究成果著作，在此表示诚挚的谢意。由于编写人员水平有限，书中难免有不足之处，恳请读者批评指正，以便再版时不断完善。

编者

2022 年 7 月

目　录

基础理论篇

第一章

体育与大学体育

第一节　体育的起源与发展

一、体育的起源

　　体育作为人类文化的重要组成部分，是随着人类社会的发展而逐渐形成和发展起来的。它萌芽于原始社会，与人类最基本的生存需要以及早期的生产劳动实践有着直接联系。据史学家和考古学家的研究，早在原始社会，先民就把走、跑、跳跃、投掷、攀登和爬越等作为最基本的生产生活技能传授给下一代。

　　随着生产工具的改进和社会生产力水平的不断提高，社会对人们掌握生产技术的能力提出了更高的要求。起初，人们把锋利的石片或骨片嵌在木棒上刺杀动物，这延长了人手臂的长度，使之发挥出更大的作用，成为最初的原始狩猎工具。但这种原始的工具仅限于近距离对动物的刺杀。为了刺杀几十米以外的动物，较为先进的原始标枪出现了。为了对付那些快速奔跑和飞翔的禽兽，人们发明了弓箭。弓箭把物体的弹力和人体的力量结合在一起，是整个石器时代最先进、最具威力的工具，极大地提高了原始人狩猎的能力。

　　随着劳动生产经验的积累以及劳动工具和技能的改进提高，人们需要对年轻一代在劳动中和劳动之余进行各种训练和教育，向他们传授各种知识和技能，于是便产生了人类最初的教育，其中也包含体育的因素，如走、跑、跳跃、投掷、攀登、爬越、游泳、攻防和格斗等。现代体育的许多项目，从本源上说都是从人类这些基本的活动技能中发展起来的，仍相当程度地保留了这些原始生产和劳动的内容，如竞走、跑步、跳高、跳远、掷标枪、射箭、游泳、拳击和摔跤等。

　　体育起源于人类的生产活动，而体育的发展则与教育、军事、科学技术的发展以及宗教活动、休闲娱乐活动有着密切的关系。同时需要指出的是，体育在其整个历史发展过程中还受一定的政治经济因素制约，并为一定的政治经济服务。

二、体育的发展

　　体育是随着历史的进程和人类社会对体育需要层次的提高而不断发展的，大致经历了以下三个时期：原始的体育萌芽时期，古代自觉从事体育时期，近现代形成与完善体育制度时期。经过这三个时期，逐步形成了现代的体育体系，其中，竞技体育的发展更是推动现代体育发展的主要动力。

（一）原始的体育萌芽时期

伴随原始社会后期生产力的发展和经济水平的提高，每个氏族、部落、民族之间血亲复仇、争夺地盘和资源财富的战争此起彼伏。在实践中，人们逐渐认识到体育能使人强身健体，能为社会培养更多更好的劳动力，能为战争培养更多更优秀的勇士。因此，这时的体育是为了练就强壮机敏的身体，是出于生存、战争和社会的需要。

（二）古代自觉从事体育时期

进入奴隶社会，随着奴隶制经济的发展，战争频繁发生，统治阶级需要教育和培养其成员具备参加战争的体魄。进入封建社会，体育在发展的速度和规模上都大大向前迈进。"文武双全"已成为封建社会衡量人才的重要标准，军事武艺在社会活动中越来越显露出其重要性。这一时期，体育活动项目明显增多，如在五代和宋朝时，就有武学，其内容有弓箭、武艺和阵法。此外，养生术和养生思想在这一时期发展尤为迅速。

（三）近现代形成与完善体育制度时期

17世纪中叶，英国资产阶级革命的胜利，标志着人类社会步入新的历史时期。与这个历史时期相适应的体育，也随着资本主义的兴起而迅速发展。这时期的体育有如下特点：① 体育开始形成独立的学科体系，重视广泛运用近代科学的研究成果作为其发展的理论基础；② 体育运动已具有强烈的竞赛性和广泛的国际性；③ 体育已成为培养全面发展人的重要内容与手段；④ 体育运动项目的规模已远远地超过封建社会和奴隶社会；⑤ 体育已成为学校教育的重要组成部分。

2018年9月10日，习近平总书记在全国教育大会上强调"培养德智体美劳全面发展的社会主义建设者和接班人""要树立健康第一的教育理念，开齐开足体育课，帮助学生在体育锻炼中享受乐趣、增强体质、健全人格、锤炼意志"。由此可见，体育不仅在生活中占有重要地位，在国家战略上也具有重要作用。经济的发展、闲暇时间的增加、生活方式的变化、国家体育政策导向必将促进体育的迅速发展。

综上所述，体育在人类社会发展的历史进程中，对于人类的生存、强身健体、子孙繁衍等方面起着相当大的作用。随着科学技术和教育事业的不断进步，体育已发展成为比较完善的又具有独立的理论与实践的学科体系，尤其是多学科的交叉和融合，大大促进了体育学科的飞速发展。今天，体育与人们的生活越来越密不可分，体育对改善人类自身的特殊作用也越来越被人们所认识，体育已成为人类社会的一种独具特色的文化现象。

第二节　体育运动与现代社会

一、现代社会对人才的要求

社会的变迁和发展，对人才提出了新的要求。现代社会对人才的要求可以归纳为健壮的体魄、高超的智能、良好的心理素质以及高尚的道德情操。

（一）健壮的体魄

健壮的体魄是人才的物质基础，体质良好包括健壮的体格、良好的体能。具体来说，体质良好指人体的形态结构良好，生长发育正常，身体整体指数与比例合适，身体姿势端正。体能全面是指走、跑、跳、攀和爬等身体基本活动能力及力量、速度、灵敏、耐力和柔韧等身体素质得到全面发展，神经系统、呼吸系统、心血管系统、消化系统、泌尿系统和生殖系统等系统的机能协调发展。

（二）高超的智能

随着信息时代的到来，现代社会对人才的要求越来越高，除应具备扎实的基础知识和精深的专业知识之外，还要具备较强的学习能力、创新能力、观察能力、动手能力。1996年，联合国教科文组织发表了《学习：内在的财富》的报告，报告提出了未来教育的四大支柱，即学会认知、学会做事、学会共同生活、学会生存。这对学习的内涵作了新的界定。在知识爆炸时代，不学会学习，很容易就会落伍。

（三）良好的心理素质

现代社会对人的心理素质提出了更高的要求，这是因为随着社会的高速发展，人与人之间的交往越来越密切。古代，人们日出而作，日落而息，可以鸡犬之声相闻，互相往来较少。而随着现代社会科技的发展，地球也变得越来越"小"，人们在工作生活中，除要精力充沛、奋发向上、思维敏捷、情绪良好外，还要有追求之志、好奇之心、探险之勇、专注之境以及百折不挠的精神，有经得起失败和挫折的心理承受能力。

（四）高尚的道德情操

道德情操内涵十分丰富，作为一个社会人，人生态度、社会公德、职业道德和协作精神是最基本的。其中，职业道德和协作精神尤其重要，这是取得成功必备的品质。一个道德高尚的人，应该敬业乐群，诚实谦虚，敢于担当，勇敢顽强，果断坚毅，坚韧不拔，敬老扶弱。

二、体育在现代社会中的地位和作用

体育具有强身健体、调节情感、娱乐身心的特殊作用，它是调节现代社会生活的有效工具，也是现代人生活方式中不可或缺的重要内容。实践证明，在现代社会中，体育运动已经不仅是某个个体的需要，而且是整个社会的需要；不仅是提高社会生产力的需要，而且是保障人们身心健康发展和正常生活的需要。

现代社会一方面提出了加速发展体育运动的必要性和迫切性，另一方面也为其发展提供了可能性。社会生产和科学技术的发展，人们生活水平的提高，为发展体育运动提供了较好的物质基础；工作时间和工作周期的缩短，假期的增加，人类寿命的延长，使人们的闲暇时间大大增加，这为体育运动的发展提供了必要条件。这些都为加快体育运动的发展提供了非常有利的条件。

此外，随着现代社会的发展，人们对体育的认识越来越深刻，体育事业越来越受到各国的重视。我国已把体育作为国家的一项事业，设立专门的体育主管部门和管理机构。各国政府也把体育作为教育的一个重要组成部分在学校中广泛开展，不少国家还在政府法令中把体育锻炼列为公民的一项权利。

在人们的日常生活中，体育也逐渐成为不可缺少的重要组成部分。参加体育锻炼的目的有的为了预防疾病，强身健体；有的为了放松精神，舒缓身心；有的为了领略风光，探险挑战。人们通过体育运动不仅直接满足了自身的某种需要，而且还从体育运动中汲取了能量，树立了信心，赢得了尊重，获得了相互理解。

近年来，竞技体育也日益成为人们感兴趣的社会活动之一，特别是对重大国际比赛所表现出的观赛热情，达到了狂热的程度。近两届世界杯足球比赛，电视观众数量高达25亿~39亿人次。在美国，每年有3.5亿人次观看各项重要的竞技项目比赛。苏联学者H.H.维兹金在他的《现代竞技运动的社会性质》一书中指出，地球上有一半的人是竞技体育的捧场者。在当代社会活动中，很难有其他活动像体育这样有如此众多的人着迷与狂热。

社会学家在对体育进行研究时，反复强调体育是社会的缩影，体育和政治、经济、文化这些传统的研究领域一样，也是社会生活中普遍的文化生活方式和基本的社会性制度。

国务院印发的《全民健身计划纲要》中指出："体育发展水平是社会进步与人类文明程度的一个重要标志。"在我国全面建设社会主义现代化国家、向第二个百年奋斗目标进军的新征程上，体育所起到的作用越来越受人们关注，要充分发挥体育在全面建设社会主义现代化国家新征程中的重要作用，努力将体育建设成为中华民族伟大复兴的标志性事业。

三、体育运动参与构建人们的现代生活方式

（一）体育运动可以缓解现代生活方式所造成的疲劳

随着科学技术的飞速发展和生产力水平的不断提高，体力劳动者数量相对减少，脑力劳动者数量不断增加，并且脑力劳动的时间不断延长。因劳动而产生的疲劳从以全身性的肌肉疲劳为主，转向以大脑局部高级神经系统的疲劳为主。现代生活方式所造成的疲劳主要是神经系统的疲劳。长时间进行脑力劳动，由于血液中的葡萄糖、多种氨基酸消耗过多，会引起脑的血流和氧供应不足，脑细胞的兴奋、抑制失去平衡，导致生理功能低下，产生疲劳感，表现为头昏、目眩、头痛、记忆力下降、思维混乱和注意力不集中等。体力劳动只能在一定程度上提高身体灵活性及平衡能力，增加肌肉弹性及肌肉力量，但这些并不能帮助人体改善呼吸系统功能。适当的有氧运动可以提高机体氧的利用能力，有效改善心血管机能，提高机体免疫力，防止各种生理和心理疾病的发生与发展。

睡眠是消除神经疲劳的最佳方式，除此之外，食疗、推拿按摩、听音乐、静坐等都可以达到消除神经疲劳的效果，但这些方法大多是身体的被动休息。体育运动因具有实践锻炼特性，肢体的运动使高度疲劳的神经系统得到休息，使疲劳发生转移，也可以缓解神经紧张，调节全身的平衡能力，弥补其他消除疲劳方法的不足。例如，在长时间脑力劳动后做一些瑜伽、有氧舞蹈、慢跑等运动不仅可以消除疲劳，还可以提高身体机能。

（二）体育运动可以提高人们对现代生活节奏的适应性

现代人的社会生活节奏加快。生活节奏加快的积极意义在于提高了生命的效率，使尽可能多的社会成员经过高速的协调配合，为社会创造出更多的物质财富和精神财富。人们生活在快节奏的环境里会精神振奋、生活充实、朝气蓬勃。然而，生活节奏的加快，也会

给人带来许多健康方面的问题，如心理变得浮躁、感情变得淡漠、亚健康等。

随着工作生活节奏的加快，高脂血症、动脉硬化、高血压、冠心病、糖尿病等现代文明病大量出现，严重困扰着人们的日常工作和生活。如何有效地预防和治疗这些疾病成为现代人不断追寻和探索的问题。合理的体育运动是预防这些疾病的有效途径。

体育运动和娱乐活动是人们调整、顺应新的生活节奏的重要辅助手段。一些社会调查研究证明，运动员和经常参加运动者，对生活节奏的改变具有较强的适应能力。这是因为在体育运动中人们所掌握的多种运动技能和快速活动的方式，有利于其在完成各种活动时做到准确、协调、敏捷，避免多余动作的出现。参加体育运动可以提高人体各个系统尤其是神经系统和心血管系统的功能，更可以提高人体对快节奏生活的应变能力和耐受能力。同时，也可以帮助人们克服对快节奏生活的抵触、恐惧、厌烦和焦虑等心理，缓解身心紧张。

（三）体育运动可以丰富闲暇时间的活动内容

闲暇时间在人类创造精神文明方面起着重要的作用。闲暇时间的长短和支配闲暇时间的质量直接影响到人们的生活方式。现代社会经济快速发展，人们的物质生活空前丰富，社会文明程度不断提高，高科技的工作手段把人们从单调、紧张、高强度的肢体活动中解放出来，从而使得工作效率成倍增加，工作时间不断缩短。

积极引导人们用科学、文明、健康的方式度过闲暇时间是一项重要的社会任务。而把闲暇时间用于体育运动和娱乐活动，也是一项重要的任务。今天，人们支配闲暇时间的方式发生了巨大的变化，旅游、远足、登山、泛舟、探险和漂流等活动方式日益成为社会时尚。这些活动不仅可以消除大脑和肢体的疲劳，使疲惫的身体得到积极休息，使人们精力充沛地投入工作，又可增强个体体质、健壮体格、提高适应能力。随着人们健康观念的增强，越来越多的人在闲暇时间进行体育运动。

（四）体育运动可以拓展人们的生活空间

在现实生活中，每个人、每个家庭都有属于自己的生活空间。生活空间是人们日常生活中不可忽视的一个要素，也是提高生活质量的重要前提。

适度的生活空间有利于人们的身心健康。生活空间过大，人们难以适应，会感到空旷、孤独、漫无目的、过度自由。然而，生活空间狭小，则会产生惩罚感、封闭感，也会影响人们的身心健康。因此，在闲暇时间走到户外，暂时离开自己生活的空间，在参与体育运动的过程中体验新鲜事物带来的快乐与刺激便是一种很好的拓展生活空间的方式。户外运动正好为人们提供了这样一个拓展空间的机会。户外运动鼓励人们回到大自然的怀抱中去，人们可以在森林、山麓、雪原、河川和海洋等大自然的环境中尽情地参与登山、攀岩、探险、横渡、漂流等各类户外活动。

随着社会的进步，人们的需求不断提高，体育运动为满足人们社会交往与参与等较高层次的追求提供了有效的途径。人们可以通过体育运动展示自己的价值取向，发展自己的能力，结交新的朋友，提高生活质量，增添生活情趣。通过参与体育运动，人们不但可以增强体质，提高身体的免疫力，减缓生活工作的压力，而且可以促进人与人之间的交流，避免各种心理疾病的发生与发展。体育运动日益成为现代人生活中不可缺少的有机组成部分。

第三节 大学体育的目标与使命

2020 年 10 月，中共中央办公厅　国务院办公厅印发的《关于全面加强和改进新时代学校体育工作的意见》中强调 "学校体育是实现立德树人根本任务、提升学生综合素质的基础性工程，是加快推进教育现代化、建设教育强国和体育强国的重要工作，对于弘扬社会主义核心价值观，培养学生爱国主义、集体主义、社会主义精神和奋发向上、顽强拼搏的意志品质，实现以体育智、以体育心具有独特功能。""高等教育阶段体育课程与创新人才培养相结合，培养具有崇高精神追求、高尚人格修养的高素质人才。"

教育是国之大计、党之大计，是提高整体国民素质的根本所在，大学体育作为高等教育、学校体育的重要组成部分，在增进学生身心健康，提高整体素质方面具有不可替代的作用。因此，全面提高大学生身心健康水平是学校教育工作的基本内容，更是大学体育责无旁贷的历史使命和工作重心。

一、大学体育的价值

（一）大学体育的文化价值

体育属于文化的范畴，是大众文化的一个有机组成部分。体育一词的英文之意就直白地表述为身体文化（physical culture），说明体育与文化的紧密联系。如今，体育文化以无穷的活力与魅力融入人们的现代生活，成为文化消费不可缺少的内容。同其他文化方式相比，体育文化具有覆盖范围大、渗透能力强、感染力与震撼作用大、群众喜闻乐见和雅俗共赏等特点，它还不受性别、年龄、文化程度、地域及语言等因素的限制。

体育是通过人们自身行为改变自己的自然属性和社会属性的一种有意识、有目的的活动。随着时代的发展，现代体育的内涵和外延发生了重大的变化，与人们的生活联系得更加紧密，成为一种十分显著而复杂的文化现象，对个体的身心成长、发展以及社会政治、经济、文化等方面都会产生重大的影响。随着当今体育的发展以及其人文价值、教育和娱乐等多种价值的凸显，体育已成为人类社会共有的精神文化产品，改变着越来越多人的生活，并融入人们的日常活动之中。体育给人们带来的影响是独特和无可替代的，它所产生的心理与精神的效应是积极向上、正面深刻的。大学体育活动可以提高大学生的精神追求和文化品位，丰富课余文化生活，调节精神，锤炼品格。大学体育的文化价值可概括为：体育文化的传承、体育情趣的熏陶、精神需求的满足和文明修养的塑造。

（二）大学体育的教育价值

体育是一种复杂的社会现象，它集健身、健心于一体，是身心健康的塑造过程。大学体育是滋养身心的课堂，历练品行的场所。著名体育教育家、清华大学教授马约翰先生早就指出 "运动场是培养学生品格的极好场所，可以批评错误、鼓励高尚、陶冶性情、激励品质"，刻苦的锻炼可以 "培养青年们勇敢的精神、坚强的意志、自信心、进取心和争取胜利的决心"，"而且这种运动场上表现出来的道德品质能够迁移"。

大学体育是以身体与智力活动为基本手段，根据人体生长发育、技能形成和提高的规律，通过体育教学、课外体育锻炼等形式，达到促进身体健康发展，提高身心素质水平，提升运动能力，丰富和改善生活方式，调节心理，陶冶情操，完善个性品质，提高生活质量的一种有意识、有目的、有组织的社会活动。在人类发展史上，体育作为一种积极的人类行为和特殊的社会现象，一直伴随着社会的发展、文明的发展而发展，并对人类的进化和社会的发展起到了巨大的促进作用。大学体育作为调节、培养心理品质，塑造健全的人格，形成文明健康生活方式的重要内容，对大学生的健康始终起着独特的作用，是维护学生身心健康最有效、最有益的方法，是学生调节情绪、历练品行、培养良好人格的最有效的途径之一。体育锻炼已经成为大学生用以调节精神生活、陶冶性情、改善心态的有效途径，成为拓宽生活空间、扩大信息来源和人际交往的重要渠道。学生自主地参加适合自己的体育锻炼，可以充分体验运动的乐趣和意义，进而培养对体育运动的爱好和兴趣。同时，大学生掌握从事终身体育活动所需的体育知识与技能，可以促进大学生提高自我锻炼的能力，形成终身体育的态度和习惯，从而奠定终身体育的基础。

当今，人们日益重视在体育活动过程中心理变化的特点与过程，关心体育锻炼对人心理的作用与影响。人们普遍感觉到，在参加体育活动的过程中，人的情绪变化对机体的积极影响、对健康的作用要比生理指标重要得多，有许多研究把研究的方向瞄向体育锻炼的心理价值层面。在体育锻炼与心理健康方面，研究者主要把目光集中在体育锻炼对人的情绪改善、对自我概念的影响及与认知功能的关系等课题上，还涉及体育锻炼所产生的心理效益机制等领域。人们通过体育活动调节日常生活，扩大人际交往，缓解社会压力，调整失衡心态，体验幸福生活。

（三）大学体育的美学价值

体育竞赛是体育的重要组成部分，其竞争性、观赏性以及比赛结果的不确定性能够满足人们的审美需求，使人如醉如痴，遐想无限。运动员或运动队在赛场上所表现出来的精湛技艺，让人赏心悦目，叹为观止，拍手称绝，人们能从中得到极大的心灵震撼和美学享受。重大体育比赛能够极大地满足一个人乃至多个民族的社会需求和表现欲望，从精神、心境、情感、意志和思想等方面影响人们的生活与行为，使精神得到升华，品质得到陶冶，境界得到提高。体育负载着人们的情感，包含人们的智慧、信仰、艺术道德、风俗习惯等内容。大学体育的审美价值是奋斗进取、追求卓越、净化心灵、培养情趣。

体育比赛在竞争中充满着合作，严谨中渗透着欢乐，既有静态的雕塑美，也有运动的动态美，这些都带给人们深刻的心理体验。在体育比赛中，爱与恨、喜与悲、乐与忧、期望与失望、成功与失败等融为一体，带给人无限的遐想和无尽的回味。情感得到升华，痛苦得以释怀，愤怒得到宣泄，心态得到平衡，这就是体育的独特与精彩之处，这就是体育文化的神奇与魅力所在。提高大学生的体育审美品位和在体育比赛中欣赏美、创造美的能力，也是大学体育的目标之一。

"健康第一"是在科学人文主义教育观的基础上提出的指导思想，是先进教育理念的体现，是顺应世界教育、体育发展潮流，符合社会发展趋势和满足人们关心健康、追求可持续发展客观需求的。体育是通过人类自身行为，改变其自身的自然属性和社会属性的一种社会运动，标志着人类对自己身体发展的审美理想。大学体育就是对学生身心健康发展进行积极维护和美化教育的实践过程，大学体育知、情、意、行的高度统一以及实际身体活动中的即得性反馈、群体的互动与情境作用，除有助于提高学生的身体素质与技能训练之外，对培养学生的自尊自信、坚韧不拔、沉着果断、开拓进取等心理品质也具有特殊的功能。以人为本，追求健康，使受教育者全面协调发展，达到增强体魄、陶冶情操、塑造品质的目的，是新时代教育不可缺少的重要内容，是人的价值和人文精神的核心，也是大学体育的真谛所在。

二、大学体育的目标

新时代，我国学校体育的目标、内容和形式发生了变化。2018 年 9 月 10 日，习近平总书记在全国教育大会上指出，要树立健康第一的教育理念，开齐开足体育课，帮助学生在体育锻炼中享受乐趣、增强体质、健全人格、锤炼意志。近年来，为全面贯彻落实全国教育大会精神，积极推进新时代学校体育工作的创新发展，我国先后印发《关于全面加强和改进新时代学校体育工作的意见》《关于深化体教融合促进青少年健康发展的意见》《〈体育与健康〉教学改革指导纲要（试行）》《义务教育体育与健康课程标准（2022 年版）》等一系列文件。这些政策文件的颁布，对指导全国体育教师科学、规范、高质量地上好体育课，强化"教会、勤练、常赛"的要求，进一步深化体育教学改革，不断推动教育高质量发展等具有积极的作用。大学体育的目标从关注体质的生物性机能改善，发展为全面关注大学生身体健康、心理健康和社会适应能力的协调发展。大学体育的内容呈现出个性化和多样化的倾向，大学体育内容的选择，比以往更加强调大学生的主体地位。大学体育的形式比以往更加灵活多样。

大学体育是培养全面发展人才的重要内容，是造就一代有竞争力、创造力、高素质的有用人才的有效渠道，是提高当代大学生身心素养，为祖国健康工作 50 年的基础平台。塑造健康之体魄、陶冶健全之精神、提高社会适应能力、形成体育锻炼习惯是大学体育的最终目标。

这里所谈的大学体育是指各种各样的以增强体质、促进身心健康、丰富生活、调整心态、愉悦身心为目的的体育活动方式，包括体育教学、课余体育活动中进行的实际体育锻炼，是进行身体运动的最直接、最普遍的形式，充分反映了体育的本质特点与价值。大学体育是学生日常生活的一个重要组成部分。通过参加体育活动，可以拓宽生活空间，不断提高身体素质；在增进健康的同时，不断地完善自己的精神能力，追求卓越，展示才华，挖掘潜能，实现理想。通过体育锻炼，还能调节自己的心理状态，陶冶性情，磨炼意志，满足不断增长的身心发展的需要，增强自信心、自尊心，进而丰富生活内容，提高生活质量。体育锻炼是人们获得身心健康最直接的方法与形式。大学体育对大学生身体、心理的教育培养以及人格、品质的陶冶塑造有着积极、独特的作用。

三、大学体育的使命

作为一种社会时尚或生活方式，体育已经融入人们的生活之中，成为日常生活的重要内容。通过体育实践，大学生不仅可以形成体育锻炼的正确观念，增强自我保健的意识，还可以逐步养成健康的行为习惯和生活方式。

联合国开发计划署在《1994年人类发展报告》中就曾指出：人类发展是一个提高人们生存机会的过程，从总体上说，健康、长寿、接受良好的教育和生活幸福美满是人类发展的基本标志。人们在拥有物质财富的同时，开始向往精神生活的满足。现代生活的含义是多元的，在一定程度上它表现着人们生存、享受和发展的现实状态。人们所企盼的高质量生活，其实就是一种和谐、丰富、愉快的生活，其中就必须有体育的存在。有了它的存在，也就有了人生的和谐、社会的和谐，体育也就完全融入了人们的生活。人们在闲暇时间，通过体育休闲及对身体的锻炼，不仅获得了身心的满足、精神的愉悦和幸福的发展，同时对社会的发展也产生了巨大的促进作用。大学体育有助于大学生进一步理解和习惯于在一定的社会规范中生活，根据社会规范约束和调整自己的行为。

大学体育的首要目标与使命就是实现"享受乐趣、增强体质、健全人格、锤炼意志"，此外还要帮助学生进一步理解个人健康与群体健康的关系，培养合作精神、竞争意识和交往能力，提高对他人、集体和社会的关心程度以及培养良好的体育道德和团队精神，并能把体育活动中培养的社会适应能力迁移到日常的学习、生活和工作中。

体育锻炼是现代人生活方式的重要组成部分，大学体育的熏陶、身体素质的提高、体育锻炼习惯的养成，将使大学生终身受益。体育活动可以使持续积累的心理紧张与压抑的情绪在体育运动中得到化解和宣泄，使广大学生能享受生活的乐趣，感悟生命的意蕴，体味成功的价值。在愉快和谐的运动交往中，躯体与精神融为一体，心灵得到慰藉，身心得到满足，人格得到升华，心胸更加乐观豁达，激发出积极向上的生活热情。从某种意义上讲，人们把休闲上升到工作和生活的目的，是经济发达、社会文明的标志，与满足人们享受与发展的需要、全面提高生活质量的目标是一致的。

在高压力、快节奏的社会中，人们以前所未有的热情关注健康问题。随着人们对生活质量要求的提高和对幸福体验的深化，身体－心理－社会三位一体的健康模式已被普遍接受，健康的概念已远远超出了医学的范畴，更多地转向社会和心理层面。经济的繁荣、物质产品的丰富、生活水平的提高、闲暇时间的增多，使人们的精神需求大大增加。而竞争的日趋激烈、社会压力的增大、人际关系的淡化，往往导致人们心理失衡，从而使心理健康成为热门的话题。体育是人类对自身健康进行积极维护和美化的过程，关注健康，追求愉快、健康的生活是现代人的必然选择。大学体育的健身功能是不言而喻的，大学体育的健心功能与育人功能正逐渐被人们所认识和推崇。

人的生活方式又总是与文化密切相关的。休闲作为一种生活方式、一种文化，贯穿于人的整个生命过程中。体育锻炼与休闲能够增进人的健康，使人得到自由和谐的发展，它是人的本质需要和生活质量的重要组成部分，提高人们的生活质量应当成为社会发展的一个重要标志。

体育锻炼就是提供休闲的一种方式，是人们学习、工作之余追求健康、愉悦身心的一种手段。大学体育是不以竞赛争冠军为目的，而是以健康、娱乐为主旨，追求身心健康与精神满足的各种各样的身体活动。体育锻炼不仅能够增强体质、提高身体素质，还可以消除紧张情绪、调节心理状态，还成为现代人学会善待生命、慰藉躁动与调节快节奏生活的一种方式。

第二章
健康体适能

第一节　健康体适能概述

　　健康概念的内涵和外延在不断发展和深化。长时间以来，人类对健康的认识一直停留在无病即健康，把健康的含义仅局限在身体是否健全层面。我国传统的中医理论提出了"阴平阳秘，精神乃治""天人合一"的整体观，进而把人的健康与人自身的阴阳协调和自然环境的阴阳协调联系起来。随着社会的发展和科学进步，人类对健康的认识不断深化，许多学者也针对健康提出了不同的解释。如日本学者认为吃得快、便得快、睡得快、说得快，即为健康。美国学者贝克尔认为健康是"一个有机体或者有机体的部分处于安宁状态，它的特征是机体有正常的功能、没有疾病"。

　　20 世纪开始，人们逐渐认识到健康除了没有疾病，还与自然环境、社会环境、遗传、生活方式等因素密切相关。1948 年，世界卫生组织成立时就在其宪章中明确指出："健康不仅仅免于疾病或虚弱，而且保持身体上、心理上和社会适应方面的完美状态。"1992 年，美国学者奥林斯提出了三维健康模式，强调从生物、心理和社会三个方面来评价人的生命状态。美国美利坚大学国家健康中心提出了"健康五要素"，即个体只有身体、情绪、智力、精神和社交 5 个方面都健康，才称得上真正的健康，或称为完美状态。

一、健康的概念

　　（一）科学的健康概念

　　1989 年，世界卫生组织重申了健康的概念："健康不仅是没有疾病，而且包括躯体健康、心理健康、社会适应良好和道德健康。"这个定义从身体、心理、社会和道德 4 个方面来判定健康，更具有科学性、完整性和系统性。

　　（二）健康的内涵

　　根据世界卫生组织的健康定义，健康的内容包括身体健康、心理健康、社会适应良好和道德健康。

1. 身体健康

身体健康是指具有强壮的体魄和充沛的体能，主要包括身体发育完整、各器官生理机能状态良好、体重适当、没有疾病、能抵御各种疾病侵袭、能适应自然环境的变化。

2. 心理健康

心理健康是指在心理上有较好的自控能力，能正确评价自己，能够应对日常生活中的人际关系和环境压力，能正确地对待外界的客观影响，处事态度和谐，有正确的人生目标，能不断追求和进取，能够克服各种困难和消极情绪，对未来充满信心。

3. 社会适应良好

社会适应良好是指能很好地通过自我调节适应各种社会环境及其复杂变化，能够建立良好的人际关系，尊重自己和尊重他人，其行为能被他人理解，被社会接受。

4. 道德健康

道德健康是指有正确的是非观和价值观，具有辨别善恶、美丑、荣辱、是非的能力，能用社会公认的道德标准和社会准则约束自己的言行，具有能够为他人和社会作奉献的思想与行为。

（三）亚健康的概念

现代医学将健康称作"第一状态"，疾病称作"第二状态"，将介于健康与疾病之间的生理机能低下的状态称作"第三状态"，也称作"亚健康状态"或"灰色状态"。亚健康状态是近年来医学界提出的新概念，一般指机体虽无明显疾病，却呈现出活力下降、适应能力不同程度减退的一种生理状态。专家认为，亚健康状态包括不良的心理行为、不振的精神面貌、对社会的不适应以及身体各部位的某种不适等。研究证实，约有60%的人都处于"亚健康状态"。亚健康虽然不是疾病状态，却是现代人身心不健康的表现。由于亚健康处于健康与疾病的中间地带，是健康与疾病相互转化的中介点，是一种不稳定的平衡，一旦环境稍有变化或精神受到某种刺激，这种平衡就极易被破坏，并将大大降低机体工作的效率。

亚健康产生的原因主要有以下两方面：一是对健康没有正确的认识，降低了对威胁自身健康的各种因素的应激反应能力；二是由于不良的生活习惯、疲劳、社会和工作造成的精神压力等。

当知道自己处于亚健康状态时，既不能掉以轻心，又不要过分紧张，应当积极应对。具体来说，要注意以下几点：

（1）克服不良的生活习惯。吸烟、过度饮酒、高脂肪膳食或过量饮食、缺少运动、睡眠不足、不吃早餐以及经常熬夜等不良生活习惯，都会使身体由健康状态逐渐转变成亚健康状态，最后导致各种疾病的发生。

（2）调整好个人心态。当今社会工作、生活节奏加快，竞争激烈，人们的心理压力增加，精神负担加大。心理压力过大，会导致心态失衡，使人体神经系统功能失调，内分泌紊乱，抵御疾病的能力下降，进而引发各种疾病。

（3）及时消除疲劳。经常感到疲惫不堪是典型的"亚健康状态"。长期处于紧张的学习状态会造成体力和脑力的疲劳。疲劳是人体一种生理性预警反应，长时间的超负荷工作会产生疲劳积累，长此以往也会引起疾病。

（4）有针对性地选用保健食品。有目的地服用一些适宜的保健食品，可以帮助消除亚健康状态。

二、衡量健康的标准

从健康的概念演变可以看出，健康包括身体、心理、社会和道德4个方面，世界卫生组织对健康的标准做了最具代表性的表述，提出了健康的10条标准：

（1）精力充沛，能从容不迫地应付日常生活和工作的压力而不感到过分紧张。

（2）处事乐观，态度积极，乐于承担责任，事无巨细不挑剔。

（3）善于休息，睡眠良好。

（4）应变能力强，能适应外界环境的各种变化。

（5）能够抵抗一般性感冒和传染病。

（6）体重得当，身体匀称，站立时头、肩、臂位置协调。

（7）眼睛明亮，反应敏锐，眼睑不发炎。

（8）牙齿清洁，无空洞，无痛感；牙龈颜色正常，不出血。

（9）头发有光泽，无头屑。

（10）肌肉、皮肤富有弹性，走路轻松有力。

三、影响健康的因素

《渥太华宪章》中指出："健康最基本的条件和资源是和平、住房、教育、食品、经济收入、稳定的生态环境、可持续的资源、社会公正和公平。为改善健康，上述必要条件必须具有坚实的基础。"因此，人体的健康是许多因素相互交叉、渗透、影响、制约的结果，是相互作用的结果。

世界卫生组织调查证实，个人健康15%取决于遗传因素，10%取决于社会因素，8%取决于医疗条件，7%取决于生活环境和地理气候条件，而60%取决于自身行为。

（一）自身因素

自身因素包括对健康的认识、生活方式和行为习惯、饮食、锻炼、休息、精神健康和社交健康等诸方面因素，体育锻炼是其中最重要的因素。

1. 对健康的认知水平

有宏观与正确的认知，才能指导正面而有意义的行为。对大学生而言，对健康概念有一个全面、科学的认识，将指导自己规范行为，进行自我保健和锻炼，养成良好的生活习惯。同时，也能克服和避免"没有疾病就是健康""亚健康状态不危害人体健康""疲劳不危害人体健康"等不正确的观念。现代人应具有自我保健的意识和常识，及时注意身体传递给自己的各种信号，并快速做出反应，做到定期体检，有病及时就医。

2. 生活方式和行为习惯

美国疾病控制中心对心脏病、癌症、中风、流感、肺炎、糖尿病、肝病、自杀和他杀、车祸及其他意外事件 10 种最常见而导致死亡的原因的调查结果显示，不良的生活方式是造成这些死亡现象的主要因素之一。身体健康的人，常得益于良好的生活方式和行为习惯，包括不吸烟，节制饮酒，每天吃早餐，注意饮食营养，维持正常体重，保证高质量的睡眠，坚持科学、系统的体育锻炼等。

3. 情绪和精神状态

健康的人一般都有积极向上的乐观态度，有着充实的精神世界；在日常生活中能保持良好稳定的情绪，能够控制好自己的情绪。

4. 社交活动

生活于社会之中的人必须承担起一定的社会责任，"扮演"好自己的社会角色，不断提高自己的社会适应能力，保证有适量的社交活动，与他人形成、保持和谐的人际关系，使人在交往中有自信感和安全感。

（二）遗传因素

遗传是指子代和亲代之间在形态结构以及生理机能上的相似，是一切生物共有的基本特征。有的草本植物只有一年的寿命，有的树木却可以存活几百年，说明生物的寿命随物种不同有很大差异。对人类来说，除了遗传影响人的自然寿命，在人的生长发育过程中，身高、体重、皮下脂肪、血压等多项形态、生理指标都有不同程度的家族性倾向，尤以身高最为明显。遗传病是当前医学领域中严重危害人类健康的疾病之一。

（三）社会因素

社会经济发展状况、社会秩序、伦理道德、宗教、风俗和教育等因素构成的社会环境都可能直接或间接地影响人的健康状况。美国学者弗莱齐尔的研究表明，一些遭受虐待、歧视的儿童青少年，生长发育缓慢、身材矮小、骨龄落后、性发育迟缓，他们并无明显的家庭遗传倾向，可能是由于不良环境对中枢神经系统形成长期的恶性刺激，导致生长激素释放因子分泌缺乏而引起的。一旦改变他们的社会处境，他们的生长速度会大大加快，甚至最终可达正常水平。

（四）自然环境因素

人类的各种生命活动都与自然环境的变化息息相关。人类可以适应一定的环境变化，如人体可以通过体温调节来适应环境中气象条件的变化。当环境异常，超出了人体适应的范围时，人体就会发生某些病理性的变化。人体的疾病绝大部分是由环境因素引起的，在环境致病因素中，环境污染又占了很大比重。

拓展知识：
健康促进

四、体适能

（一）体适能的概念

体适能（physical fitness）也称为体能，是指人体器官系统的主要生理机能以及在体育活动中表现出来的能力。体适能是衡量人体体质强弱的重要标志之一，包括走、跑、跳、投、攀、爬、悬垂和支撑等基本活动能力以及力量、速度、耐力、灵敏和柔韧等基本身体素质。体适能又分为运动体适能和健康体适能。

运动体适能通常又称为运动素质，是指在中枢神经系统的控制下，人体在体育运动中所表现出来的力量、速度、耐力等素质，主要包括肌肉力量和耐力、柔韧、速度、灵敏、平衡及协调等素质。

健康体适能又称为健康素质，相对于运动素质，健康素质更能代表人体的综合健康状况，它反映了人们在日常生活中表现出来的身体机能能力，是个体为了提高学习和工作效率、预防疾病及增进健康所需要的体适能。健康体适能包括身体成分、心血管系统的功能、肌肉力量和耐力及柔韧。

健康体适能和运动体适能之间既有区别又紧密联系，主要区别在于：

（1）目的不同。健康体适能主要是健康生活所必需的素质，运动体适能则是指为了提高运动成绩所必需的素质。

（2）测量方法和评价标准不同。健康体适能主要通过身体成分、肌肉力量和耐力、心肺功能、柔韧等指标来评价，运动体适能主要通过运动成绩指标来评价。

健康体适能和运动体适能之间的联系是：二者内容相互交叉，健康体适能的提高有赖于运动体适能的提高，一般通过体育锻炼或运动训练来实现。

（二）健康体适能的评价内容

1. 身体成分

人体由骨骼、肌肉、脂肪等组织及内脏器官组成，体重就是这些组织和器官重量的总和。身体成分通常用体脂百分数来表示，可通过测量去脂体重来测量人体体脂含量。研究身体成分是为了了解人体的体质、健康及衰老的状况，有利于人们将体重控制在一定范围内，保持适宜的体脂含量。若人体体脂比重过大，机体做功能力相对就小，从而会影响机体内某些物质的代谢。此外，脂肪过多，体重过大不仅会影响人体健美，而且会给健康带来一系列不良的影响。大量的流行病调查显示，肥胖与冠心病、动脉粥样硬化、高血压、糖尿病及某些肿瘤的发生有关，肥胖还会显著缩短寿命，增加新陈代谢和心脏的负担。改善身体成分，控制体脂含量，对于维持健康和预防疾病有重要意义。

2. 心血管系统的功能

心血管系统由心脏、各种血管及其中的血液构成，其功能是将消化系统吸收的营养物质和呼吸系统摄取的氧运送到全身各器官、组织和细胞，并将它们的代谢产物，如二氧化碳、尿素等运到肺、肾或皮肤并排出体外，保证人体新陈代谢的正常进行。大量的研究结果表明，不同的心血管危险因素同时存在时，对心血管疾病的发病有累加效应。这些危险因素有吸烟、高血压、高脂血症、糖尿病、肥胖、运动不足、饮食摄取热量过多和情绪紧张等。坚持体育锻炼，改变不良的生活习惯，保持良好心态是远离心血管疾病的良方。

3. 肌肉力量和耐力

肌肉力量与肌肉生理横断面密切相关，和性别、年龄没有直接关系。女性的力量不如男性，是因为女性的肌肉不如男性粗大。肌肉大小由肌纤维的粗细决定，人的肌纤维蛋白含量会随着运动负荷的增加而逐渐增加。因此，经常进行训练的运动员会拥有发达的肌肉，而普通人则很单薄。有的人并不经常锻炼，但是跑得很快，有的人再怎么锻炼也跑不快，这种差异是由肌纤维的类型不同造成的。研究表明，肌肉存在三种不同类型的肌纤维，即快肌纤维、慢肌纤维和中间型肌纤维。它们在粗细、收缩速度、耐疲劳程度和能量供应效率上都有区别。快肌纤维收缩速度快、爆发力强，但容易疲劳，短跑、跳远、投掷、足球等项目运动员的肌纤维中此类型较多；慢肌纤维收缩速度慢、耐力好，马拉松、长跑等耐力项目运动员的肌纤维中此类型较多；中间型肌纤维具备快、慢两种肌纤维的特点，收缩速度快、耐力好，全能运动、400～1 500 米跑等项目运动员的肌纤维中此类型较多。因此，大学生可有目的地选择适合自己肌纤维类型的运动项目进行锻炼，充分发挥自己的长处。但注意进行锻炼的根本目的是增强体质，所以不必过多地介意肌纤维类型，应当注意全面发展，塑造健美体形，进而不断提高健康水平。

肌肉耐力是指肌肉长时间工作的能力，它是从事耐力性活动的基础。肌肉耐力取决于肌肉中毛细血管的发达程度和肌肉血流量。反复进行活动，能激活那些没有进入工作状态的毛细血管的活力。因此，进入肌肉的血流量增多，肌肉中的血液循环得到加强，就能更好地保证氧和营养物质的供应，及时排出运动中产生的二氧化碳和乳酸等代谢废物，保证肌肉能进行较长时间的活动。经常参加锻炼，可使肌肉耐力逐步加强。

4. 柔韧

柔韧是指跨过关节的肌肉、肌腱、韧带的伸展能力，通常是指关节的活动幅度。经常参加体育锻炼，可以保持和提高人体关节、肌肉的伸展性，从而使人的灵活性得到增强，这样不仅有利于防止身体扭伤、拉伤和摔伤，还可预防腰背疼痛，提高人的生活质量。

（三）健康体适能对生活的作用和意义

健康体适能对人体健康有着重要的作用。健康体适能是人们进行适量运动的基础。体育锻炼是保持身体健康的关键因素。经常运动有助于消耗体内多余的热量，改善心血管系统的功能。健康体适能有助于人们保持良好、规律的睡眠习惯，有助于调节身体器官，促进食物的消化及废物排泄。健康体适能使人有乐观的心态，有利于减轻日常学习和生活中的压力。

第二节　大学生体质健康的测量与评价

体质是指人体生命的质量，是个体在先天遗传性和后天获得性的基础上表现出来的人体形态结构、生理机能、身体素质、心理品质和适应能力等方面相对稳定的特征。

体质是人的生命活动的物质基础，体质在其形成、发展和消亡的过程中具有明显的阶段性，从最佳状态到严重疾病或功能障碍，呈现出各种不同阶段的体质水平。一个人体质的好与坏，既依赖于先天因素，又与后天因素相关，而后天因素起着决定性作用。因此，在测定和评价体质时，必须注意体质的综合性特点并采用多项指标予以评价。

拓展知识：
理想体质

一、体质的构成

人体的形态结构、生理机能、体能、心理条件以及对外界环境的适应能力是构成体质不可分割的 5 个重要因素。身体的形态结构是体质的物质基础；生理机能、体能和心理条件是体质的主客观表现，对外界环境的适应能力是它们的综合反应。构成体质的这 5 个因素相互统一、密切联系。体能是各器官系统的机能能力在人体运动过程中的客观反映。发展和提高体能的过程会相应地引起机体形态结构、生理机能的一系列变化。而伴随着形态结构、生理机能的变化及体能的发展提高，机体又会产生一定的心理过程和个性心理特征，从而促进人的心理发展。

二、体质与健康的关系

体质与健康之间有着密切联系。二者都是对人体状况的描述，都涉及人体的形态结构、生理机能、体能、心理状况及对社会（包括人际关系）的适应能力等方面，它们之间既有联系，又有所不同。体质是生命活动的基本要素，也是健康的物质基础；而健康则是人体理想状态的标志，是体质所追求的目标体现。体质侧重于体格、体型、身体素质、运动能力等，而健康则侧重于研究人体的心、肝、脾、肺、肾及血管组织结构和生理机能的异常、疾病和死亡。体质是从"外观"上研究人体，健康是从"内部"研究人体。体质是人体的质量，健康则是体质状况的反映和表现，所以在评价体质和健康状况时，有些指标很难说是纯属体质检测的指标，另一些指标也很难说是纯属健康检测的指标。

三、体质测试与评价

体质测试是指选择能够客观地反映体质状况的各种指标和方法，对人体进行定量的测试，获得反映体质状况的资料，为更好地进行身体锻炼和促进人体健康成长提供科学依据。对体质测试所得的资料进行科学的统计与分析，作出某一方面或综合的健康判断称为体质评价。

体质测试的基本内容及指标有：

（1）身体形态指标。主要包括身高、体重、胸围、臀围、坐高和身体组成（皮脂厚度、体脂比重、去脂体重等），是人体生长发育的重要指标之一。

（2）生理机能指标。主要包括安静心率、血压、心肺功能相关指标等。

（3）身体素质指标。主要包括力量指标、爆发力指标、悬垂力指标、柔韧相关指标、灵敏和协调相关指标、平衡相关指标及耐力相关指标。运动能力指标主要包括跑、跳、投等相关指标。

（4）心理发展水平指标。包括智力、情感、性格、意志等方面相关指标。

（5）适应能力指标。包括对环境的适应能力和对疾病的抵抗能力等相关指标。

四、大学生体质健康测试与评价概述

为建立健全国家学生体质健康监测评价机制，激励学生积极参加身体锻炼，引导学校深化体育教学改革，推动各地加强学校体育工作，促进青少年身心健康、体魄强健、全面发展，在认真总结各地实施现行《国家学生体质健康标准》的基础上，结合新时期青少年体质健康状况和学校体育工作实际，教育部组织专家对原《国家学生体质健康标准》进行了修订，并于 2014 年 7 月颁布新版《国家学生体质健康标准》。

（一）说明

（1）《国家学生体质健康标准》（以下简称《标准》）是国家学校教育工作的基础性指导文件和教育质量基本标准，是评价学生综合素质、评估学校工作和衡量各地教育发展的重要依据，是《国家体育锻炼标准》在学校的具体实施，适用于全日制普通小学、初中、普通高中、中等职业学校和普通高等学校的学生。

（2）本标准的修订坚持健康第一的教育理念，落实《国家中长期教育改革和发展规划纲要（2010—2020 年）》《国务院办公厅转发教育部等部门关于进一步加强学校体育工作若干意见的通知》（国办发〔2012〕53 号）和《教育部关于印发〈学生体质健康监测评价办法〉等三个文件的通知》（教体艺〔2014〕3 号）有关要求，着重提高《标准》应用的信度、效度和区分度，着重强化其教育激励、反馈调整和引导锻炼的功能，着重提高其教育监测和绩效评价的支撑能力。

（3）本标准从身体形态、身体机能和身体素质等方面综合评定学生的体质健康水平，是促进学生体质健康发展、激励学生积极进行身体锻炼的教育手段，是国家学生发展核心素养体系和学业质量标准的重要组成部分，是学生体质健康的个体评价标准。

（4）本标准将适用对象划分为以下组别：小学、初中、高中按每个年级为一组，其中小学为 6 组、初中为 3 组、高中为 3 组。大学一、二年级为一组，三、四年级为一组。

（5）小学、初中、高中、大学各组别的测试指标均为必测指标。其中，身体形态类中的身高、体重，身体机能类中的肺活量，以及身体素质类中的 50 米跑、坐位体前屈为各年级学生共性指标。

（6）本标准的学年总分由标准分与附加分之和构成，满分为 120 分。标准分由各单项指标得分与权重乘积之和组成，满分为 100 分。附加分根据实测成绩确定，即对成绩超过100 分的加分指标进行加分，满分为 20 分；小学的加分指标为一分钟跳绳，加分幅度为20 分；初中、高中和大学的加分指标为男生引体向上和 1 000 米跑，女生一分钟仰卧起坐和 800 米跑，各指标加分幅度均为 10 分。

（7）根据学生学年总分评定等级：90.0 分及以上为优秀，80.0~89.9 分为良好，60.0~79.9 分为及格，59.9 分及以下为不及格。

（8）每个学生每学年评定一次，记入《〈国家学生体质健康标准〉登记卡》。特殊学制的学校，在填写登记卡时可以按规定和需求相应地增减栏目。学生毕业时的成绩和等级，按毕业当年学年总分的50%与其他学年总分平均得分的50%之和进行评定。

（9）学生测试成绩评定达到良好及以上者，方可参加评优与评奖；成绩达到优秀者，方可获体育奖学分。测试成绩评定不及格者，在本学年度准予补测一次，补测仍不及格，则学年成绩评定为不及格。普通高中、中等职业学校和普通高等学校学生毕业时，《标准》测试的成绩达不到50分者按结业或肄业处理。

（10）学生因病或残疾可向学校提交暂缓或免予执行《标准》的申请，经医疗单位证明，体育教学部门核准，可暂缓或免予执行《标准》，并填写《免予执行〈国家学生体质健康标准〉申请表》，存入学生档案。确实丧失运动能力、被免予执行《标准》的残疾学生，仍可参加评优与评奖，毕业时《标准》成绩需注明免测。

（11）各学校每学年开展覆盖本校各年级学生的《标准》测试工作，《标准》测试数据经当地教育行政部门按要求审核后，通过"中国学生体质健康网"上传至"国家学生体质健康标准数据管理系统"。测试和数据上传时间由教育行政部门确定。

（二）单项指标与权重

大学各年级学生单项指标与权重见表 2-2-1。

表 2-2-1　大学各年级学生单项指标与权重

测试对象	单项指标	权重 /%
大学各年级学生	体重指数（BMI）	15
	肺活量	15
	50 米跑	20
	坐位体前屈	10
	立定跳远	10
	引体向上（男）/ 一分钟仰卧起坐（女）	10
	1 000 米跑（男）/800 米跑（女）	20

注：体重指数（BMI）＝体重（千克）/身高^2（米^2）。

（三）《国家学生体质健康标准》大学生评分表

1.《国家学生体质健康标准》大学生评分表（表 2-2-2、表 2-2-3）

表 2-2-2　国家学生体质健康标准（大学女生）

等级	单项得分/分	肺活量/毫升 大一大二	肺活量/毫升 大三大四	50米跑/秒 大一大二	50米跑/秒 大三大四	坐位体前屈/厘米 大一大二	坐位体前屈/厘米 大三大四	立定跳远/厘米 大一大二	立定跳远/厘米 大三大四	一分钟仰卧起坐/次 大一大二	一分钟仰卧起坐/次 大三大四	800米跑 大一大二	800米跑 大三大四	体重等级	体重指数
优秀	100	3 400	3 450	7.5	7.4	25.8	26.3	207	208	56	57	3'18"	3'16"	正常	17.2～23.9
	95	3 350	3 400	7.6	7.5	24.0	24.4	201	202	54	55	3'24"	3'22"		
	90	3 300	3 350	7.7	7.6	22.2	22.4	195	196	52	53	3'30"	3'28"		
良好	85	3 150	3 200	8.0	7.9	20.6	21.0	188	189	49	50	3'37"	3'35"		
	80	3 000	3 050	8.3	8.2	19.0	19.5	181	182	46	47	3'44"	3'42"	低体重 / 超重	≤17.1 / 24.0～27.9
及格	78	2 900	2 950	8.5	8.4	17.7	18.2	178	179	44	45	3'49"	3'47"		
	76	2 800	2 850	8.7	8.6	16.4	16.9	175	176	42	43	3'54"	3'52"		
	74	2 700	2 750	8.9	8.8	15.1	15.6	172	173	40	41	3'59"	3'57"		
	72	2 600	2 650	9.1	9.0	13.8	14.3	169	170	38	39	4'04"	4'02"		
	70	2 500	2 550	9.3	9.2	12.5	13.0	166	167	36	37	4'09"	4'07"		
	68	2 400	2 450	9.5	9.4	11.2	11.7	163	164	34	35	4'14"	4'12"		
	66	2 300	2 350	9.7	9.6	9.9	10.4	160	161	32	33	4'19"	4'17"		
	64	2 200	2 250	9.9	9.8	8.6	9.1	157	158	30	31	4'24"	4'22"		
	62	2 100	2 150	10.1	10.0	7.3	7.8	154	155	28	29	4'29"	4'27"		
	60	2 000	2 050	10.3	10.2	6.0	6.5	151	152	26	27	4'34"	4'32"	肥胖	≥28.0
不及格	50	1 960	2 010	10.5	10.4	5.2	5.7	146	147	24	25	4'44"	4'42"		
	40	1 920	1 970	10.7	10.6	4.4	4.9	141	142	22	23	4'54"	4'52"		
	30	1 880	1 930	10.9	10.8	3.6	4.1	136	137	20	21	5'04"	5'02"		
	20	1 840	1 890	11.1	11.0	2.8	3.3	131	132	18	19	5'14"	5'12"		
	10	1 800	1 850	11.3	11.2	2.0	2.5	126	127	16	17	5'24"	5'22"		

表 2-2-3　国家学生体质健康标准（大学男生）

等级	单项得分/分	肺活量/毫升 大一 大二	肺活量/毫升 大三 大四	50米跑/秒 大一 大二	50米跑/秒 大三 大四	坐位体前屈/厘米 大一 大二	坐位体前屈/厘米 大三 大四	立定跳远/厘米 大一 大二	立定跳远/厘米 大三 大四	引体向上/次 大一 大二	引体向上/次 大三 大四	1000米跑 大一 大二	1000米跑 大三 大四	体重等级	体重指数
优秀	100	5 040	5 140	6.7	6.6	24.9	25.1	273	275	19	20	3'17"	3'15"	正常	17.9~23.9
优秀	95	4 920	5 020	6.8	6.7	23.1	23.3	268	270	18	19	3'22"	3'20"		
优秀	90	4 800	4 900	6.9	6.8	21.3	21.5	263	265	17	18	3'27"	3'25"		
良好	85	4 550	4 650	7.0	6.9	19.5	19.9	256	258	16	17	3'34"	3'32"		24.0~27.9
良好	80	4 300	4 400	7.1	7.0	17.7	18.2	248	250	15	16	3'42"	3'40"	低体重	≤17.8
及格	78	4 180	4 280	7.3	7.2	16.3	16.8	244	246	14	15	3'47"	3'45"	超重	
及格	76	4 060	4 160	7.5	7.4	14.9	15.4	240	242			3'52"	3'50"		
及格	74	3 940	4 040	7.7	7.6	13.5	14.0	236	238	13	14	3'57"	3'55"		
及格	72	3 820	3 920	7.9	7.8	12.1	12.6	232	234			4'02"	4'00"		
及格	70	3 700	3 800	8.1	8.0	10.7	11.2	228	230	12	13	4'07"	4'05"		
及格	68	3 580	3 680	8.3	8.2	9.3	9.8	224	226			4'12"	4'10"		
及格	66	3 460	3 560	8.5	8.4	7.9	8.4	220	222	11	12	4'17"	4'15"		
及格	64	3 340	3 440	8.7	8.6	6.5	7.0	216	218			4'22"	4'20"		
及格	62	3 220	3 320	8.9	8.8	5.1	5.6	212	214	10	11	4'27"	4'25"		
及格	60	3 100	3 200	9.1	9.0	3.7	4.2	208	210	9	10	4'32"	4'30"	肥胖	≥28.0
不及格	50	2 940	3 030	9.3	9.2	2.7	3.2	203	205	8	9	4'52"	4'50"		
不及格	40	2 780	2 860	9.5	9.4	1.7	2.2	198	200	7	8	5'12"	5'10"		
不及格	30	2 620	2 690	9.7	9.6	0.7	1.2	193	195	6	7	5'32"	5'30"		
不及格	20	2 460	2 520	9.9	9.8	-0.3	0.2	188	190	5	6	5'52"	5'50"		
不及格	10	2 300	2 350	10.1	10.0	-1.3	-0.8	183	185			6'12"	6'10"		

2. 加分指标评分表（表 2-2-4）

表 2-2-4　加分指标评分表（大学）

加分 / 分	男生 （引体向上 / 次）		女生 （一分钟仰卧起坐 / 次）		男生 （1 000 米跑）		女生 （800 米跑）	
	大一	大二	大一	大二	大一	大二	大一	大二
10	10	10	13	13	−35"	−35"	−50"	−50"
9	9	9	12	12	−32"	−32"	−45"	−45"
8	8	8	11	11	−29"	−29"	−40"	−40"
7	7	7	10	10	−26"	−26"	−35"	−35"
6	6	6	9	9	−23"	−23"	−30"	−30"
5	5	5	8	8	−20"	−20"	−25"	−25"
4	4	4	7	7	−16"	−16"	−20"	−20"
3	3	3	6	6	−12"	−12"	−15"	−15"
2	2	2	4	4	−8"	−8"	−10"	−10"
1	1	1	2	2	−4"	−4"	−5"	−5"

注：引体向上、一分钟仰卧起坐均为高优指标，学生成绩超过单项评分 100 分后，以超过的次数所对应的分数进行加分。1 000 米跑、800 米跑均为低优指标，学生成绩低于单项评分 100 分后，以减少的秒数所对应的分数进行加分。

第三节　《国家学生体质健康标准》测试项目的操作方法和锻炼方法

一、《国家学生体质健康标准》测试项目的操作方法

（一）身高标准体重

身高是反映人体骨骼生长发育和人体纵向高度的主要形态指标。体重是反映人体横向生长和重量的指标。身高标准体重是将身高和体重综合起来，测试值以每厘米身高的体重分布，直接查表就可以判断学生体形的匀称度，体重是否超重，超了多少千克；体重是否过轻或营养不良，轻了多少千克。该指标对于学生形成正确的身体形态观具有非常直观的教育作用。

1. 身高

测试方法：受测者赤足，立正姿势站在调整好的身高计的底板上，上肢自然下垂，足跟并拢，足尖分开约 60°，足跟、骶骨部及两肩胛区与立柱相接触，躯干自然挺直，头部正直，两眼平视，耳屏上缘与两眼眶下缘最低点呈水平位。测试人员站在受测者右侧，将

水平压板轻轻沿立柱下滑，轻压于受测者头顶。测试人员读数时双眼应与压板水平面等高。记录以厘米为单位，精确到小数点后一位。测试误差不得超过 0.5 厘米。

注意事项：

（1）严格掌握"三点靠立柱""两点呈水平"的测量姿势要求。测试人员读数时，两眼一定要与压板等高。

（2）水平压板与头部接触时，松紧要适度。

（3）测量身高前，受测者不应进行体育活动和体力劳动。

2. 体重

测试方法：测试时，将杠杆秤放在平坦地面上，调整 0 点至刻度尺水平位。受测者赤足，男性受测者身着短裤，女性受测者身着短裤、短袖衫或背心，站于秤台中央，测试人员放置适当砝码并移动游标刻度尺至平衡。读数以千克为单位，精确到小数点后一位。电子体重计读显示数值即可。测试误差不超过 0.1 千克。

注意事项：

（1）测量体重前，受测者不得进行剧烈的体育活动和体力劳动。

（2）受测者站在秤台中央，上、下杠杆秤时动作要轻。

（3）每次使用杠杆秤时均需校正。测试人员每次读数前都应校对砝码重量，避免差错。

（二）肺活量

测试方法：各种肺活量计在每次使用前都必须进行测试检验，仪器误差不得超过 3%。使用电子肺活量计时，首先将肺活量计接上电源，按电源开关，肺活量计通电并进入工作状态。测试时，先将口嘴装在叉式管的进气端，受试者手握叉式管，保持导压软管必须在叉式管上方位置，以免口水或杂物堵住气道，面对肺活量计站立，头部略后仰，尽力深吸气，直至再不能吸气为止；然后将嘴对准口嘴，以中等速度和力度深呼气直至不能呼气为止。此时液晶显示器上显示的数字即为肺活量值。测试两次，选取最大值作为测试结果。记录以毫升为单位，不保留小数。使用桶式肺活量计时，注意待浮筒停稳后再进行读数。

注意事项：

（1）测试前，受测者应了解测试方法和工作要领，可做必要的练习。

（2）受测者吸气和呼气均应充分，呼气不可过猛，并防止从嘴与口嘴接触部位漏气，防止用鼻呼气。呼气时允许弯腰，但呼气开始后不得再吸气。测试人员应注意观察，防止因呼吸不充分、漏气或再吸气影响测试结果。

（三）50 米跑

测试方法：受测者至少两人一组测试。站立式起跑，受测者听到"跑"的口令后开始起跑。发令员在发出口令同时要摆动发令旗。计时员视旗动开表计时。受测者躯干到达终点线的垂直面停表。记录以秒为单位，精确到 0.1 秒。

注意事项：

（1）受测者测试时最好穿运动鞋，不得穿钉鞋、皮鞋或塑料鞋。

（2）发现有抢跑者，要当即召回重跑。

（3）如遇风时一律顺风跑。

（四）立定跳远

测试方法：受测者两脚自然分开站立于起跳线后，脚尖不得踩线，然后两脚原地同时起跳，不得有垫步或连跳动作。丈量起跳线后缘至最近着地点后缘的垂直距离。每人试跳三次，记录其中最好一次成绩。记录以厘米为单位，不计小数。

注意事项：

（1）发现犯规时，此次成绩无效。三次试跳均无成绩者，再跳至取得成绩为止。

（2）可以赤足，但不得穿钉鞋、皮鞋或塑料鞋测试。

（五）坐位体前屈

测试方法：受测者上体垂直坐，两腿并拢伸直，两脚平蹬测试纵板，两脚尖分开10~15厘米，上体前屈，两臂伸直向前，用两手指尖轻轻地向前推动游标，直至不能前推为止，保持这一姿势三秒。测量三次，取最大值，记录以厘米为单位，数值精确到小数点后一位。

注意事项：

（1）测试前应做短时间的热身活动。

（2）测试中动作要缓慢，以避免受伤。

（3）身体前屈，两臂向前推游标时，两臂用力要均匀，两腿不能弯曲。

（六）1 000米跑（男）、800米跑（女）

测试方法：受测者至少两人一组进行测试，站立式起跑。当听到"跑"的口令后起跑。计时员看到旗动开表计时，当受测者的躯干到达终点线垂直面时停表。记录以秒为单位。

注意事项：

（1）受测者测试时最好穿运动鞋或平底布鞋，赤足亦可，但不得穿钉鞋、皮鞋或塑料鞋。

（2）发现有抢跑者，要当即召回重跑。

（3）如遇风时一律顺风跑。

（七）仰卧起坐（女生）

测试方法：受测者全身仰卧于垫上，两腿稍分开，屈膝90°左右，两手手指交叉贴于脑后。另一同伴压住其踝关节，固定下肢。受测者起坐时，两肘触及或超过双膝为完成一次。仰卧时两肩胛骨必须触垫。测试人员发出"开始"口令的同时开表计时，记录一分钟内完成的次数。一分钟到时，受测者虽已坐起但肘关节未达到双膝者不计该次数，精确到个位。

注意事项：

（1）如发现受测者借用肘部撑垫或臀部起落的力量起坐时，该次不计数。

（2）测试过程中，观测人员应向受测者报数。

（3）受测者双脚必须放于垫上。

（八）引体向上（男生）

测试方法：受测者面向单杠，自然站立，然后向后摆动双臂，跳起，双手分开与肩同宽，正握杠，身体呈直臂悬垂姿势。待身体停止晃动后，两臂同时用力，向上引体（身体不能有任何附加动作）。当下颌超过横杠上缘时，还原，呈直臂悬垂姿势，此为完成一次。

测试人员记录受测者完成的次数。记录以次为单位。

注意事项：

（1）若受测者身高较矮，不能自己跳起握杆时，测试人员可以提供帮助。

（2）测试时，受测者要保持身体挺直，不得屈膝、挺腹等。若借助身体摆动或其他附加动作完成引体时，该次不计数。

（3）测试时应有相应的保护措施，防止伤害事故的发生。

（4）下降过程身体不能猛然放松，身体要稍微紧张，双脚在此时应迅速向前伸（幅度不要过大，以免造成违规）。

二、《国家学生体质健康标准》测试项目的锻炼方法

（一）1 000 米跑（男）、800 米跑（女）

1 000 米跑、800 米跑项目，既测试有氧耐力水平，也测试无氧耐力水平。由于耐力是衡量人的体质健康状况和劳动工作能力的基本因素之一，是从事各项运动必不可少的一种运动素质，因此，测试耐力水平对于评价学生的体质健康状况有着非常重要的意义。

长跑测验既可以反映肌肉耐力，又可以反映心肺功能，测试方法简单易行，具有其他测验项目不可替代的作用。更为重要的是，《国家学生体质健康标准》把长跑测试作为一种手段，可以引导学生更多地关注自己的耐力和心肺功能，主动积极地参加长跑等体育锻炼，发展体能，增强耐力，提高体质健康水平。

锻炼方法：

（1）匀速跑 800~1 500 米。全程以均匀的速度跑完。

（2）中速跑 500~1 000 米。要求全程轻松自然，动作协调，迈开步子。

（3）重复跑。反复跑几个段落，如 200 米、400 米或 800 米等，中间休息时间较长。跑步的距离、重复次数、速度、强度可根据自己的情况而定，发展速度耐力。

（4）加速跑 60~80 米。同样的距离反复跑，中间有较短时间的间歇。

（5）变速跑 1 500~2 500 米。要求快跑与慢跑结合，如采用 100 米慢跑、100 米快跑或 100 米慢跑、200 米快跑等交替进行的方法，发展速度耐力。

（6）越野跑。利用自然地形条件进行练习，如在公路、田野或山坡上进行跑步练习，可以发展耐力、灵敏、弹跳等素质。

（7）跑台阶、跑楼梯练习。

（二）肺活量

肺活量是指在不限时间的情况下，一次最大吸气后再尽最大力量所呼出的气体量。肺活量是反映人体生长发育水平的重要机能指标之一。

锻炼方法：经常运动的人比不经常运动的人的肺活量要大，他们的呼吸次数、呼吸深度、肺活量和肺通气量这 4 个指标都会出现良好的变化。长跑、游泳、健美操、跳绳、跑楼梯、上下台阶、长距离竞走、篮球和足球等项目都是提高人体肺活量的有效方法。

（三）50 米跑

50 米跑是国际上通用的测试项目，通过较短距离的高强度跑测试速度素质。

速度素质可以反映人体中枢神经系统的机能状态和神经与肌肉的调节机能，也可以综

合地反映人体的爆发力、灵敏和柔韧等素质。

锻炼方法：

（1）小步跑。体会前脚掌快速扒地的动作，上下肢放松协调配合。

（2）高抬腿跑。提高大腿抬高的幅度，增强腿部力量和动作频率。

（3）后蹬跑。纠正后蹬用力不充分和"坐着跑"等缺点，增强腿部力量。

（4）小步跑转入加速跑，50~60 米。

（5）高抬腿跑转入快速跑，50~60 米。

（6）后蹬腿跑转入快速跑，50~60 米。

（7）顶风跑、顺风跑、上坡跑、下坡跑。

（8）30 米、50 米计时跑。

（9）重复跑 60~80 米。以中等速度反复练习。

此外，还可采用负重练习，以增强腿部力量。方法参照立定跳远项目的锻炼方法。

（四）立定跳远

立定跳远是发展下肢肌肉力量、腰腹力量、协调性及跳跃能力的指标之一，是测试爆发力的项目。爆发力要求在最短时间内发挥最大的力量。爆发力的大小不仅取决于力量，而且取决于力量和速度的结合。它在人们的日常生活、劳动中有重要的意义和作用。

锻炼方法：采用各种跳跃练习以及负重练习，能够有效地发展腿部肌肉力量和肌肉速度，提高弹跳能力。

（1）深蹲跳。全蹲下去，双脚同时用力向上跳起，连续做。

（2）单脚跳。用左脚连续向上或向前跳一定的次数，再换右脚做连续跳。

（3）多级跨步跳。连续以最少的步数，跨出最远的距离。

（4）多级蛙跳。屈膝半蹲，上体稍前倾，双脚同时用力蹬地，充分伸直髋、膝、踝三关节，同时两臂迅速上摆。身体向前跃出，双腿屈膝落地缓冲后再接着向前跳。

（5）跳台阶。原地双脚起跳，跃上台阶或其他物体，然后再跳下，反复进行。

（6）跳绳。各种方式的跳绳练习。

（7）身体负重跳。肩负杠铃或沙包、腰和腿绑沙袋、身穿纱衣等做各种跳跃练习。

（五）坐位体前屈

坐位体前屈是反映人体柔韧性的测试项目。柔韧是指人体完成动作时，关节、肌肉、肌腱和韧带的伸展能力。一个人的韧性程度越好，其关节的活动幅度越大，关节灵活性越强。

柔韧素质与健康的关系极为密切。柔韧性的提高，对增强身体的协调能力，更好地发挥力量、速度等素质，提高技能和技术，防止运动创伤等都有积极的作用。

锻炼方法：

（1）正压腿。一腿直立，另一腿举起放于高度适当的高物上，身体正对高腿，上体向前尽量用胸部贴腿，双膝不得弯曲，还原后连续再做。

（2）侧压腿。一腿直立，另一腿举起放于高度适当的高物上，身体侧对高腿，上体尽量侧屈，用头的一侧贴腿。不要前倾或后仰，还原后连续再做。

（3）正踢腿。直立，两臂平举，左脚向前迈出一小步，右脚绷脚面，右腿伸直，急速有力地向上踢，落下时要有控制。两腿交替练习。

（4）并腿体前屈。两腿并立，上体前屈，两手触地，上体与腿尽量贴近，还原后连续再做。

（5）两腿左右开立，大于肩宽，上体前屈，臀部自然后移，双膝伸直，两手先向左腿外侧摸地面，还原后再向右腿外侧摸地面，连续做。

（6）双腿伸直坐于垫上或床上，上体前屈，两臂向前伸，尽力用双手触脚尖，膝关节不得弯曲，还原后连续再做。

（六）一分钟仰卧起坐（女生）

一分钟仰卧起坐是测试腹肌力量和耐力的一个项目。测试方法简单易行，多年来在学校体育的锻炼和测验中一直受到重视。

锻炼方法：

1. 垫上练习

（1）直腿仰卧起坐。仰卧于垫上，双腿并拢伸直，两臂上举。上腹用力，使上体坐起，两臂前伸用手触脚。还原后连续做。

（2）仰卧团身。两手上举仰卧于垫上，双腿并拢屈膝，大小腿呈90°。收腹起上身，同时双膝往上提，臀部随之离地，两臂抱腿，头尽量碰膝，仅腰部贴地。还原后再连续做。

（3）仰卧起坐。两手抱头仰卧于垫上，双腿屈膝大于90°。左膝上提，同时收腹夹肘起上身，尽力用右肘碰左膝。还原后，右膝上提，同时收腹夹肘起上身，尽量用左肘碰右膝。连续做。

（4）仰卧举腿。直体仰卧于垫上，两手抓垫，连续做向上直腿举腿动作。

2. 垫上负重和其他器械练习

（1）斜板仰卧起坐。两臂上举，仰卧在稍有高度的斜板上，脚朝上，头朝下，将双脚固定。当上身起坐时，两手尽量往脚尖伸去。还原后连续做。

（2）支撑举腿。两臂伸直，支撑在双杠或其他物体上，身体保持正直，双腿并拢后，快速收腹举腿，使大腿与上体呈90°，保持几秒后，还原再做。

（3）悬垂举腿。双手正握单杠或肋木（背向肋木）呈悬垂，双腿伸直，最大限度地向上举起、还原再做。

（4）仰卧双腿举重物。仰卧于垫上，双手抓住固定物体。双脚夹重物或踝关节绑沙袋向上举起后放下。连续做数次或数十次。

（5）负重仰卧起坐。仰卧于垫上，双腿伸直，双手在头后持重物。腹肌迅速收缩，使上体坐起并前屈，然后再慢慢还原。反复练习。

（七）引体向上（男生）

引体向上主要测试上肢肌肉力量的发展水平。引体向上是最基本的锻炼背部肌肉的方法，也是衡量男性体质的重要测试项目。

引体向上要求男性有一定的握力、上肢力量和肩带力量，这个力量必须能克服自身的体重才能完成一次。引体向上是一种力量耐力项目，对发展上肢悬垂力量、肩带力量和握力有重要作用。它以按动作规格完成的次数来计算成绩，做得多则成绩好。

锻炼方法：在练习引体向上时，一般每次3~5组，每组8~12次，组间休息一分钟左右。也可以在做第一组时做到几乎竭尽全力（无论是3个还是4个）。然后再做两组，每组尽力而为，能做多少做多少。下次再做时，尝试每组多做一两个。

　　当引体向上每组次数超过 12 次时，即可考虑负重练习。一般要做 3~8 组，每组 8~12 次，组间休息 1~2 分钟。休息时间长短因人而异。还可按照规定次数做，如第一组采用顶峰收缩法做 8 次，有余力也不多做，组间休息一分钟，第二组也按规定做 8 次，直至最后几组，用尽全力，即便借助外力，动作不太规范，也要完成规定的 8 次，总共做 50 次左右。

第三章
体育锻炼的理论基础

第一节　体育锻炼的生理学基础

　　运动的主体是人体，生命在于科学地运动，因此，大学生有必要了解人体的结构、功能及其与运动的关系。人体由运动系统、消化系统、呼吸系统、泌尿系统、心血管系统、神经系统、内分泌系统、生殖系统和感受器官构成。在人生的不同时期，在不同的环境条件下，选择不同的运动项目、不同的运动方式和不同的运动方案，对人体各器官系统产生的效果不同。了解人体各器官系统的结构与功能，了解运动对人体器官系统的正、负面影响，根据人体不同发展时期的特点，科学地从事运动是终身健康的基本前提与保障。

一、运动系统与运动

　　（一）运动系统的构成

　　运动系统由骨、骨连结和骨骼肌组成。在神经支配下，肌肉收缩，牵拉其所附着的骨，以可动的骨连结为枢纽（主要为关节），产生杠杆运动。

　　1. 骨

　　（1）骨的形态与结构。正常人体共有206块骨（图3-1-1），根据形态可分为长骨、短骨、扁骨和不规则骨。骨由骨膜、骨质和骨髓构成。骨膜上有血管和神经，有营养和感觉的功能。骨质可分为骨密质和骨松质。骨髓可分为红骨髓和黄骨髓，红骨髓具有造血功能。

　　（2）骨的理化特性。成人骨中的有机物约占骨重量的1/3，主要成分是骨胶原纤维和黏多糖蛋白。有机物使骨具有一定的弹性和韧性。成人骨中的无机物约占骨重量的2/3，主要成分是磷酸钙、碳酸钙，它们沉积在骨胶原纤维的周围。无机物使骨具有很大的硬度。

　　骨在运动中充当杠杆的角色，具有支持体重、保护器官、造血等功能。此外，骨也是体内最大的钙、磷储存库。

　　（3）骨龄。骨龄指腕及小骨骨化中心出现的年龄以及骺与骨干的愈合年龄。

　　测量骨龄可以预测身高，了解、评价儿童青少年生长发育的情况与规律。在参加全国

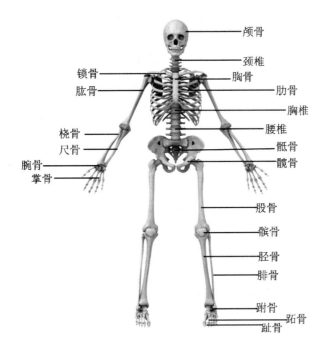

颅骨

颈椎

锁骨　　　　　　胸骨

肱骨　　　　　　　　　肋骨

胸椎

桡骨　　　　　　　腰椎

尺骨　　　　　　　骶骨

腕骨　　　　　　　髋骨

掌骨

股骨

髌骨

胫骨

腓骨

跗骨　　距骨

趾骨

图 3-1-1　人体骨骼示意图

中小学生的某些比赛时，小运动员通常需要拍一个手骨的 X 线片，为运动会的主办单位提供判断运动员年龄的依据。

2. 关节

骨与骨之间借结缔组织相连结称为骨连结。其中，活动性较大的骨连结称为关节。

（1）关节结构。关节包括关节面、关节囊和关节腔等基本结构，还包括关节内外的韧带、关节内软骨等各种辅助结构。

（2）关节类型。人体有球窝、平面、椭圆、鞍状、滑车、车轴等各种类型的关节，不同类型的关节可以完成不同的运动。

（3）关节的运动。关节可以完成屈伸、外展内收、旋转和环转等多种运动。

3. 骨骼肌

（1）骨骼肌的结构与功能。骨骼肌由中部的肌腹（骨骼肌细胞）和两端的肌腱（排列紧密胶原纤维）构成，里面有丰富的血管和神经。

骨骼肌是人体运动的动力来源，通过骨骼肌的收缩与舒张，可引起其附着的骨以关节为支点进行运动。骨骼肌的收缩与舒张，对血管具有按摩作用，可以促进血液循环。骨骼肌除具有一般感觉功能外，还具有本体感觉功能，能感受肌肉收缩时长度与力量的变化，及时调整运动动作。

（2）人体运动的主要肌群。运动肩胛骨的肌群：主要有位于胸前外侧的前锯肌、胸小肌和位于颈背部的斜方肌。

运动肩关节的肌群：屈肌群主要有胸大肌、三角肌前部、肱二头肌等胸、肩部肌群和上臂前肌群，伸肌群主要有背阔肌、三角肌后部、肱三头肌等肩、背部肌群和上臂后肌群。

运动肘关节的肌群：屈肌群主要有肱肌、肱二头肌、肱桡肌等上臂肌群和前臂前肌群，伸肌群主要有肱三头肌和肘肌等上臂后肌群。

运动腕关节的肌群：屈肌群主要有前臂前肌群，伸肌群主要有前臂后肌群。

运动髋关节的肌群：屈肌群主要有髂腰肌、股直肌、缝匠肌等骨盆与大腿前肌群，伸肌群主要有臀大肌、股后肌群等骨盆后外侧与大腿后肌群。

运动膝关节的肌群：屈肌群主要有股后肌群和小腿三头肌等小腿后肌群，伸肌群主要有股四头肌。

运动足关节的肌群：屈肌群主要有小腿三头肌等小腿后肌群，伸肌群主要有胫骨前肌等小腿前肌群。

运动脊柱的肌群：屈肌群主要有胸锁乳突肌、腹肌等，伸肌群主要有斜方肌、竖脊肌、臀大肌等。

（3）肌肉的物理特性。肌肉的物理特性包括伸展性与弹性以及黏滞性等。伸展性是指在外力作用下，肌肉可以被伸展拉长的特性；弹性是指除去外力后可恢复原长度的特性。肌肉伸展性越好，关节运动幅度越大。肌肉弹性好，收缩时的弹性回缩力越大，肌肉的力量越大。

黏滞性指肌肉收缩与舒张时，肌纤维内部分子间因摩擦产生的阻力。肌肉的黏滞性大，工作时易拉伤，且妨碍肌肉的快速收缩与舒张。黏滞性受温度影响，温度升高，黏滞性降低，肌肉的收缩速度快，且不易拉伤。因此，运动前应做好充分的准备活动，使体温升高，以降低肌肉的黏滞性。

（二）体育锻炼对运动系统的影响

1. 体育锻炼对骨的影响

（1）促进骨的生长发育。在运动过程中，骨承受各种运动负荷的刺激，可促使骺软骨细胞增殖，有利于骨的增长；在运动过程中，血液循环加快，可保证骨的营养供给，促进新陈代谢，从而促进骨的生长发育；在进行户外运动时，阳光中紫外线的照射，可使人体皮肤内的部分胆固醇转化为维生素 D，有助于人体对钙的吸收，这对儿童青少年骨骼的生长发育特别有帮助。

（2）使骨增粗。经常参加体育锻炼的人，骨表面的隆起更为显著，骨密质增厚，管状骨增粗，骨小梁分布更符合力学规律。

（3）提高骨的机械性能。经常参与体育运动，可使骨在形态结构方面获得良好变化，使骨的抗压、抗弯、抗折断和抗扭转等机械性能得到提高。如一般人股骨仅能承受236～400 千克的重量，而运动员的股骨能承受 700 千克以上的重量。

（4）不良运动对骨的负面影响。持续、过量的运动负荷，可能会使骨骼疲劳，形成疲劳性骨折；过早地从事大强度负重练习，可能会使骨过早钙化，影响骨的正常发育。

2. 体育锻炼对关节的影响

（1）增强关节的稳固性。经常运动，可使关节周围的肌肉力量增强，关节软骨和关节囊增厚，韧带增粗，关节的稳固性增强。

（2）增大关节的运动幅度和灵活性。经常参与运动锻炼，可使肌肉力量增强的同时伸展性提高，从而使关节的运动幅度增大、灵活性提高。

（3）不良运动对关节的负面影响。冲击性过大、持续时间过长的运动，可能会造成关节软骨的损伤；运动幅度过大、准备活动不充分或动作不合理，可能会造成关节周围软组织的损伤。

3. 体育锻炼对骨骼肌的影响

（1）肌肉体积增大，重量增加，肌力增大，脂肪减少。经常参加体育运动者，肌肉体积显著增大，这种增大常以肢体的围度作为评定指标。线粒体是细胞中进行有氧氧化供能的结构，系统地进行有氧运动者，肌肉中线粒体数量增多、体积增大。线粒体的增加，可为肌肉收缩提供更多的能量以适应耐力项目等有氧训练的需要。有氧运动可使肌纤维中的脂肪和肌膜上的脂肪相应减少，脂肪的减少可使肌肉收缩时的黏滞阻力变小，肌肉的收缩效率相应提高。

（2）肌肉中毛细血管数量及其分支吻合增多。经常参与运动锻炼，可使肌肉中毛细血管的数量增多，肌肉的血液供给得到改善；静力性负荷练习可使肌肉中毛细血管行程迂曲，分支吻合丰富，毛细血管吻合处出现膨胀状；动力性负荷练习可促使毛细血管分支吻合增多。

（3）肌肉的结缔组织增厚。在运动过程中，肌肉收缩的反复牵引能促使肌腱和韧带增厚，肌外膜、肌束膜和肌内膜也会增厚，肌肉变得坚实，抗张强度提高，从而增强了肌肉的抗断（拉伸）能力。

（4）肌肉的化学成分发生变化。肌球蛋白和肌动蛋白是肌肉收缩的基本物质。经常进行运动，能增加肌肉中的肌球蛋白和肌动蛋白，提高肌肉的收缩能力；运动可使肌红蛋白增加，酶活性提高，氧化供能的能力增强；运动可使肌糖原含量增加，使肌肉储能能力提高。

（5）不良运动对骨骼肌的负面影响。运动幅度过大、准备活动不充分或动作不合理都可能造成肌肉拉伤；从事不适应的运动或运动中肌肉以离心收缩为主，则会出现肌肉酸痛的现象。

二、呼吸系统与运动

（一）呼吸系统的组成与功能

呼吸系统由呼吸道与肺组成。呼吸道包括鼻、咽、喉、气管和支气管，主要功能是运输气体；肺的功能是进行气体交换（图3-1-2）。

1. 鼻、气管和支气管等器官

这些器官的内腔面由具有纤毛的上皮构成，形成呼吸的第一道屏障，具有湿润、加温和净化空气的功能。

2. 肺

肺位于胸腔内，呈圆锥形，上部是肺尖，下部是肺底。肺由50~80个肺小叶组成。肺泡与肺泡周围毛细血管之间有气血屏障，可限制细菌、异物进入血液。

（二）运动对呼吸系统的影响

1. 长期坚持合理运动的正面影响

（1）可使呼吸肌得到发展，胸围加大，呼吸深度加大。

（2）安静时的呼吸次数减少，肺活量增大，肺通气量增大。

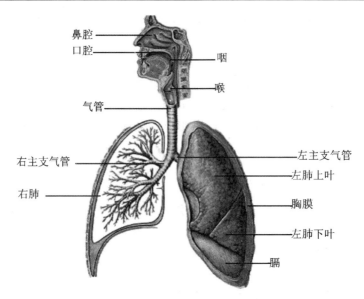

鼻腔
口腔
咽
喉
气管
右主支气管
右肺
左主支气管
左肺上叶
胸膜
左肺下叶
膈

图 3-1-2　呼吸系统的组成

（3）组织利用氧的能力增大，能适应和满足运动对呼吸系统的需求。

2. 过量运动的负面影响

研究表明，随着负荷的增加，呼吸膜的厚度发生从正常到增厚，再到变薄，最后直到破裂的变化过程，使呼吸膜失去呼吸作用。

三、心血管系统与运动

（一）心血管系统的组成与功能

心血管系统由心脏与血管组成，在人体内构成一个封闭的管道系统，具有运输氧、营养、激素等物质到组织器官，将组织器官在代谢中产生的二氧化碳、废物排出体外的功能。

1. 心脏

心脏是血液循环的动力器官。通过心脏的舒缩推动，血液在心血管系统中周而复始地流动。

2. 动脉

动脉是运送血液离心的血管。动脉自心脏发出，经反复分支，血管口径逐步变小，数目逐渐增多，最后分布到全身各组织内，成为毛细血管。

3. 静脉

静脉是引导血液回心的血管。静脉在其行进中逐步汇集成为大的静脉，进入心房。

4. 毛细血管

毛细血管是连接小动脉与小静脉之间的微细血管，是血液与组织之间进行物质交换的场所。

（二）血液循环

血液循环是指血液从心脏出发，经动脉及其分支到达全身各组织器官的毛细血管进行物质与气体交换后，经各级静脉返回心脏的周而复始的流动过程，包括体循环与肺循环。

1. 体循环

体循环指心脏与全身各组织器官之间的血液循环，血液在毛细血管处完成与组织之间的物质与气体交换。

2. 肺循环

肺循环指心脏与肺之间进行的血液循环，在肺部毛细血管中的二氧化碳与肺泡中的氧气进行交换，使静脉血变成动脉血运回心脏。

（三）运动对心血管系统的影响

经常从事体育运动的人，心血管系统会获得良好的发展，表现为心脏动员快、效率高、储备大、恢复快，血管的弹性好，缓冲血压的能力强。

拓展知识：心脏是一个高效率的发动机

1. 动员快

在比赛或运动开始时，经常运动的人，心脏能很快地通过心收缩力的增加和心跳的加快适应运动的需要。

2. 效率高

在进行相同负荷量的运动时，经常运动的人心脏的反应小，能以较少的心跳次数保证运动的需要，在负荷增大时，能更大限度地动用心力储备。

3. 储备大

（1）心肌收缩能力储备。经常从事力量项目训练的人，心肌纤维增粗，心肌层增厚，心肌收缩力增强；经常从事耐力项目训练的人，心腔容积扩大，心舒期回心血量增多，心缩力增强，每搏输出量较不运动的人大。

（2）心力储备。经常从事有氧运动的人，安静时的心率减少，运动时心率上升的幅度增大，心力储备大。

4. 恢复快

运动结束后，经常从事运动的人心率能很快恢复至安静时的水平。

5. 对血管的影响

（1）动脉。动物实验表明，运动使动脉管壁的中膜增厚，平滑肌细胞（中动脉）、弹性纤维（大动脉）增多，口径增粗。

（2）毛细血管。运动可使毛细血管数量增加，行程迂曲，分支吻合增加，有利于器官的供血。

6. 大运动负荷或超大运动负荷的影响

超大负荷的过度运动会造成心肌纤维中线粒体损伤，供能不良。此外，还会造成肌节变长或变短，肌丝断裂，心肌收缩力下降，出现一系列不良反应。但以健康为目的的适量运动，通常不会达到损伤心血管的程度。

四、神经系统与运动

（一）神经系统的组成与功能

神经系统由中枢神经系统与周围神经系统组成。中枢神经系统包括位于颅腔的脑和位于椎管的脊髓；周围神经系统包括与脑相连的 12 对脑神经和与脊髓相连的 31 对脊神经。

（1）协调各器官系统的功能活动。神经系统借助感受器，接受体内、外各种刺激，引起人体产生各种相应的反应，并能协调各器官系统的活动，使人体成为完整的有机体。

（2）提高人体的适应能力。神经系统使人体能适应内、外环境的变化，并能有效、最大限度地改造自然环境。

（3）语言文字与抽象思维。人类在进化过程中，随着生产劳动、语言文字和社会生活实践的进行，人类的大脑皮质高度发展，不仅能适应客观环境，还能主动地认识和改造客观世界，使之为人类服务。

（二）反射与反射弧

1. 反射

反射是神经系统的基本活动方式，是指在中枢神经系统的参与下，机体对内、外环境变化的刺激产生的有规律的应答反应。它可分为先天由种族遗传的非条件反射和后天在个体生活中获得的条件反射两类。

2. 反射弧

反射弧是完成反射活动的结构基础，包括感受器、传入神经、神经中枢、传出神经和效应器5部分。

（三）运动对神经系统的影响

1. 神经元形态结构的改变

运动时，多种感受器接受刺激，使感觉中枢接收的信息增多。同时运动中枢也不断地发出大量的信息支配肌肉活动。经常参加运动，在大量传入与传出信息的作用下，中枢神经元发生形态结构的改变。由于血液循环改善，神经元得到充分的营养和氧供给，这为神经元形态结构的改变提供了物质基础。

2. 提高神经系统的灵活性与均衡性

人体的各种运动动作都是在神经系统的支配下完成的。在完成短时间周期性运动项目（如短跑）的过程中，神经中枢的兴奋与抑制快速交替进行，动作的频率越快，神经系统的灵活性越高。在完成长时间周期性运动项目（如长跑）的过程中，神经中枢长时间保持兴奋与抑制交替，提高了神经过程的均衡性。

五、能量供应与运动

体育锻炼所需要的能量来自营养物质的化学能。但营养物质不能直接为细胞提供能量，它储存的能量必须经过释放，转变成含有高能磷酸键的化合物后才能被细胞利用。在体内只有三磷酸腺苷（ATP）可以作为肌肉收缩的直接能源。ATP的含量很少，依靠肌肉的ATP做功只能维持1秒左右，因此，只有不停地合成ATP才能满足肌肉收缩的需要。体育锻炼时，体内代谢过程大大加强，能量消耗增加，各器官系统功能增强。为保持运动的持续性，人的机体还需要其他的供能方式。在体内有两种方式可以合成ATP：一种是在无氧条件下产生ATP，称为无氧供能；另一种需要氧的参与，称为有氧供能。

（一）无氧供能

无氧供能包括在无氧或氧供应不足情况下高能磷酸化合物（ATP和磷酸肌酸）分解供能及糖酵解供能，前者称为非乳酸能，后者称为乳酸能。

非乳酸供能是指运动开始时，所有能量都由 ATP 和磷酸肌酸（CP）供给。ATP 和 CP 的分解不需要氧也不产生乳酸。磷酸肌酸是由肌酸合成的高能磷酸化合物，存在于肌质中，含量是 ATP 的数倍，CP 在酶的作用下可迅速分解，使二磷酸腺苷（ADP）合成 ATP。非乳酸供能是短时间、大强度运动的主要供能方式。

乳酸供能是指由肌糖原或葡萄糖分解为乳酸时放出的能量由 ADP 接受，合成 ATP 的供能方式。乳酸供能产生乳酸，乳酸的积累可导致疲劳。乳酸供能是速度耐力等体能的基础，人在从事时间较长、运动强度大的身体活动时，乳酸供能比例较大。

（二）有氧供能

在氧供应充足的条件下，糖类（葡萄糖或肌糖原）和脂肪被氧化成二氧化碳和水，并释放出大量的能量，这一过程称为有氧供能。有氧供能释放出大量的能量，供 ADP 再合成 ATP。除糖类和脂肪可氧化供能外，蛋白质也可氧化供能，但比例较小。运动初期，糖是主要的供能物质，随着时间的延长和脂肪供能比例的增加，蛋白质也参与供能。有氧供能是耐力运动的基础。

无氧供能和有氧供能是人体在不同运动强度下，根据需氧量的不同，所表现出的两种供能方式，二者紧密相连，不可分割，只是比例有所不同而已。如持续时间在 10 秒以内的最大强度运动几乎完全依靠无氧供能；持续几十分钟甚至几小时的运动，有氧供能占主导地位；而在 800 米跑中，有氧供能和无氧供能的比例相差不大。

（三）能源物质的消耗与补充

人体运动时直接消耗 ATP，但最终却是消耗糖、脂肪和蛋白质。

1. 糖和脂肪的供能特点

糖和脂肪是运动中合成 ATP 的主要来源，但由于运动持续时间、强度以及糖和脂肪供能特点的不同，所消耗（能量物质）的比例也不相同。因为糖可以进行无氧酵解和有氧代谢，而脂肪仅能进行有氧代谢。正是这一特点，使不同运动中二者的供能比例不同。例如，运动初期或时间短、强度大的运动，主要是消耗糖，因为这时主要是无氧代谢过程；而时间长、强度较小的运动，脂肪的消耗（供能）比例增加（马拉松跑等长时间持续运动的后期，约有 80% 的 ATP 来源于脂肪的氧化），蛋白质也将参与供能。因此，要消耗体内的脂肪，应进行强度不大，但持续时间较长的运动，才能达到效果。

2. 运动后能量物质的恢复

运动时，体内代谢过程加强，以不断满足运动时能源的需要，运动中及运动停止后，能量物质需要不断进行补充与恢复，能量物质的恢复过程大致可分为以下三个阶段：

第一阶段：在运动进行当中，恢复过程就已开始。这时机体一边进行锻炼消耗，一边进行能量物质的恢复补充，但由于锻炼中消耗多，此时的恢复跟不上消耗的量，因此能量物质储备逐渐下降。

第二阶段：运动结束后，此时体内能量物质消耗逐渐减少，而恢复过程却不断加强，锻炼中消耗的能量物质不断得到补充，直至补充到锻炼前的水平。

第三阶段：超量恢复阶段，即能量物质恢复到原水平时并未停止，而是继续恢复补充。运动后的一段时间，能量物质的恢复可超过原来储备的水平，比锻炼前能量物质的储备量还要多。超量恢复是对未来重复较大运动负荷时能源物质再次耗尽的一种预防性保护机制。一段时间后，能量物质的储备又回到原来水平。

第二节 体育锻炼的心理学基础

一、心理发展的一般规律

一个自然人从出生到成熟至衰老，他的心理状况都在发展与变化之中，这种发展变化表现为从简单到复杂的心理转化和从低级到高级的心理演进。青少年心理发展变化具有明显的阶段性特点，表现出分阶段的由数量积累到质量转化的过程。美国心理学家埃里克森（E.H.Erikson）根据其丰富的临床诊断经验，按照个性发展各时期主要矛盾的出现，把人生个性发展分为 8 个阶段（表 3-2-1）。

表 3-2-1　埃里克森的心理发展阶段理论

阶段	年龄	心理 - 社会转变期的矛盾
一	婴儿期（0~1.5 岁）	基本信任和不信任的心理冲突
二	儿童期（1.5~3 岁）	自主与害羞（或怀疑）的冲突
三	学龄初期（3~6 岁）	主动对内疚的冲突
四	学龄期（6~12 岁）	勤奋对自卑的冲突
五	青春期（12~18 岁）	自我同一性和角色混乱的冲突
六	成年早期（18~25 岁）	亲密对孤独的冲突
七	成年期（25~65 岁）	生育对自我专注的冲突
八	成熟期（65 岁以上）	自我调整与绝望的冲突

这 8 个心理发展阶段相互联系、相互影响、相互促进、相互制约，如果某一个发展阶段出现问题，则会影响到下一个阶段的发展变化，轻则产生心理障碍，重则出现行为偏离。埃里克森关于心理、社会发展的理论，关于人类心理发展划分为 8 个阶段的学说，是心理动力学的代表作，具有较高的参考价值。这里选择跟大学生年龄特点相关的青春期（12~18 岁）和成年早期（18~25 岁）两个阶段进行探讨。

（一）青春期阶段的心理特点

青春期阶段是从 12~18 岁。这个阶段的特征是个体有了统一感、个性感、差异感，即对自己和别人已经形成了一个完整统一的认识，但又有弥散性的"自我"角色和个性的不确定性；逻辑思维能力明显增强，知其然，更想知其所以然；学习动作技能侧重于对"概念"的理解。这个阶段的典型特征是"角色延缓"，他们尝试充当各种角色，但是，还没有等他们懂得这些角色的内涵时，一切又很快地过去了。这个时期，环境、人际交往、良性或不良刺激都将对人的一生产生决定性的影响。

（二）成年早期阶段的心理特点

成年早期阶段是从 18~25 岁。从学习年龄上说，这一阶段是大学学习期并开始走向社会的阶段。这个阶段的特征是心理上需要与他人建立亲密的交流，其中包括对异性的亲近感，既需要朋友的友谊，更渴望爱与被爱。他们在学有所成的基础上，开始考虑自己的恋爱婚姻问题，考虑自己毕业后的社会定位问题等。由于这一阶段会出现极其复杂的心理变化，自然会产生许多的矛盾。这一阶段常会出现烦恼和孤独感，大学生经常出现两极分化现象，即有的学生性格开朗，喜交朋友，推崇团队活动；而有的学生个性孤僻，独来独往，具有明显的自卑感，这部分学生虽然知道自己和周围环境存在着适应问题，但却不知怎样去解决，或者知道解决的方法，但又不能付诸行动。因此，此阶段的学生情绪波动较大，主动性、创造性等都处于抑制状态。

二、体育运动的心理学因素

（一）体育与智力

正常的智力水平是人们从事各种活动最基本的心理条件。学习效率是由大脑高级神经系统决定的。经常从事体育活动和身体锻炼，可促进新陈代谢，提高神经系统的活动能力，增强呼吸系统和心血管系统的功能，使大脑供氧充分，进而使记忆力增强，思维更加敏捷灵活，提高学习效率。

（二）体育与情绪

情绪是因人的自然需要是否得到满足而产生的一种体验。情绪几乎参与人的所有活动，对人的行为活动起着很大的调节作用。良好的情绪对人的行为具有积极作用，而消极的情绪不但会影响人的正常学习工作，还会对人的身体和心理产生许多不良影响。长时期的情绪压抑、忧虑和紧张，还可导致疾病。

经常参加体育锻炼，可使机体产生极大的舒适感。在各种运动项目中感受运动的美感、力量感和韵律感，从而陶冶情操、开阔心胸，激发生活的自信心和进取心，形成豁达、乐观、开朗的良好心境。

（三）体育与人格

人格，也称个性。体育教学的功能之一，就是帮助学生形成正确的世界观和人生目标以及健康、积极、进取向上的人格。在体育竞赛中，取胜催人奋发向上，有利于个性的形成；而失败也是对人格的考验，可以让学生明白"重要的是参与，而不是取胜"，让他们能挖掘失败中的有利因素，能看到成功的希望。体育运动能提高学生的心理耐挫水平，使学生能正确地面对和处理各种挫折和困难，形成高尚的人格和独特的个性。

（四）体育与意志

意志指人们自觉地确定目的，根据目的支配和调节自己的行动，并克服各种困难，最终实现预定目的的心理过程。受意志支配的行动，称为意志行动。

人的行动主要是有意识、有目的的行为。人在从事各种实践活动时，通常是先根据自己对客观规律的认识，在头脑中确定行动目的，然后再选择实现这一目的的方法，并克服各种困难，最终达到预期目的。例如，学生认识到只有加强素质训练才能更熟练地掌握运动技术动作后，会自觉地确定素质训练的目的，并制订训练计划，按照计划一步一步地进行训练，最终较好地提高运动素质水平，从而提高运动技术水平。

良好的意志品质不是先天就有的，而是在后天生活实践中，在教育过程中逐渐形成的。只有经过长期磨炼，才可能逐步养成良好的意志品质。意志是人意识的能动性，是主观见之于客观的心理过程，它受立场、观点、信念的制约，也和一个人的认知水平有关，充分地表现出一个人的立场、观点、信念及认知水平。因此，培养良好的意志品质应当从世界观教育着手，还要提高认知，发展情感，加强锻炼，并把教学过程与有目的地培养意志品质的过程统一为整体，使教学、训练促进意识品质的培养。

（五）体育与心理素质

心理素质主要包括自信心、勇敢精神、竞争意识、意志力、自制力及自我心理调节能力等。对于体育而言，意志坚忍顽强是十分重要的。参加体育活动既是对身体的锻炼，更是对意志的考验。锲而不舍，勇于拼搏，是体育精神的充分体现。要让学生通过参加体育活动，体验运动的乐趣，展示自己的风采，并自信地加入各项活动中，同时初步了解人类意志和精神的力量是不可战胜的。

三、体育运动动机及其培养

（一）体育运动动机的概念

体育运动动机是促进一个人参与体育活动的心理动因或内部动力，它引起并维持人的活动，进而将活动导向一定的目标。动机是个体的内在过程，其作用是引起和发动个体活动；指引个体选择活动的方向；调节功能，即维持、加强或制止、减弱某一活动。

（二）体育活动动机的产生

引起动机的条件有两个：一是内在需要，二是外部诱因。

1. 内在需要

人们参与体育活动的内在需要主要包括生理、心理和社会三个方面的需要。

（1）生理方面的需要。参加体育活动是出于保持身体健康，增强体质，提高力量、速度、耐力素质，解除脑疲劳，促进和保持良好睡眠的需要。

（2）心理方面的需要。参加体育活动是为了调节和控制情绪、保持良好的精神状态、提高注意力、锻炼意志力、培养开朗的性格、养成文明健康的生活习惯等。

（3）社会方面的需要。参加体育活动是为了扩大社交范围、结交更多的朋友、增强集体凝聚力、提高竞争能力和社会适应能力。

2. 外部诱因

外部诱因是指能激起参与体育活动的外部原因，它是引起体育活动、满足个体需要的外在刺激。这些刺激包括物质因素和精神因素，统称为环境因素。环境因素有很多，如优良的体育设施器材、老师的表扬或批评、同伴之间的情绪感染、考试分数、竞赛的奖励（包括精神的奖励和物质的奖励）等。

在多数情况下，体育活动动机是由内在条件和外在条件相互影响、交互作用而产生的。人出生后就有身体活动的需要，随着年龄的增长，在学校教育的影响下，儿童少年有了对某项体育活动的兴趣。这时主要是强烈的需要产生动机，为了满足需要，他们积极参与体育活动，但同时也不宜忽视环境因素的影响，如教师的优美示范、学校的传统优势项目、学校的运动竞赛等都可能诱发个体已有的需要，从而产生体育活动动机，最终引发外显行为。由此可见，在形成体育活动动机、产生外显行为的过程中，体育活动需要是根本条件，外部环境因素是必备条件，只有二者相互作用，才能激发积极的体育行为。

（三）体育动机的培养

（1）树立正确的价值观。价值观是一个人对周围客观事物的评价和态度体现，决定着一个人对该事物的态度和行为。对学生进行体育运动价值观教育，使其树立正确的价值观十分重要。通过体育教育，学生了解体育运动可以增强体质，身心健康是为祖国作贡献的物质基础；了解体育运动对学生全面发展的意义，提高其对体育的认识水平。

（2）目标设置。在体育教学训练过程中，要为练习者确定一定的目标，如跑、游泳的距离，体操动作的次数和质量等。当这种目标转化为练习者的内心需要时，就会使练习经常处于自己的意识控制之下，提高练习者的努力程度和动机水平，调动其积极性。

（3）积极反馈。反馈是通过对技能操作或学习结果的评定和自我知觉使学生了解自己学习的情况，并对以后的行为进行调节的过程。在技能练习过程中，反馈的无论是正确的动作信息，还是错误的动作信息，都有利于练习者坚持目标或修正目标。它是最有益的动态调节信息，有利于激发学生坚持目标和努力的欲望，使已有动机得到强化。

（4）情境创设。情境具有诱发动机的功能。学生在体育教师设计的情境中进行学习或锻炼，由于情境的不同，效果会有很大差异。例如，同一教材内容，如果老师组织教法丰富多变、新颖，学生就会感到有趣，愿意学。反之，学生就可能兴趣黯然，不愿意学。所以，教师应创设问题情境，引起期待心理，满足学生的好奇心，诱发其学习和锻炼的内驱力。

第三节　科学体育锻炼的原理与方法

科学锻炼是指按照人体发展的基本规律，合理地进行体育锻炼。参加体育锻炼，必须遵循一定的原则，这样才能达到促进身体生长发育、改善和提高各器官系统的功能、提高身体素质、增强体质的作用。反之，不遵循体育锻炼的基本原则，不但收不到良好的锻炼效果，还有可能造成运动损伤，损害健康。

一、科学体育锻炼相关的概念

（一）运动量
运动量是指运动的负荷量，即人体在运动中所完成练习的强度、密度和时间。

（二）运动强度
运动强度是指单位时间内的运动量，通常用心率或血乳酸来衡量。

（三）运动密度
运动密度是指单位时间内的练习数量，通常用练习间隔时间来衡量。

（四）极点

在进行剧烈运动时，由于在运动开始阶段内脏器官的机能增强不能满足运动器官的需要，人体往往会有一种非常难受的感觉，此时会感到呼吸困难、肌肉酸疼、动作迟缓、精神低落，甚至不愿再继续下去，这种状态叫"极点"。"极点"出现后，应该继续坚持运动，减速并加深呼吸，各种不良感觉会逐渐消失，动作就会逐渐轻松协调，运动能力又会慢慢恢复，这种现象称为"第二次呼吸"。

（五）有氧运动

人体需氧量和吸氧量达到动态平衡的运动称为有氧运动。在进行有氧运动锻炼时，体内不产生乳酸堆积，心率、心排血量和肺通气量等保持稳定状态，因此，可持续运动时间较长，此过程中可以消耗较多脂肪，并能提高心血管机能。

（六）最大心率

最大心率是指达到最大运动强度时的心率。最大心率随年龄的逐渐增长而减少，一般可以用"220－年龄"来推算。

（七）靶心率

通常以心率作为指标设定的强度称为心率强度，以心率强度设定的心率则称为靶心率或目标心率。靶心率是目前国际上通用的确定运动强度的最好方法之一，可以用以下方法计算靶心率：

$$靶心率 =（最大心率 － 安静心率）×（0.6\sim0.8）+ 安静时心率$$

对于体质较弱的人群，如儿童、中老年人可采用：

$$靶心率 =（最大心率 － 安静心率）×0.5 + 安静时心率$$

（八）极限运动

极限运动是指能够激发人体最大潜力、使人的生理和心理承受能力得到最大限度发挥的运动，如蹦极、攀岩、登山、跳伞等项目。极限运动具有挑战自我、冒险性、刺激性、创造性等特点。参与极限运动，能够帮助人们重新认识自我，挖掘自身潜力，并唤起人们面对困难和挑战的勇气。

二、体育锻炼的基本原理

体育运动是一个确有实效，而又能不断提高身体能力的实践活动；体育锻炼是人们进行的合理、有效的身体活动。而要使这种身体活动合理和有效，就必须了解体育锻炼的基本原理。

（一）刺激与适应性的改变和增强

体育锻炼实际上就是对身体施加的一种运动刺激。在运动的刺激下，机体会产生多种反应，并且随着刺激次数的增加、时间的延续、负荷量与强度的增长，人体在形态、机能、素质等方面均会产生适应性变化。

（二）运动疲劳与恢复

体育锻炼的过程就是运动疲劳和休息恢复的过程。运动中只有出现疲劳，才可能通过休息使体力得以恢复，进而提高身体对疲劳的耐受力。例如，在长跑锻炼中，一个人在刚开始跑 1 000 多米就会感到体力不支，而他通过一段时间的锻炼后，跑两三千米仍不会感到疲劳。可见，人的体力及各种运动能力，必须通过运动所产生的疲劳恢复才能得以增强和提高。这种现象在运动生理学中叫作"超量恢复"。所谓超量恢复，是指通过一定量与强度的运动刺激，使机体出现疲劳，而在休息之后，机体的代谢能力与体力状况可以恢复到比运动前更高的水平。人的各种运动素质与体能，就是经过多次这种"超量恢复"之后提高起来的。

（三）能量消耗与补充

运动必然要消耗体内更多的能量物质。因此，运动后就必须注意营养物质的补充，这样才能使体内的机能代谢逐步提高到新的水平。这不仅能够加强人体对营养物质的吸收和利用，而且可使体质的增强得到充分的物质保障。

拓展知识：
科学锻炼小
知识

（四）体育锻炼的持续性

长期坚持体育锻炼能对身体产生良好影响，如肌肉力量增加、肌肉耐力增加、心肺功能提高等。而体育锻炼若不长期坚持，身体获得的益处可能消退，因而，体育锻炼应持续进行。

三、体育锻炼的基本原则

体育锻炼的原则是体育锻炼过程中客观规律的反映，是练习者从事体育锻炼实践、达到理想效果所必须遵循的原则。只有科学地理解和遵循体育锻炼的原则，有效地锻炼，才可使体育锻炼获得最佳效果。

（一）从实际出发原则

从实际出发原则是指锻炼身体应从个人的实际情况和外界环境条件的实际出发，确定锻炼目的，选择适宜的运动项目，合理地安排运动时间和运动负荷。这是增强身体素质及提高运动水平必须遵循的原则。它包括以下两方面内容：

1. 锻炼者的自身情况

人体生理结构虽然基本相同，但由于年龄、性别、身体功能、基本活动能力等存在差异，并且由于每个人的锻炼基础、锻炼条件不同，随着锻炼过程的发展，机体产生的影响也会不同。因此，在选择确定锻炼的内容、方法、负荷时，要想使体育锻炼收到实效，就必须依照每个人的实际情况而定。既要考虑到兴趣、爱好，又要考虑到具体情况和具体特点，在制订锻炼的任务、内容、方法时，必须因人而异，依人制订运动处方。

2. 外界环境的变化

进行体育锻炼时，还要根据地理环境、气候条件、季节、场地器材等外界条件，按照科学锻炼的方法，选择适合自身的锻炼方法，这样才能收到良好的锻炼效果。如在冬季应着重发展身体的耐力和力量素质，在春、秋两季多进行技术性较强项目的练习；在炎热的夏天，游泳是比较理想的运动项目。另外，锻炼时还需注意，不要在强烈阳光下进行长时间的练习，防止中暑；在每次力量练习训练前，要认真检查运动器械，尽可能两人结合，相互保护和帮助，以防止运动伤害的发生。

（二）循序渐进原则

循序渐进原则是指体育锻炼必须根据人体身心发展规律，在锻炼的内容、方法、运动负荷等方面逐步提高，使机体功能不断得到改善。循序渐进是人体适应环境的基本规律。

人体对内外环境变化的适应是一个缓慢的由量变到质变的过程，只有遵循这个规律，才能取得良好的锻炼效果。

1. 运动负荷循序渐进

进行体育锻炼时，当机体对一定运动负荷产生适应后，这种负荷对机体的刺激就会变小，此时，可以适当增加练习时间和练习次数，让机体产生新的适应。但运动负荷的增加要由小到大，逐步提高。体育锻炼的开始阶段或中断锻炼后恢复锻炼时，强度宜小，时间宜短，不要急于求成。

2. 练习内容循序渐进

练习内容要由简到繁，在动作要求上应由易到难，逐步加大难度。应首先考虑简单易行、容易收到锻炼效果的项目和内容。在每次练习时，也应先从动作简单、强度不大的内容开始练习，然后逐渐增加动作难度和运动负荷。

3. 锻炼过程循序渐进

每次锻炼前要做准备活动，锻炼后要做好整理活动，如长跑前先进行 10 分钟慢跑，长跑后也不要马上停下来。

（三）持续性原则

从生物学角度看，人体机能水平的提高，各种运动能力及素质的发展，运动技能的形成与巩固，均有赖于长时间的锻炼，这样才能使机体在身体形态、生理机能、生化过程等方面产生一系列适应性的变化。这些良好的适应性变化，不是一朝一夕或短时期锻炼就能产生的，而是长期坚持锻炼积累的结果。所以，强化终身体育意识，养成良好的锻炼习惯，使身体锻炼生活化是贯彻这一原则的关键。

（四）全面性原则

全面性原则是指通过各种运动形式、内容、方法和手段，对人体各组织、器官、系统和心理产生全面的良性影响，使人体得到全面协调的发展，消除薄弱环节。

1. 锻炼的部位要全面

人体是一个有机的整体，各组织、器官和系统之间相互联系、相互制约，身体运动的主要目的是促进机体整体协调发展，提高整体的健康水平。

2. 锻炼的项目内容要全面

大学生在体育锻炼过程中，应结合自身特点选择 1～2 项体育运动项目作为内容，并辅以其他锻炼内容，既保证各个运动对身体素质发展的独特性，又要避免锻炼局限于身体的某个部位。例如，长跑锻炼有益于发展人的心肺功能，若再结合一些徒手体操和力量训练就可发展人的灵敏、柔韧和力量素质。又如在健美运动中进行肌肉力量训练后，可增加一些发展速度的球类练习，这样既可以尽快缓解肌肉黏滞度，又可发展人的速度素质，使身体得到全面锻炼。

（五）自觉性原则

自觉性原则指身体锻炼是出自锻炼者内在的需要和自觉的行动。锻炼在于自觉，锻炼者应把锻炼的目的、动机和树立正确的人生观联系起来。这样，有助于形成或保持身体锻炼的兴趣，调动和发挥更大的主动性和积极性。贯彻自觉性原则应注意以下几点：一要做到自觉锻炼，明确锻炼目的；二要充分认识体育锻炼的特点和作用；三要使锻炼更具自觉性，还应经常检验锻炼的效果。

四、体育锻炼内容的选择

身体锻炼的项目、方法等是多种多样的，科学地选择体育锻炼的内容，对实现身体锻炼的目的有着十分重要的意义。

（一）体育锻炼项目的选择

1. 按自然环境条件分类

利用空气、日光、水等自然条件以及季节、气候的变化选择合适的锻炼内容，是一种促进健康、增强体质的有效的锻炼方法。这些身体锻炼内容的突出特点是与生活紧密相连的。通过自然力的锻炼，不仅可以增强机体对外界环境的适应能力，而且可以增强心血管系统的功能，加快新陈代谢，改善身体各组织器官的机能，提高身体对各种疾病的抵抗力。

拓展知识：空气浴、日光浴对健康的影响

2. 根据身体锻炼的目的和要求分类

（1）健身运动。健身运动指正常人为增进健康、增强体质而进行的体育锻炼，如慢跑、太极拳、武术、游泳、骑自行车、划船、滑冰、舞蹈及各种球类活动等。

（2）健美运动。健美运动是指为了人体的健美而进行的体育锻炼。健美运动不仅可以增进健康，还可以培养审美能力和身体的表现能力。如为了使肌肉发达，可采用举重和器械体操进行练习；为了形成良好的体型与姿态，可采用艺术体操、健美体操、各种舞蹈和基本体操中的一些练习等。

（3）娱乐性体育。娱乐性体育是指为了调节精神、丰富文化生活而进行的体育活动。进行这类活动可以使人身心愉快，如活动性游戏、渔猎、游园、郊游、打保龄球和野外定向活动等。

（4）格斗性体育。格斗性体育是指掌握和运用格斗的攻防技术（包括军事技术）的体育锻炼。参与格斗性体育锻炼项目，既能强身，又能自卫，如擒拿、散打、推手、拳击、刺杀和射击等。

（5）医疗体育和康复体育。医疗体育和康复体育也称为体育疗法。这类体育锻炼的对象是体弱多病者，其目的是祛病健身、增强体质，一般应在医生的指导下进行，其内容主要有步行、跑步、太极拳、按摩、各种保健操、矫正体操和生产操等。

（二）体育锻炼方法的选择

体育锻炼的方法是指根据人体的发展规律，运用各种身体练习和自然因素锻炼身体的途径和方式。体育锻炼方法是贯彻体育锻炼原则、达到锻炼身体目的的桥梁。

1. 重复锻炼法

重复锻炼法是按照一定的负荷要求，多次重复同一动作进行锻炼的方法。在重复刺激机体的过程中，可以起到加速新陈代谢、增强体质的作用。

重复锻炼法要合理掌握重复次数和时间。两次锻炼之间的间歇时间原则上应使机体得到较充分的恢复。强度可达极限强度的 90%～100%，使其达到锻炼负荷的有效价值范围（最有锻炼价值负荷量下的心率），并据此调节重复次数。在重复锻炼中，如何控制负荷量以达到理想效果，应视实际情况而定。通常认为，普通大学生的负荷心率在 130～170次/分的范围内是较适宜的。在这个范围内，心室血液充盈，每搏输出量以及氧气的运输量等均达到最佳状态，并可以持续地运动；心率低于 130 次 / 分时，锻炼效果不明显，应增加重复次数；而心率超过 170 次 / 分时，则需减少重复次数或安排足够的间歇时间。

2. 间歇锻炼法

间歇锻炼法是指在锻炼过程中，对安排的多组练习之间的间歇时间作出严格规定并反复进行锻炼的方法。该方法的关键是间歇时间必须严格控制，必须在机体尚处于未完全恢复的状态下即进行下一组的练习。该方法的特点是每次锻炼的负荷时间较长，负荷强度适中。

该方法可使锻炼者的心脏功能明显增强。通过调节负荷强度，可使机体机能产生与锻炼项目相匹配的适应性变化；可提高有氧代谢供能能力，从而提高学生的体质健康水平。

同重复锻炼法一样，间歇时间也要依据负荷的有效价值标准去调节。一般来说，当负荷反应（心率）指标低于有效价值标准时，应缩短间歇时间；而高于价值标准时，则可延长间歇时间。通过适当的间歇，把负荷量调节到负荷有效价值范围可以收到良好的锻炼效果。实践证明，间歇中负荷心率为 130 次 / 分左右时，就应再次开始锻炼。而且间歇时不应做静止方式休息，而应当做积极性休息，如慢速走步、放松手脚、伸腰或做深而慢的呼吸等。因为轻微活动可使肌肉对血管起到按摩作用，以帮助血液回流、加快体内代谢废物的排除。

3. 连续锻炼法

连续锻炼法是按一定要求，持续进行规定动作的身体锻炼方法，是指在锻炼的过程中，为了保持有价值的负荷量而不间断地连续进行运动。该方法要求负荷强度较低、负荷时间较长，不间断地连续进行运动。连续的作用在于保证持续负荷量不下降，维持在一定的水平上，使身体充分地受到运动的作用。

连续锻炼时间的长短，同样要根据负荷的有效价值范围来确定。通常认为，在 130 次 / 分左右心率下连续锻炼 20~30 分钟，可使机体的各个部位获得充分的血液和氧的供应，因而能有效地发展有氧代谢能力和耐力素质。用于连续锻炼的内容通常是那些比较容易并已为锻炼者所熟悉的运动，如跑步、游泳，也可以是跳健美操或广场舞等。

连续锻炼法多用于发展一般耐力，如较长时间的匀速跑。也可在非周期性项目中用于巩固某一技术动作和发展专门耐力，如篮球投篮训练中连续的原地起跳投篮练习等。

4. 循环锻炼法

循环锻炼法是指进行由几个不同练习内容联合组成的练习组合的身体锻炼方法。该方法要求锻炼者必须按照既定的练习顺序和路线依次完成每个练习站的练习任务。一般的组织形式是锻炼者在完成一个练习站的任务后，迅速转移到下一个练习站继续练习，同时下一个锻炼者依次跟上。每一个锻炼者都完成了各个练习站的练习内容时，就算完成了一次循环。其结构因素包括每站的练习内容、运动负荷、练习站点的安排顺序、练习站点之间的间歇形式和时间、每一循环之间的间歇、设置练习站点的数目和循环的组数等。

循环锻炼法对技术的要求不高，且各项目都采用比较低的负荷练习，因此练习起来简单有趣，可有效地提高不同层次和水平练习者的运动情绪和积极性；可以合理地增大锻炼过程的练习密度，并随时根据具体情况因人制宜地加以调整，做到区别对待；可以防止局部负担过重，延缓疲劳的产生，交替刺激不同身体部位，有利于综合锻炼，从而达到全面发展的效果。

运用循环锻炼法的关键是要按照全面性原则去搭配项目。就大学生而言，锻炼时既要发展四肢，又要发展躯干；既要运动胸背部，又要运动腰腹部；既要追求形态的健美，又必须注意机能、素质的全面发展。因此，必须科学地搭配项目，一般可以选择 6~12 个简单易行的项目。锻炼时，注意上肢动作与下肢动作、剧烈的跑跳练习与静力憋气动作之间的合理交替。

在健身锻炼中，可根据锻炼项目安排循环练习各练习点，还可分队比赛，增加竞争性，以提高练习兴趣。

5. 变换锻炼法

变换锻炼法是指通过不断变换运动负荷、练习内容、练习形式及练习条件等，提高锻炼者的积极性、适应性及应变能力的方法。该方法可以有效地调节锻炼者的生理负荷，提高兴奋性，强化锻炼意识，克服疲劳和厌倦情绪，最终达到提高锻炼效果的目的。

如刚参加锻炼时，可多做些诱导性和辅助性练习。随着锻炼水平的提高，应加大练习的难度，如用越野跑代替在田径场的长跑等。锻炼条件的变化，可对锻炼者的大脑皮质不断产生新的刺激，提高兴奋性，激发锻炼兴趣，从而提高机体对负荷的承受能力，提高锻炼效果。

另外，不断对锻炼内容、时间、动作速率等提出新的要求，可有效地调节生理负荷，使机体不断产生适应性变化，从而达到更好地锻炼身体的目的。

（三）体育锻炼项目、方法选择的原则

1. 根据体育锻炼者的体质状况进行选择

（1）健康型。健康型指身体强健者。这类人对身体锻炼一般都具有强烈的欲望和热情，并能承受较大的运动负荷。在选择锻炼内容时，可根据自己的实际情况和兴趣，选择 1~2 项运动项目作为健身的手段。一般来说，年轻人可选择球类、健美、韵律操、游泳和健身跑等项目或自己喜爱的其他体育项目。可用循环锻炼法、重复锻炼法和间歇锻炼法等进行有计划的锻炼。

（2）一般型。一般型指身体虽不健壮但也无疾病者。这种类型的人在群体中所占比例较大，在青少年学生中约占 60%。一般型的人身体无疾病，但往往缺乏锻炼的热情和持久精神，不经常锻炼，锻炼流于形式。对这类人来说，最好选择形式灵活又对增强体质有实效的项目，从而激发锻炼的热情，培养锻炼的兴趣，逐步养成良好的锻炼习惯。若选择球类、武术、游泳、健美运动等项目，宜采用循环锻炼法和重复锻炼法。

（3）体弱型。体弱型指体弱多病或发育不良者。为了增强体质、战胜疾病、增进健康，体弱者可选择健身跑、定量步行、太极拳等内容进行锻炼，待体质得到改善后，再选择其他内容。在运动负荷上更要注意循序渐进，切不可急于求成。可先采用重复锻炼法、循环锻炼法进行力所能及的锻炼，待体质有所增强时再考虑改用其他方法锻炼。

（4）肥胖型。肥胖型指体重超过正常标准者。肥胖型的人参加身体锻炼，通常希望能减肥健身，因此，在内容的选择上要有针对性。在身体无其他疾病的情况下，可选择耐力跑、长距离游泳、健美运动或按照减肥"运动处方"进行锻炼。如患有冠心病等心血管系统疾病，在锻炼时则应遵循治病为主、减肥为辅的原则，掌握好运动负荷，防止发生意外事故。这类人可多采用重复锻炼法、循环锻炼法进行锻炼。

（5）消瘦型。消瘦型指体重低于正常标准者。消瘦型的人参加身体锻炼，是希望能使身体健壮、丰满。这类人宜选择举重、体操、健美运动等项目，可采用重复锻炼法、循环锻炼法进行锻炼。

2. 根据季节进行选择

（1）春季锻炼的内容和方法。一年之计在于春。经过寒冷的冬季，身体各器官的功能与肌肉的功能都处于较低水平，肌肉、韧带也较为僵硬，所以春季进行体育锻炼，主要以加强体内的新陈代谢为主，逐渐提高各器官的机能水平。体育锻炼应以有氧代谢供能形式为主，运动强度要逐渐增加，运动形式可选择长跑、轮滑、自行车、跳绳、爬山和球类等。在春季进行体育锻炼时，要做好准备活动，充分伸展韧带，以减少运动损伤，同时要注意增减衣物，防止感冒。

（2）夏季锻炼的内容和方法。夏季由于天气炎热，给体育活动带来很大不便，但如果停止锻炼又会破坏锻炼的持续性。所以，夏季一定要坚持锻炼，但在锻炼方法和时间的选择上要做到科学、合理。夏季最理想的锻炼方式是游泳，游泳不仅可以提高身体机能，而且还可以防暑解热。夏季较为理想的另一种锻炼方式是日光浴。此外，夏季供人们选择的体育锻炼项目还有慢跑、散步、太极拳、羽毛球和轮滑等。选择这些项目进行锻炼，最好在清晨或傍晚，选择空气新鲜且流通较好的场所进行，同时运动后要注意补充水分，以防身体脱水和中暑。

（3）秋季锻炼的内容和方法。秋季是体育锻炼的大好季节，可选择篮球、排球、足球、长跑、轮滑、武术和自行车等项目进行锻炼。一些冬季锻炼方式，如冬泳、冷水浴、空气浴等，也应该从此时就开始准备，以便让身体有个适应的过程。秋季进行体育锻炼时，由于天气变化无常，早晚气温较低，要注意适时增减衣服，防止感冒。另外，秋天气候干燥，锻炼前后要注意适量补充水分，以保持呼吸道的湿润。

（4）冬季锻炼的内容和方法。冬季参加体育锻炼，不仅可以提高身体健康水平，还可以提高身体的抗寒能力和对各种疾病的防御能力。冬季锻炼的内容非常丰富，一般人可进行长跑、足球、拔河、冬泳等项目，儿童少年可选择跳绳、踢毽子、跳橡皮筋等项目，老年人可选择慢跑、太极拳、广播体操，有条件者还可选择轮滑、滑雪、滑冰等项目。冬季锻炼时，身体的惰性较大，肌肉组织容易受伤，所以锻炼前要做好充分的准备活动。运动时，最好采用鼻吸口呼或鼻吸鼻呼的方式，以防止冷空气直接刺激口腔黏膜而发生上呼吸道感染。

五、体育锻炼计划

工作、学习要有计划，健身锻炼也是这样。每个参加健身锻炼的人都应当根据自身条件、环境条件制订锻炼计划，以期达到预期的锻炼效果。

（一）体育锻炼计划的制订

健身锻炼计划一般可分为年度锻炼计划、学期锻炼计划和周锻炼计划。

1. 年度锻炼计划

年度锻炼计划可按照体育课教学内容以达到《国家学生体质健康标准》某个级别为长远目标，也可以以防治某些疾病、矫正某种身体畸形或提高整体健康水平为目标。具体锻炼内容可根据年度目标而定，一般可采用健身走、健身跑、武术、健美操、矫正操等锻炼方式。

2. 学期锻炼计划

学期锻炼计划的任务和要求要根据年度锻炼计划并结合学期学习任务和季节特点而定。学期锻炼计划中的锻炼内容可从长远锻炼计划中选定。

3. 周锻炼计划

周锻炼计划内容要具体明确，如学习有关跑步、球类等基本知识、技术，发展某种身体素质以及培养特定思想意志品质和心理素质等都应有所要求、有所落实。

（二）制订锻炼计划的注意事项

锻炼计划的制订要从个人的体质、学习、生活等实际条件出发，按照学校规定的作息时间和规章制度进行安排。

（1）每次锻炼内容的选择与确定很重要，必须切合实际，才能保证计划顺利进行。内容的确定除了个人体质、健康状况和兴趣爱好外，还要充分考虑到场地、器材和气候等因素。

（2）体育锻炼要长计划、短安排。进行体育锻炼要有一个总体设想和总的目标，根据这一总目标确定每学期的具体指标，这样便于总结提高。具体计划安排可以周锻炼计划为主，按实际情况随时进行调整，以适应不断发展的需要。在制订锻炼计划时，必须全面贯彻体育锻炼的基本原则，同时做到简单、具体、实用、重点突出。

（3）每次锻炼的安排应从锻炼者当时的身心状况出发，注意科学性。速度、灵巧性练习安排在前，力量练习安排在后；运动量小、强度小的练习安排在前，运动量大、强度大的练习安排在后；技术性练习要由简到繁，由易到难，同时还要注意上、下肢练习的搭配安排。每次锻炼时，要先做好准备活动，然后进行主要项目的练习，最后进行整理活动。

（三）一次锻炼课的计划

一次锻炼课通常分三部分进行，即准备部分、锻炼部分和结束部分。在不同的锻炼阶段，这三部分的时间划分各不相同。在早期，准备部分时间要长些，一般为10~15分钟，锻炼部分20~25分钟，结束部分5~10分钟。在中期和后期，准备部分5~10分钟，然后进入主项运动（即锻炼部分），最后5分钟为整理活动。这样的一次课表现为"开始缓慢、中间爽快、终了微火似的运动过程"。以健身为目的的锻炼者总运动时间为30~45分钟。各部分锻炼内容各有所侧重，并且运动负荷量的分配也不同。准备部分的作用是使机体组织"暖和"起来，使身体逐渐适应强度较大的运动，以免因心、肺等内脏器官和骨骼关节不能适应强烈运动而发生运动伤害事件，一般可采用活动强度小的步行、伸展性体操或太极拳等锻炼方式。

锻炼部分也称为基本部分，其内容是运动处方的主项运动欲达到的目标，例如，耐力运动项目要达到一定的心率水平，并要求至少维持12分钟。主项运动的运动强度一般为最大能力的40%~60%，同时还要求达到一定活动范围的肌力训练，其训练强度为最大能力的80%左右。

结束部分是指在训练结束后，要使高负荷活动的机体逐渐安静下来，不要突然停止运动，因为此时血液仍大量集中于四肢，若突然停止运动，会使回心血量锐减，可能会出现"重力性休克"，即由于每搏输出量不足，引起脑贫血而发生休克症状。这时，通常可做一些放松式体操、散步或自我按摩等运动，达到使机体逐渐恢复到安静时状态的目的。

第四章
体育锻炼与保健

第一节 体育锻炼的医务监督

一、什么是体育锻炼的医务监督

医务监督是指以医学为内容，指导人们科学合理地进行体育锻炼，以促进锻炼者的身体发育、预防运动性疾病、增进健康的医疗手段。

在体育锻炼中实施医务监督，可以使体育运动参加者在体育运动过程中对自己身体的健康和身体功能状况进行观察，并为科学、合理地安排体育锻炼内容和运动负荷提供重要依据和参考。

二、医务监督的内容和方法

运动中的医务监督主要包括主观感觉和客观检查两个方面。

1. 主观感觉

主观感觉包括一般感觉、运动心情、睡眠、食欲、排汗量和排尿等。人的一般感觉是人体功能状况的直接反映。科学地进行体育锻炼的人，总是精力充沛、心情愉快、睡眠正常、食欲良好。

（1）一般感觉。一是正常的感觉，主要表现在运动后疲劳消除快，功能恢复也较快，精神饱满，全身无不适的感觉；二是不良感觉，主要表现在运动后出现四肢无力、头痛、恶心、心前区和上腹部疼痛等症状，是健康状况不良或运动量过大的表现。

（2）运动心情。健康者心情愉快，渴望训练，运动成绩也较好。如果健康状况不良、发生过度训练或训练方法不当，运动时就会出现一些特殊心情，如"怕水""怕球""不想训练""厌烦训练""惧怕训练"等。

（3）睡眠。睡眠情况往往可以反映训练或比赛的强度、运动量以及赛前状态等。良好的睡眠应该是入睡快、睡得深，不做或很少做梦，睡醒后精神良好，全身有力。反之则入睡难、易醒、多梦、失眠、睡醒后仍感到疲劳而且嗜睡。

（4）食欲。健康者运动后食欲良好，进食量大。如果运动后不思饮食、食量减少，并在一段时间内不能恢复正常饮食，则表明胃肠消化和吸收功能下降，可能与运动量安排不当或锻炼者身体功能和健康状况不良有关。但剧烈运动后立即进食和吃过多零食也会影响食欲，应加以区别。

（5）排汗量。运动时由于代谢水平较高，产热较多，所以排汗成为一种重要的散热方式。排汗量除了受运动量、训练程度和神经系统的功能状态等因素的影响外，还受饮水量、气温、空气相对湿度和衣着等因素的影响。所以，在进行自我监督时应加以注意。在相同的外界条件下，每个人出汗的情况也不尽相同。随着训练水平的不断提高，等量运动后的排汗量应逐步减少。如果在条件相同的情况下，排汗量明显增加，特别是夜间睡觉大量出冷汗，表明身体极度疲劳，这也可能是身体机能紊乱的征兆，应加以注意。

2. 客观检查

客观检查包括生理指标、运动成绩和其他伤病情况。生理指标包括心率、体重和肺活量等。运动成绩包括身体素质和专项运动成绩等。

每个人在锻炼后所呈现出的各种生理反应和自我感觉都是不同的。因此，应根据自己表现出的不同状况，在综合分析的基础上，作出正确的判断，以便更科学地进行体育锻炼。

（1）心率。心率变化，特别是晨间心率的变化，对判断身体功能与健康水平有着重要的意义，而且简单易行，易于掌握。在测量过程中既要注意频率的变化，也要注意节律的变化。

健康人的心率正常值范围为 60~100 次 / 分。年龄越小，心率越快。14 岁左右的青少年，其心率为 70~80 次 / 分。在一般情况下，经常从事运动和训练水平较高的人，心率较缓。在锻炼过程中，若每分钟心率比过去减少或变化不明显，且节律齐，就表明练习者身体功能良好，有潜力。一般情况下，脉率和心率在数值上大致相同，故可用脉率估算心率。若晨脉比过去明显增加，且长期恢复不到原来的水平，就表明机体反应不良，可能是早期过度训练的表现。当晨脉每分钟增加 6 次时，20% 的人自我感觉不良；增加 12 次时，40% 的人自我感觉不良；增加 18 次时，则有 60% 的人自我感觉不良。

如果发现脉搏跳动节律不齐或有间歇性的停跳现象，就应做具体分析。如果仅仅是间断或出现不规则的时快时慢，可能是呼吸性心律不齐的表现，是正常的生理现象。另外，还有一种期前收缩的现象，它也可能发生在正常人之中。因此，当锻炼者出现这种症状时，虽不一定表示有心脏病，但应密切注意心脏功能变化。如果节律不齐，而且总不消失或反而增多时，多数是功能不良的反应，应及时调整运动量，并采用心电图等方法查明原因，以防过度疲劳或疾病的发生。

晨脉的测量应在早晨起床前进行，具体方法是仰卧测 30 秒的脉搏数再乘以 2，即为每分钟的脉率，这样误差较小。

（2）体重。在体育锻炼过程中，体重的变化有一定的规律。锻炼初期，由于体内储存的脂肪和多余的水分被消耗掉而引起体重下降。经过一个时期的锻炼后，体重开始恢复，并逐步增加，直到保持在相应的水平上。如果在训练中体重出现"进行性下降"的现象，则可能是由于过度疲劳、营养不良或不足以及患慢性消耗性疾病（如肺结核、淋巴结核等）所致。在进行自我监督时，可定期（一周或半月）进行测定。每次测定一般应安排在每天的同一个时间，如早晨。

（3）肺活量。肺活量的变化在一定程度上可以说明呼吸功能的情况。呼吸功能良好时，肺活量增大或维持在较高水平上。呼吸功能不良时，肺活量可能持续下降。

（4）运动成绩。科学的训练能使运动成绩逐步上升或处于较高水平。如果照常训练而成绩却停滞不前或者下降，动作也变得不协调，甚至连已经熟练掌握的动作也不能完成了，这很可能是身体功能状态不良或早期过度训练的表现。

在自我监督的客观检查中，除上述指标以外，还可酌情定期测握力、呼吸频率以及其他生理指标。

自我医务监督，可按表 4-1-1 进行。

表 4-1-1　自我医务监督表

类别	内容	反应			备注
自觉状态	一般感觉	正常	一般	较差	
	运动心情	正常	一般	较差	
	睡眠	正常	一般	较差	
	食欲	正常	一般	较差	
	排汗情况	正常	较多	虚汗	
	尿便情况	正常		混稀	
生理指标	脉搏/（次·分⁻¹）	有规律/（次·分⁻¹）		不规律/（次·分⁻¹）	
	体重/千克	增加	保持	减轻	
	肺活量/毫升	增加	保持	减轻	
运动成绩	素质成绩	增加	保持	下降	
	专项成绩	增加	保持	下降	
其他	伤病情况	（记录伤病原因和程度）			

系班：＿＿＿＿＿　　姓名：＿＿＿＿＿　　日期：＿＿＿＿＿

第二节　运动中常见生理反应及其处理

世界卫生组织指出，适量规律的体育锻炼有以下好处：延年益寿；强健筋骨、肌肉和关节；有效控制体重；减少患心脑血管病、高血压、直肠癌、2 型糖尿病的概率；预防和减少骨质疏松的发生；促进心理健康，减少抑郁症、强迫症和孤独感的发生；帮助青少年预防和控制不良习惯，远离烟草、酒精、药品滥用以及不健康的饮食习惯。

在体育锻炼过程中，人体的生理平衡会受到暂时性破坏，会出现某些生理反应，这种反应称为"运动生理反应"。以下简要介绍运动中常见的生理反应及其处理办法。

一、运动后延迟性肌肉酸痛

开始从事运动的人或是很长一段时间没有运动的人，一旦运动，常会有肌肉酸痛或紧绷的感觉。在运动后数小时内所产生的急性肌肉酸痛被认为与运动肌群缺乏血流量（氧含量）及肌肉疲劳有关。

另外，在运动后 24 小时出现的肌肉疼痛、肌肉酸痛或肌肉僵硬的现象称为延迟性肌肉酸痛（DOMS）。这种肌肉酸痛最常见于开始一个新的锻炼计划，或改变日常活动计划，或大幅度地增加持续时间和强度的运动。其特点是在运动后 24~72 小时酸痛达到顶点，5~7 天后疼痛基本消失。延迟性肌肉酸痛是对平时肌肉不用力的一种正常反应，是一个适应的过程，将导致肌肉的恢复及肌纤维的增粗，会产生更强的耐力和力量。

（一）原因和症状

延迟性肌肉酸痛是由细小肌肉纤维撕裂而导致的。撕裂的数量和疼痛取决于运动的强度、时间以及运动类型。进行不熟悉的运动项目可能导致延迟性肌肉酸痛，肌肉在增加长度时的剧烈收缩会导致肌肉酸痛。

引起肌肉强烈收缩的运动包括下楼跑、下坡跑、降低重心和下蹲的运动及俯卧撑。这些运动除了会导致小肌肉撕裂，撕裂部位与肌肉肿胀会共同引起肌肉酸痛。

（二）处理

减少和治疗延迟性肌肉酸痛的最好方法就是把预防放在第一位。

1. 运动恢复

有关研究表明，低强度的有氧运动可增加血液流量，减少肌肉酸痛。在剧烈运动或比赛后，可采用低强度的有氧运动帮助肌肉放松。

在体育比赛或高强度运动后，完全休息是恢复的最好方法。然而，研究也发现了通过运动恢复的一些优势。进行运动恢复时，一般在训练后从事低强度运动。运动恢复有两种形式：一是在剧烈运动后立即放松，二是在比赛和高强度运动后的第二天从事低强度运动。

2. 休息和恢复

在没有任何特殊处理的情况下，疼痛通常会在 3~7 天消失。运动后保证足够的休息是必要的，以便身体肌肉组织尽快恢复、重建和加强。恢复时间对于任何训练计划都很重要，因为这个时间是身体适应训练和产生真实训练效果的时间。

3. 按摩

按摩能够帮助减少肌肉疼痛和肿胀，而且不会影响肌肉的功能。治疗型的按摩可治疗软组织疼痛和伤害。按摩有助于改善肌肉的灵活性，提高关节活动范围和减少肌肉僵硬，有助于改善按摩区的血液流动，增加肌肉温度。此外，按摩还有助于减少焦虑和改善情绪。

4. 使用 RICE 方法

RICE 方法，即采用休息、冰敷、压迫和抬高伤肢的方法。如果运动中遭受扭伤、肌肉拉伤或撕裂等损伤，可采用 RICE 法以缓解疼痛、限制肿胀和保护受伤的软组织。

其他的治疗方法还有进行温和的拉伸练习、采用药物治疗、练习瑜伽等，但最重要的方法还是以预防为主。

（三）预防

1. 减慢过程

最重要的预防方法是逐渐增加运动的时间和强度。增加运动强度、时间太快是运动损伤的一个常见原因，健康专家建议新手和专业运动员采取"10% 的原则"避免运动损伤和肌肉酸痛。这条指导原则说明增加的活动每周不应超过 10%，包括锻炼的距离、强度、重量和时间，设置每周训练强度的增加量的上限。例如，如果一个人每周跑 20 千米，他还想增加跑步的距离，那么在下周应遵循 10% 原则，增加 2 千米的距离。如果一个人举重为 50 千克，想增加举重的重量，则在下一周应遵循 10% 原则，增加 5 千克的重量。一个开始运动的人，如果觉得增加 10% 负荷量太大，则可以每周增加 5%；对于其他人，10% 可能太少，如果不能确定能力，则只需相应地增加运动。

2. 热身活动

适当的热身活动可以增加流向运动的肌肉的血液量，从而减少肌肉僵硬，降低受伤的风险，提高运动表现。此外，热身活动还为机体的生理和心理方面做好了运动的准备。典型的热身活动还有专项准备活动。例如，对于跑步的人而言，慢跑一会，并做几个冲刺型的动作来动员所有的肌纤维。以缓慢平稳的方式添加非专项的动作，如健美操或柔韧性练习，球类项目运动员经常使用无球练习或球感练习作为他们的热身活动。

拉伸肌肉最好安排是在增加血液流量的运动之后，增加血液流量可使肌肉温度提高，这样可避免受伤。天冷时拉伸肌肉会增加受伤的危险。因此，最好在拉伸之前做有氧运动。运动之后做些拉伸练习可以使肌肉变软。

3. 放松活动

运动后应以温和的伸展运动放松。伸展运动是提高体能和健康最基本的方式。伸展运动可以促进循环，扩大运动范围，改善身体姿态，减少关节僵硬，减少肌肉张力，使机体放松。

在进行伸展练习时，应注意以下几点：① 均匀地拉伸身体两侧的肌肉，不要只拉伸一边而不拉伸另一边；② 避免过度伸展，不要有疼痛或不适感，以感到轻微的紧张感为佳；③ 慢慢地均匀地拉伸肌肉，保持姿势约 15 秒，同时也要慢慢地释放；④ 拉伸的时候不要反弹或猛拉，否则会因超出肌肉的能力而发生损伤，拉伸应该流畅和缓慢；⑤ 练习时应放松，深呼吸是放松的关键，在拉伸时不要屏住呼吸。

二、运动中腹痛

运动中腹痛泛指在运动过程中或运动结束时产生的腹部疼痛。

（一）病因

一般引起腹痛的原因，大体可分为两类：一类是由于腹内脏器病变所致，另一类是由于腹腔以外脏器或全身性病变所致。由腹内脏器病变引起腹痛者，又可分为器质性和功能性两种。

1. 胃肠痉挛

胃肠痉挛引起的腹痛，轻者为钝痛、胀痛，重者则可为阵发性绞痛。饭后过早参加运动，运动前吃得过饱、喝水过多、喝冷饮过多或空腹锻炼引起胃酸或冷空气对胃的刺激等，都会引起胃痉挛，其疼痛部位在上腹部。运动前吃了产气或不易消化的食物，如豆类、薯类、牛肉等，腹部受凉或蛔虫刺激等，均可引起肠痉挛，其疼痛部位多在肚脐周围。宿便刺激也可引起肠痉挛，其疼痛部位在左下腹部。

2. 肝脾瘀血

肝脾瘀血肿胀，增加肝脾被膜的张力，使被膜上的神经受到牵扯，因而产生疼痛。肝痛在右季肋部，脾痛在左季肋部，疼痛性质为胀痛或牵扯痛。发生肝脾瘀血的原因可能是准备活动不够或开始运动时速度过快。当内脏器官的功能还没提高到应有的活动水平，就加大运动强度，特别是心肌力量较弱时，心脏搏动无力，会影响静脉血的回流，致使下腔静脉压力上升，肝静脉回流受阻，从而引起肝脾瘀血肿胀。此外，剧烈运动时，会破坏均匀、有节奏的呼吸，引起呼吸肌疲劳或痉挛；膈肌疲劳后会减弱对肝的"按摩"作用，同时由于呼吸短浅，胸腹腔内压增加，会影响下腔静脉血的回流，这些都可使肝脾发生瘀血肿胀。

3. 腹直肌痉挛

夏季进行剧烈运动时，由于大量排汗，盐分缺失，会使水盐代谢发生紊乱，加上疲劳，可引起腹直肌痉挛。这种腹痛多发生在运动后期，疼痛部位比较表浅。

4. 髂腰肌血肿

在剧烈运动时，由于髂腰肌拉伤，会产生血肿而引起腹痛。

5. 腹部慢性疾病

慢性肝炎、溃疡病或慢性阑尾炎患者参加剧烈运动时，由于病变部位受到牵扯、震动等刺激，会产生疼痛。这种疼痛的部位同病变的部位一致。

（二）征象

运动中腹痛的部位一般与有关脏器的解剖部位有关。腹部可分为上、中、下三部分或左、中、右三部分。右上腹痛者，多为肝瘀血、胆囊炎、胆石症等；中上腹痛者，多为胃痉挛、十二指肠溃疡、急性胰腺炎等；左上腹痛者，多为脾瘀血；腹中部痛者，多为肠痉挛、肠套叠或蛔虫症等；右下腹痛者，多为阑尾炎、右髂腰肌血肿；左下腹痛者，多因为宿便刺激引起的肠痉挛或左髂腰肌血肿；腹直肌痉挛多在相应的部位疼痛，且比较表浅。但是，有的疾病在发病初期其疼痛部位并不一定与病变部位完全一致，如急性阑尾炎早期的疼痛部位多在上腹部或脐周围。也有些疾病虽然表现为急性腹痛，但病变部位却在腹外器官，如急性心肌梗死、大叶性肺炎等。

（三）处理

运动中发生腹痛时，一般只要减慢跑速、加深呼吸以调整呼吸与运动的节奏，按压疼痛部位或弯着腰跑一段距离等，疼痛即可减轻或消失。如疼痛仍不减轻，甚至反而加重，就应停止运动，并做进一步的鉴别诊断和处理。若是由胃肠痉挛引起的腹痛，可用指掐、点、揉内关、足三里、大肠俞等穴位；若是腹直肌痉挛，则可进行局部按摩，或采用背伸动作拉长腹肌。如果上述措施均不见效，就应请医生进行诊断和处理。

（四）预防

合理安排膳食，运动前避免吃得过饱和饮水过多，饭后 1.5~2 小时才可进行剧烈运动，并在运动前做好充分的准备活动。运动时要坚持循序渐进的原则，并注意呼吸与动作之间的节奏配合。夏季运动要适当补充盐分。各种腹部脏器的慢性疾病应及早就医、彻底治疗，在疾病未愈之前应暂停训练，或只参加一些力所能及的活动。

三、运动性贫血

（一）病因

贫血可由各种原因引起，它不是独立的疾病，而是一种症状。运动员在训练过程中如果生理负担量过大，也会导致贫血，这种贫血称为运动性贫血。其类型多为缺铁性贫血，少数为溶血性贫血，个别为混合型贫血。从发生率看，女性高于男性，年龄小的运动员高于年龄大的运动员。血红蛋白是红细胞的主要成分，正常人血红蛋白的浓度和红细胞的数量密切相关。在一般情况下，血液中红细胞数量越多，血红蛋白浓度就越高。我国成年健康男性血红蛋白浓度为 120~160 克／升，成年女性为 110~150 克／升。成熟红细胞的寿命约 120 天，机体在正常情况下每天都有一定数量的红细胞在新生和衰亡，二者之间维持着动态平衡，使血液中红细胞与血红蛋白的数量保持在相对稳定的水平上。一旦这种平衡受到某些因素的破坏，即可引起贫血。由于血红蛋白减少，血液输送氧的功能不足，以致全身各器官、组织缺氧，从而引起各种临床症状。

（二）征象

运动性贫血发病缓慢，主要表现为头晕、乏力、易倦、记忆力下降、食欲差等症状。运动时症状较明显，常伴有气喘、心悸等症状，主要的体征为皮肤和黏膜苍白，心率较快，心尖区可听到收缩期吹风样杂音等。症状的轻重程度与血红蛋白的数量多少及运动负荷的大小有密切关系。血液检查时，血红蛋白的含量减少，男性低于 120 克／升，女性低于 110 克／升，这是诊断本病的标准。

（三）处理

适当减少运动量，必要时应停止训练，改善营养，尤其是补充富有蛋白质和铁的食物。口服硫酸亚铁片剂，每日 3 次，每次 0.3 克，饭后服用，这对治疗缺铁性贫血有明显效果，并同时服用维生素 C 和胃蛋白酶合剂，以利于铁的吸收。也有人采用中西药结合来治疗运动性贫血，也有较好的疗效。由其他原因引起的贫血则应及时查明原因，对症治疗。

（四）预防

合理安排运动量和运动强度，遵守循序渐进和个别对待的原则。多食含蛋白质丰富的食物，克服偏食习惯。对大运动量训练的运动员可进行预防性补铁，建立合理的膳食制度，使运动与进食之间有一定的间隔时间。

四、运动性昏厥

在运动中或运动后由于脑部一时性血供不足或血液中化学物质的变化引起突发性、短暂性意识丧失、肌张力消失并伴有跌倒的现象称为运动性晕厥。

（一）病因

运动性昏厥是由于供应给大脑的血液和氧减少引起的。晕厥是一种临时的意识丧失，通常持续不到 1 分钟。运动性昏厥可能是由各种因素引起的，如严重的脱水、低血糖或高温。此外，在运动中晕倒也常常跟血液循环受到影响有关。

（二）症状

运动性晕厥多表现为头昏、眼花、面色苍白、全身乏力、出冷汗，进而出现意识丧失和瞳孔缩小。一般数秒钟内便可恢复，少数人在数小时后清醒，其他异常体征不明显。

（三）处理

病情较轻者，只要保持安静，取平卧位，注意保暖，并予以必要的对症处理，口服镇静剂，吃容易消化的食物等；对心功能不全的患者，应保持安静，取端坐位，给患者吸氧及点掐内关、足三里穴；对昏迷者可加点人中、百会、涌泉等穴，并保持呼吸道通畅；若患者发生呼吸、心搏骤停，必须立即就地做人工呼吸和胸外心脏按压，同时速请医生做进一步处理。

（四）预防

预防晕厥，首先在于加强体育锻炼，提高身体素质和机能水平。其次，在训练和比赛中，应结合身体实际情况量力而行。患病期间，可暂停训练，积极治疗并注意休息。伤病初愈者，要注意逐渐增加运动量。凡在重大比赛和大强度训练前均应做全面深入的体格检查。对有高血压病史、心血管系统疾病史的患者或有家族病史者应禁止参加剧烈运动和比赛。此外，饭后要休息 2~3 小时再进行运动和比赛。

五、肌肉痉挛

肌肉痉挛（俗称抽筋）是指肌肉不自主的强直收缩。在体育运动中最易发生痉挛的肌肉是小腿腓肠肌，其次是足底的蹬长屈肌和趾长屈肌。

（一）病因

1. 大量排汗

进行剧烈运动时（尤其是夏天），由于大量排汗，失水、失盐严重，体内电解质的平衡发生紊乱，体内氯化钠的含量过低，引起肌肉神经的兴奋性增高而发生肌肉痉挛。

2. 肌肉收缩失调

在运动中，由于肌肉快速地连续收缩，放松的时间太短，导致肌肉收缩与放松的协调交替关系发生破坏。特别是局部肌肉处于疲劳状态时，更易发生肌肉痉挛。

3. 寒冷的刺激

在寒冷的环境下进行体育活动时，若未做准备活动或准备活动不充分，肌肉受到寒冷的刺激常可引起肌肉痉挛。此外，局部肌肉疲劳或有微细损伤时，也可引起肌肉痉挛。

（二）征象

肌肉发生痉挛时，局部肌肉坚硬或隆起，剧烈疼痛，且一时不易缓解。

（三）处理

牵引痉挛的肌肉，几分钟即可缓解。例如，腓肠肌痉挛时，先让患者平坐或仰卧，伸直膝关节。牵引者双手握住患者足部并抵于牵引者的腹部，利用牵引者躯干前倾的适度力量，将患足缓慢地背伸；若蹬长屈肌、趾长屈肌痉挛，用力将足和足趾背伸，但切忌使用暴力。此外，可配合局部按摩，如重推、点穴（承山、涌泉、委中等），以使痉挛得到缓解。

（四）预防

运动前应做好充分的准备活动。容易发生痉挛的肌肉可事先做适当按摩。冬季户外锻炼时要注意保暖，夏季进行剧烈运动时应注意补充盐分、水及维生素 B_1 等。游泳前要先用冷水淋湿全身，以提高机体对冷水刺激的适应能力。若水温较低，游泳的时间不宜太长，更不要在水中停止活动。若发生腓肠肌痉挛，切勿惊慌失措，可采用仰泳，一手划水，用患足对侧的手握住患侧足趾，用力将患肢的踝关节背伸；若无效或两侧腓肠肌同时痉挛时，应立即呼救。

六、极点

（一）极点

在进行剧烈运动时，由于在运动开始阶段内脏器官的机能增强不能满足运动器官的需要，人体往往会有一种非常难受的感觉，此时会有呼吸困难、肌肉酸疼、动作迟缓、精神低落等感觉，在运动生理学中，这种现象称为"极点"。例如，在中长跑时，能量消耗大，下肢回流血量减少，氧债不断积累到一定程度，就会出现呼吸急促、胸闷难忍、下肢沉重、动作不协调，甚至恶心的现象，这就出现了"极点"。

"极点"的产生主要是由于内脏器官的惰性造成的。因为人体从相对安静状态到剧烈运动时，四肢肌肉能迅速适应，进入工作状态，而内脏器官，如呼吸、循环系统等，则不能很快发挥其最高的机能水平，就会造成体内缺氧，大量的乳酸和二氧化碳积聚，使神经系统的协调遭到暂时破坏，表现为"极点"的产生。"极点"是一种正常的生理现象，与训练水平、运动前的准备活动有关。经常参加锻炼的人，"极点"出现得晚，持续时间短，身体反应也较轻；而很少运动者"极点"出现得早，且持续时间长，表现得也较重。

（二）第二次呼吸

运动中出现"极点"现象时，千万不要因此而停止运动，应适当地减慢运动速度，保持冷静并有意识地进行深长的呼气，坚持下去，上述生理反应将逐渐缓解和消失，随后机能得到重新改善，氧供应增加，运动能力得到提高，动作变得协调有力。这种现象，标志着"极点"已经有所克服，生理过程出现新的平衡，运动生理学上称为"第二次呼吸"。"第二次呼吸"出现以后，循环机能将稳定在较高的水平上。

"极点"与"第二次呼吸"是长跑运动中常见的生理现象，无须疑虑和恐惧，只要坚持经常锻炼和处理得当，"极点"现象是可以延缓和减轻的。

七、运动中暑

（一）原因

在较高的温度下，长时间进行体育锻炼易发生中暑。尤其在温度高、通风不良的条件下，头部缺乏保护，被烈日直接照射容易中暑。

（二）征象

中暑早期会出现头晕、头痛、呕吐现象，后逐步发展为体温升高、皮肤干燥，严重者可出现精神失常、虚脱、抽搐、心律失常和血压下降，甚至昏迷。

（三）处理

降温消暑：将患者扶到阴凉通风处休息，使其平卧，头部抬高，解开衣领。如果患者神志清醒，并无恶心、呕吐症状，可饮用含盐的清凉饮料、茶水或绿豆汤等，并补充生理盐水或葡萄糖生理盐水等，以起到降温和补充血容量的作用。

人工散热：可采用电风扇吹风等散热方法，但不能直接对着患者吹风，防止造成其感冒。

冰敷：可在头部、腋下或腹股沟等大血管处放置冰袋（用冰块、冰棍或冰激凌等放入塑料袋内，封严密即可），并可用冷水或30%酒精擦浴直到皮肤发红。每10~15分钟测量1次体温。

严重患者，经临时处理后，应迅速送医院治疗。

（四）预防

在高温炎热的季节进行锻炼时，应适当减少运动量和运动的时间，避免在烈日下长时间锻炼。夏天在室外锻炼时，应戴白色的凉帽，穿宽敞透气的衣服。在室内锻炼时，应保持良好的通风并备有低糖的饮料。

八、运动无法忍受度

运动中的运动量和运动强度应该保持在安全的范围内，可根据运动时的心率是否超出个人的目标范围来判断运动强度。体适能较差或高危人群，运动时如果超出了目标范围是不安全的。一些生理的信号可以告知是否超出功能上的极限，这就是运动无法忍受度。当出现运动无法忍受时，会出现心跳过速或不规则、呼吸困难、恶心、呕吐、头痛、晕眩、不正常的脸色发红或发白、极端疲惫、全身无力、发抖、肌肉酸痛、肌肉痉挛以及胸部憋闷等症状。因此，运动时要学会观察身体的反应，一旦发现有以上症状，应立刻停止运动。如果想继续运动，一定要检查后再决定是否继续运动。

恢复心跳数可作为过度劳累的指标。从某种程度上说，恢复心跳数与体适能水平有关。运动后5分钟，心率应低于120次/分，否则表示运动过度或有其他心脏方面的问题。如果减低运动强度或运动的持续时间，运动后5分钟的心率仍有过快的现象，则应及时就医。

第三节　常见运动损伤的预防与处理

一、运动损伤的产生原因

在体育运动中所发生的损伤，统称为运动损伤。造成运动损伤的直接原因较多，主要有以下几个方面：

（1）思想上不够重视。运动损伤的发生，常与学生对预防运动损伤的意义认识不足、思想上麻痹大意及缺乏预防知识有关，如运动前不检查器械、预防措施不得力、好胜心强，常在盲目和冒失行动中受伤。

（2）运动前准备活动不充分，特别是缺乏有针对性的准备活动，运动器官、内脏器官功能没有达到运动状态而造成损伤。人体从相对静止状态过渡到紧张的运动状态，必须依靠准备活动来提高神经系统和运动系统的兴奋性，缺乏准备活动或准备活动不合理、不充分，就很容易发生运动损伤。

（3）运动情绪低下，或在畏难、恐惧、害羞、犹豫以及过分紧张时容易发生伤害事故；有时也会因缺乏运动经验和缺乏自我保护能力而产生损伤，如摔倒时用肘部或直臂撑地，会造成肘关节或尺、桡骨损伤。

（4）内容组合不科学、方法不合理、纪律松散以及技术上的错误等，都可能造成损伤，如投掷手榴弹或标枪时上臂外展，屈肘小于 90°，肘部低于肩部时，容易造成肌肉拉伤，甚至肱骨骨折。

（5）运动场地狭窄，地面不平坦，器械安置不当或不坚固，锻炼者拥挤或多种项目在一起运动，容易相互冲撞致伤。

（6）动作粗野或违反规则。在比赛中不遵守比赛规则，或在教学训练中相互逗闹，动作粗野，故意犯规等，这是篮球、足球等项目中发生损伤的重要原因。

（7）不良气象的影响。空气污浊、噪声、光线暗淡、气温过高或过低以及运动服装不符合要求等原因，都可直接或间接地造成伤害事故。

二、运动损伤的预防

在体育锻炼中，如果忽视运动损伤的预防工作，或者未能积极采取各种有效的预防措施，就可能发生各种伤害事故。因此，在体育锻炼中，要了解各种造成运动损伤的原因，并及时总结规律，把握导致损伤的特点，预防在先。

（1）加强运动安全教育，克服麻痹思想，提高预防损伤意识。

（2）认真做好准备活动，准备活动要有针对性，不同项目重点活动的部位不同；天冷准备活动时间可长一些，天热也不要忽视准备活动；对可能发生运动损伤的环节和易伤部位，要及时采取预防措施。

（3）合理组织安排锻炼，合理安排运动量，防止局部运动器官负担过重。

（4）加强易伤部位和相对薄弱部位的练习，提高其机能，是预防运动损伤的积极措施。

（5）提高自我保护能力。如摔倒时，立即屈肘低头，团身滚动，切不可直臂或肘部撑地；由高处跳下时，要用前脚掌着地，注意屈膝、弯腰，两臂自然张开，以利于缓冲和保持身体平衡；面对粗野动作，要及时闪避，不要"硬碰硬"，尽量避免身体直接接触。

三、运动损伤的处理

体育锻炼中出现的损伤多为闭合性软组织损伤，如扭伤、挫伤和肌肉拉伤等，这种损伤一般可分为早期、中期和后期三个时期：早期：伤后 24~48 小时，严重的可持续 72 小时；中期：伤后 48 小时至 6 周；后期：伤后 3 周至 12 个月。但这三个时期之间并没有明显界限，这三个时期除与伤的轻重相关外，还与伤后能否及时合理的急救处理、治疗及康复有关。处理得当，愈合过程可缩短且可以不留或少留后遗症，否则将可能有相反的结果。

1. 早期

这一时期最长可持续 72 小时，主要是组织撕裂或断裂后出现血肿和水肿，出现反应性炎症，表现为不同程度的红肿热痛及功能障碍。此时，处理原则主要是防止内出血、制动、防肿和止痛。处理办法有：立即停止活动，以减少出血；用冷水浸泡或用冰块冷敷受伤部位以达到止血、防肿和止痛效果；用绷带加压包扎防止肿胀的扩大。注意，早期肿胀形成越小，后期康复就越容易，早期的正确处理对于治疗运动损伤起着关键的作用。

2. 中期

此时伤处开始消肿。热疗可在 24~48 小时内进行，以消除水肿，促进机体尽快吸收，并减少瘢痕形成。还可用针灸、按摩等治疗方法，并应尽早进行受伤部位的功能锻炼。热疗和按摩在此期的治疗中极为重要，热敷时温度不要太高，时间不要太长，避免烫伤；按摩手法应从轻到重，从损伤周围到损伤局部，以免加重伤势，造成再出血。

3. 后期

在此时期主要是提高肌肉、肌腱和其他组织的功能，治疗方法主要是加强受伤部位的功能锻炼，负荷可以逐渐增加，直至剧烈运动，另外配合热敷、按摩等治疗方法。

四、常见的运动损伤

1. 开放性软组织损伤

擦伤是因皮肤受摩擦所致的皮肤黏膜伤。轻度擦伤可用 2% 红药水、1%~2% 甲紫（紫药水）或 0.05% 碘酒涂抹，不需包扎即可痊愈。注意，涂抹时不宜直接涂抹伤口，可在伤口周围消毒。

重度擦伤应首先用生理盐水和过氧化氢冲洗消毒，然后用消过毒的敷料包扎。撕裂伤、刺伤、切伤等发生后，皮肤都会有不同程度的规则或不规则的裂口，早期处理主要是清创、缝合和抗破伤风。伤口内有异物者应先清除，然后止血缝合包扎。

2. 挫伤

挫伤是因外来钝性暴力作用或运动员相互撞击导致的损伤。一般会出现红热肿痛及功能障碍等现象，即俗称的"硬伤"，轻者可以按照闭合性软组织损伤处理。伤及头部、胸部、腹部及睾丸等严重挫伤可合并其他内伤，并出现脑震荡、休克等现象，应注意观察，及时抢救，并迅速转送到医院。

3. 肌肉拉伤

肌肉拉伤是体育运动中常见的损伤，在准备活动不充分或肌肉疲劳时较易发生。另外，压腿或者劈叉时因幅度过大也容易发生肌肉拉伤。肌肉拉伤会严重影响锻炼、生活和学习。发生肌肉拉伤后，轻者会出现少量肌纤维撕裂，可立即做冷敷、加压包扎和抬高患肢处理，然后让肌肉处于松弛位固定休息；中后期可以采取按摩、针灸等治疗方法；严重者会出现肌肉完全断裂，应及时送至医院缝合处理。

4. 腰肌劳损

慢性腰肌劳损是引起慢性腰痛的重要原因。慢性腰肌劳损主要是因腰部活动过多引起长期负荷过度，致使多次微细损伤的积累所致，或者是因急性腰扭伤后治疗不彻底，并与多次损伤一起而逐渐演变所致。长期姿势不正确或固定于某种体位、运动后受凉等都是致病因素。患者若坚持体育锻炼或中小运动负荷锻炼，则会出现运动前、后腰部疼痛。而症状较重者，则完全不能运动。按摩、针灸和拔罐等方法对治疗腰肌劳损有较好的效果，运动时可用腰部保护带（护腰），并注意加强腰背肌练习。

5. 踝关节扭伤

踝关节扭伤在足球、篮球项目中发生率较高，主要原因是运动时跳起落下重心不稳、踩在别人脚上或者场地凹凸不平而引起的。踝关节扭伤后要及时治疗，避免出现习惯性扭伤。

在发生踝关节扭伤后，要及时进行现场处理。最容易犯的错误是不检查、不包扎就放冷水冲，本想止血，但反而会因水的冲击使其迅速肿胀，不但达不到冷敷的目的，反而会使肿胀更加严重。较合理的处理措施是立即用指压迫止血，同时做强迫内翻试验及踝关节抽屉试验检查，判断损伤的程度。也可使关节小的错动复位，然后可用冰敷或蒸发冷冻剂喷洒降温并加压包扎，抬高患肢，并按闭合性软组织损伤处理，或送医疗单位处理。为避免习惯性扭伤，重新运动时要打弹性绷带进行包扎固定，并协助踝关节发力，限制踝关节过度内翻，这对预防二度扭伤有较好的作用。

第四节　运动处方

运动处方是对从事体育锻炼者或患者，根据医学检查资料（包括运动试验及体力测验），按其健康、体力以及心血管功能状况，结合生活环境条件和运动爱好等特点，用处方的形式规定适当的运动种类、运动强度、运动时间及运动频率，并指出运动中的注意事项。它是指导人们有目的、有计划、科学地锻炼，以达到健康或治病康复目的的一种有效方法。

一、制订运动处方的基本原则

1. 个体化原则

由于个人的身体状况、疾病种类及程度的不同，因此，运动处方的制订要充分体现个体化，必须根据每个人的具体情况，因人制订，个别对待。

2. 以全身耐力状况为基础

制订运动处方时，全身耐力的差别比性别和年龄的差异更为重要。因此，以全身耐力状况作为主要依据来制订运动处方是适宜的。

3. 掌握安全界限和有效界限

有效运动强度所对应的心率范围即靶心率范围，在此范围内运动可以改善心血管和呼吸功能，提高全身耐力水平。靶心率范围的上限为安全界限，下限（最低效果）为有效界限。安全界限和有效界限之间即是运动处方安全而有效的范围。一般来说，危险性小且效果高的适宜强度为 60%~85% 最大心率（即靶心率范围），相当于 $57\%~78\% \dot{V}O_2max$（最大摄氧量）。

4. 运动处方要适时修订调整

任何一个运动处方在实施过程中，并不是固定不变的，都要根据锻炼者或患者的具体情况进行一次或多次的微调整，使之成为符合自身条件的处方。

二、运动处方的内容

运动处方的内容一般包括运动目的、运动种类、运动强度、运动时间、运动频率及注意事项 6 个方面。

1. 运动目的

根据性别、年龄、职业、爱好和身体健康状况，可将运动目的分为强身保健、防治疾病、健美减肥、伤病康复及提高运动成绩等。

2. 运动种类

现代新兴的运动处方要求包括三种运动种类，即有氧运动、伸展运动及力量性运动，以达到全身锻炼的最佳效果。

（1）有氧运动。有氧运动是运动处方最主要和最基本的运动手段。其运动项目有步行、慢跑、走跑交替、游泳、自行车、上下楼梯、跳绳、划船、滑冰、滑雪、室内功率自行车、步行车和跑台等。有氧运动能够改善心血管及代谢功能，可作为一般健身项目，也可用于冠心病、高血压、肥胖症等多种慢性疾病的预防。

（2）伸展运动。伸展运动包括运动负荷较小的放松性练习及医疗体操和矫正体操。前者的运动项目包括太极拳、气功、五禽戏、八段锦、放松操等。这些运动可改善心情，消除身体疲劳，预防高血压病和神经衰弱；后者的运动项目包括各种医疗体操、舞蹈、矫正体操等。这些运动项目可针对某些疾病进行专门性治疗，如慢性支气管炎、肺气肿患者可做专门的呼吸体操，内脏下垂者应做腹肌锻炼，脊柱畸形、扁平足者应做矫正体操。

（3）力量性运动。力量性运动是有助于恢复和提高肌肉力量，并促进肢体功能活动的运动，主要包括抗阻运动、主动运动、助力运动等，主要用于因各种原因引起的肌肉萎缩、肌力下降。

3. 运动强度

运动强度是运动处方定量化与科学性的核心问题，它影响到锻炼效果和安全。运动强度是单位时间内的运动负荷，即运动强度 = 运动负荷 / 运动时间。反映运动强度的生理指标常用心率。除去环境、心理或疾病等因素，当心率在 110~170 次 / 分时，心率与运动强度之间呈线性关系。按心率确定运动强度的方法有：

（1）年龄减算法。运动适宜心率 = 180（或 170）- 年龄。此法适用于身体健康的人。

（2）靶心率法（THR）。靶心率指能获得最佳效果并能确保安全的运动心率。一般取个人最大心率的 60%~85%，而标准的计算公式为：THR =（最大心率 - 安静心率）×（0.6~0.8）+ 安静心率。此法适用于各种慢性疾病患者。

4. 运动时间

运动时间指每次持续运动的时间。一般运动时间为 20~30 分钟（除去准备活动和整理活动时间），其中达到适宜心率的时间至少持续 10 分钟。耐力性运动的持续时间为 30~60 分钟。健康成年人宜采用中等强度、长时间运动；体质弱或有疾病症状者，宜采用小强度、长时间运动；年轻体质好者宜采用大强度、短时间运动。

5. 运动频率

拓展知识：
大学生健身
运动处方

运动频率指每周的锻炼次数。运动频率取决于运动强度和每次运动持续的时间。一般认为，每周锻炼 3~4 次是最适宜的频率，即隔日锻炼 1 次；如果每周不足 2 次，则起不到应有的作用；此外，如果间隔时间超过 3 天，运动效果的蓄积作用就会消失，效果就明显减弱。

6. 注意事项

运动处方应根据每个锻炼者或患者的具体情况提出相应的注意事项。

（1）指出应禁忌参加的运动项目和某些易发生危险的动作。

（2）指出运动中自我观察指标及出现指标异常时停止运动的标准。

（3）每次锻炼前后都要做好充分的准备活动和整理活动。

运动技能篇

第五章

田径运动

第一节　田径运动概述

　　田径运动是人类以走、跑、跳、投这些自然运动发展起来的体育运动和竞技项目。田径运动在体育世界中具有举足轻重的地位，被人们誉为"运动之母"。田径运动不仅具有全面锻炼身体的功能，同时每一个单项又具有明显指向性，可以有效地发展速度、力量、耐力等身体素质。田径运动的很多项目及其采用的主要练习手段也经常被其他体育项目选作发展身体能力的重要训练手段，并可作为评价训练效果的测试内容和评定指标。

　　田径运动大致可以分为 8 大类：竞走、平跑、自然条件下的跑、障碍跑、接力跑、跳跃、投掷、全能运动。其中，全能运动有男子五项全能、十项全能；女子五项全能和七项全能等。

　　田径运动是一种结合了速度与能力、力量与技巧的综合性体育运动。"更高、更快、更强——更团结"的奥林匹克精神在田径运动中体现得淋漓尽致。在 1984 年洛杉矶奥运会上，我国选手朱建华获得了男子跳高铜牌，实现了中国田径奥运奖牌零的突破；在 1992 年巴塞罗那奥运会上，陈跃玲获得了女子 10 千米竞走金牌，这是我国的第一枚奥运田径金牌；在 2004 年雅典奥运会上刘翔获得了男子 110 米栏的金牌，打破了欧美垄断短跑项目的神话；在 2008 年北京奥运会上，我国田径运动员取得了女子马拉松和女子链球的两枚铜牌；东京奥运会，巩立姣获女子铅球金牌，刘诗颖获女子标枪金牌，苏炳添进入男子 100 米决赛，成为首位进入奥运会"百米飞人大战"的亚洲人，为中国田径运动的发展作出新的贡献。

第二节　走、跑、跳、投基本技术与学练方法

一、竞走

（一）竞走的基本技术

竞走项目是眼睛观察到的单腿支撑和双腿支撑相交替，支撑腿在通过垂直瞬间膝关节

伸直的周期性运动。可将技术动作分为以下几个阶段：

（1）后摆阶段。这个阶段是从右脚趾离地时开始至右脚摆动到支撑腿垂直部位时结束。

（2）前摆阶段。这个阶段开始于摆动脚的踝关节与支撑脚的踝关节重合之时，至前摆右脚跟蹬触地时止。

（3）前支撑阶段。这个阶段是从脚掌触地开始，到支撑腿处于垂直位置，与重心垂直投影点相吻合时结束。

（4）后支撑阶段。这个阶段开始于支撑腿的垂直位置，结束于脚尖将要离地。

（5）双支撑阶段。指一条腿后支撑阶段结束，另一条腿前支撑开始，双脚同时接触地面的瞬间。

（6）垂直支撑阶段。前支撑结束瞬间，身体重心投影点与支撑腿重合，称为垂直支撑阶段。

（二）学练提示和方法

1. 学练提示

走时应以脚跟着地，然后滚动到全脚掌。提示学生在支撑脚着地前瞬间积极伸直腿；摆动腿不能过早屈膝折叠小腿，否则就变成了"后摆式"走，容易变为跑。

2. 练习方法

（1）原地摆臂模仿练习。

（2）两臂放在背后的竞走；直臂走；两臂和肩积极参与的竞走。

（3）在练习中不能有横向动作，动作应该放松、协调。提示学生两肩积极协同两腿动作的重要性。两臂动作要大而放松。上述练习距离为50~100米。

二、短跑

1896年，首届现代奥林匹克运动会设有男子100米和400米比赛，美国运动员布克分别以12″0和54″2获得两项冠军。在第2届奥运会上增设了200米比赛项目。女子100米、200米、400米比赛项目则是在1928年、1948年、1964年奥运会上依次设立的。

学习短跑，掌握短跑的基本技术和练习方法，可以达到健身和发展速度、力量、灵敏素质的目的。

（一）短跑的基本技术

短跑的全程技术可分为起跑、起跑后的加速跑、途中跑和终点跑4个部分。

（1）起跑。起跑的任务是获得向前冲力，使身体摆脱静止状态，为起跑后的加速跑创造有利条件。听到发令员的口令后，迅速做好"各就位""预备"动作，并高度集中注意力听枪声。听到枪声的瞬间，两手迅速推离地面，双臂屈肘做快速有力的前后摆动，两脚同时用力蹬离起跑器，后腿以膝领先迅速向前摆动，将身体向前上方有力地送出（图5-2-1）。

图 5-2-1　起跑

（2）起跑后的加速跑。身体保持适当的前倾，后蹬充分有力，前摆积极，两臂摆动有力，幅度大，步频加快。随着跑速加快，上体逐渐抬起，步长也逐渐加大。

（3）途中跑。途中跑的每一单步结构均由着地缓冲、后蹬、前摆三个动作阶段组成。途中跑时，上体稍前倾或正直，两臂前后摆动，两臂屈肘成90°，手指自然成半握拳或自然伸掌（图5-2-2）。

1　　　2　　　3　　　4　　　5　　　　6　　　7　　　8　　　9

图 5-2-2　途中跑

（4）终点跑。终点跑的任务是尽力保持途中跑的高速度跑过终点。终点跑包括终点跑技术和撞线技术。在离终点 10～20 米，躯干稍有前倾，加快两臂摆动速度和力量。在离终点线前约一步距离时，上体急速前压，以胸部或肩部撞终点线。短跑时应发挥个人的特长，反应速度快、加速能力强的运动员，争取前半程领先对手，后半程尽力保持高速度。绝对速度好的运动员应发挥自己的最高速度能力和持久力。

（二）学练方法

1. 原地练习

（1）原地做弓箭步摆臂练习。

（2）原地做屈臂前摆、大腿下压扒地练习。

2. 直道途中跑的学练要求

（1）在直道上以中等匀速反复跑 30 米、50 米、60 米、80 米，动作协调、步子开阔，注意蹬地和摆腿的正确技术。

（2）50～60 米、60～70 米、70～80 米不同距离的加速跑。

（3）80～100 米放松跑，步幅放开，动作自然有力，注意蹬摆结合技术。

（4）80～120 米重复跑，在技术动作正确的基础上加快速度。

（5）采用多种跑的专门性练习，如小步跑、高抬腿跑、后蹬跑、车轮跑等。

3. 弯道途中跑的学练要求

（1）直道进入弯道，有意识加大右腿的蹬地力量和摆动幅度。

（2）弯道进入直道，出弯道的前几步，身体逐渐正直，体会顺惯性的自然跑。

（3）40～60 米弯道跑，体会随着速度的增加，身体内倾的速度也不断加大。

（4）100～150 米弯道跑，体会进入弯道、弯道跑、出弯道跑的衔接技术。

4. 蹲踞式起跑的学练要求

（1）反复练习"各就位""预备"动作，体会"预备"动作的提臀与探肩的空间感觉。

（2）练习起跑后的 20～30 米加速跑。

（3）快跑上台阶 10~15 级，快跑下台阶 10~15 级；快速上坡跑 15~20 米，中速下坡跑。

5. 终点跑的学练要求

（1）先快速跑 20~30 米并直接跑过终点，再用快速跑在接近终点 1 米处，做胸部撞线动作，迅速跑过终点。

（2）原地摆臂，上体迅速前倾做撞线动作；慢跑中撞线；中速跑 15~20 米撞线；快速跑 20~25 米撞线。

三、中长跑

（一）中长跑的基本技术

中长跑是中距离跑和长距离跑的统称。中长跑是发展耐久力的项目，要求具备合理的技术，即在保持高频率跑的情况下，尽可能少消耗能量，这样才能在途中跑的任何段落中具有加速跑的能力。在跑的过程中，掌握正确的技术和合理分配体力是非常重要的。

（1）起跑和起跑后的加速跑。起跑一般采用站立式起跑。听到枪声时，两腿用力蹬地，后腿蹬地后迅速前摆，使身体快速向前冲击。起跑后加速跑时，上体前倾稍大。无论是在直道上起跑或在弯道上起跑，运动员都应接着弯道的切线方向和朝着自己有利的位置跑去，然后进入匀速而有节奏的途中跑。

（2）途中跑。途中跑时，一腿进行后蹬，另一腿进行前摆，蹬摆必须结合好，后蹬产生的支撑反作用力是向前上方的，前摆的惯性又加大了这个推动人体前进的力量。后蹬腿髋、膝、踝三个关节要伸展，摆动腿屈膝前摆，并带动髋部前送。两肩放松，做前后自然摆动，肘关节的角度在垂直部位可大一些，以利两臂肌肉的放松。弯道跑时，身体应稍向左倾斜，右臂摆动的幅度较大，与短跑基本相同，只是动作的幅度与用力的程度较小。

（3）终点跑。终点的冲刺距离要根据比赛项目、个人特点和战术需要来确定。一般情况下，800 米跑在最后 200~250 米开始加速，而在此之前的直道上要占据有利位置。1 500 米跑可在最后 300~400 米进行冲刺跑。5 000~10 000 米跑时，在最后 600~1 000 米开始加速跑。加速跑时要选择良好的时机，动员全部力量以顽强的毅力跑过终点。冲刺时，应加大摆臂，加快步频和增加躯干的前倾角度。

（4）中长跑的呼吸原理。中长跑时，人体消耗能量较大，有机体需要更多的氧来维持运动中需氧量和供氧量的平衡。当供氧量不能满足需要时，组织内能量物质的分解与合成过程进行缓慢，使能量供应不能满足跑的需要，因而使跑速下降，步长缩短，步频减慢。可见呼吸对发挥正确的跑的技术起重要作用。

（二）中长跑的学练方法

（1）匀速跑 60~80 米，体会惯性跑和自然放松的技术；用均匀的速度，2/3 的力量进行 5 分钟定时跑，体会呼吸方法和呼吸节奏，合理分配体力。

（2）跑走交替。随着耐力的提高，逐步增加跑的距离。

（3）用 1/2 或 2/3 的力量重复跑 400~600 米，间歇 3~5 分钟，体会跑的节奏。

（4）弯道跑 50~100 米，体会弯道跑技术。

（5）越野跑。力求自然放松，发展一般耐力。

（6）定时跑。以均匀的速度跑一定时间，根据跑的时间分配体力及掌握跑的速度。

（7）变速跑。快跑与慢跑交替进行，快跑速度以 1/2 的力量跑进，快跑段与慢跑段的距离应视自身情况而定。

（8）间歇跑训练方法。间歇跑训练方法其效果取决于跑的段落长度、跑的速度、重复次数、间歇时间、休息的性质（消极、慢跑、走）等。一般采用跑 200~400 米段落，间歇 60~90 秒，段落跑的速度以跑程终点的脉搏一分钟不超过 180 次，休息的间歇脉搏每分钟低于 130 次。采用这种方法，要严格控制跑的强度与恢复时间。

（9）重复跑训练方法。可采用 500~600 米，1 000~1 200 米，2 000 米或更长的距离，练习时心率为 170~190 次 / 分，休息的时间取决于跑的速度，并根据心率恢复到 130 次 / 分以下进行下一次快跑，一般为 3~12 分钟。

四、接力跑

（一）接力跑的基本技术

1. 持棒起跑

第一棒运动员采用蹲踞式起跑，以右手持棒，接力棒不得触及起跑线和起跑线前的地面，持棒起跑技术和短跑的起跑基本上相同（图 5-2-3）。

2. 接棒队员的起跑

第二、三、四棒的运动员用站立式或一手撑地的半蹲踞式起跑姿势，站在选定预跑段的起跑线前面，两脚前后开立，两膝弯曲，上体前倾，第二、四棒运动员因站在跑道外侧，所以左腿放在前面，右手撑地面。身体重心稍向右偏，头转向左后方，目视跑来的同队队员和自己的起动标志线或标志区。第三棒运动员是

图 5-2-3　持棒起跑

站在跑道内侧，应以右腿在前，用左手支撑地面，身体重心稍向左偏，头转向右后方，目视跑来的同队队员和自己的起动标记或标志区。

传接棒的方法很多，常用的方法有上挑式和下压式两种。

（1）上挑式。接棒人的手臂自然向后伸出，手臂与躯干成 140°~145°，掌心向后，拇指与其他四指自然张开，虎口朝下，传棒人将棒向前上方送入接棒人的手中（图 5-2-4 之 1）。

（2）下压式。也有人叫"向前推送"的传接方法，手腕内旋，掌心向上，拇指与其余四指自然张开，虎口朝后，传棒人将棒的前端由上向下传给接棒人的手中（图 5-2-4 之 2）。

图 5-2-4　传接棒的方法

（二）接力跑的学练方法

（1）了解持、接棒技术和有关规则，做上挑式和下压式的传棒练习。

（2）徒手和持棒摆臂，集体按口令做上挑式和下压式的接棒练习。

（3）两人一组在行进中按口令做上挑式和下压式传、接棒练习，要求同上。

（4）两人一组在慢跑和中等速度跑中反复做上述练习，要求同上。

五、跳远

跳远是一个古老的田径项目，早在希腊古代奥运会上，就有跳远比赛。从事跳远练习能有效地发展速度、灵敏、力量等素质，特别是发展腿部力量，提高跳跃能力。跳远也可以培养大学生坚强的意志品质和勇于进取的精神。

（一）跳远的基本技术

跳远是克服水平障碍的远度项目，完整的跳远技术由助跑、起跳、腾空和落地4个部分组成（图5-2-5）。

图 5-2-5　跳远技术

（1）助跑。助跑的任务是为获得更快的水平速度，并为准确踏板和快而有力的起跳做准备。从静止状态开始，一般采用"半蹲式"或"站立式"起动姿势开始加速。采用平稳加速的方式，跑法与加速跑基本相同，开始步频较慢，然后逐渐加大步长，提高步频，跑的动作轻松、自然。助跑开始几步的步长较短，步频较快，主体前倾也较大。助跑距离的长短应根据运动员发挥速度快慢的能力而定。男子助跑距离一般为45米左右，跑18～24步；女子一般为35米左右，跑16～18步。

（2）起跳。起跳的任务是充分利用助跑获得的速度，创造尽可能大的腾起初速度和适宜的腾起角。在助跑最后一步，起跳腿积极前摆，然后快速有力地下压，着地时以脚跟先触板，然后用全脚掌迅速蹬地。

（3）腾空。起跳脚着板后，身体重心继续积极前移，迫使起跳腿的髋、膝、踝三个关节退让缓冲弯曲，为蹬伸创造有利条件。蹬伸时，起跳腿的髋、膝、踝三个关节充分伸展，上体和头部保持正直，摆动腿要以腿带髋积极、迅速地向前上方摆动，摆动腿大腿接近水平，小腿自然下垂。当起跳腿开始蹬伸时，同侧臂屈肘向前、向上摆动，异侧臂后引或侧引向体侧或体后摆动。当肘关节屈肘摆到与肩接近平行时，摆臂动作突然停止，以维持身体平衡。

（4）落地。落地技术要求尽可能推迟脚落地的时间，加大着地点和身体重心投影点之间的距离，保证身体移过着地点，安全落地。落地技术包括以下几个动作：着地前两腿屈膝高抬或团身，膝关节主动向胸部靠拢；着地时，膝关节伸直，小腿前伸，以脚跟先接触沙面；着地后屈膝骨盆前移，两臂前摆，使身体迅速移过落点，避免后坐。

（二）跳远的学练方法

1. 建立正确的跳远技术概念

2. 学习助跑与起跳相结合技术

（1）原地起跳模仿练习。

（2）走步中做起跳练习。

（3）助跑 3~5 步或 4~6 步结合起跳。

（4）助跑 4~6 步起跳后成"腾空步"。

（5）助跑 6~8 步起跳后成"腾空步"，然后摆动腿下落沙坑，继续向前跑出。

3. 助跑技术学练方法

（1）各种距离的加速跑练习。

（2）用加速跑测定助跑后的第 20、25、30、35、40 米处的成绩，以测定个人发挥最高速度时的距离。确定距离后，反复进行加速跑练习，最后确定步数和全程跑距离，再移到助跑道上，进一步加以调整。在起跳线上设一个标志，在起跳板前 8 步处设一个标志。

4. 腾空姿势和落地学练方法

（1）原地挺身式跳远的模仿练习。

（2）从高处跳下，完成挺身式空中模仿动作。

（3）4~6 步助跑起跳成"腾空步"后，摆动腿放下，并向后摆，滚动前移，挺胸展体成挺身姿势，双脚落于沙坑。

（4）半程、全程助跑挺身式跳远练习。

六、跳高

跳高是一项由节奏性助跑、单脚起跳、越过横杆落地等动作组成，以越过横杆上缘的高度来计算成绩的田径比赛项目，又称"急行跳高"。跳高起源于古代人类在生活和劳动中越过垂直障碍的活动。现代跳高始于欧洲。18 世纪末苏格兰已有跳高比赛，19 世纪 60 年代开始流行于欧美国家。跳高有跨越式、剪式、俯卧式、背越式等过杆技术，现绝大多数运动员都采用背越式。男、女跳高分别于 1896 年、1928 年被列为奥运会比赛项目。

（一）背越式跳高的基本技术

背越式跳高技术是指人体通过助跑、起跳、腾空转体后以背对横杆的姿势越过横杆的跳高技术（图 5-2-6）。

1. 助跑的技术要点

背越式跳高是用距横杆较远的脚起跳，一般是前段跑直线，后段跑弧线，呈不等半径的抛物线形。要使全程助跑轻松、自然、快速，需要有一个准确的助跑步点。

2. 起跳的技术要点

起跳动作可分为起跳脚的着地、缓冲和蹬伸技术及起跳时摆动腿与双臂的协调配合

图 5-2-6 背越式跳高技术

技术。

（1）起跳脚的着地、缓冲和蹬伸技术。为加快起跳的速度，起跳腿应大幅度、平稳地以脚掌外侧着地，并迅速从脚跟向前脚掌滚动。这时由于迈步放脚时髋关节的积极快速前送和迅速的弧线助跑而形成了身体向后、向内的倾斜姿势。在起跳的缓冲阶段，为了提高起跳的速度，还应减小屈膝的幅度，以利于保持水平速度。在这个阶段，当身体由倾斜转为垂直至身体重心移至起跳腿的上方时，迅速有力地充分蹬直起跳腿的髋、膝、踝三个关节，躯干在离地前瞬间几乎垂直地立于起跳脚之上。这时起跳腿的蹬伸方向应在身体重心的外侧，从而产生过杆所必需的旋转冲力。

（2）起跳时摆动腿与双臂的协调配合技术。起跳时离横杆较远的一臂用力地向上摆动，并且较早地制动，另一臂不要充分摆出，这样有利于肩轴倾向横杆。摆动腿的摆动应从屈膝的起跳腿旁开始，以膝盖领先，先屈膝折叠，用跳高架的远端支柱上方用力摆出。当摆动腿摆到起跳腿前方之后应向里转，而小腿和脚要稍许外展。这样的积极动作，有助于使骨盆保持在起跳力量的作用线上，围绕纵轴产生转身动作。此时，头应补偿性地转向横杆。

3. 过杆和落地的技术要点

过杆就是充分利用起跳获得的腾空时间改变身体姿势，缩短身体重心与横杆之间的距离，并利用身体的屈伸、旋转越过横杆。过杆时，立即屈髋收腹，下颚迅速引向前胸，同时双腿补偿性地高举，两小腿积极向上甩起。应注意，落地前的收腹举腿，以背先着地或团身以肩先着地，然后再做一个后滚翻。为了控制腾越方向，头部不能后仰，要注意在落垫过程的"视力监督"，眼睛始终要注视着横杆方向。

（二）跳高的学练方法

1. 学习背越式过杆落地技术

（1）背对海绵包站立，然后提脚跟，挺身、向后引肩，落地。

（2）背对皮筋站立，两腿屈膝，而后蹬伸向上跳起并与皮筋后引肩，做背越式过杆的动作。开始不放横杆，"空跳"，然后跳皮筋，最后再跳过杆。

2. 学习起跳与起跳衔接过杆的技术

（1）迈步摆腿练习。起跳腿向前迈步放脚时，身体稍向起跳腿一侧倾斜，随着屈腿向前摆动，上体由倾斜转为垂直。同时提肩，拔腰，摆臂，并蹬伸起跳腿。

（2）沿直径为 15~20 米的圆圈走动，每隔一步做一次摆腿和摆臂练习。

（3）自然跑 2~4 步起跳后做背越式过杆动作。

3. 学习助跑与起跳相结合的技术

（1）沿直径 15 米左右的圆圈加速跑，改进弯道跑的技术。

（2）5~7 步弧线助跑起跳反手触高物。

（3）在圈上跑进时，每跑 3~5 步做一次起跳动作。

（4）在海绵包前，面对横杆做弧线助跑起跳练习，此练习在跳高架前做。

4. 学习完整的背越式跳高技术

（1）丈量全程助跑步点。

（2）全程助跑背越式跳高练习。

七、推铅球

（一）推铅球的基本技术

目前主要采用背向滑步推铅球和旋转式推铅球技术，这里主要分析背向滑步推铅球技术。完整的背向滑步推铅球技术分为握持球、滑步、蹬转、最后用力、维持身体平衡 5 个部分（图 5-2-7）。

图 5-2-7 完整的背向滑步推铅球技术

1. 握持球的技术要点

握球手五指分开，将球放在食指、中指、无名指的指根处，拇指和小指贴在球的两侧。握好球后，把铅球放在持球手同侧肩上方锁骨窝处，紧贴颈部。

2. 滑步的技术要点

完整的滑步技术包括预备姿势、团身和滑步三个部分（以右侧为例）。

（1）预备姿势。背对投掷方向，两脚前后站立，身体重心落在右腿上，左脚置于右脚跟后 20~30 厘米处，以脚尖或前脚掌着地，上体与头部正直，集中注意做准备滑步。

（2）团身的技术要点。向前屈体，屈膝下蹲，同时左腿和头部向右腿靠拢，完成团身动作。

（3）滑步。当团身臀部后移时，左大腿带髋，以左脚跟为前导快速向抵趾板中间略偏左方向摆出；右腿积极蹬伸，使摆蹬动作协调配合，以摆动腿的力量带动支撑腿，同时以蹬地的力量推送摆动腿，做到摆腿与蹬地互相结合，推动身体向投掷方向移动。

3. 蹬转的技术要点

蹬转是动力传递的关键动作。滑步结束时，右脚比左脚先着地。右脚着地后，右腿积极蹬伸，推动右髋向投掷方向转动。上体在转动中逐渐抬起，同时，躯干的肌群积极收缩，铅球尽可能保持较低位置，体重仍大部分压在弯曲而压紧的右腿上。

4. 最后用力的技术要点

最后用力是推铅球技术的主要环节，直接影响出手速度、出手角度。最后用力分为准备和加速两个部分。右腿蹬伸，进一步将右髋向投掷方向送出，右臂迅速而有力地将铅球推出。铅球快出手时，手腕稍向内转同时屈腕，快速而有力地拨球，使铅球从手指离开。

5 维持身体平衡的技术要点

推铅球出手时，由于身体充分伸展，重心较高并移向左脚，再加向前的冲力较大，铅球出手后，为防止犯规，这时应迅速交换两腿，以全脚掌着地，屈膝降低身体重心来减缓冲力，以维持身体平衡。

（二）推铅球的学练方法

1. 学习原地推铅球技术

（1）练习握球、持球、推球的方法。

（2）原地向上推铅球，两脚左右开立与肩同宽，下蹲时右肩下沉，然后迅速蹬起将球向上推出，体会推球用力顺序。

（3）原地侧向推铅球。

（4）原地背向推铅球。

2. 学习滑步技术

（1）徒手团身模仿练习。

（2）摆动腿的后摆与右腿的蹬伸练习。

（3）收拉右腿结合左脚主动快落地练习。

（4）徒手滑步练习。

（5）持轻球进行完整滑步练习。

3. 学习背向滑步推铅球完整技术

（1）徒手模仿背向滑步推铅球技术。

（2）背向滑步推轻铅球。

（3）圈内背向滑步推轻铅球或标准重量的铅球，注意滑步与最后用力的连贯性，完成动作的加速节奏。

八、标枪

（一）标枪的基本技术

1. 出枪技术要点

最后用力是学习的重点。因为掷标枪成绩的好坏，主要取决于最后用力技术的好坏。

以右手掷枪为例。出枪时，投掷臂处于身后，约与肩高，与躯干几乎成直角。弯曲的左腿做迅速有弹性的蹬伸，同时胸部尽量前送，并带动小臂向前做爆发性"鞭打"动作，使全身的力量通过手臂和手指作用于标枪纵轴。枪离手一刹那，手腕和手指的积极鞭打动作，能使标枪沿着纵轴按顺时针方向自转，这可以保持标枪在空中飞行的稳定性，提高标枪的滑翔效果（图5-2-8）。

图5-2-8　掷标枪完整动作

2. 助跑的技术要点

正确的投掷步技术，特别是交叉步技术，是助跑技术的主要环节，它起着承上启下的作用，是助跑和最后用力结合的关键。助跑教学，应注意引枪和下肢动作协调配合，各步的步长和动作节奏，都要稳定。

（二）掷标枪技术的学练方法

（1）练习掷枪前的姿势。身体左侧对投掷方向，两脚左右开立，右腿弯曲，重心落于右腿，右臂伸直持枪手右肩后方，手稍高于肩，左臂前伸稍内旋，左肩稍高于右肩，标枪位于眉和额之间，并贴近面部，眼看投掷方向。

（2）练习"满弓"动作。呈掷枪前姿势，在左腿稳固支撑的情况下，完成右腿前转送肩、转肩、挺胸、翻肘成"满弓"姿势。

（3）练习最后用力动作。从掷枪前姿势到标枪离手刹那间的身体姿势。

第三节　田径竞赛规则简介

一、径赛项目

所有400米及400米以下的径赛项目，必须采用蹲踞式起跑并使用起跑器。在"各就位""预备"口令之后，参赛者应马上完成有关动作，不能在合理时间内完成有关动作，则属起跑犯规。除此以外，在"各就位"后，以声音或动作扰乱他人，应判其起跑犯规。400 米以上的径赛项目，口令只有"各就位"，当所有参赛者均准备完成及静止后，便可鸣枪开始比赛。

在划分线道进行的径赛项目或其部分中，参赛者不得越出指定分道，否则取消参赛资格。在任何径赛项目中，若冲撞、突然切入或阻碍其他参赛者，将取消参赛资格。

跨栏项目参赛者必须在自己的分道内完成比赛，而且当参赛者跨越栏架时，若其腿或足从低于栏架顶的水平线跨越或跨越并非自己分道上的栏架，均应被取消参赛资格。若裁判员认为参赛者故意以手或足撞倒任何栏架，亦应取消其参赛资格。

4×100 米接力跑是分道进行，在 30 米接力区内完成交接棒。在 4×400 米接力跑中，第一棒全程及第二棒的第一弯道是分道跑，第二棒运动员要跑至抢道线后方可自由抢道。第一棒的传接必须在参赛者指定的线道内进行，其余各棒的传接，裁判员会根据第二及第三棒运动员通过 200 米起点处之先后，按次序让其第三及第四棒的队友在接棒范围内，由内至外排列等候接棒。所有接棒者均不可以在接棒区外起跑。接力棒必须拿在手中，直到比赛结束为止。

二、田赛项目

田赛项目又可分为掷类和跳类。除跳高外，若参赛人数超过 8 名，每人应有 3 次试掷（跳）机会，试掷（跳）成绩最好的 8 名参赛者可获得另外 3 次试掷（跳）的机会。若超过一名参赛者同时获得同于第八名的成绩，则每位成绩同于第八名的参赛者，均可再获 3 次试掷（跳）的机会。若参赛的总人数是 8 人或以下，则每位参赛者应给予 6 次试掷（跳）的机会。若参赛者同时参加了田赛和径赛项目或一项以上的田赛项目，而在比赛时间上有所冲突时，田赛项目裁判可让参赛者在每一轮中更改赛前预定的试掷（跳）次序，但每一位参赛者在任何一轮的比赛中，不得有多于一次试掷（跳）的机会（跳高除外）。用距离决定胜负的田赛项目，以参赛者全部试掷（跳）中最佳成绩计算名次。遇上最佳成绩相同时，应以次佳成绩定胜负，依此类推。若仍无法定出胜负而又涉及竞逐第一名时，则成绩相同者需依原来顺序进行比赛，直至分出胜负为止。用高度决定胜负的田赛项目，遇上最佳成绩相同时，以最少试跳次数成功越过最后高度的参赛者应获排较前的位置。如仍未分胜负，则全场比赛中试跳失败次数最少（包括最后跳过的高度）的参赛者应获排较前的位置。若仍无法分别胜负而涉及竞逐第一名，虽然有关的参赛者有可能曾经在不同高度作试跳而相继失败，裁判应以其中最低的高度上，再给予一次试跳机会。如仍无法分别高下，则每次升高或降低 2 厘米让有关参赛者加跳一次，直至能定出胜负为止，而且在此情况下，有关参赛者必须试跳，以便判定名次。

铅球参赛者必须在推掷圈内，由静止状态开始，将铅球以单手由肩上推出。在整个推铅球的过程中，铅球应接触或接近参赛者的下颌，并且不得低于此位置，也不得移至肩线之后。推掷时，参赛者可以触碰推掷圈及抵趾板的内缘，但身体的任何部位若触到推掷圈或抵趾板上缘或推掷圈外面的地面，均视作试推失败。铅球未着地前，参赛者不得离开推掷圈。离开推掷圈时，亦必须从其后半圆离开。在推掷的过程中，参赛者可以中途停顿，甚至把铅球放下以及离开推掷圈（但仍要合乎上述规定），然后重新由静止位置开始推掷。铅球必须完全落在扇形着地区角度线范围以内方为有效。丈量时应从铅球着地痕迹之最近端拉向推掷圈的圆心，以推掷圈内缘至铅球着地痕迹近缘的距离计算成绩。距离的计算须以 0.01 米为最小单位，不足 0.01 米者应以较低的读数计算成绩。

铁饼除了投掷方式上的不同外，所有推铅球的规则通用于掷铁饼项目，丈量时应以 0.02 米为最小单位，不足 0.02 米者应以较低的读数计算成绩。

标枪参赛者应握着标枪的握把处，自肩上或投掷手臂上方将枪掷出，投掷时不得将枪抛出或甩出。参赛者不得转身完全背向投掷弧。标枪着地前，参赛者不得离开助跑道，离开时也要在助跑道两边平行线的直角方向及投掷弧的两端延长线后面走出。标枪着地时，枪尖必须先着地，并落在扇形着地区的内方算有效。丈量时应由枪尖着地的最近点，通过投掷弧线的圆心，量至投掷弧线的内缘作为该掷的成绩。距离的计算须以 0.02 米为最小单位，不足 0.02 米者应以较低的读数计算成绩。

跳高比赛开始前，裁判员必须向参赛者宣布起跳的高度及每次晋升的高度，直至只剩下一位参赛者为止。除非只余下冠军参赛者，否则横杆的升幅不得少于 2 厘米，而且横杆的升幅不得增加。在只剩下冠军参赛者的情况下，横杆的升幅可按其意愿而做出决定。参赛者必须单脚起跳。若起跳后，横杆不停留在支架上或在尚未越过横杆前，身体的任何部位触及两支架间或两支架外的地面（包括其着地区），则以试跳失败论。如果参赛者在试跳时，其脚部触及着地区，而裁判员认为并未因此而获得利益，则该跳仍算有效。参赛者可以在任何一个高度开始起跳，往后亦可以自由选择高度试跳，但不管高度为何，连续 3 次试跳失败，便会丧失继续比赛的资格。若参赛者曾放弃某一高度的第一次试跳，其后便不得在同一高度上再次要求试跳机会（成绩相同时的额外试跳除外）。

跳远参赛者触犯以下任何情况，均作试跳失败论：不论起跳与否，身体的任何部位触及起跳线前方的地面。着地时，身体的任何部分触及着地区以外的地面，而该点较其落在着地区的位置近。完成试跳后，在着地区向后行。使用任何翻腾动作试跳。

丈量试跳成绩时，距离的计算须以 0.01 米为最小单位，不足 0.01 米者应以较低的读数计算成绩。三级跳远顺序必须由单足跳、跨步跳及跳跃三个部分组成。第一步起跳后，须以同足着地进行第二次起跳；第二步起跳后，则要以另一足着地，然后再做第三次（最后一次）起跳。除场地外，跳远的所有规则，也适用于三级跳远项目。

第六章
足球运动

第一节　足球运动概述

　　足球运动是以脚支配球为主，两队互相进行攻守对抗的体育项目。足球运动是世界上开展得最广泛、影响力最大的体育运动，被誉为"世界第一运动"。

一、足球运动发展概要

　　（一）古代足球起源于中国

　　古代足球起源于中国。据《史记》和《战国策》记载，早在战国时期，齐国都城临淄就出现了蹴鞠，当时称为"踏鞠"或"缦鞠"，且已发展成一种成熟的游乐方式，在民间广为盛行。"蹴"是踢的意思，"鞠"是球的意思，这是足球运动最早的雏形。2004 年 7 月 15 日，时任国际足球联合会主席布拉特宣布：中国是足球的故乡，足球最早起源于中国山东省淄博市的临淄。2005 年 5 月 21 日，布拉特在国际足球联合会总部向临淄颁发了足球起源地认定证书。

　　（二）现代足球运动起源于英国

　　19 世纪下半叶，随着工业革命的推进，足球运动在英国有了新的发展。不过当时还没有统一规定场地、比赛方法、参赛人数和时间长短等。1857 年，英国成立了第一个足球俱乐部。1863 年 10 月 26 日，英国成立了第一个足球组织——英格兰足球协会。后来，这被认为是现代足球运动的开端。

　　1904 年 5 月 21 日，由法国、比利时、丹麦、荷兰、西班牙、瑞典和瑞士 7 个国家在巴黎发起成立了国际性的足球组织——国际足球联合会（FIFA，简称"国际足联"）。到目前为止，国际足联已发展成为由 200 多个会员国（地区）组成的世界最大的单项体育组织。

二、足球运动的特点

　　（1）足球运动是一项富有战斗性的激烈对抗的体育项目。在比赛中，双方为了把球踢进对方的球门，而又不让球进入本方的球门，展开短兵相接的争斗，在两个罚球区中的争夺尤为激烈。

（2）足球运动是一项技战术复杂的非周期性运动项目。其技战术受到对手的干扰和限制，比赛中需要灵活地运用。足球比赛的参加人数较多，行动不易协调和统一，所以攻守战术的配合较困难。

（3）足球比赛场地大、时间长、体能消耗大。正式比赛为 90 分钟，有时还要进行加时赛（30 分钟）。在一场高水平的足球比赛中，运动员往往要跑动 10 000 米以上，而且还要做上百个技术动作，体能消耗非常大。一场比赛结束后，有些队员的能量消耗在 2 000 卡左右，体重甚至会下降 3~5 千克。

（4）足球规则简单易懂，场地器材要求不高，易于开展。

三、重要足球赛事简介

（一）国际性重要足球赛事

1. 世界男子足球锦标赛

4 年一届的世界男子足球锦标赛（又称世界杯足球赛）是全世界最高水平的足球赛事，全世界 200 多个成员国（地区）都在为争夺决赛阶段的 32 个名额而奋斗。1930 年，第一届世界杯足球赛在乌拉圭成功举行，至今已举办了 21 届。第 21 届世界杯足球赛于 2018 年在俄罗斯举行，法国、克罗地亚、比利时分获前三名。第 22 届世界杯足球赛将于 2022 年 11 月在卡塔尔举行。

2. 世界女子足球锦标赛

1991 年，国际足联正式举办第一届世界女子足球锦标赛。此后，每 4 年举办一届。2007 年，在中国举行了第五届世界女子足球锦标赛，共有 16 个国家的女子足球队来华参赛。

3. 奥运会足球比赛

奥运会足球比赛共有 16 支男子足球队和 12 支女子足球队参加。奥运会男子足球比赛规定，23 岁以下球员才能参加比赛，每队最多有 3 名超龄球员；比赛不受年龄限制。

另外，在世界范围内每两年还举行一届 19 岁以下和 17 岁以下的青少年足球锦标赛；世界大学生运动会也有男、女足球比赛。

（二）亚洲重大足球赛事

1. 亚洲杯男、女足球锦标赛

2. 亚运会足球赛

3. 世界杯、奥运会以及世界青年锦标赛等各项赛事的亚洲区选拔赛

4. 亚洲俱乐部冠军联赛

（三）欧洲重大足球赛事

1. 欧洲杯赛

每 4 年举行一届，共有 24 支足球队进入决赛阶段的比赛。

2. 欧洲俱乐部冠军联赛

3. 欧洲五大联赛

意大利足球甲级联赛、英格兰足球超级联赛、西班牙足球甲级联赛、德国足球甲级联赛、法国足球甲级联赛。

（四）中国国内主要足球赛事

1. 中超、中甲联赛

参加队为在中国足协注册的职业足球俱乐部。每队场上可以有 4 名外援参赛。

2. 中国足协举行的青少年足球比赛

以球员的年龄分组进行，有 U19、U17、U15 三个年龄组。

3. 全国运动会的足球比赛

以各省、市、自治区为单位，前 12 名球队参加，每 4 年举行一届。

4. 全国大学生足球比赛

（1）大学生超级联赛。以高校为参赛单位，先进行各省、市、自治区的选拔赛，最后进行总决赛。每年举行一届。

（2）室内五人制足球比赛。由各省、市、自治区先进行预选赛，各区冠军队参加大区的复赛，最后进行总决赛。

（3）全国大学生运动会足球比赛。由各省、市、自治区组织最高水平的混合队，先通过预选赛，最后 16 强参加决赛阶段的比赛，每 4 年举行一届。

第二节　足球运动基本技术与学练方法

一、颠球

（一）颠球技术

颠球是熟悉球性的一种练习手段。

1. 双脚脚背颠球

脚向前上方摆动，用脚背击球。击球时，踝关节固定，击球的下部。两脚可交替击球，也可一只脚支撑，另一只脚连续击球。击球时，用力均匀，使球始终控制在身体周围。

2. 双脚内侧、外侧颠球

抬腿屈膝，用脚的内侧或外侧向上摆动，击球的下部，两脚内侧或外侧交替击球。

3. 大腿颠球

抬腿屈膝，用大腿的中前部位向上击球的下部。两腿可交替击球，也可一只脚做支撑，用另一侧的大腿连续击球。

4. 各部位连续颠球

根据上述单一颠球技术动作要领，用各部位配合连续颠球，配合的部位越多，难度越大。颠球的部位有脚背、脚内侧、脚外侧、大腿、头部、胸部、肩部等。

（二）练习方法

1. 一人一球颠球

体会触球的时间、触球的部位、触球的力量和整个动作的协调配合。

2. 两人一球颠球

用脚背、大腿、头部以及身体各部位触球，掌握好触球的力量，尽量不让球落地。每人可触球一次颠给对方，也可触球多次互颠。

二、运球

运球是运动员在跑动中用脚的推、拉、扣、拨，使球保持在自己控制范围内的连续触球动作。它是个人控球能力和进攻能力的体现，也是集体战术配合的基础之一。常见的运球方法有脚背内侧运球、脚背外侧运球、脚内侧运球和脚背正面运球等。

（一）运球技术

1. 脚背内侧运球

特点：运球动作幅度大，控球稳，虽不能加快速度，但是左右转换方向很容易。主要适用于掩护性运球或运球变向，它是比赛中使用得最多的运球方法。

技术要点：跑动时，身体自然放松，步幅要小些，上体前倾并稍向运球方向侧转，运球脚提起时，膝关节微屈，脚跟提起，脚尖外展，用脚背内侧推拨球，使球随身体前进（图6-2-1）。

1　　　　2　　　　3

视频：脚背内侧运球示范动作

图6-2-1　脚背内侧运球

2. 脚背外侧运球

特点：易于变化运球方向和发挥奔跑速度，还具有掩护球的作用。运用时灵活性、可变性强。按运球形式可分为直线运球、弧线运球和转换方向运球。

技术要点：跑动时身体自然放松，上体稍前倾，两臂自然摆动，步幅小些，运球腿提起，膝关节微屈，脚跟提起，脚尖稍内转，在迈步前伸着地前，用脚背外侧拨动球的后中部（图6-2-2）。

1　　　　2　　　　3

视频：脚背外侧运球示范动作

图6-2-2　脚背外侧运球

3. 脚背正面运球

特点：直线推拨，速度快，但路线单一。多在前方纵深距离较长的情况下运用。

技术要点：运球跑动时身体自然放松，上体稍前倾，步幅稍小，两臂屈肘自然摆动。

在运球脚提起时，膝关节微屈，脚跟提起，脚背绷紧，脚尖向下，在迈步前伸着地前，用脚背正面推拨球前进（图6-2-3）。

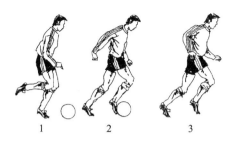

图6-2-3　脚背正面运球

4. 脚内侧运球

特点：与其他运球技术相比，速度最慢，容易控制，多用于掩护性运球或运球变向。

技术要点：运球时，支撑脚稍向前跨，踏在球的前侧方，膝关节稍弯曲，上体前倾向里转。随着身体向前移动，运球脚提起，用脚内侧推球的侧后中部（图6-2-4）。

图6-2-4　脚内侧运球

（二）运球过人

1. 利用速度强行过人

持球者以突然的快速推拨球（力量较大）并与快速的奔跑相结合越过对手的阻拦。

2. 利用身体的掩护强行过人

当持球者接近对手时双方速度减慢，持球者侧身用身体靠住对手以另一侧脚将球拨出，同时转身将对手倚在身后并随球越过对手。

3. 利用变速运球过人

对手在持球者侧面，持球者用另一侧脚运球，利用运球速度的变化达到甩掉对手或越过对手的目的。

4. 运球假动作过人

运球者利用腿部、上体的晃动使对手产生错觉，在对手做抢球动作时，使其重心产生错误的移动，运球者则抓住时机从另一方向越过对手。

（三）运球时常用的动作

（1）拨球。用脚踝的扭拨动作，以脚背内侧或脚背外侧触球，使球向侧方或侧前方运动。用脚背内侧拨球的动作称"里拨"，用脚背外侧拨球的动作称"外拨"。

（2）扣球。指用突然的转身和脚踝急转扣压动作以脚背内侧或脚背外侧触球，使球向侧后方停下或改变方向运行。用脚背内侧扣球的动作称"里扣"，用脚背外侧扣球的动作称"外扣"。

（3）拉球。指用脚掌将球由前向后或由左（右）向右（左）拖拉球的动作。

（4）挑球。指用脚背与脚尖翘起上挑的动作或用脚背上撩的动作，使球向前上方改变方向。

（四）练习方法

（1）在走与慢跑中做无球模仿练习。

（2）在走与慢跑中进行先单脚后双脚、先直线后曲线运球。

（3）在人群中运球和小间距绕杆运球。

（4）运球过人练习。

（五）练习提示

（1）运球时，推拨球而不是踢球，要使球始终在自己的控制范围内。

（2）运球时，步幅要小，身体要放松，重心移动要快。

（3）运球时，要养成抬头观察的好习惯，不要低头运球。

视频：扣球
过人示范
动作

视频：拉球
过人示范
动作

三、踢球

踢球是足球运动最基本的技术，主要用于传球和射门。踢球的脚法很多，一般均由助跑、支撑脚站位、踢球摆动、脚触球和踢球后的随前动作 5 个环节组成。

（一）踢球技术

1. 脚内侧踢球（又称脚弓踢球）

特点：脚内侧踢球触球面积比脚的其他部位都大，更容易控制球。因此，脚内侧踢球是进行短距离准确传球和射门的理想方法。

技术要点：以右脚踢球为例，脚触球的部位是由跗趾关节、舟骨和跟骨所构成的三角部位。直线助跑，支撑脚踏在球侧 15 厘米左右处，脚尖对准出球方向，膝关节微屈。在支撑脚着地的同时，踢球腿以髋关节为轴由后向前摆动，屈膝外展约 90°，小腿加速前摆，脚尖稍翘起，踝关节紧张用力，用脚内侧部位击球后中部（图 6-2-5）。

1　　　　2　　　　3　　　　4　　　　5

图 6-2-5　脚内侧踢球

视频：脚内
侧踢球示范
动作

2. 脚背内侧踢球

特点：摆踢动作顺畅、幅度大、脚触球面积大、出球平稳有力，而且性能和路线富于变化，适用于中远距离传球和射门。

技术要点：触球部位是第一跖骨体及跖趾关节部位。斜线助跑，与出球方向约成45°，最后一步稍大，支撑脚踏在球侧后20~25厘米处，脚尖指向出球方向，膝关节微屈，身体稍向支撑脚一侧倾斜。踢球腿以髋关节为轴，大腿带动小腿由后向前摆，当大腿摆至接近垂直地面时，小腿加速前摆，膝关节稍向内旋，脚面绷直，脚尖指向斜下方，以脚背内侧踢球的后中部（图6-2-6）。

视频：脚背
内侧踢球示
范动作

图6-2-6　脚背内侧踢球

3. 脚背外侧踢球（又称外脚背踢球）

特点：踢球时脚踝灵活性较大，摆腿方向变化较多，且助跑时又是正常的跑动姿势，故其出球隐蔽性较强，在足球比赛中踢各种距离的弧线球及非弧线球均可使用这种踢法。

技术要点：踢定位球时，助跑、支撑脚的位置和踢球腿的摆动基本上与脚背正面踢球相同。但是在踢球腿的膝盖摆到接近球的垂直上方的一刹那，小腿加速前摆，脚尖内转，脚背外侧与地面垂直，脚面绷直，脚趾扣紧，以脚背外侧部位击球的后中部。踢球后，踢球腿随球继续前摆（图6-2-7）。

视频：脚背
外侧踢球示
范动作

图6-2-7　脚背外侧踢球

4. 脚背正面踢球

特点：脚背正面踢球的摆幅相对较大，提摆动作顺畅快速，便于发力，但出球路线或性能缺乏变化，适用于远距离的发球和大力射门。

技术要点：用脚背正面部位（楔骨、趾骨末端）触球。直线助跑，最后一步稍大并要积极着地，支撑脚踏在球侧10~12厘米处，脚尖正对出球方向，膝关节微屈，踢球腿在支撑脚着地前顺势摆起，小腿折叠。在支撑脚着地的同时，以髋关节为轴，大腿带动小腿向前摆动，在膝盖摆至接近球正上方的瞬间，小腿加速前摆发力，脚背绷直，脚趾紧扣，用脚背正面击球后中部，踢后脚随出球方向继续前摆（图6-2-8）。

视频：脚背
正面踢球示
范动作

1　　　　　2　　　　　3　　　　　4　　　　　5

图 6-2-8　脚背正面踢球

（二）练习方法

（1）进行各种踢球技术动作的模仿练习。

（2）一人用脚底挡球，另一人上步做踢球练习。

（3）各种脚法的两人练习。两人相距 15 米左右，用脚的各个部位相互练习踢定位球，然后过渡到踢移动中的球或空中球。

（4）利用足球墙和标杆做踢旋转球的练习。可将标杆插在踢球者与墙之间，标杆与人及墙的距离视需要而定，开始可大些，当技术掌握后再逐步缩小。

（5）一人传球，一人射门练习。一人从侧前方、侧方、侧后方传地滚球或抛高球，另一人迎球踢地滚球、反弹球或凌空球射门。

（6）两人一组进行对抗性的传射练习。

（三）练习提示

（1）支撑脚要对准出球方向，位置要选好。

（2）助跑最后一步稍大，大腿带动小腿摆动，小腿摆速要快。

（3）脚型要控制好，触球部位要准确，否则会影响踢球的力量和准确性，且容易受伤。

四、接球

接球是指运动员有目的地用身体的合理部位把运行中的球接停在所需要的控制范围内的技术动作。

（一）接球技术

1. 脚内侧接球

特点：脚内侧接球由于脚触球面积大，动作简单，较易掌握，在比赛中经常使用这种技术接各种地滚球、反弹球、空中球等。

技术要点：脚内侧接地滚球时，支撑脚脚尖正对来球，接球腿提膝大腿外展，脚尖微翘，脚底基本与地面平行，脚内侧正对来球并前迎，当脚内侧与球接触的一刹那迅速后撤，把球接在衔接下一个动作需要的位置上（图 6-2-9）。脚内侧接反弹球时，应根据来球的落点，及时移动到位，支撑脚与球落点的相对位置在球的侧前方，接球腿提起小腿且放松，脚尖微翘，脚内侧对着接球后球运行的方向并与地面成一锐角，当球落地反弹刚离地面时，大腿向接球后球运行的方向摆动，用脚内侧部位轻推球的中上部。

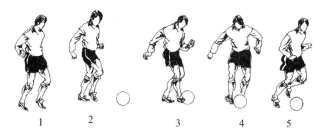

图 6-2-9 脚内侧接球

2. 脚底接球

特点：脚底接球动作简单，技术便于掌握，易于将球接到位置，常被用来接各种地面球和反弹球。

技术要点：脚底接地滚球时，身体正对来球方向，移动前迎，支撑脚稳固支撑，脚尖正对来球方向，同时接球腿提起，膝关节微屈，脚尖翘起，使脚底与地面形成一定夹角。在触球瞬间，接球脚前脚掌挡压球的中上部（图 6-2-10）。脚底接反弹球时，应根据来球落点，及时前移迎球，支撑脚站在落点侧后方，脚尖正对来球方向，球落地瞬间，用前脚掌去触球的中上部，用前脚掌将球接在体前。

图 6-2-10 脚底接球

3. 大腿接球

特点：大腿接球由于触球部位面积大且肌肉丰富有弹性，一般用来接抛物线较大的高空球和略高于膝的低平球。

技术要点：大腿接抛物线较大的下落球时，面对来球方向，根据球的落点迅速移动到位，接球腿的大腿抬起，当球与大腿接触的瞬间，大腿下撤将球接到需要的位置上。大腿接低平球时，应面对来球方向，根据来球高度，接球腿的大腿微屈，送髋前迎来球，当球与大腿接触瞬间，收撤大腿，使球落在所需要的位置上（图 6-2-11）。

图 6-2-11 大腿接球

4. 胸部接球

特点：接球点高，触球面积大，持球相对平稳，适用于接胸部以上高度的球。

技术要点：胸部接球包括挺胸式接球和收胸式接球两种方式。挺胸式接球时，面对来球站立（两脚左右或前后开立），两膝微屈，上体后仰，下颌微收，两臂自然张开，触球瞬间两脚蹬地，膝关节伸直，用胸部轻托球的下部，使球微微弹起于胸前上方（图6-2-12）。收胸式接球时，面对来球，两脚左右或前后开立，挺胸迎球，触球瞬间收胸、收腹、臀部后移，将球接在体前（图6-2-13）。

视频：胸部
接球示范
动作

图 6-2-12　挺胸式接球

图 6-2-13　收胸式接球

（二）练习方法

1. 停地滚球练习

（1）两人距离约10米，一人用手抛地滚球，另一人迎球用脚内侧把球停在体前或向左、右侧停球，停球后将球拾起再用手抛球给对方。两人依次反复练习。

（2）两人相距10~15米，甲向乙两侧传球，乙停球后再回传给甲。

（3）三人站成一条直线，每人相距约10米，甲传球给乙，乙用脚内侧向两侧或转身停球，然后传给丙，丙再回传给乙。三人可互换位置。

2. 停反弹球练习

（1）自己向空中抛（踢）球，练习停反弹球。

（2）两人相距约10米，一人踢或抛有一定弧度的下落球，一人停反弹球。

3. 停空中球练习

（1）用各种停空中球的方法自抛自停空中球。

（2）两人互抛互停空中球，逐渐改变球的飞行弧度和落点进行停球。

（3）两人相互传高球，练习停空中球。

（三）练习提示

（1）准确判断球的性能、落点和速度是各种接球的前提。

（2）缓冲动作是接球的关键，迎接、推压、切挡和改变球的运行路线是各种接球的基本方法。

（3）接球后身体要及时跟上并与下个动作紧密衔接。

五、抢截球

抢截球是比赛中由防守转为进攻的重要手段，是指在规则允许的条件下，把对方控制的球抢夺过来或破坏掉。在对抗日趋激烈的足球比赛中，进攻与防守转换快速、合理有效的防守技术对提高球队的竞技能力十分重要。

抢截球包含抢球和断球两种技术，但从其动作过程分析，都是由判断选位、上步抢断和衔接动作三个技术环节构成的。

（一）抢截球技术

1. 正面跨步抢截球

技术要点：两脚前后开立，两膝微屈，身体重心下降。当对手运球脚触球后还未着地的瞬间，一脚用力蹬地，另一脚跨步伸出，上体前倾，身体重心迅速移至抢球脚上。如双方的脚同时触球，则可抢先顺势向上提拉，使球从对方脚背滚过（图6-2-14）。

视频：正面
跨步抢截球
示范动作

1　　　　　2　　　　　3

图6-2-14　正面跨步抢截球

2. 侧面合理冲撞抢球

技术要点：当与对手肩并肩跑动追球时，身体重心下降，靠近对手一侧的手臂要贴紧身体。在对手以远离自己一侧的脚支撑时，用肘关节以上部位使其失去平衡而离开球，乘机控制住球（图6-2-15）。

视频：侧面
合理冲撞抢
球示范动作

1　　　　　　2

图6-2-15　侧面合理冲撞抢球

（二）练习方法

（1）无球模仿练习。

（2）两人一球，原地做跨步练习。

（3）模拟对抗抢球。一人慢运球，另一人做正面抢截球。

（4）两人在同向慢跑或快跑中进行冲撞练习。

（三）练习提示

（1）掌握好抢球的时机和动作准确性，否则易失误和犯规。

（2）抢球动作要迅速、果断。

六、头顶球

头顶球是比赛中为了争取时间和取得空中优势的一项重要技术，它是传球、射门和抢截球的有效手段。头顶球触球部位平坦，动作发力顺畅，容易控制出球方向，准确性强，触球平稳有力。

（一）头顶球技术

1. 前额正面顶球

特点：前额正面顶球是头顶球技术中最常见的方式，其特点是触球部位平坦，动作发力顺畅，容易控制出球方向，准确性强，出球平稳有力。

技术要点：原地顶球时，身体正对来球，两脚前后站立或平行站立，膝关节微屈，两眼注视来球，上体稍后仰，两臂自然张开，挺胸展腹，下颌收紧。顶球时，蹬地、收腹、摆体、顶送发力，当头摆至身体垂直部位时，用前额正面顶击球的后中部，顶击球瞬间，颈部肌肉保持紧张，顶球后继续前送，以便于控制出球的方向（图6-2-16）。跳起顶球时，要选好起跳位置，两脚前后站立，维持身体平衡，掌握好起跳时机，起跳脚积极蹬跳发力，手臂协调向上提摆，以加强跳起力量。起跳后，挺胸展腹，形成背弓，两眼始终注视来球。当跳至最高点时，迅速收腹摆体，下颌收紧，前额积极迎球顶送发力。当顶球后屈膝缓冲落地时，看清球的飞行路线，以便进行下一步动作。

视频：原地
前额正面头
顶球示范
动作

图6-2-16　前额正面顶球

2. 前额侧面顶球

特点：在实际比赛中，运用该技术对球门的威胁很大。因为其特点是击球动作快捷，变换方向突然，顶出球的运行线路难以预测。但该动作难度较大，侧摆发力和出球方向较难控制，适用于应急时破坏球和门前的头球攻门。

技术要点：原地顶球时，选择好击球的方向，身体稍侧对来球，两脚自然前后站立，击球一侧的支撑腿在前，身体稍向侧后微屈，重心落在后腿上，两臂自然张开，眼睛注视来球。顶击球时，后脚向击球方向猛力蹬伸，身体随之向出球方向转动侧摆，同时颈部侧甩发力，用额侧部将球击出（图6-2-17）。跳起顶球时，动作类似额正面的跳起顶球，但在起跳上升阶段，上体应向出球的相反方向侧屈转体。跳至最高点时，上体向出球一侧加速转动，摆体侧甩，可利用脚的侧下方蹬地，加快侧摆速度，用额侧部将球顶出。

图6-2-17　前额侧面顶球

（二）练习方法

（1）进行徒手模仿顶球动作练习。

（2）两人一球，一人抛球，另一人头顶球，或一人一球，自抛自顶，或用吊球做练习，体会头顶球的部位和动作。

（3）两人一球，相距5米，自抛自顶给对方，或一人一球对墙练习。

（4）两人一球，一抛一顶，连续对顶或一进一退顶球。

（5）三人一球，进行三角顶球练习。也可在规定时间内进行顶球比赛，连续顶球次数多者为胜者。

（三）练习提示

（1）初学者首先要克服紧张心理，绝不可闭眼、缩颈做顶球动作，要主动迎击球。

（2）跳起顶球时，首先要准确判断球的落点和起跳时间，起跳过早或过晚则会导致顶球无力或顶不到球。

（3）无论用哪种顶球方法，都必须使所有参加运动的关节和肌肉都能协调一致地用力。

七、掷界外球

掷界外球是在球出边线时使用的技术。掷界外球时没有"越位"的约束，因为掷球一方可以充分利用这一规则发动有效进攻。掷界外球技术如运用得当，比角球的威胁还大。掷界外球分为原地掷界外球和助跑掷界外球。

（一）掷界外球技术

原地掷界外球时，掷球队员必须面向球场，脚可以踩在边线上，但是不得越过边线。掷球时，两脚用力蹬地，收腹、摆体、挥臂、甩腕，双手用力将球从头后经头顶掷入场内。

助跑掷界外球在助跑时两手持球于胸前，在最后一步迈出的同时，将球举至头后，同时身体后仰成背弓，两脚前后开立，其他掷球动作与原地掷相同。

（二）练习方法

（1）根据规则和动作要点，进行徒手模仿练习。

（2）两人互掷球，距离由近至远，要求在练习中球不落地或结合其他技战术进行练习。如要增加臂力，可以用实心球代替。

（3）界外球掷准、掷远比赛。

（三）练习提示

掷界外球技术并不复杂，但却是规则性较强的技术动作，一定要按规则的要求进行。下列情况为掷界外球违例：

（1）掷球时，脚离地、进场或远离规定掷球点掷球。

（2）掷球时，未用双手将球从头后经头顶掷入场内。

（3）掷球时，没有面向出球方向，两手用力不均匀，掷球动作不连贯。

八、守门员技术

守门员是全队的最后一道防线，主要任务是不让球进入本方球门，同时还要起到协调指挥全队防守和进攻的作用。守门员技术包括位置选择、准备姿势、移动、选位、接球、扑接球、击球、托球、掷球和踢球等。

（一）位置选择

守门员为了守住球门，首先要选择正确合理的位置。位置的选择应根据对方的射门地点和射门角度而定。在一般情况下，守门员应站在两球门柱与射门时球所处位置所形成的分角线上。

（二）准备姿势

两脚左右开立，约与肩同宽，两膝自然弯曲并稍内扣，脚跟稍提起，身体重心落在前脚掌上，上体稍前倾，两臂于体前自然屈肘，手指自然张开，掌心向下，眼睛注视来球。

（三）接球

1. 接地滚球

接地滚球有直腿式接球和单腿跪撑式接球两种。

（1）直腿式接球。两腿自然并立，脚尖正对来球，上体前屈，两臂并肘前迎，两手小指靠近，手掌对球。在手触球的刹那，随球后引并屈肘、屈腕，两臂靠近将球抱于胸前（图6-2-18）。

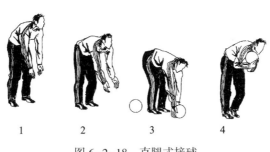

1　　　　2　　　　3　　　　4

图6-2-18　直腿式接球

（2）单腿跪撑式接球。身体正对来球，两腿左右开立，一腿弯曲支撑身体重心，另一腿内转跪撑，膝盖接近地面并靠近前脚脚踵，上体前屈，手臂下垂，两手小指相对，手掌对准来球，稍向前迎，在手触球的刹那，随球后引并屈肘、屈腕，两臂靠近将球抱于胸前，然后起立（图6-2-19）。

图 6-2-19　单腿跪撑式接球

2. 接高球

当确定接球点后，迅速移动并跳起，两臂上伸迎球，两手拇指呈"八"字形，手指微屈，手掌对球。在手触球时，手腕和手指适当用力将球接住，顺势屈肘、回缩下引，并转腕将球抱于胸前（图6-2-20）。

图 6-2-20　接高球

（四）扑球

倒地扑侧面的低球。如扑接左侧低球时，左腿屈膝向左跨出一步，身体作倒。右脚着地后，随着以小腿、大腿、臀部、上体和手臂的外侧依次着地。同时两臂向球伸出，左手掌心对来球，右手在左手前上方，两手腕稍向内屈。触球后把球收回胸前，然后站起。

（五）练习方法

（1）守门员按教练员的手势做左、右、前、后的移动练习。在进行移动练习时，要保持随时出击的准备姿势，身体重心不能有较大起伏。

（2）接同伴抛来或踢来的地滚球、平直球或高空球。

（3）守门员接自己对墙掷出或踢出的各种反弹回来的球。

第三节　足球运动基本战术

一、比赛阵型

比赛阵型是指比赛场上队员基本位置排列，是本队攻守力量搭配和分工的形式。根据队员的职责和排列的层次分为后卫线、前卫线和前锋线。阵型的人数排列次序是从后卫数向前锋的，守门员的人数、职责固定，一般不予计算。目前，世界上普遍采用的阵型有"4-3-3"阵型（图6-3-1）、"4-4-2"阵型（图6-3-2）、"4-1-2-3"阵型和"3-5-2"阵型（图6-3-3）等。除"4-4-2"阵型以防守为主、反击为辅外，其他阵型均以进攻为主，尤以"3-5-2"阵型更为突出。"3-5-2"阵型从后至前分为3条线，由后卫线3名队员、前卫线5名队员、前锋线2名队员组成。

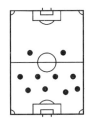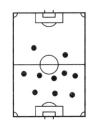

图6-3-1　"4-3-3"阵型　　　　图6-3-2　"4-4-2"阵型　　　　图6-3-3　"3-5-2"阵型

比赛阵型在比赛中不是一成不变的，它只是队员在场上活动的大体安排，可根据临场情况不断变化，场上每个队员都应在明确基本位置和职责的前提下，进行创造性的活动。

二、进攻战术

（一）个人进攻战术

1. 摆脱与跑位

摆脱就是甩掉对手对自己的防守，跑动到有利于进攻的位置上去，达到有利于控制球和将进攻推向对方球门的目的，争取射门得分。

2. 接应

接应是对运控球同伴的支持与帮助。接应必须遵循以下几个原则：一是要拉开；二是接应要及时，到位要快，保持能够接到球的角度，并起到转移进攻点的作用；三是几个队员同时接应时，应保持纵深和角度。

3. 传球

传球是集体配合的基础，是完成战术配合，创造射门的主要手段。

（1）传球目标。分为向脚下传和向空位传两种。

（2）传球时机。一种是跑位引导传球，即先跑位后传球；另一种是传球引导跑位，即先传球后跑位。

（3）传球力量。应有利于接球者处理来球，并且要准确。

4. 运球突破

运球突破是进攻战术中极为重要的个人战术，当控球队员在无人接应或不利于传球时，控球队员冲破对方的紧逼盯人，从而为形成局部以多打少，获取传球空当和为射门创造机会。

（二）局部进攻战术

比赛中经常采用的二人配合进攻方法有传切配合二过一、踢墙式配合二过一和回传反切二过一。二过一是足球比赛中最常用、最有效、最简捷的进攻配合方法。无论在球场任何一个区域、任何两名同队队员都可以采用这种方法。

1. 传切配合二过一

传切配合二过一是两名进攻队员通过一传一切配合越过一名防守队员的配合方法。

斜传直插二过一（图6-3-4）和直传斜插二过一（图6-3-5）都是只通过一次传球和穿插就越过一名防守队员，配合十分简捷和实用。在进行配合时，两名进攻队员要保持适当的距离。控球队员可采用运球或其他动作，诱使防守者上前阻截，插入的队员必须突然、快速起动，但应避免越位。

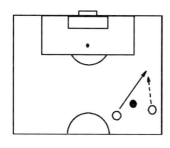
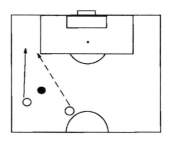

图6-3-4　斜传直插二过一　　　　　图6-3-5　直传斜插二过一

2. 踢墙式二过一

踢墙式二过一是两名进攻队员通过两次传球越过一名防守队员的配合方法（图6-3-6）。在进行踢墙式二过一配合时，持球队员最好传地滚球，因为地滚球力量适度，方向准确；接应队员要求当控球同伴带球逼近防守队员时，要突然摆脱防守者与持球同伴形成三角形位置接应，并一次触球将球传到队友脚下。

3. 回传反切二过一

回传反切二过一是当接应队员与控球队员有一定纵深距离，并且防守者身后有较大空隙时采用的二过一配合。它是通过三次传球组成的配合方法（图6-3-7）。

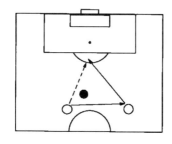
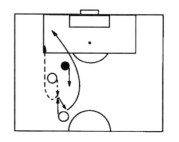

图6-3-6　踢墙式二过一　　　　　图6-3-7　回传反切二过一

（三）边路进攻

边路进攻是指在对方半场两侧地区发展的进攻。边路进攻包括边锋或其他到边锋位置上的队员运球突破下底或里切、边锋与边锋运用二过一突破、由边后卫边线插上配合、斜线传中等进攻方法。

（四）中路进攻

中路进攻是指从比赛场地中间地带发起的进攻。它包括回传反切、前卫插上、短传配合等方式。

三、防守战术

（一）个人防守战术

1. 选位

防守队员选择的位置，原则上是站在对手与本方球门中心所构成的一条直线上，与对手的距离要根据场区以及球所处的位置来决定。

2. 盯人

盯人是指防守者所处的位置能够限制、看守对方活动，达到及时地封堵对手接球或传球路线的目的。盯人有紧逼盯人和松动盯人两种。紧逼盯人指贴近对手不给其从容活动的机会；松动盯人指与对手保持一定距离，以便随时上前抢截对手的球或对手得球后能立即逼近对手。在一般情况下，离球远的一侧可采用松动盯人方式，离球近或有可能接球的队员以及对球门有威胁的队员要采取紧逼盯人方式。

（二）局部的防守配合

1. 保护与补位

保护是指位于抢球队员（第一防守者）身后的保护队员（也称第二防守者）直接提供增援的防守方法。补位是指防守队员弥补同伴在防守中出现漏洞或进攻留下空当时所采取的互相协助的战术配合。保护与补位是局部地区集体防守的基础。保护是补位的前提，没有保护也不可能有效地补位。补位有两种，一种是队员去补空缺，另一种是临近队员相互补位。

2. 围抢

围抢是指在特定场区，2~3名防守队员快速多方位夹击对方控球队员，夺取球权或破坏球的战术配合。围抢是一种主动防守战术行为。

（三）全局战术

全局防守战术包括盯人防守、区域防守、混合防守。严密封堵球门前30米范围是全队集体防守的关键。

四、定位球战术

定位球战术是指比赛成死球时所采用的攻守战术，包括球门球、中圈开球、掷界外球、角球、任意球、点球等。

（一）角球战术

1. 角球进攻战术

随着技战术的发展，角球也是破门得分的重要手段之一。其主要进攻配合方式有短传角球和长传角球两种。

（1）短传角球。这种角球的优点是快，缩短传中距离，提高传球的准确性和增大传球角度，丰富战术打法，增加防守难度，对球门威胁大。队员身材不高、争夺空中球能力较弱的队用此方法较多。

（2）长传角球。用内弧线球直接射球门的前、后上角，运用者较少。多数长传角球是将球传至门前区域，由同伴头顶或配合射门。

在踢角球时，一般由擅长右脚者罚左侧的角球，擅长左脚者罚右侧的角球，这有利于踢出球速快、旋转强、落点好的内弧线球，从而为本队队员的争顶创造机会。

2. 角球防守战术

对方踢角球时，前锋、前卫队员要快速回防，迅速组织防守。所有队员的注意力应高度集中，分工明确，各司其职，人球兼顾，切忌盯人不看球或看球不盯人。一般以头球好的队员守在门前危险区域，重点防守头顶球好的对方队员。守门员选位在球门中部，斜向站立，这样，既能看到罚球者，又能看到罚球区内的攻方队员，保护球门及控制球门区。两边后卫分别防近、远门柱区域的射门和高球，守门员出击时他俩应退至球门线补门。当球解围时，全体防守队员应快速同步向罚球区线上压上，以造成对方越位。

（二）任意球战术

1. 任意球进攻战术

前场任意球，特别是在对方禁区附近的任意球进攻是一次极好的破门得分机会，各队都十分重视该区域的任意球战术配合。

（1）直接射门。罚直接任意球时，如果距球门比较近，守方未布好防线、"人墙"有漏洞或守门员站位不佳时可采用直接射门。如果守方已布好防线，可由善于踢弧线球的队员直接射门，同时其他进攻队员要采用穿插跑位等行动干扰守方主防队员和守门员。

（2）传球配合射门。传球配合射门方法很多，一般多采用长传门前由同伴头顶射门或先短传后中长传配合射门。

2. 任意球防守战术

无论是直接任意球还是间接任意球，守方的所有队员都应迅速退守，积极干扰对手罚球，争取时间迅速组织人墙，根据不同罚球区域来排"人墙"，射门角度大则"人墙"人数多，反之则少。排人墙时，最高的队员在外侧，依次向内；最出色的防守队员不参加排墙，而是和其他队员一道去控制和封锁要害空间，防止进攻队员的穿插。在球罚出时，人墙应迅速向球移动，有效地封堵和缩小射门角度，人墙不能过早散开。

第四节　足球运动基本竞赛规则

一、比赛场地

1. 球场

球场边线长度不得多于 120 米或少于 90 米，球门线的长度不得多于 90 米或少于 45 米。在任何情况下，球场边线的长度必须大于球门线的长度，场地各线宽度不超过 12 厘米。

2. 罚球区

在比赛场地两端距球门柱内侧 16.50 米处的球门线上，向场内各画一条长 16.50 米与球门线垂直的线，一端与球门线相接，另一端画一条连接线与球门线平行，这三条线与球门线范围内的区域叫罚球区。在本方罚球区内，守门员可以用手触球。

3. 球门

球门由两根内沿相距 7.32 米与两边角旗点相等距离的直立门柱以及一根下沿离地面 2.44 米的水平横木连接组成。门柱及横梁的宽度、厚度与球门线均应对称相等，不得超过 12 厘米。

4. 角球弧

以边线和球门线外沿交点为圆心，1 米为半径，向场内各画一段 1/4 的弧，这个弧内地区叫角球区。

5. 罚球点

在两球门线中点垂直向场内量 11 米处各做一个清晰的标记，叫罚球点。

二、队员人数与装备

一场比赛每队上场队员不得多于 11 名或不得少于 7 名，其中必须有一名守门员。同队队员的服装（包括上衣、短裤和护袜）颜色必须一致，并与对方队有明显区别。守门员的服装颜色必须与双方其他队员和裁判员有明显区别。并且队员不能佩戴任何可能伤害到自己或别人的佩饰。

三、比赛时间

正式比赛每场为 90 分钟，分上下两个半场，每半场为 45 分钟。除经裁判员同意外，两个半场之间的休息不得超过 15 分钟。如比赛须决出胜负，90 分钟内战平，双方须打加时赛。加时赛共计 30 分钟，分为上下两个半场，每半场为 15 分钟，中间不休息。如加时赛后仍未分出胜负，则进行点球决胜。

四、计胜方法

凡球的整体从门柱间及横梁下越过球门线外沿的垂直面，而此前未违反竞赛规则，均为攻方胜一球。

五、越位

1. 构成越位的条件
（1）进攻队员处在对方半场。
（2）进攻队员处在球的前面。
（3）进攻队员与对方球门线之间，对方队员不足两人。
（4）接同伴的球或干扰比赛，获得利益。
上述 4 条缺一不可，若缺少任何一条，队员均不处于越位位置。
2. 判断越位的时间
判断队员是否处于越位位置的时间是同队队员踢或触及球的一瞬间，而不是该队员接获球时。
3. 越位的判罚
当同队队员踢或触及球的一瞬间，队员处在越位位置，并且裁判员认为该队员有干扰比赛或干扰对方队员的行为才判罚越位犯规。
4. 不应判罚越位的情况
裁判员认为，队员只是仅仅处在越位位置。如果队员处在越位位置直接接得球门球、角球、界外球和裁判坠球时，也不判该队员越位。

六、犯规与不正当行为

1. 直接任意球
队员违反下列 10 条中任何一条者应判罚直接任意球：
（1）踢或企图踢对方队员。
（2）绊摔或企图绊摔对方队员。
（3）跳向对方队员。
（4）冲撞对方队员。
（5）打或企图打对方队员。
（6）推对方队员。
（7）在抢截对方队员控制的球时，于触球前触及对方队员。
（8）拉扯对方队员。
（9）向对方队员吐唾沫。
（10）故意手球。

2. 间接任意球

队员违反下列 7 条中任何一条者应判罚间接任意球：

（1）危险动作。

（2）阻挡对方队员。

（3）阻挡对方守门员发球。

（4）守门员用手控球在发出球之前持球超过 6 秒、2 次持球、接回传球、接队员直接掷入的球。

（5）擅自进、退场。

（6）连踢犯规（角球、开球、点球、球门球、任意球、掷界外球时连踢）。

（7）越位犯规。

3. 警告与罚令出场

凡队员犯有下列 7 条中任何一条者将被出示黄牌警告：

（1）犯非体育道德行为。

（2）以语言或行动表示异议。

（3）持续违反规则。

（4）延误比赛重新开始。

（5）当以角球或任意球重新开始比赛时，不退出规定的距离。

（6）未得到裁判员许可进入或重新进入比赛场地。

（7）未得到裁判员许可故意离开比赛场地。

队员违反下列 7 条中任何一条者将被出示红牌罚令出场：

（1）严重犯规。

（2）暴力行为。

（3）向对方或其他任何人吐唾沫。

（4）用故意手球破坏对方的进球或明显的进球得分机会。

（5）用犯规破坏对方明显的进球得分机会。

（6）使用无礼、侮辱或辱骂性的语言及动作。

（7）在同一场比赛中受到第二次黄牌警告。

七、任意球

任意球分为直接任意球和间接任意球两种。

（1）直接任意球可以直接踢入对方球门得分。

（2）间接任意球不可直接踢入对方球门得分，除非踢入的球触及了场上的其他队员。

（3）踢任意球时，所有对方队员距球至少 9.15 米直到比赛恢复，如果球距球门线不足 9.15 米时，允许对方队员站在球门线上。

八、罚球点球

在比赛进行中，如果防守队员在本方罚球区内出现可判直接任意球的犯规应被判罚球点球。

九、掷界外球

（1）比赛中，当球的整体在地面或空中越过边线时即为球出界，应由出界前最后触球的对方队员在离球出界处的边线外一米范围内，用合法的动作将球掷入场内。

（2）如队员不在球出界处掷界外球或掷球违例，裁判员应判由对方在原球出界处掷界外球。

十、球门球

（1）球由地面或空中踢或触出对方球门线时，由对方在球门区内任何地点踢球门球恢复比赛。踢球门球可以直接得分。

（2）踢球门球时，当球直接踢出罚球区进入场内时，比赛方为恢复。

（3）踢球门球后，如球未被直接踢出罚球区或任何队员在罚球区内触及球，即未进入比赛，应令重踢。

十一、角球

（1）当队员踢或触球的整体在空中或地面从球门外超出本方球门线时，由对方队员将球的整体放定在离球出界处较近的角球弧内踢角球。

（2）踢角球时，在比赛恢复前，对方队员至少距球 9.15 米。

（3）队员踢出的角球，如果球击中门柱或处于场内的裁判员而弹回时，该队员补射，应判连踢犯规，进球无效。

第七章

篮球运动

第一节　篮球运动概述

一、篮球运动的起源与发展

现代篮球运动是由美国马萨诸塞州斯普林菲尔德市体育教师詹姆士·奈史密斯于1891年发明的。他从工人和儿童用球向桃子筐内做投准的游戏中受到启发，故将这项运动称为"篮球"。在最初的篮球比赛中，场地大小、上场人数的多少以及比赛的时间均无严格的限制，比赛规则也比较简单。1892年，奈史密斯博士制定出最原始的13条篮球竞赛规则。1893年，在比赛器材上，形成了近似现代篮板、篮筐和篮网。此后，篮球运动以其独特的吸引力迅速向欧洲、亚洲、非洲、大洋洲四大洲传播，技战术水平不断提高，竞赛规则不断完善。在1936年第11届奥运会上，男子篮球被列为正式比赛项目。1950年和1953年，分别在阿根廷和智利举行了首届世界男、女篮球锦标赛。在1976年第21届奥运会篮球比赛上，女子篮球被列为奥运会正式比赛项目。

随着场上队员身高的不断增长和高空技术的不断发展，世界篮球比赛呈现出高技巧、高速度、高强度、多变化、高比分、高空优势突出、高空技术出众等特点。美国、俄罗斯（苏联）、塞尔维亚和克罗地亚（南斯拉夫）长期称雄于世界篮坛。尤其是美国队，在1992年巴塞罗那奥运会上，以乔丹、约翰逊、马龙、皮蓬等一代世界超级明星组成的美国"梦之队"以平均胜出对手44分的绝对优势获得了冠军，全世界的篮球观众都被美国职业篮球明星无与伦比的技艺所震撼。1993年，现场直播美国篮球职业联赛赛事的国家和地区就超过了160个。进入21世纪以来，美国篮球职业联赛继续引领世界篮球发展潮流，与此同时，欧洲篮球全面崛起，南美劲旅咄咄逼人，各种打法、技战术特点不断交织融合以及规则的不断修改极大地推动了世界篮球运动向更高的水平迈进。

二、中国篮球运动发展概况

篮球运动于1895年传入我国天津，最初在一些大城市的学校中开展，发展十分缓慢。1910年，在南京举行的第一届全国运动会上，男子篮球被列为表演项目。1913年，在由中国、日本、菲律宾三个国家组织的远东运动会上，篮球被列为正式比赛项目，这也是我国篮球队首次参加国际性篮球比赛。1921 年，我国在第 5 届远东运动会上获得男子篮球比赛冠军，这是旧中国篮球史上唯一一次在国际运动会上取得冠军。在 1930 年第 4 届全国运动会上，女子篮球被列为正式比赛项目。

中华人民共和国成立后，篮球运动技术水平在普及的基础上得到了迅速提高。"积极、主动、快速、灵活、准确"是各专业队训练的指导思想。到了 20 世纪 60 年代中期，我国的篮球运动水平接近世界先进水平。进入 20 世纪 90 年代，随着中国篮球与世界交往的进一步加强，我国的篮球运动水平有了新的提高。国家男篮在 1994 年第 12 届世锦赛和 1996 年第 26 届奥运会上获得第 8 名；国家女篮在 1992 年第 25 届奥运会和 1994 年第 12 届世锦赛上夺得亚军。1995 年，我国举行了首届中国职业篮球甲级联赛（CBA 联赛）。1998 年，以"发展高校篮球，培养篮球人才"为目标的首届 CUBA（中国大学生篮球联赛）也如期举行。随着我国篮球运动与世界篮球运动的进一步接轨，以及越来越多的青少年投身于篮球运动，我国篮球事业必将得到更加快速和健康的发展。

三、篮球运动的特点和作用

篮球运动是一项身体对抗十分激烈的运动，场上双方各 5 名队员，按照一定的规则，利用各种技战术，在 28 米 ×15 米的场地上围绕着把球投进对方球篮和阻止对方把球投进本方球篮而展开一系列攻守对抗与激烈争夺。每名队员在场上不仅需要通过大量的奔跑、移动、跳跃、投掷等身体运动来完成各种攻防技术动作，还要按照教练员的指挥与部署，对场上瞬息万变的复杂情况做出及时合理的分析判断，与同伴进行有效的攻防战术配合，从而使全队的整体战斗力达到最佳化。因此，篮球运动具有集体性、对抗性、多变性、游戏性、趣味性和观赏性等特点，集健身性、益智性、娱乐性、教育性等作用于一体，是适合在高校开展的体育项目之一。

第二节　篮球运动基本技术与学练方法

篮球技术分为进攻技术和防守技术两大部分，常用的基本技术有移动、传接球、运球、投篮、持球突破、防守和抢篮板球等。

一、移动

（一）移动基本技术

1. 基本站立姿势

两脚前后或左右开立，重心落于两脚间，两膝微屈，上体稍前倾，脚跟稍提起，两臂微屈于体侧，两眼注视场上情况。

2. 起动、跑

起动时，迅速以上体前倾或侧转，向跑动方向移动重心，同时用后脚或异侧脚的前脚掌短促有力地蹬地，并迅速向跑动方向迈出。起动后的两三步要积极、短促而迅速，使之能在最短的距离内把速度充分发挥出来。

跑主要有侧身跑、变方向跑、后退跑、变速跑等。

3. 急停

急停包括跨步急停和跳步急停两种方法。

（1）跨步急停。在快速跑动急停时，先向前跨出一大步，用脚跟先着地过渡到前脚掌着地，屈膝，上体稍后仰，身体重心下降，减缓向前的冲力。第二步落地的同时，脚尖稍内扣，用脚前掌内侧蹬地，两膝深屈，腰胯用力，身体稍侧转，两臂屈肘张开，帮助控制身体平衡（图7-2-1）。

图 7-2-1　跨步急停

（2）跳步急停。急停时，用单脚或双脚起跳（一般离地不高），上体稍后仰，两脚同时平行落地，略比肩宽。两膝深屈，身体重心下降，两臂屈肘微张，以利于保持身体平衡（图7-2-2）。

1　　　　2　　　　3　　　　4　　　　5

图 7-2-2　跳步急停

4. 转身

转身前，两膝微屈，上体稍前倾，身体重心投影在两脚之间。转身时，以中枢脚的前脚掌为轴，移动脚的前掌内侧用力蹬地跨出，上体随着移动脚转动以改变身体的方向。移动脚向中枢脚脚尖方向跨过称"前转身"，向中枢脚脚跟方向跨过称"后转身"。

5. 跳

跳有单脚起跳和双脚起跳两种。

6. 滑步

滑步是队员防守时运用的主要移动技术之一，可分为侧滑步、前滑步和后滑步三种。

　　侧滑步的动作过程为：在基本站立姿势的基础上，两臂左右张开，并不停地上下挥动。在向左侧滑步时，右脚前脚掌内侧蹬地，左脚向左跨出，在落地的同时，右脚紧随滑动靠近左脚，左脚又继续跨出连续进行。向右侧滑步时方向相反（图7-2-3）。

图 7-2-3　滑步

　　前滑步、后滑步的动作要领与侧滑步相同，只是分别向前、向后移动。

　　7. 攻击步

　　攻击步常用来抢球、打球或造成对手传接球投篮的困难。利用后脚蹬地，前脚迅速向前跨出，逼近对手身前，前脚落地，后脚的前掌碾地跟进，后腿屈膝，前脚同侧手臂伸出打球或干扰。

　　8. 后撤步

　　撤步时，前脚用脚掌内侧蹬地，同时向撤步方向扭转腰髋，前脚后撤，同侧臂后摆，后脚前掌用力蹬地，前脚撤回后紧接着滑步，身体重心要稳定，后撤角度不宜过大。

　　（二）练习方法

　　（1）由基本站立姿势开始，按信号做迅速起动练习。

　　（2）原地徒手或持球做转身跨步练习。

　　（3）利用标志杆做徒手起动、急停、转身、变向跑练习。

　　（4）原地背向站立，听信号后做转身起动、急停、转身综合练习，或按要求做变速变向跑练习。

　　（5）利用篮球场上的罚球圈、中圈和三分线，做变向跑、变速跑、侧身跑练习。

　　（6）原地双脚起跳，向前、左、右跨一步或向后撤一步做双脚起跳练习。

　　（7）跑动中做单脚起跳摸篮板、篮圈练习。

　　（8）全场一对一做徒手攻防脚步动作练习。

二、传接球

　　（一）传接球基本技术

　　1. 双手胸前传球

　　双手持球，两拇指位于球后侧呈"八"字形，其余四指分开置于球侧，掌心不要触球。传球时，迅速向传球方向伸臂，重心前移、翻腕、拨指（图7-2-4）。

图 7-2-4　双手胸前传球

视频：双手胸前传球示范动作

2. 单手肩上传球

以右手传球为例，左脚向传球方向迈出半步，同时右转体将球引至右肩侧上方。出球时，右脚蹬地的同时转体带动上臂，肘在前，前臂迅速前甩，手指用力下压将球传出（图 7-2-5）。

图 7-2-5　单手肩上传球

视频：单手肩上传球示范动作

3. 双手击地传球

这种传球方法与双手胸前传球基本相似，不同点在于用力方向是向前下方击地反弹，击地点在距接球者 1/3 的地方。接球时，迎球跨步，上体前倾，两臂向前下方伸出迎球，五指自然张开，手触球后，两手握球顺势将球移至胸腹间。

4. 单手体侧传球

队员在向左侧跨出半步的同时，右手将球移至右侧，向前做弧线摆动。当球摆过身体右前方时，迅速收前臂，借手腕的力量将球传出。

5. 接球

手指自然分开，手心空出，双臂向前伸出。在手触球时，双臂顺势随球后引缓冲来球的力量（图 7-2-6）。

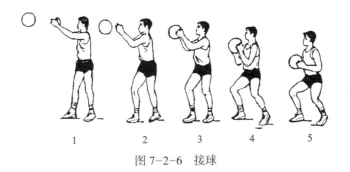

视频：双手接球示范动作

图 7-2-6　接球

（二）练习方法

（1）徒手做双手传接球模仿性练习。

（2）两人一球原地体会持球和传球的手腕动作，两人相互纠错，轮流练习。

（3）两人直线跑动传接球。

（4）半场四角跑动传接球。

（5）两三人行进间做全场传接球练习。

（6）两人一组一球，做单手肩上传接球快攻练习。

三、运球

（一）运球基本技术

运球是控制支配球，组成战术配合及突破防守的重要手段，主要包括高运球、低运球、体前变向换手运球、背后运球、胯下运球、运球后转身等技术。

1. 高运球

抬头，目视前方，上体稍前倾，以肘关节为轴，拍按球的后上方，球的落点在身体前侧方，球的反弹高度在腰腹之间。主要用于行进间运球（图7-2-7）。

2. 低运球

抬头，目视前方，两膝深屈，用身体和腰保护球，同时用手短促拍按球，球的反弹高度在膝部。主要用于遇到防守急停时的运球（图7-2-8）。

视频：高运球示范动作

图 7-2-7　高运球

视频：低运球示范动作

图 7-2-8　低运球

视频：体前变向换手运球示范动作

3. 体前变向换手运球

运球者从右手低运球开始，向防守队员左侧后方快速推进，同时左臂自然抬起侧身保护球。当防守队员重心左移时，运球变向，右手拍按球的右侧上方，同时上右腿，左转侧肩保护球，换至左手运球（图7-2-9）。

4. 背后运球

以右手运球，向对手左侧运球为例，当防守队员身体重心左移，右腿在前突然用右手拍球的外侧，左脚上步的同时使球从身后反弹至左前方，左腿迅速向左前方跨步，以臂、腿保护球，换至左手运球。

5. 胯下运球

当防守队员迎面堵截时，右手运球，用右手拍按球的右侧上方，将球从右拍至胯下，反弹至左侧，用左手继续运球。

图 7-2-9　体前变向换手运球

6. 后转身运球

当防守队员堵截运球线路时，运球队员持球控制在身体右侧，左脚向前跨出一步作为中枢脚置于对手两脚之间，然后右脚用力蹬地后撤，顺势做后转身动作的同时，右手拍按球的右侧前方，将球拉引向身体的侧后方落地，转身后换手用左手继续运球。

（二）练习方法

（1）原地运球练习。每人一球，听信号做高低运球、横向运球、拉球、推球、体侧前拉后推球、体前左右换手运球等练习。

（2）看信号行进间做高、低、变速、急起急停运球练习。

（3）沿球场内中圈和罚球圈做曲线运球和变向运球练习。

（4）绕障碍做变向换手和运球后转身练习。

（5）全场进行传、运、投技术综合练习。

四、投篮

（一）投篮基本技术

投篮是篮球运动中最主要的进攻技术，主要包括原地双手胸前投篮、原地单手肩上投篮、行进间单手肩上投篮、跳起单手肩上投篮等技术。

1. 原地双手胸前投篮

两脚前后或左右开立，两膝微屈，双手持球于胸前，肘关节自然下垂。投篮时，眼睛瞄准篮筐，下肢蹬地发力，腰腹伸展，两臂向前上方伸出，前臂内旋，拇指下压，手腕前屈，食指、中指用力拨球通过指端将球投出。

2. 原地单手肩上投篮

以右手投篮为例，右手投篮时，右脚在前，脚尖正对球篮，屈膝，身体重心在两腿之间，上体保持正直，右手指自然分开托球于肩上，手腕后翻，掌心空出，左手扶球的侧下部。投篮时，两脚蹬地发力，伸展腰腹向前上方，抬肘伸臂，手腕前屈，食指最后用力，并使球向后旋转把球投向篮圈（图 7-2-10）。

视频：原地双手胸前投篮示范动作

视频：原地
单手肩上
投篮

图 7-2-10　原地单手肩上投篮

3. 行进间三步上篮

以右手投篮为例，当球在空中运行时，右脚向来球方向或投篮方向跨出一大步，同时接球，左脚向前跨出一小步，脚跟先着地，上体稍后仰，然后迅速过渡到前脚掌着地，并用力蹬地起跳，右腿屈膝上抬，左脚蹬离地面。同时双手向前上方举球，腾空后，右臂向前上方伸展。投篮出手后，两脚同时落地，两腿弯曲，以缓冲落地的力量（图 7-2-11）。

视频：行进
间三步上篮

图 7-2-11　行进间三步上篮

4. 跳起单手肩上投篮

屈膝，重心在两脚之间，两脚用力蹬地垂直起跳，同时将球举至右肩上，左手扶球左侧下方，当身体接近最高点时，右臂向前上方伸直，手腕前屈，手指拨球将球投出。在空中要保持身体平衡，球出手后自然落地（图 7-2-12）。

视频：跳起
单手肩上
投篮

1　　　　2　　　　3　　　　4　　　　5　　　　6　　　　7　　　　8　　　　9

图 7-2-12　跳起单手肩上投篮

（二）练习方法

（1）徒手做各种投篮的模仿练习。

（2）两人一组一球，相距4~5米相对站立，原地做单、双手投篮模仿练习。

（3）各种角度、距离的投篮练习。

（4）在移动中接球后做各种投篮练习。

（5）5点连续投篮练习。

（6）运球行进间投篮练习。

五、持球突破

（一）持球突破基本技术

持球突破是持球队员运用脚步动作和运球技术快速超越对手的一种攻击性很强的技术。持球突破基本技术由蹬跨、转体探肩、推放球和加速几个环节组成。

1. 交叉步突破

以右脚作中枢脚为例：两脚左右开立，两膝微屈，身体重心降低，持球于胸腹之间。突破前，先做瞄篮动作或向左虚晃动作，以吸引防守队员，造成防守队员的重心不稳定。突破时，左脚内侧迅速蹬地并向右前方迈出一大步，上体右转，左肩前探下压，右手放球于迈脚的侧方，同时右脚蹬地向前跨出，右手运球超越对手（图7-2-13）。

视频：交叉步突破示范动作

图 7-2-13　交叉步突破

2. 同侧步突破

以左脚作中枢脚为例，动作方法与交叉步突破基本相同。不同之处在于，右脚向右前方跨步，左脚蹬地向前方跨出。

（二）练习方法

（1）原地持球做瞄篮动作后做交叉步、同侧步突破的蹬地、侧肩、放球加速动作。

（2）自抛自接急停后做交叉步、同侧步突破练习，主要明确中枢脚和放球的时机。

视频：同侧步突破示范动作

（3）接球急停突破投篮练习。

六、防守

（一）防守基本技术

防守的基本技术包括防守无球队员和防守持球队员两种。

1. 基本防守姿势

两脚平行或前后开立，略宽于肩。两膝弯曲，身体重心投影置于两脚之间。上体稍前倾，两眼平视，两臂左右或前后张开以扩大防守面积，随时准备移动抢位。

2. 防守无球队员

防守离球近的对手时，防守者应采用面向对手、侧向球的斜前站立姿势。靠近对手的异侧脚在前，堵截对手摆脱移动的接球路线，伸前脚一侧手臂封锁接球路线。防距离远的对手时，可采用两脚平行站立、侧向对手面向球的姿势，以便协防或断球反击。

3. 防守持球队员

首先应占据球篮与进攻队员之间的有利位置，并根据对手特点和意图调整位置。平步防守面积大，便于横向滑动，两臂侧举对防运球和突破有利；斜步防守，一臂前上举，可以干扰对方投篮，另一臂斜下伸阻挠运球突破。

4. 抢球

抢球时，手部动作有拉抢和转抢两种。抢球时，用双手抓住球向后突然猛拉，或者采用前臂、手腕及上体扭动的力量将球夺走。

5. 打球

当对手接到球的瞬间，可突然上步打球，若对手持球较高，可采用由下而上的方法打球，用手指和指根击球的下部。若持球部位较低，可采用由上而下的方法打球，用手指和手指外侧击球的上部。此外，还有跳起投篮时的封盖球。

6. 断球

断球前，身体重心下降，做好起动的准备。当持球者传球给同伴离手的瞬间，突然起动，用快速短促助跑，单脚或双脚蹬地起跳，侧身跃出，充分伸展两臂和身体，用单手或双手将球截获。断球有横断球、纵断球和封断球三种。

（二）练习方法

（1）两人一组，一人持球，原地做打、抢球的手法练习。

（2）断球练习。三人一组，一人防守，另两人相距5~6米传球，防守者做断球练习。三人轮换练习。

（3）全场一对一防无球队员练习。两人相距一米，一攻一守。攻方做变速变向突破等，摆脱防守者。守方练习撤步堵截，然后交换练习。

（4）全场一对一防有球队员练习。一人运球突破，另一人练习防守，然后交换练习。

（5）三对三半场防守练习。进攻者在外围做原地传球练习，防守队员采用人盯人防守，随球转移及时调整防守位置，尽量做到以盯人为主，人球兼顾。

七、抢篮板球

（一）抢篮板球技术

抢篮板球技术由抢位、起跳、空中抢球和抢到球后的动作组成。

1. 抢进攻篮板球

当同伴或自己投篮时，处在靠近球篮位置的进攻队员应及时判断球的反弹方向，快速起动摆脱防守，同时抢占有利位置起跳，跳至最高点补篮或抢篮板球。落地时屈膝，重心落于两脚之间，将球持于胸腹之间，肘外展（图7-2-14）。

图 7-2-14　抢进攻篮板球

2. 抢防守篮板球

防守队员屈膝上体前倾，重心在两脚之间。当进攻方投篮时，注意对手的动向，运用上步、撤步和转身占据有利位置，把进攻队员挡在身后，同时判断球的落点。起跳至最高点时，用双手抢球或将球点拨给同伴。如果在空中未传球，落地时保护好球并迅速完成第一传（图7-2-15）。

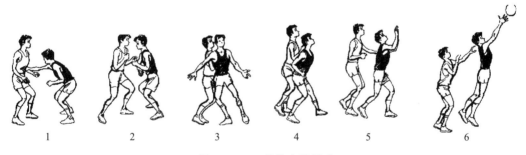

图 7-2-15　抢防守篮板球

（二）练习方法

（1）自抛自抢篮板球练习。

（2）抢占位置练习。

（3）全队连续助跑起跳托球碰板练习。

（4）抢篮板球结合一传练习。

第三节　篮球运动基本战术

一、进攻战术基础配合

1. 传切配合

传切配合是指进攻队员之间用传球和切入技术组成的简单配合。如图 7-3-1 所示：⑤传球给④时，⑤乘对手不备，突然横切或从底线切入篮下接④的传球投篮。

2. 掩护配合

掩护配合是掩护队员采用合理的行动，以自己身体挡住同伴的防守者的移动线路，使同伴借以摆脱防守的一种配合方法。根据掩护队员的掩护位置可分为前掩护、侧掩护、后掩护。如图 7-3-2 所示，⑤传球给④后跑到④的侧面做掩护，④接球后做投篮或突破的动作，吸引❹的防守，当掩护到位时，④持球从防守的左侧突破投篮。⑤掩护后及时移动到有利的位置去接球或抢篮板球。

图 7-3-1　传切配合　　　　　　　　图 7-3-2　掩护配合

3. 策应配合

策应配合是指进攻队员背对或侧对篮筐接球，以他作枢纽，与同伴空切相配合而形成的一种里应外合的方法。如图 7-3-3 所示：④摆脱防守插到罚球线作策应，⑤将球传给④，并立即空切篮下，接④的策应传球投篮。

4. 突分配合

突分配合是有球队员突破后，主动地或应变地利用传球与同伴配合的方法。如图 7-3-4 所示，⑤从防守者的左侧突破，④协助防守，封堵❺向篮下突破的路线，此时④及时跑到有利的进攻位置，接⑤的球投篮，或做其他进攻配合。

 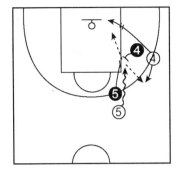

图 7-3-3　策应配合　　　　　　　　　　　图 7-3-4　突分配合

二、防守战术基础配合

1. 交换防守

交换防守是为了破坏进攻队员的掩护配合，防守队员之间彼此及时交换自己所防守的对手的配合方法。当对方队员进行掩护时，防守队员相互呼应，并紧跟自己的对手，当进攻队员摆脱切入时，及时换防。

2. 关门防守

关门防守是临近的两个防守队员协同防守突破的配合方法。当进攻队员运球向篮下突破时，防守突破的队员应挡住其通往篮下的路线，这时临近突破一侧的防守队员，应及时向防守突破的队员靠拢，像两扇门一样关起来，堵住突破者的路线。

3. 夹击防守

夹击防守是两个防守队员积极防守一个进攻队员的配合方法。它要求夹击时行动要积极、果断、突然，出其不意，攻其不备。

4. 补防

补防是两三个防守队员之间的一种协同防守的配合。当同伴被进攻者突破而有直接得分的可能时，临近的防守队员要立即放弃自己的对手去补防。

三、快攻与防守快攻

1. 快攻

快攻是由防守转入进攻时，积极、主动、勇猛顽强地以最快的速度、最短的时间造成人数上以多打少的优势，在对方尚未部署好防守之前，果断而快速地发起攻击的一种速决战。抢到防守篮板球、断球、掷界外球和跳球等都是发动快攻的有利时机。

快攻战术是由发动、推进、结束三个阶段组成的。快攻的形式主要有长传快攻、短传快攻和结合运球突破的快攻等。

2. 防守快攻

防守快攻是防守战术的重要组成部分，它的目的在于制约进攻速度，为本队积极防守争取时间。防守快攻方法有：提高进攻成功率、积极拼抢篮板球、攻防变换时头脑冷静、速度快，减少对方发动快攻的机会，堵截快攻第一传，尽量控制对方的推进，卡住快下队员，切断对方长传快攻的路线，同时提高以少防多的能力。

四、半场人盯人防守与进攻半场人盯人防守

1. 半场人盯人防守

半场人盯人防守是由攻转守时，全队迅速退回后场，每个队员在盯住自己对手的同时，采取集体防守的战术。其特点是分工明确、针对性强、机动灵活、能有效控制对方进攻重点，但它容易被进攻队员局部击破。

2. 进攻半场人盯人防守

进攻半场人盯人防守是由各种掩护、策应、传切和突破分球等基础配合组成的全队战术。要求合理组织进攻队形，充分利用基础配合组成全队战术，有目的地穿插换位，内外线结合，正面与侧面进攻相结合，扩大攻击面，注重速度，讲究节奏、快慢、动静结合，注意攻守平衡。

五、区域联防与进攻区域联防

1. 区域联防

区域联防是一种半场防守的全队战术，由防守队员退回半场后，每人负责一定的区域，严密防守进入该区的球和队员，并与同伴协同防守而构成的一种集体防守战术。

区域联防的站位队形有 2-1-2 联防、2-3 联防、3-2 联防和 1-3-1 联防几种。2-1-2 联防是区域联防的基本形式，这种站位队形队员分布均匀，易于联系协作，同时也便于控制后场篮板球发动快攻。但这种防守的薄弱环节是队员的防区衔接处，即图 7-3-5 的阴影区。

2. 进攻区域联防

进攻区域联防，应根据联防的特点和规律，针对其薄弱环节，占据有利的进攻位置，并结合本队的具体情况，确定进攻重点，组织有针对性的进攻战术。

进攻队 1-3-1 站位（图 7-3-6）是攻 2-1-2 联防的基本阵式。这种阵型，队员分布面广、攻击点多、便于内外联系、左右配合，有利于组织抢篮板球和保持攻守平衡。

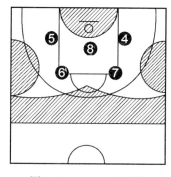

图 7-3-5　2-1-2 联防

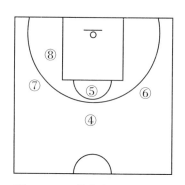

图 7-3-6　进攻队 1-3-1 站位

第四节 篮球运动基本竞赛规则

一、场地与设备

（一）场地

标准篮球场是长 28 米、宽 15 米的长方形，球场各线的宽度为 5 厘米。球场的大小从端线和边线的内沿算起。球场内有三分投篮区、限制区和罚球区。

（二）设备

在篮球场纵轴延长线上，端线外至少 2 米的地方各安置一篮球架，架上安装篮板，篮板的投影垂直于地面，平行于端线，并距离端线 1.2 米。它的下沿离地面 2.90 米。篮板中安装牢固的篮圈，篮圈距离地面 3.05 米，平行于地面。

二、违例、犯规及罚则

1. 违例及其罚则

违反规则的行为而未构成犯规统称违例。其罚则是违例队失去控制球权，由对方在最靠近发生违例的地点掷界外球。

（1）跳球违例。跳球时，两名跳球队员的脚要站在靠近本队球篮一边的半圆，一只脚靠近两人之间的线的中心，球达到最高点后必须被一名双方跳球队员合法地拍击。超出以上规定为跳球违例。

（2）队员出界和球出界。当队员身体的任何部分与界线或界线外的地面接触时，即为队员出界；当球触及界外队员或任何其他人员、界线上或界线外的地面或任何物体、篮板的支柱或背面时即为球出界。

（3）非法运球。队员第一次运球结束后，不得再次运球，否则为非法运球。

（4）带球走。不按规则规定的持球移动叫带球走。持球时，球未离手而中枢脚已离开地面再运球或中枢脚提起又落地后再传球、投篮等，均判违例。

（5）3 秒违例。某队控制球时，持球队员或其同伴在对方限制区内停留时间不得超过 3 秒钟。否则为违例。

（6）5 秒违例。有三种情况：罚球队员在裁判员递交球后 5 秒没有投篮出手；掷界外球的队员在裁判员递交球后或已将球放在他可处理球的地点后 5 秒，没有将球掷入场内；持球队员被严密防守，在 5 秒内没有传、投、滚或运球时。

（7）8 秒违例。进攻队在后场控制球后，未能在 8 秒内使球进入前场。

（8）24 秒违例。当一次进攻开始的时候，从后场一得到球，必须在 24 秒钟之内尝试投篮一次，否则判 24 秒进攻违例。

（9）掷界外球违例。掷界外球时，掷球队员未站在裁判员指定的距违例地点最近的界外掷球入场（但直接位于篮板后面的地方除外）。

（10）拳击球、脚踢球违例。队员用拳击球为违例，故意踢球或用腿的任何部分拦阻球为违例，脚或腿偶然碰球不算违例。

（11）球回后场违例。某队控制前场活球，该队的队员不得使球回他的后场（中线属于后场），否则为违例。

（12）干扰球违例。在投篮的时候，当球在飞行中下落，并完全在篮圈水平面上时，进攻或防守的队员都不能触球，但球触及篮圈后或明显不会触及篮圈时除外。

2. 犯规及其罚则

犯规是违反规则的行为，含有与对方队员的身体接触和违反体育道德的行为。对犯规队员应予以登记，并按照规则的有关条款予以处罚。

（1）侵人犯规。侵人犯规是一种违反规则而造成与对方发生不合理的身体接触，如队员通过伸展臂、肩、髋、膝或过分地弯曲身体成不正常姿势以阻挡、推拉、撞绊来阻碍对方行进或使用粗野动作以及用手触及对方等。

（2）技术犯规。有意的、不道德的或有投机取巧性质的行为，虽未发生身体接触，但应判技术犯规。技术犯规在比赛期间包括临场队员、替补队员、教练员、助理教练员和随从人员。

（3）双方犯规。双方队员同时相互犯规为双方犯规。

（4）违反体育道德的犯规。裁判员认为队员不是在规则的精神和意图的范围内合法地直接地试图抢球，造成的侵人犯规是违反体育道德的犯规。

（5）取消比赛资格的犯规。任何技术犯规、侵人犯规都是十分恶劣的不道德行为，均为取消比赛资格的犯规，并令其离开球场附近。

（6）打架。在打架或可能导致打架的任何情况下，任何座席人员离开球队席区域的界限应被取消比赛资格，并令其离开球场附近，包括球队席区域和球场附近，并不得以任何方式再和他的球队联系。

三、一般规定

（1）队员 5 次犯规。一名队员已发生 5 次侵人犯规或技术犯规，他必须在 30 秒内被替换。

（2）全队犯规。在一节中某队已累计发生了 4 次队员犯规时，该队处于全队犯规处罚状态。所有随后发生的对未做投篮动作的队员的侵人犯规应被判 2 次罚球，代替掷球入界。

（3）可纠正的失误。如果裁判员无意地忽略了某条规则，并仅仅是导致了以下 5 种情况时，允许裁判员纠正这个失误：没有判给应得的罚球；判给不应得的罚球；允许不该罚球的队员执行罚球；在错误的球篮执行罚球；不正确地判给了得分或取消得分。

四、比赛通则

（1）比赛时间。比赛时间分为 4 节，每节 10 分钟。在第 1、2 节（第一半时）和第 3、4 节（第二半时）之间以及每一决胜期的前面有 2 分钟的比赛休息时间。两个半场之间的休息时间为 15 分钟。

（2）比赛开始。比赛由中圈内跳球开始。

（3）暂停。每队第一半时有 2 次暂停，第二半时有 3 次暂停，决胜期有 1 次暂停。暂停机会可以不用，但不准挪到第二半时或决胜期内使用。每次暂停时间为 1 分钟。

（4）替换。替换队员必须亲自到记录台前报告被替换队员号码，然后坐在替换席上，经临场裁判准许后，方可进入场地替换。只有在替换机会期间，球队才可以替换队员。

（5）比赛结束。当结束比赛时间的比赛计时钟信号响时，一节、决胜期比赛应结束。

（6）比分相等和决胜期。如果在第 4 节比赛时间终了时两队比分相等，为打破平局，需要一个或多个 5 分钟的决胜期来继续比赛，直到分出胜负为止。

第八章

排球运动

第一节 排球运动概述

一、排球运动的起源和发展

1895 年，美国人威廉·摩根为了选择一种较为和缓、活动量适当的运动方式来满足所有人的需要，设计了一种把网球网升到一定高度，让人们隔网用手来回拍打篮球内胆，不让球落在自己场区的击打性游戏。由于这种游戏是让球在空中飞来飞去，故取名为"volleyball"，意为"空中飞球"。1896 年，美国开始有了排球比赛，并制定了第一部排球规则。随着排球运动的不断发展，排球设备和比赛规则不断改进和完善，使得这项运动具有独特的魅力，并吸引了广大群众积极参与。

1947 年，国际排球联合会成立。1949 年和 1952 年，分别举行了首届男子、女子世界排球锦标赛。在 1964 年第 18 届奥运会上，男子、女子排球被列为奥运会正式比赛项目。1965 年和 1973 年，分别举行了首届男、女世界杯排球赛。此后，排球运动在世界各地蓬勃地发展起来，并成为世界上会员最多的运动项目之一。

1905 年，排球运动传入中国，先后经历了十六人制—十二人制—九人制—六人制的演变过程。新中国成立后，排球运动得到了前所未有的发展。1953 年，中国排球协会成立，并于次年成为国际排联的会员。在努力学习外国先进经验和技术的基础上，结合我国实际情况，我国首次提出了"三从一大"的训练原则，极大地推动了我国排球运动的发展。1979 年，中国男、女排双双获得亚洲锦标赛冠军，取得了参加奥运会的资格。中国女排从 1981 年的世界杯到 1986 年的世界锦标赛，创造了世界女子排球"五连冠"的骄人成绩。如今，排球运动已成为我国学校体育的主要内容，在高等学校有着广泛的群众基础。

二、排球运动的特点

排球比赛是两队各出 6 人，在由球网分开的场地上进行集体比赛的项目。比赛是由后排右边的队员发球开始的，各队遵照规则，运用发球、垫球、传球、扣球、拦网等技术进行攻防对抗，将球击过球网，以落在对方场区的地面上，防止落在本方场区地面上为目的。每回合每队可击球三次（拦网触球除外），将球击回对方场区。一个队员不得连续击球两次（拦网触球除外）。比赛连续进行，直到球落地、出界或某一队不能合法地将球击回对方场区。

1. 形式的多样性和广泛的群众性

排球运动的场地设备比较简单，室内室外均可进行。其活动形式多种多样，地板上、沙地上、草地上、雪地上，甚至水中都可以进行，比赛规则容易掌握且可灵活变化。可根据实际情况调整参加人数和运动负荷，适合不同年龄、性别、体质和训练程度的人在不同环境条件下进行活动，具有广泛的群众基础。

2. 技术的全面性和高度的技巧性

在排球比赛中，任何位置上的队员都要参与防守和进攻，因此每个队员都须全面地掌握各项攻防技术。排球比赛具有球不能落地、不能持球、同一名队员不得连续击球、每队击球次数又有限制等特点，从而决定了排球技术的高度技巧性。

3. 激烈的对抗性和严密的集体性

在排球比赛中，双方的攻防转换始终是在激烈的对抗中进行的，其对抗的焦点主要集中在网上的扣与拦之间。水平越高的比赛，对抗争夺越激烈。比赛双方都在利用规则允许的三次击球机会，通过严谨的战术安排和巧妙的团队配合，完成激烈的攻防转换，体现了严密的集体性。

4. 轻松的娱乐性和高雅的休闲性

排球运动不拘于形式，可隔网对抗，亦可围圈嬉戏。只要有一块空间，就可以尽情享受这项运动的乐趣。排球比赛没有身体接触，双方比拼技战术，安全性高又十分优雅，是人们欢悦、休闲的理想方式。

第二节　排球基本技术与学练方法

排球技术是在规则允许的条件下所采用的各种合理的击球动作的总称，主要由步法和手法两部分组成。排球技术可分为准备姿势与移动、发球、垫球、传球、扣球、拦网6大基本技术。

一、准备姿势与移动

（一）准备姿势与移动基本技术

准备姿势与移动是完成发球、垫球、传球、扣球和拦网等各项有球技术的前提和基础，对各项有球技术的运用起着串联和纽带的作用。准备姿势的作用是为及时地移动和完成击球动作做好准备。移动的作用是为了及时接近球，调整人与球的位置关系，便于完成击球动作。

1. 准备姿势

按照身体重心的高低，准备姿势可分为半蹲准备姿势、稍蹲准备姿势和低蹲准备姿势三种。其中半蹲准备姿势运用较多。

（1）半蹲准备姿势。两脚左右开立，稍比肩宽，一脚稍前，两脚尖内收，脚跟稍提起；膝关节保持一定的弯曲，其投影点在脚尖的前面；上体前倾，重心靠前；两臂放松，自然弯曲，双手置于腹前；两眼注视来球，两腿始终保持微动（图 8-2-1）。一般多用于接发球、拦网和各种传球。

（2）稍蹲准备姿势。稍蹲准备姿势比半蹲准备姿势重心稍高，动作方法相同（图 8-2-2）。一般用于扣球助跑之前、不需要快速反应起动的时候。

（3）低蹲准备姿势。低蹲准备姿势比半蹲准备姿势的身体重心更低（图 8-2-3）。一般在防守和做各种保护动作时使用。

图 8-2-1　半蹲准备姿势　　　图 8-2-2　稍蹲准备姿势　　　图 8-2-3　低蹲准备姿势

2. 移动

移动的目的主要是及时接近球，保持好人与球的位置关系，以便击球。常用的移动步法有以下几种：

（1）并步与滑步。并步时，前脚向来球方向跨出一步，后腿迅速跟上做好击球准备。连续并步就是滑步。并步主要用于传球、垫球和拦网。

（2）跨步。如向前跨步，则后腿用力蹬地，前脚向来球方向跨出一大步，膝部弯曲，上体前倾，身体重心移至前腿上（图8-2-4）。跨步适用于来球较低、离身体 1 米左右垫击时使用。

图 8-2-4　跨步

（3）交叉步。以向右交叉步为例，上体稍向右转，左脚从右脚前面向右交叉迈出一步，然后右脚再向右跨出一大步，同时身体转向来球方向，保持击球前的姿势。当来球距离 3 米左右时，可采用交叉步，主要用于二传、拦网和防守。

（4）跑步。跑步时，应随时注意球的飞行方向，两臂要配合摆动。如球在侧方或后方时应边转身边跑。跑步一般在当球距离身体更远时采用。

（二）练习方法

（1）两人一组，一人做准备姿势，另一人纠正其错误动作，交换进行。

（2）两人一组相对站立，一人做同方向的移动，另一人跟随。

（3）两人一组，相距 6 米，各持一球，两人同时把球滚向对方体侧 3 米左右处，移动接球后再滚给对方，如此反复进行。

（4）结合其他技术的练习。

二、发球

（一）发球基本技术

发球是排球比赛中一项重要的进攻技术。发球是比赛的开始。准确而有攻击性的发球可以直接得分或破坏对方的战术组成，减轻本方的防守压力，为反击创造有利的条件，同时能振奋精神、鼓舞士气，在心理上给对方造成压力。常用的发球技术有正面下手发球、侧面下手发球、正面上手发球、正面上手飘球、勾手发球和跳发球等。

1. 正面下手发球

面对球网，左脚在前，右脚在后，两膝微屈，上体前倾，左手持球于腹前，右臂自然下垂，两眼注视球。左手将球在体前右侧抛起，高于手 20～30 厘米，在抛球的同时，右臂后摆。右脚蹬地，身体重心前移，右臂伸直。以肩为轴，右手向前摆到腹前，用虎口、掌根或手掌击球的后下部，随着击球动作身体重心前移，顺势进场（图 8-2-5）。

图 8-2-5　正面下手发球

2. 侧面下手发球

左肩对网，两脚左右开立，约与肩同宽，两膝稍屈，上体稍前倾，重心落在两脚之间，左手于腹前将球平稳上抛，距离身体约一臂远，球离手高度约一个半球。抛球同时，右臂后摆至右侧后下方。利用右脚蹬地向左转体的力量，带动右臂向前上方摆动，用虎口、掌根或手掌击球的后下方。击球后，身体转向球网，顺势进场（图 8-2-6）。

图 8-2-6　侧面下手发球

视频：侧面
下手发球示
范动作

3. 正面上手发球

面对球网，左脚在前，左手于体前将球平稳地抛于右肩的前上方，同时右臂抬起，屈肘后引，肘与肩平，上体稍向右侧转动，抬头、挺胸、展腹，手掌自然张开。利用蹬地，使上体向左转动，同时收腹，带动手臂向前上方快速挥动。在右肩前上方伸直手臂的最高点，用全掌击球的后中下部。击球时，手指（掌）张开与球吻合，手腕迅速做推压动作，使击出的球呈上旋飞行。击球后，随着身体重心前移，顺势入场（图 8-2-7）。

视频：正面
上手发球示
范动作

图 8-2-7　正面上手发球

发球技术要点

1. 抛球稳。抛球是否稳是影响发球准确性的主要因素。

2. 击球准。要以正确的手型击准球的相应部位，才能使发出的球与预期相一致。

3. 手法正确。击球的手法不同，发出球的性能也不同。只有采用正确的手法击球，才能发出相应性能的球。

4. 用力适当。用力大小与发球站位的远近、击球弧度的高低、发出球的性能和落点密切相关。

（二）练习方法

（1）近距离对墙发球练习，将抛球、挥臂、击球、用力等环节有机地衔接起来。

（2）两人一组间距 9 米左右相对发球。

（3）近距离进行隔网发球练习。

（4）站在端线向对方区域发球。

（5）站在端线左、中、右三个不同的位置向对方区域发球。

（6）向指定区域内发球。

三、垫球

（一）垫球基本技术

垫球主要用于接发球、接扣球和接拦回球，是组织进攻的基础。垫球是比赛中多得分、少失分、由被动转主动的重要技术，是稳定队员情绪、鼓舞队员士气的重要手段。垫球还可在无法运用传球技术进行二传时用来组织进攻或处理球。常用的垫球技术有正面双手垫球、体侧垫球、背向垫球、跨步垫球、单手垫球、鱼跃垫球等。

1. 正面双手垫球

正面双手垫球是各种垫球技术的基础，是最基本的垫球方法。

　　两脚开立，稍比肩宽。两脚适当提起脚跟，双膝弯曲，上体自然前倾，全身放松，随时准备移动（图8-2-8）。两手掌根紧靠，两手手指重叠合掌互握，两拇指平行，手腕稍下压，两臂外翻形成一个平面（图8-2-9）。对准来球，两臂夹紧前伸，插到球下，用前臂腕关节上方两臂桡骨内侧约10厘米处形成的一个近似的平面，击球的下部（图8-2-10）。向前上方蹬地抬臂，迎击来球。

图8-2-8　正面双手垫球动作

图8-2-9　正面双手垫球手型

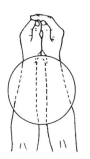

图8-2-10　正面双手垫球击球部位

视频：正面双手垫球示范动作

2. 体侧垫球

体侧垫球的特点是控制面宽，但较难把握垫击的方向、弧度和落点。

以左侧垫球为例，右脚前脚掌内侧蹬地，左脚向左跨出一步，身体重心随即移至左脚，并保持左膝弯曲，两臂夹紧向侧伸出，左臂高于右臂，右肩向下倾斜，再用向右转腰和收腹的力量，配合两臂在体侧截击球的后下部。切忌随球摆臂。

3. 背向垫球

背向垫球大多用于接应同伴垫飞的球或背对球网的球。

背向垫球时，首先判断来球的落点、方向和离网的距离，然后迅速移动到球的落点处，背对出球方向，两臂夹紧伸直，插到球下。击球时，蹬地、抬头挺胸、展腹，直臂向后上方摆击球。在垫低球时，也可利用屈肘、翘腕动作，以虎口处将球向后上方垫起。

>>> -

垫球技术要点

　　由于各种发球的性能不同，垫球的方法也有所不同。但不管采用何种方法，都要全神贯注，全身保持放松状态，根据击球人的动作特点，做好判断和准备。垫球时，要做到：判断准确，移动快速，对正来球，协调用力；保持好手臂与地面的适度夹角。

（二）练习方法

（1）两人一组，相距 4~5 米，一抛一垫。

（2）两人一组，相距 4~5 米，连续对垫。

（3）2~4 人一组，一人发球，其余人轮流接发球。

（4）半场接发球练习：三人一组，一人发、两人垫，将球垫到 2 号位、3 号位之间。

（5）结合场上位置练习：站好接发球位置，加强配合，接好各种发球。

四、传球

（一）传球基本技术

传球是排球运动的基本技术之一。传球技术主要用于二传，为进攻创造条件，在比赛中起着组织进攻的作用。传球技术也可用来接发球，接对方的处理球、吊球和被拦回的高球。还可用来吊球和处理球，起着进攻的作用。常用的传球技术可分为正面传球、背向传球、侧传球以及跳传球等。

1. 正面传球

正面传球是最基本的传球方法，是其他一切传球技术的基础。

稍蹲姿势，上体稍挺起，仰头看球，两手自然抬起，屈肘，放松置于脸前。当来球接近额前时，开始蹬地、伸膝、伸臂，手指微张，从脸前向前上方迎出。当手和球即将接触前，手腕和手指要有前屈迎球的动作，在脸额前上方约一球距离处将手与球接触，十指自然张开使两手成半球状，手腕稍后仰，以拇指内侧、食指全部、中指的第二、三指节触球的后下部，无名指和小指在球两侧辅助控制球的方向。两拇指相对，近呈"一"字形。触球后各关节继续伸展，用手指、手腕的弹力将球击出。全身各部位动作应协调一致（图 8-2-11）。

视频：正面
传球示范
动作

视频：背向
传球示范
动作

图 8-2-11 正面传球

2. 背向传球

上体比正面传球时稍后仰，双手自然抬起置于脸前。抬上臂、挺胸、上体后仰。击球点在头上方，比正面传球略偏后。手形与正面传球相同，但触球时手腕要稍向后仰，掌心向上，拇指托在球下，击球的下部。利用蹬腿、展体、抬臂、伸肘和指腕的弹力，把球向后上方传出。

传球技术的运用

二传时，二传队员应该做到取位恰当，善于观察，动作隐蔽，调整节奏，手法熟练。顺网正面二传是最简单最常用的二传技术。其传球动作与正面传球相似，其区别在于顺网正面传球时，身体不宜面对来球，要适当转向传球方向，尽可能保持正面传球，使球顺网飞行。

（二）练习方法

（1）连续自传，传球高度不低于 50 厘米。

（2）距墙 50 厘米，对墙连续传球。

（3）两人一组，相距 3~4 米，传对方抛到额前的球。

（4）两人一组，相距 3~4 米，对传。

（5）在 3 号位向 4 号位、2 号位传顺网球。

五、扣球

（一）扣球基本技术

扣球是排球运动的基本技术之一。扣球在比赛中占有重要的地位，是得分的主要手段、是进攻中最积极有效的武器，也是一个队摆脱被动、争取主动的主要途径，体现一个队的进攻实力。强有力的扣球可以鼓舞士气、振奋精神、挫伤对方的锐气，给对方造成强大的心理压力。常用的扣球技术有正面扣球、单脚起跳扣球和勾手扣球等。

1. 正面扣球

采取稍蹲的姿势，距离球网约 3 米处，面对来球方向，观察来球。助跑时，左脚先向前迈出一步，紧接着右脚再快速跨出一大步，左脚及时并上，踏在右脚之前，两脚尖稍向右转。同时，两臂自后积极向前摆动，随着双腿蹬地向上起跳，两臂配合起跳有力地向上摆动。

起跳后，挺胸展腹，上体稍向右转，右臂向后上方抬起，身体成反弓形。挥臂时，迅速转体、收腹发力，依次带动肩、肘、腕各部位关节向前上方成鞭甩动作挥动。击球时，五指微张，以掌心为主，全掌包满球，在手臂伸直的最高点的前上方击球的后中部，同时主动用力屈腕屈指向前推压，使扣出的球呈上旋。落地时，以两脚前脚掌先着地再迅速过渡到全脚掌着地，同时顺势屈膝、收腹，随即做好下一个动作的准备（图 8-2-12）。

视频：正面
扣球示范
动作

图 8-2-12　正面扣球

2. 勾手扣球

扣球时，助跑最后一步两脚和左肩侧对球网，或起跳后在空中使左肩转向球网。跳起后，整个挥臂击球动作与勾手发球相似。击球后，身体面向球网落地。

>>> -

扣球技术的运用

扣近网球的特点是击球点高、路线变化多、威力大，但易被拦网。扣球时，要向上垂直起跳，以免前冲力过大，造成触网或过中线犯规。跳起后，主要利用收胸动作发力，以肩为轴，向前上方挥臂，以全手掌击球的后中上部。击球后，手臂要顺势回收，以防止手触网。

扣远网球的特点是力量大、角度较平、对方不易拦网。跳起后，击球点要保持在右肩前上方最高点，用全手掌击球的后中部，击球瞬间手腕要有明显的推压动作，使球呈上旋飞出。

- -

（二）练习方法

（1）两人一组，一人手持球高举做固定球，另一人扣该固定球。

（2）距墙 3~4 米，连续对墙扣反弹球。

（3）在 4 号位助跑起跳，把由 3 号位抛来的球在高点轻拍过网。

（4）在 4 号位、2 号位助跑起跳，扣顺网传来的球。

（5）在 4 号位、2 号位助跑起跳，扣调整传来的球。

六、拦网

（一）拦网基本技术

拦网是排球的基本技术之一。拦网是防守的第一道防线，是反攻的重要环节。拦网具有强烈的攻击性，可以直接拦死、拦回对方的扣球，能够削弱对方的锐气，动摇对方的信心，给对方造成心理压力。拦网也可以将对方有力的扣球拦起，减轻后排防守的压力。常用的拦网技术有单人拦网、双人拦网和三人拦网。

1. 单人拦网

面对球网，两脚左右开立，约与肩同宽，距网 30~40 厘米。两膝微屈，两臂屈肘置于胸前。注视来球，迅速移动。起跳时，两腿屈膝，重心降低，随即用力蹬地，两臂以肩发力，在体侧近身处，做划弧前后摆动，帮助身体迅速跳起。两手从额前沿球网向上方伸出，两臂伸直并保持平行，两肩上提。两臂应尽力伸过网去接近球。两手自然张开，屈指屈腕成半球状。当手触球时，两手要突然紧张，手腕下压盖在球的前上方。拦球后，要做含胸动作，以保持身体平衡，手臂要先后摆或上提，从网上收回至本方上空，再屈肘向下收臂，以免触网。与此同时屈膝缓冲，双脚落地，随即转身面向后场，准备下一个动作（图 8-2-13）。

图 8-2-13　单人拦网

2. 双人拦网

双人拦网是排球比赛中最常见的一种拦网方式。主要在对方大力扣球时采用。

双人拦网时，应以一人为主拦队员，另一人为配合队员。但主拦队员不是固定的，一般情况下距对方扣球点近的队员应为主拦队员。主拦队员必须抢先移动到对正扣球点的位置，并做好起跳准备，配合队员则迅速移动靠近主拦队员准备同时起跳。两队员之间的距离一定要合适。双人拦网起跳时，两人的手臂在体前划小弧向上摆伸，都要尽量垂直向上起跳，要防止互相碰撞或干扰。手臂在空中既不能重叠，造成拦击面缩小，又不能间隔太宽，造成中间漏球。扣球靠近边线时，靠边线近的拦网队员外侧的手应适当内转，以防打手出界。

>>> -

拦网技术要点

拦网时，要人球兼顾，重点要判断出扣球队员的助跑路线和起跳时机，根据扣球队员的助跑方向和扣球线路起跳和伸臂堵住其主要线路。拦强攻球时，要尽量组成两人或三人拦网，晚跳、高跳；拦快球时，根据扣球的特点，起跳、伸臂要快，手尽量伸过网去接近来球，将球封住；拦各种掩护球时，要随时对对方队员的各种动作做出预判，及早移动对正扣球队员，做好起跳准备，动作节奏与扣球队员要保持一致。

- <<<

（二）练习方法

（1）原地做拦网的徒手动作练习。

（2）由 3 号位向 2 号位、4 号位移动拦网徒手练习。

（3）两人一组，一人站在高台上持球，另一人跳起拦固定球。

（4）低网扣拦练习，两人一组，原地一扣一拦。

（5）结合扣球练习拦网。

第三节　排球运动基本战术

排球战术指在比赛中根据排球运动的规律、双方的具体情况和临场的变化，合理地运用技术以及采取的有组织、有目的和有预见的一种配合行动。排球基本战术可分为个人战术和集体战术两大类。

一、阵容配备

阵容配备的目的是合理地把全队的力量搭配好，更有效地发挥每一个队员的特长和作用。在排球比赛中，常用的阵容配备有以下三种形式：

1. "三三"配备

"三三"配备即 3 名进攻队员和 3 名二传队员，两两搭配，进攻队员和二传队员间隔站位。这种配备方法战术形式简单，适合初学队采用，但进攻能力较差。

2. "四二"配备

"四二"配备即 4 个进攻队员和 2 个二传队员相互配备。4 个进攻队员中有 2 个是主攻队员，2 个是副攻队员，他们都站在对角位置上。这种配备方法可以组织多种战术形式，在一般水平的队中采用较多。

3. "五一"配备

"五一"配备即 5 个进攻队员和一个二传队员相互配备。为了弥补在主要二传队员来不及传球时所出现的被动局面，可以在二传队员的位置上，配备一名有进攻能力的接应二传队员。这种配备方法攻击力较强，能组织多种战术体系，目前在水平较高的队中被普遍采用。

二、交换位置

为了最大限度地发挥队员的特长，调动一切积极因素，加强攻防力量，以弥补由于队员身体、技术发展不平衡所带来的阵容配备上的缺陷，比赛中在规则允许的条件下，可以采取交换位置的方法，即在发球队员击球后，双方队员可以在本场区内任意交换位置。

交换位置的目的是为了充分发挥每个队员的专长，以取得扬长避短的效果。前排队员之间的换位，主要是为了便于进攻战术的实施和拦网的调整。前、后排队员之间的换位，主要是为了保持前排三点进攻。后排队员之间的换位，是为了加强防守后排的重点部位。

三、进攻战术

（一）进攻基本战术

进攻战术是指接对方来球后，全队所组成的有目的、有组织的配合。进攻战术是由一传、二传、扣球三个环节组成的，主要分为进攻阵型和进攻打法两种。

1. 进攻阵型

（1）"中一二"进攻阵型。"中一二"进攻阵型是进攻战术中最简单、最基本的战术形式，是指由 3 号位队员作二传，将球传给 4 号位、2 号位队员进攻的组织形式（图8-3-1）。这种进攻阵型一传向网中间 3 号位垫球比较容易，二传向 2 号位、4 号位传球的距离较短，容易传准，有利于组成进攻，适合初学者采用。其缺点是战术变化少，只能两点进攻，战术意图容易被对方识破。

（2）"边一二"进攻阵型。"边一二"进攻阵型是指由 2 号位队员做二传，将球传给 3 号位、4 号位队员进攻的组织形式（图8-3-2）。其优点是两相邻进攻队员相互掩护，可以组织更多战术。其缺点是对一传要求较高，尤其 5 号位队员向 2 号位垫球时，由于距离远，角度大，控制球难度较大。

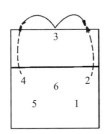
图 8-3-1　"中一二"进攻阵型

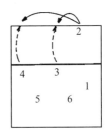
图 8-3-2　"边一二"进攻阵型

（3）"后排插上"进攻阵型。"后排插上"进攻阵型是指由后排队员插上作二传，前排 4 号位、3 号位、2 号位队员进攻的组织形式。"后排插上"进攻阵型是现代排球先进战术的主要形式，它是在"中一二、边一二"进攻阵型的基础上发展起来的。"中一二、边一二"进攻阵型的各种战术都可以在此阵型加以运用。这种阵型进攻点多，战术配合更加复杂多变，适合技术水平较高的队使用，但对一传及队员间的配合要求较高。

2. 进攻打法

进攻打法是指在排球比赛中，一传、二传和扣球队员之间实施各种进攻战术配合的方法。其目的是为避开对方的拦网，突破对方的防线，争取主动，扩大战果。

（1）强攻。强攻就是在没有快球掩护的情况下，凭借队员个人的身高和弹跳力，利用扣球的力量和个人扣球战术，强行突破对方的防御。

（2）快攻。快攻是在一传到位的基础上，通过扣球人的快速跑动，互相配合组成各种进攻战术。快攻战术隐蔽性强、变化多，能分散对方的防守，但需要全队协调统一及高水平的二传。

（二）练习方法

（1）通过教学示范，明确各个位置的作用。

（2）徒手轮转位置，转6轮。

（3）接抛球组织进攻。

（4）接发球组织进攻。

四、防守战术

（一）防守基本战术

1. 接发球防守战术

常用的接发球阵型是"5人接发球阵型"，即除1名二传队员外（前排或后排），其余5名队员均参加接发球。这是一种最基本的接发球阵型，常在"中一二"和"边一二"进攻战术中运用，初级水平的球队多采用此阵型。"5人接发球阵型"包括"W"站位阵型、"M"站位阵型和"一"字站位阵型。

2. 接扣球防守战术

接扣球防守战术可分为前排拦网和保护球以及后排防守等几个环节。

常用的接发球防守战术主要是双人拦网跟进保护防守。双人拦网防守阵型有"边跟进"防守和"心跟进"防守两种。

（1）"边跟进"防守。"边跟进"防守阵型也称"马蹄形"或"1号位、5号位跟进"防守阵型。目前，国内外强队广泛采用这种防守阵型。

以对方4号位扣球为例，由2号位和3号位队员拦网，1号位队员跟进到拦网队员身后防吊球及前区球。6号位队员向右移位补防扣向1号区的直线球。5号位队员防后场6号区，4号位队员后撤防斜线球（图8-3-3）。

这种阵型主要在对方进攻力量比较强、战术变化较多、吊球较少时采用。这种防守阵型对于防御对方重扣球较为有利，同时也便于组织反攻。但球场中间空隙较大，容易形成"心空"。

（2）"心跟进"防守。"心跟进"防守阵型也称"6号位跟进"防守阵型，多在对方扣球能力较强、对方采取打吊结合时使用。

以对方4号位扣球为例，由2号位和3号位队员拦网，封住中区，4号位队员后撤4米左右防守，6号位队员跟至拦网队员身后3米附近，1号位和5号位队员防守后场，每人负责一个防区（图8-3-4）。

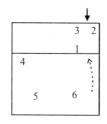

图 8-3-3 "边跟进"防守

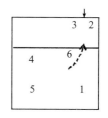

图 8-3-4 "心跟进"防守

当对方扣球队员经常采用打吊结合，而本方拦网能力较强时，就可采用这种防守阵型。采用这种防守阵型，可以加强前区的防守能力，有利于防吊球和拦网弹起的球，也便于接应和组织进攻。其缺点是后场后排防守队员之间的空隙较大，后场中央和两腰容易形成空当。

（二）练习方法

（1）徒手站位，轮转6轮，明确轮转到各个位置的防守站位方法。

（2）在对方进攻点（2号位、4号位）抛球，本方练习防反。

（3）在对方进攻点（2号位、4号位）扣球，本方练习防反。

（4）攻防结合练习防反。

第四节　排球竞赛基本规则

一、场地器材

排球比赛场区为长18米、宽9米的长方形。场地的地面必须平坦、水平。

比赛场地界线的长线称边线，短线称端线。在网下连接两条边线中点的线称中线。中线将场地分为长9米、宽9米的两个相等的场区，每个场区各有一条离中心线3米、长12.5米的平行线称进攻线。进攻线前为前场区，进攻线后为后场区。两条边线有两条长15厘米的短线延长线，置于距端线外20厘米处，与端线构成了9米宽的地区为发球区。

球网为黑色，长9.5米、宽1米。在9米处球网的两边各有两条标志带和两根标志杆，杆长1.8米。球网高度成年男子为2.43米，成年女子为2.24米。

正式排球比赛的用球，是用柔软的皮革制成外壳，内装橡皮或类似质料制成的球胆。球应是一色的浅色或国际排球联合会批准的多色球。在一次比赛中所用的球的圆周、重量、气压等都必须是统一的。

二、胜一分、胜一局和胜一场

胜一分：比赛采用每球得分制，胜一球即得一分。如果是发球方则得一分并继续发球；如果是接发球方则得一分同时获得发球权；如果双方犯规，则判"双方犯规"，不得分，由原发球方重新发球。

胜一局：比赛的前四局以先得25分，并同时超出对方2分的队为胜一局。当比分为24∶24时，比赛继续进行至某队领先2分为胜一局（如26∶24，27∶25）。决胜局以先得15分，并同时超出对方2分的队获胜。当比分为14∶14时，比赛继续进行至某队领先2分为止（如16∶14，17∶15）。

胜一场：正式比赛采用五局三胜制。最多比赛五局，先胜三局的队为胜一场。

三、比赛方法

（1）双方上场队员各 6 名，自左向右排列，前排为 4 号位、3 号位、2 号位，后排为 5 号位、6 号位、1 号位。比赛开始前，教练员将上场队员号码站位表交记录台登记，由第二裁判员检查站位次序，当第一裁判员鸣笛后，不得更改。

（2）比赛开始，由发球方 1 号位队员在发球区内发球，发出的球通过有效过网区直接落于对方场地上或对方接发球失误或发球方进攻有效，发球方得一分，并继续发球。如果发球失误、违例、犯规或对方进攻有效，对方得一分并获得发球权，由 2 号位队员发球。

（3）在比赛过程中，队员可以用身体任何部分触球，每队允许击球三次（拦网除外），将球通过网的有效区域击入对方场区，每人不能连续触球两次（拦网除外）。比赛应不间断地进行，直至球落地、触击障碍物或某一队员犯规。决胜局重新挑边，比赛中任何一方先得到 8 分时双方应交换场地，位置不变，比赛继续进行，直至决出胜负。

四、暂停

成死球（球着地）时，教练员或场上队长可向裁判员请求暂停，每局每队可有两次暂停机会，每次暂停时间为 30 秒，教练员可在场外指导。请求暂停的队可以要求提前恢复比赛。除教练员请求暂停外，每局中任何一方得分达到 8 分和 16 分时，规定技术暂停，时间为 60 秒。

五、换人

只有在死球时，由教练员或场上队长请求，经裁判员允许才准予换人。每局比赛中，每队最多可替换 6 人次，可同时换，也可分开换。每局开始上场的队员只能退出比赛一次，在同一局中，若他再次上场比赛，只能替换替他上场的那个队员。替补队员每局只能上场比赛一次，他可以替换任何一位队员，在同一局中，他只能被他换下的队员来替换。

六、持球、连击、借助击球

持球是队员没有将球清晰地击出，或触球时有较长的停留造成的犯规。
连击是指一名队员明显地连续两次触球（拦网除外）所造成的犯规。
借助击球是指队员在比赛场地内借助同伴或任何物体的支持进行击球。

七、界内外球

球触及比赛场区的地面（包括界线）为界内球。
球接触地面的部分完全在界线以外，触及场外物体、天花板或非比赛人员，触及标志杆、网绳、网柱或球网标志杆以外部分，球的整体或部分从过网区以外过网等均为界外球。

八、在球网附近犯规

在比赛过程中，任何队员都不得触及球网。

队员的一只（两只）脚或一只（两只）手越过中线触及对方场区的同时，其余部分还接触中线或置于中线上空是允许的，不判为犯规。队员身体的任何其他部分都不允许接触对方场区。在不妨碍对方比赛的情况下，允许队员在网下穿越进入对方空间。

九、自由人（后排自由防守队员）

规则规定每队有一名身穿不同颜色比赛服的后排自由防守队员。他可以不经过裁判同意，替换后排任何一名队员，但不得在前场区传球组织进攻，不得发球、拦网和进攻。

十、后排队员进攻性击球犯规

后排队员在前场区或踏及进攻线，击高于球网上沿的球，并使球的整体由过网区通过球网垂直面进入对方场区或触及对方队员，则为后排队员进攻性击球犯规。

第九章

气排球运动

第一节　气排球运动概述

一、气排球运动简介

气排球运动是一项集运动性、休闲性、娱乐性于一体的新兴体育项目，它球轻、趣味性强、运动量适中，男、女可同场参与比赛。

气排球产生于 1984 年，由内蒙古集宁铁路分局首创。初创时是为了开展老年人体育活动，随后，参照六人制排球规则制订了简单的比赛规则，根据球的材质，将这种运动取名为"气排球"。

1991 年，全国铁路老年体育工作会议决定在全国铁路系统老年人中推广气排球。火车头老年体协依据排球规则，编写了第一本《气排球竞赛规则》，还特制了比赛用球。2004 年，由中国老年人体育协会组织，在浙江省丽水市举行了全国首届老年气排球比赛，有来自全国 23 个省（自治区、直辖市）共 44 支代表队参加，这使得气排球的影响力进一步提升，确立了气排球在全民健身中的地位，并形成一年一届举办全国老年人气排球比赛的赛制。通过 30 多年的推广普及与发展，气排球运动已经具有了丰富的技战术内含、较完善的比赛规则。气排球运动在我国尤其是南方地区（如福建、浙江、广西、湖南、上海、江苏、广东等）发展迅速，在政府机关、企事业单位、高校和社会团体中广为盛行，并成为各种节假日必不可少的休闲娱乐项目。

2017 年，气排球正式成为我国全运会群众比赛项目。此后，气排球运动在全国得到了快速的普及与发展，中国排球协会每年都会主办全国气排球公开赛、超级杯联赛、大众排球赛等高水平赛事。

在高校开展气排球运动有利于培养学生团结奋进的精神品质，学会公平竞争，展现高尚的道德风范。

二、气排球运动的特点与价值

气排球运动入学门槛低，运动强度适中，锻炼价值大。气排球具有重量轻、体积大、柔软性好的特性，在比赛中球的飞行速度慢，双方来回击球次数比较多。因此，它对身体素质以及技战术的要求较低，而且规则相对简单。气排球比赛中，上场队员为五人或四人，所有进攻必须在 2 米限制线后进行，进攻难度有所降低，一定程度上改变了六人制排球过度依赖身高的局限。气排球比赛采用每球得分制，且每得一分必须轮转换人发球，对持球的限制也较小，可以双手托球、捧球，但不能有明显的持球动作。这些特点和变化不但提高了初学者的学习积极性，而且增加了运动的观赏性和趣味性。

　　气排球运动是一项集育人价值、锻炼价值和社会价值三位一体的体育项目。首先，它需要参与者之间配合默契，既要求参与者各司其职，又需要充分发挥队员的创造力，帮助球队得分。所以，参与气排球运动有利于提高创造力，增强团队凝聚力，培养坚持不懈、永不放弃、顽强拼搏等优良品质。其次，其运动强度适中，参与者可以通过各种移动、跳跃等动作完成接球。所以，参与气排球运动有利于提高有氧代谢能力，增强肌肉力量，增强体质，增进健康。最后，它适合不同年龄阶段和不同性别的人，在气排球活动中，人们相互鼓励，相互帮助，有利于增进人际交往和友谊，进一步丰富大众的业余生活，提高参与者的自信心、获得感和成就感，从而达到愉悦身心、增进交往、享受生活等目的。

第二节　气排球运动基本技术

一、准备姿势

（一）准备姿势的类别

　　准备姿势是发球、垫球、传球、扣球和拦网等各项技术的基础。准备姿势是为了及时起动、快速移动以及完成各项技术动作，它是各项技术运用的桥梁和纽带。准备姿势主要分为半蹲、稍蹲、低蹲三种。

1. 半蹲

　　两脚打开与肩同宽，脚尖稍内扣，脚跟稍提起，身体重心稍靠前，膝关节微屈。上体稍前倾、含胸，两臂放松，两肘自然弯曲并下垂，两手置于腹前。全身放松，身体处于灵活状态，并根据球场变化随时调整身体的位置、方向和重心（图 9-2-1）。

2. 稍蹲

　　身体重心比半蹲稍高，动作方法基本相同。主要用于扣球和传球（9-2-2）。

3. 低蹲

　　身体重心比半蹲低，重心靠前。主要用于后排防守和跟进前排队员扣球（图 9-2-3）。

（二）练习方法

（1）口令练习。设定左脚在前为口令 A，右脚在前为 B，半蹲为 1，稍蹲为 2，深蹲为 3。通过无规律口令组合进行练习。

（2）急停练习。慢跑中急停转化为准备姿势，按半蹲—稍蹲—深蹲顺序，三步后急停。

（3）结合其他技术进行练习。

图 9-2-1　半蹲　　　　　　图 9-2-2　稍蹲　　　　　　图 9-2-3　低蹲

二、移动步法

（一）移动步法的类别

移动是从起动到制动之间的人体位移。移动速度的快慢，直接影响击球效果。在气排球运动中，主要的移动步法有以下几种。

1. 并步和滑步

并步应用于当球离身体 1 米左右时。当对方来球，接球队员向某一方向移动时，一脚应向来球方向跨出一步，另一脚落地跟上。当来球稍远，并步不能接近球时，可用快速的连续并步，连续并步也被称为滑步。

2. 交叉步

交叉步应用于当球距体侧 3 米左右。比如右侧交叉步时，上体稍右倾，从右脚前面交叉迈出一步，然后右脚迅速向右跨出一大步，同时身体转向来球方保持击球前的姿势。左交叉步则反之。

3. 跨步

跨步主要应用于当来球较低，靠近身前时，接球者需后脚用力蹬地，前脚向前方跨出一步，随之身体重心移至前腿上。

4. 跑步

跑步主要应用于距离身体较远的球。要求接球者跑步时做好击球准备，动作平稳且低心，保持快速移动的能力。

（二）练习方法

（1）两人一组，面对面朝一个方向，分组练习各种步法，互相观察并纠正错误。

（2）接球练习，分别采用不同步法移动接球。

（3）移动接力，分组进行移动步法接力游戏。

三、垫球、捧捞球技术

（一）垫球技术

垫球主要应用于一传和防守。正面双手垫球是基本的垫球技术。

1. 双手垫球手型

垫球的常用手型有抱拳式、叠掌式和互靠式。

抱拳式：两手抱拳互握，掌根紧靠，两拇指并排放在拳眼上（图 9-2-4）。

叠掌式：两手手指上下重叠成十字状，掌根紧靠，合掌互握，两拇指并排放在掌心上（图 9-2-5）。

互靠式：两手腕部紧靠，两手五指下压（图 9-2-6）。

图 9-2-4 抱拳式　　　　图 9-2-5 叠掌式　　　　图 9-2-6 互靠式

2. 双手垫球动作

正对来球呈半蹲准备姿势，技术要点可概况为"插、夹、提"。"插"指及时移动取位，两臂前伸插至球下，使两前臂的垫击面对准来球。"夹"是指两手掌根紧靠，直臂，压腕，去迎击球。夹臂动作要自然，且有提肩、含胸、压腕及挺肘等动作。"提"包括顶肩、压腕、抬臂三个动作，通过脚蹬地、提肩、顶肘、压腕的动作去迎击来球，身体重心要随球前移，两臂在全身协调动作的配合下抬臂送球。击球部位为腕关节以上 10 厘米左右，击球点在腰腹前一臂左右的距离（图 9-2-7）。

图 9-2-7 垫球

（二）捧捞球技术

捧捞球技术常采取半蹲准备姿势。当来球较低时，判断好落点。两脚开立呈半蹲姿势，双手置于腹前，两肘自然弯曲，稍夹肘，掌心朝上，五指自然张开呈半球状，击球时插入球下捧住来球，借助前臂、手腕和手指力量挑送来球。击球点在腹部前方。捧捞球特别适用于速度快的追身球。常见的捧捞球形式如图 9-2-8 所示。

 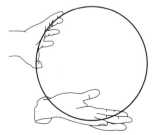 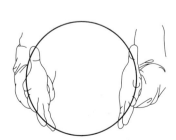

插托式捞球（正面）　　　插托式捞球（侧面）　　　双手捧球

图 9-2-8 捧捞球

（三）练习方法

（1）独自抛球、垫球，垂直或对墙抛球，垫球后接球，一抛一垫。

（2）两人一组，间隔 2~4 米连续，对垫球。

（3）用捧捞球动作接自抛球练习。

（4）用捧捞球动作接对方抛球练习。

（5）用垫球、捧捞球动作接发球练习。

四、传球技术

（一）基本技术

传球是气排球最基本、最重要的技术之一。它主要用于将接起、防起的球传给进攻队员进攻，分为正传、背传等。

以正面双手传球为例：练习者采用稍蹲姿势，面对来球，两手放松置于胸前。击球时，两手自然张开呈半球形，两臂自然弯曲，两拇指相对呈一字形，食指和拇指呈"八"字状，用拇指内侧、食指和中指的第二、三指节触球。无名指和小指辅助控制传球方向，击球时手指、手腕适度紧张弹击，蹬腿、伸臂、伸腕协调地将球传出。击球点在额前上方约 20 厘米处（图 9-2-9）。

图 9-2-9　传球手型与动作

（二）练习方法

（1）固定手型，一人做传球准备，一人持球有节奏对准练习人员手型压球、收球。

（2）抛接球练习。自己垂直抛球，用传球手型迎接住球练习。

（3）低抛球传球练习。自己抛低球，然后将球传出。

（4）两次传球练习。传球注意手型，轻接球使球轻轻弹起后再次传出。

（5）两人一组，一人在对面 3 米外进行高抛球，另一人传球。

五、发球

（一）基本技术

发球是比赛的开始，也是进攻的开始。准确而有攻击性的发球，不仅可以直接得分而且还可以破坏对方的战术组合，因此发球既要有准确性又要有攻击性。发球主要有正面上手发球、正面下手发球、勾手发球等。

1. 正面上手发球（以右手为例）

练习者正对球网，两脚自然开立，左脚在前，左手托球于体前。左手用掌平稳准确地将球抛在体前右肩前上方约 50 厘米处，同时，右臂抬起，屈肘后引，肘高肩，上体稍向后仰。五指呈半球状，指尖朝上保持一定的紧张。击球时，重心前移，右脚跟离地收腹，屈体，迅速带动手臂挥动。挥臂呈直线，在右肩前上方，用全手包住球，击球的中后部，手腕向前推压，发球后迅速入场（图 9-2-10）。

图 9-2-10　正面上手发球

2. 正面下手发球

练习者正对球网，左脚在前，两膝微屈，左手持球置于胸前，右手自然下垂，目视前方。左手将球在身体右侧抛起，同时右手引臂后摆，重心前移，右脚跟离地，右臂以肩为轴直臂前挥，用掌根击球的后下部（图 9-2-11）。击球后，迅速入场。

图 9-2-11　正面下手发球

3. 勾手发球

练习者侧对球网开立，左手持球于胸前。左手用托送方法，抛球于左前上方约一臂的高度，右手向后摆动。击球时，右脚跟离地，上体左转发力，带动右臂加速挥动。挥动时，右臂伸直在右肩的上方，用掌根或半握拳击球的中下部（图 9-2-12）。击球时，有突停动作。

图 9-2-12　勾手发球

（二）练习方法
（1）徒手练习发球动作。
（2）对墙 3~5 米轻发球，找准触球部位，控制球旋转。
（3）由进攻线处逐步后退，练习发球，要求发球过网。

六、扣球

（一）基本技术

扣球是气排球基本技术之一。扣球时，队员跳起在空中，将高于球网上沿的球有力地击入对方区域的一种击球方法。在正面扣球的基础上演变出了其他扣球技术，如远网扣球、近网扣球、调整扣球、近体快、半快、背快、短平快、平拉开等。

以正面扣球技术动作为例（图 9-2-13）。

准备姿势：扣球助跑前采用稍蹲姿势，两臂自然下垂，观察来球，做好向各个方向助跑起跳的准备。

助跑：一般采用两步助跑，特点是一小二大、一慢二快。助跑时，重心先前移，随之左脚向前迈出一步，右脚迅速向前跨出一大步，并以脚跟过渡到全脚掌着地，左脚及时并上，踏在右脚之前，当右脚跟着地时，手臂放置身后，准备起跳。

起跳：助跑最后一步在左脚落地的同时，两臂绕体侧向后引，左脚在落地制动的过程中，两臂自后积极向前动，随着双腿向上起跳，两臂配合起跳用力，帮助身体重心向上升起。

空中击球：起跳后，挺胸展腹抬头，上体稍向右转，右臂经前屈肘向后引臂，肘高于肩，身体呈反弓形。挥臂时转体、收腹，并依次带动肩、肘、腕各部关节成鞭打动作向前上方挥直手臂。击球时，五指微张呈勺型，击球的中上部，击球点保持在起跳后手臂伸直点的前面。

图 9-2-13　扣球动作

落地：落地时，以前脚掌先着地再过渡到全脚掌着地，迅速屈膝、收腹，以缓冲落地的冲击，同时迅速做好下一个动作的准备。

（二）练习方法

（1）两人一组挥臂击固定球练习。一人双手持球举高，一人挥臂击打。

（2）助跑起跳摸球。助跑起跳击打固定球。

（3）扣低抛球练习。助跑起跳挥臂击球，教师适时抛低球至学生扣球手上。

（4）扣高球练习。教师口令提示起动和起跳时机。

（5）扣高抛球练习。完整扣 4 号位的传球。

七、拦网

（一）基本技术

拦网是在球网的附近、高于球网上沿阻挡对方击过来的球，它分为单人拦网和集体拦网。

准备姿势：面对球网，两脚打开与肩同宽，距球网 30~40 厘米。膝关节弯曲，两臂屈肘，自然放松置于胸前。

移动：移动时采用的步法可归纳为"前一步、近并步、中交叉、远跑步"，但多数情况下是多种步法结合完成移动。

起跳：原地起跳时重心降低，两脚用力迅速向上起跳，同时双臂在体侧屈肘做弧线摆动，带动身体向上起跳。

拦网：起跳后，两手沿球网向上方伸出，保持平行状态，两肩上提。拦时两臂前伸接近球。两手自然张开，屈指屈腕呈半球状并保持紧张，触球时，向对方准备插上的二传队员做迅速屈腕动作；拦网手型与动作如图 9-2-14 所示。

图 9-2-14　拦网手型与动作

（二）练习方法

（1）原地徒手练习拦网动作。

（2）两人一组，隔网站立。两人进行起跳双手击掌、移动起跳击掌练习。

（3）两人一组，隔网站立。一人持球起跳，一人起跳双手拦击球，交替进行。

（4）双人贴网同侧站立，一起进行移动起跳拦网练习。

（5）进行单人或双人拦击发球练习。

第三节　气排球运动基本战术

一、接发球个人战术

（1）根据进攻需要确定接发球的方向、弧度、速度和落点。接发球站位时，应有意在接发球技术较好的队员体侧留出一块空当，诱使对方发在空当处。

（2）接发球站位时，应让接球技术不太好的队员站在对方发球盲区，由接发球技术好的队员接球。

（3）如遇对方发球攻击性不强或第三次传垫球过网，一传队员可采用上手传球、插托及捧球等技术。

二、二传个人战术

二传可根据本方队员的站位和进攻特点，在传球的瞬间快速改变传球方向，将球传到对方前排拦网薄弱的队员区域，选择拦网突破口，提高全队攻击效果。根据对方的站位，将球传入对方无人防守的区域或空当较大的地方（注意队员在前场区时传球的飞行轨迹高于出手点）。

三、扣球个人战术

扣球队员可扣出不同线路的直线球和斜线球、长线球与短线球。

运用转体、转腕等技术造成打手出界。运用平打使球触拦网手后出界或飞向后场。运用轻扣或吊球将球打到拦网手上，使球随对方拦网人一同下落。在高点改扣为吊，变化扣球节奏，将球吊入对方空当。避开身体高大和技术好的拦网队员，选择身材矮、弹跳差的队员作为突破口。

四、拦网个人战术

根据对方助跑方向和扣球手臂的挥动方向，拦其扣球主线。

五、四人接发球站位阵型

（一）"一三一"接发球站位阵型

除一名二传队员站在网前不接发球外，其余队员都承担接一传的任务（图9-3-1）。

（二）"一四弧形型"站位阵型

此阵型主要在对付对方的跳发球、大力发球时采用，此时发球落点一般在中后场区，后场区四名队员呈"一"字形排开，每人接发球（图9-3-2）。

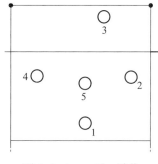
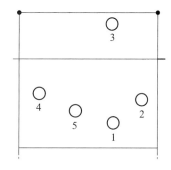

图9-3-1　一三一站位　　　　　图9-3-2　一四弧形站位

六、接扣球站位阵型

接扣球站位主要有无人拦网站位、单人拦网站位、双人拦网站位和三人拦网站位。

（一）单人拦网的防守阵型

当对方攻守能力相对较弱，扣球的手法和线路相对单一时，可主动采用单人拦网的防守阵型。

（二）双人拦网的防守阵型

在比赛中双人拦网的防守阵型运用得较多。当对方攻守进攻能力较强，扣球手法和线路变化较多时，多采用此防守阵型，即两人拦网，三人组成半圆弧形防守（图9-3-3至图9-3-4）。

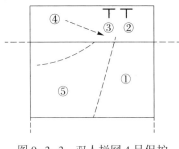 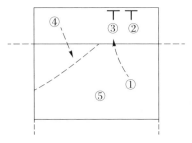

图9-3-3　双人拦网4号保护　　　　　图9-3-4　双人拦网1号保护

（三）三人拦网的防守阵型

在对方队员扣球攻击性强，线路较多，吊球少的情况下，前排采取三人拦网。

七、气排球的进攻战术

（一）"中一二"进攻阵型

固定由3号位队员做二传，把球传给2、4号位队员进攻的方式称为"中一二"进攻阵型（图9-3-5）。

（二）"边一二"进攻阵型

由二号位队员做二传，把球传给3、4号位队员进攻的方式称为"边一二"进攻阵型（图9-3-6）。

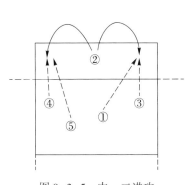 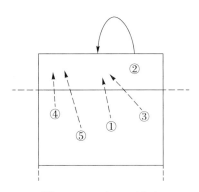

图9-3-5　中一二进攻　　　　　图9-3-6　边一二进攻

第四节　气排球运动基本竞赛规则

一、比赛场地

　　气排球场地为长 12 米，宽 6 米的长方形。由球网和中心线将场地分成长 6 米、宽 6 米的两个场区。每个场区画一条距离中心线 2 米，并与边线连接的平行线为限制线。男子球网高度为 2 米，女子为 1.9 米，在网上中心线与边线的交点处设置一垂直于地面的标志杆。也可用羽毛球场地进行排球比赛，以将羽毛球双打场地两端的内线和两边的外线作为界线。

二、比赛方法

　　（一）得分
　　球成功地落在对方场区或对方击球出界。
　　（二）计分方法
　　采用三局两胜制，先得 21 分为胜一局，当比分 20∶20 时，先获得 21 分的队即获胜该局，胜两局的队胜一场。
　　（三）犯规
　　如果两个队或更多的犯规先后发生，只判第一个犯规；如果双方队员同时犯规，判为"双方犯规"，该球重新比赛。
　　（四）位置
　　每个队必须始终保持 5 名队员参与比赛。靠近球网的 3 名队员为前排队员，另外 2 名队员为后排队员。

三、比赛行为

　　（一）界内球
　　球触及比赛场区的地面（包括界线）为界内球。
　　（二）界外球
　　球接触地面的部分完全在界线以外；球触及场外物体、天花板或非场上比赛队员；球触及标志杆、网绳、网柱、标志带以外部分；球的整体或部分从过网区以外过网；球的整体从网下空间穿过，为界外球。
　　（三）球队的击球
　　每队最多击球 3 次（拦网除外）将球击回对方场区。
　　两名或三名队员可以同时触球，两名不同队的队员在网上同时触球，比赛继续进行，获球一方可再击三次，如果该球落在某方场区之外，判对方击球出界。

（四）击球的性质

击球时（包括第一、二、三次击球），允许身体不同部位在一个动作中连续触球。

击球时的犯规：

（1）四次击球。一个队连续击球4次为四次击球。出现四次击球判犯规。

（2）借助击球。队员在比赛场地内借助同伴或物体的支持进行击球为借助击球。出现借助击球判犯规。

（3）持球。球被接住和／或抛出为持球。出现持球判犯规。

（4）连击。一名队员连续击球两次（接对方第一次来球，只要没有出现两个明显的动作使球触到身体两个不同的部位不算连击）为连击。出现连击判犯规。

（5）进攻性击球的犯规。在对方空间击球、击球出界；队员在前场区（两米的限制线以内或踏及限制线）完成扣球或没有明显弧度的吊球以及低于或平行于网的传球和垫球，判犯规。

（五）球入球网

球入球网后，可以在该队的3次击球内再击。

（六）网下穿越

队员的一只（两只）脚部分越过中线触及对方场区，其余部分接触中线或置于中线上空时是允许的（干扰比赛进行的除外）。

（七）触网

在比赛（活球）进行中，身体任意一部分触网就算犯规。

队员在球网附近的犯规：对方进攻性击球前或击球时，在对方空间触及球以及队员整个身体越过中线进入对方场区，判犯规。

（八）发球的执行

球只能被抛起或撤离一次，但拍球或在手中摆弄球是允许的。发球队员必须在第一裁判员鸣哨允许发球后8秒内将球发出。当发球队胜一球时，则队员要顺时针轮转一个位置，然后由1号位的队员发球（不准连续发球）。换发球时，发球队队员要首先顺时针轮转一个位置，然后由1号位队员发球。

发球时的犯规：球被抛起后没有击出，触及发球队员或球的整体没有从过网区通过球网垂直平面，判犯规。

（九）拦网

只有前排队员可以完成拦网，拦对方的发球是被禁止的。拦网时手可前倾伸向对方空间。

裁判基本手势

第十章

乒乓球运动

第一节　乒乓球运动概述

一、乒乓球运动的起源与发展

（一）乒乓球运动的起源

乒乓球运动起源于 19 世纪末的英国，由网球运动派生而来。相传 19 世纪后半叶的一天，在英国伦敦有两位青年网球迷去一家高级餐厅就餐，因为天气炎热，在等待侍者上菜时，他们随手拿起桌上大号雪茄烟的硬纸盒盖用来扇风降温。当两人在闲聊中为网球战术而争论得不可开交时，便从酒瓶上拔下一个软木塞，以餐桌为场地，用烟盒盖作球拍，现场模拟起实战网球来。他们将软木塞打来打去，越打越起劲，竟引来了许多人围观。餐厅的女主人完全被这种别开生面的游戏吸引住了，情不自禁地脱口而出："table tennis（桌上网球）！"不经意间，就给这项运动命了名。很快，这项餐桌上的游戏就在欧洲各国流传开来。但在那个时候，这项运动仅是限于欧洲的王公贵族们闲来无事消磨时间的一种娱乐活动。

1890 年，有位名叫詹姆斯·吉布（James Gibb）的英国著名越野跑运动员到美国旅行时，偶然发现了一种用赛璐珞制成的空心玩具球，弹跳力很强。于是，他就将这种球带回英国，稍加改进后，逐步在英国和世界各地推广开来，最终演变为今天的乒乓球。也许是因为乒乓球在桌上发出"乒乒乓乓"的声音，英国一家体育用品公司率先用"乒乓"（Ping Pong）一词做了广告中的商品名称。1891 年，英格兰人查尔斯·巴克斯特把"乒乓"（Ping Pong）作为商业专利权来申请许可证。

（二）乒乓球运动的发展

1900 年，英国成立了乒乓球协会。同年 12 月，在伦敦举行了英国第一次大型乒乓球比赛，开创了乒乓球正式比赛的历史。1926 年 12 月，国际乒乓球联合会在英国伦敦成立，并将随后举行的欧洲乒乓球锦标赛确定为第 1 届世界乒乓球锦标赛。当时的比赛设男子团体、男子单打、女子单打、男子双打和男女混合双打 5 个项目。自 2003 年第 47 届世界乒乓球锦标赛开始，单项比赛于单数年举行，团体赛在双数年举行。国际重大的乒乓球比赛还有世界杯乒乓球赛和奥运会乒乓球赛。国际乒乓球联合会从 1980 年起每年举办一届乒乓球世界杯赛（埃文斯杯），1996 年又增设了世界杯女子单打项目。1983 年 10 月 1

日，国际奥林匹克委员会在德国巴登－巴登举行的第 84 次会议上决定，自 1988 年在韩国汉城奥运会开始，乒乓球被列为奥运会正式比赛项目，比赛设男子单打、女子单打和男子双打、女子双打 4 个项目。在 2008 年北京奥运会上，乒乓球比赛项目有所改变，团体项目取代了双打项目。2000 年 10 月 1 日起，乒乓球运动进入"大球"时代，球体直径从 38 毫米增至 40 毫米，球的重量由 2.5 克增加到 2.7 克。这种变化使得击球的速度和旋转相对减弱，回合增加，从而使比赛更激烈更精彩。2002 年 9 月 1 日，国际乒乓球联合会又对乒乓球竞赛规则进行了重大修改，实行了"11 分制"和"无遮挡发球"，使乒乓球比赛增加了偶然性和悬念，世界乒乓球竞技水平更加均衡，比赛也更具观赏性。

二、乒乓球运动的特点

（1）球体小、球体轻、速度快、旋转变化多，富有技巧性和很强的趣味性。
（2）乒乓球运动速度快、变化多，要求运动者在瞬间对球作出判断和反应。
（3）运动量可大可小，不受年龄、性别和身体条件的限制。
（4）器材设备比较简单，室内室外均可以进行，易于开展。

三、乒乓球运动的锻炼价值

经常参加乒乓球锻炼，可以发展人的灵敏性和协调性，提高动作的速度和上下肢活动的能力，改善心血管系统的机能，促进新陈代谢，增强体质，培养参与者勇敢顽强、机智果断等品质。此外，乒乓球运动对场地设备、气候条件和练习者身体素质的要求也相对简单，是一项男女老幼皆宜、健身效果非常好的运动，因而深受人们的喜爱，更是很多大、中、小学生首选的一项运动。

第二节　乒乓球运动基本技术与学练方法

一、乒乓球运动基本理论

（一）常用术语

1. 球台左、右半台

球台左半台或右半台又称 1/2 台。其左、右方向是对击球者而言的。

2. 站位

站位是指运动员开始击球前的基本位置（图 10-2-1）。站位分为近台、中近台、中远台和远台。

近台：站位离球台端线 50 厘米以内的范围。

中近台：站于球台端线 50~70 厘米的范围。

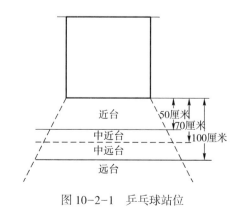

图 10-2-1　乒乓球站位

中远台：站于球台端线 70~100 厘米的范围。

远台：站于离球台端线 1 米以外的范围。

（二）击球路线

击球路线是球在球台上空飞行弧线的投影线，有右方斜线、右方直线、左方斜线、左方直线和中路直线 5 条基本线路。

（三）击球时间

击球时间是指对方击来球到本方台面弹起后，在经上升至下降这段时间中，拍触球时球正处在空间的那一段时间。击球时间一般分为上升前期、上升后期、高点期、下降前期和下降后期 5 个时期（图 10-2-2）。

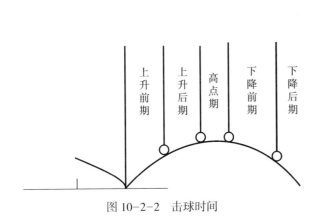

图 10-2-2　击球时间

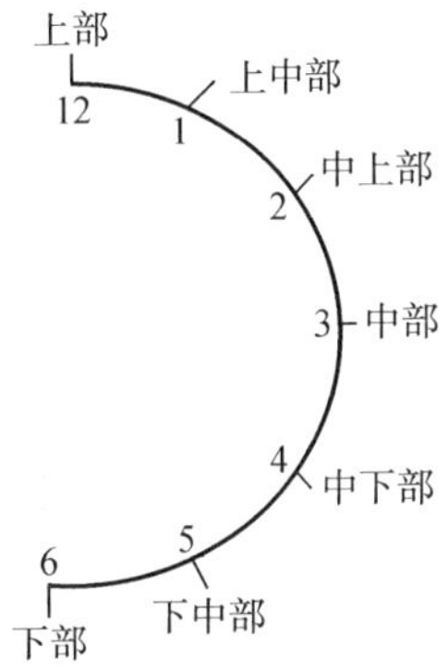

图 10-2-3　击球部位

上升前期：球从台面反弹刚上升的阶段。

上升后期：球从台面弹起上升前期后至接近最高点的阶段。

高点期：球从上升后期到达最高点的阶段。

下降前期：球从高点期开始下降的最初阶段。

下降后期：球经过下降前期到球下降到接近地面之前的阶段。

（四）击球部位

击球部位是球拍触及球的部位（图 10-2-3）。

上部：球拍触球 12—1 时的部位。

中上部：球拍触球 1—2 时的部位。

中部：球拍触球 3 时的部位。

中下部：球拍触球 4—5 时的部位。

下部：球拍触球接近 6 时的部位。

（五）拍面角度和拍面方向

拍面角度是指拍面与球台所形成的角度（图 10-2-4）。

拍面前倾：拍面触球 1 时的角度。

拍面稍前倾：拍面触球接近 2 时的角度。

拍面垂直：拍面触球接近 3 时的角度。

拍面稍后仰：拍面触球接近 4 时的角度。

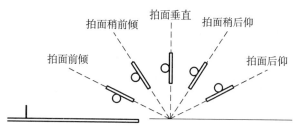

图 10-2-4 拍面角度

拍面后仰：拍面触球接近 5 时的角度。

拍面向上：拍面触球接近 6 时的角度。

拍面向下：拍面触球接近 12 时的角度。

拍面向左：击球右侧所对的方向。

拍面向右：击球左侧所对的方向。

（六）击球点

击球点是指击球时，球拍与球接触的那一点所处空间的位置。击球点是对击球者所处的相对位置而言的。它包括三个因素：一是指击球时，球处于身体的前后位置；二是指击球时，球和身体的远近距离；三是指击球时，球的高低位置。

（七）球拍性能

1. 正胶海绵拍

反弹力强，回球速度快，摩擦力较小，制造旋转能力差。

2. 反胶海绵拍

胶皮表面平整，有较大的黏性，摩擦系数大，能击出强烈的旋转球。但反弹力稍差，回球速度比正胶海绵拍慢。

3. 生胶海绵拍

反弹力强，回球速度快，摩擦力较小，制造旋转能力差。

4. 长胶拍

长胶的胶粒高度为 1.6~2.0 毫米，由于胶粒长而柔软，打出的球产生的旋转变化比普通球拍要多。长胶主要依靠来球的旋转或冲力来增加回球的旋转强度。用削球回击对方拉过来的弧圈球或重板扣杀球时，回球则更加旋转。如果来球旋转弱或冲力小，则回球的旋转也弱。用长胶拍发过去的球不是很转。用长胶拍在近台挡过去的球有三种情况：一是对方来球是下旋时，则回过去的球是上旋；对方来球是上旋，则回过去的球是下旋；对方来球不转，则回过去的球也不转。长胶拍比普通胶皮更难控制，球速度不快。

二、乒乓球基本技术

（一）握拍法

乒乓球的握拍法，有直握法和横握法两种。不同的握法有不同的特点和打法。

1. 直握法

用拇指和食指握住球拍柄与拍面的结合部位。拍柄右侧贴在食指的第二关节内侧，食指的第二关节压住球拍的右肩，其第一关节自然向内弯曲，拇指的第一关节压住球拍的左肩，其他三指自然弯曲，斜形重叠，以中指、无名指的手指前部顶住球拍背面上端处（图 10-2-5）。

图 10-2-5　直握法

2. 横握法

用中指、无名指和小指自然握住拍柄，拇指在球拍正面，食指自然伸直斜放于球拍的反手面，虎口正中贴拍柄正侧面（图 10-2-6）。

图 10-2-6　横握法

（二）基本站位和基本姿势

基本站位应根据不同类型打法及个人打法特点来确定。采用左推右攻打法的运动员的基本站位在近台中间偏左，采用两面攻打法的运动员在近台中间，采用弧圈球打法的运动员在中台偏左，采用横板攻削结合打法的运动员基本站位在中台附近，以削球为主打法的运动员在中远台附近。

正确的基本姿势应该是两脚平行站立，略比肩宽，提踵，前脚掌内侧用力着地，两膝微屈、上体略前倾；重心置于两脚之间，下颌稍内收，两眼注视来球。以右手握拍为例，将持拍手臂自然弯曲置于身体右侧，手腕放松，持拍手置于右腹前，离身体 20～30 厘米。

（三）基本步法

乒乓球运动的步法是乒乓球运动的"灵魂和生命"。

1. 单步

单步一般在来球离身体较近时使用，其特点是移动简单，范围小，重心移动平稳。方法是以远离来球的一只脚的前脚掌为轴，另一脚向前、侧、后移动半步或一步，重心随之跟上（图 10-2-7）。

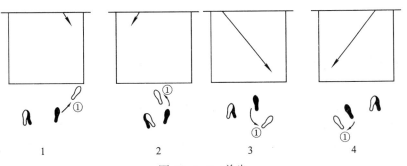

视频：单步
示范动作

图 10-2-7　单步

2. 滑步

滑步在来球离身体稍远时使用，其特点是移动范围较大，重心转换迅速。方法是两脚几乎同时向来球方向蹬地，几乎同时离地，来球异侧方向脚先落地，同侧方向脚紧随着地（图 10-2-8）。

3. 交叉步

交叉步在来球离身体远时使用，其特点是移动范围大、容易发力、速度快、稳健性好，多用于正手左右移动攻球或侧身攻球。方法是来球同侧方向脚蹬地，异侧方向脚向来球方向跨出一大步。此时，两腿呈交叉状，然后蹬地脚迅速跟上结束交叉状态（图 10-2-9）。

视频：交叉步示范动作

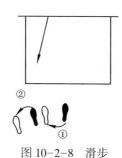

图 10-2-8　滑步　　　　　　图 10-2-9　交叉步

4. 跨步

跨步在来球离身体较远时使用，其特点是移动速度快、移动范围比单步大。由于一脚移动幅度大，降低了重心，不宜连续使用。方法是来球异侧方向的脚蹬地，另一只脚向来球方向跨出一大步，身体重心迅速移至该脚，蹬地脚随即跟上（图 10-2-10）。

视频：跨步示范动作

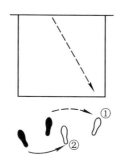
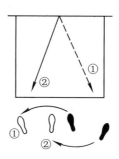

图 10-2-10　跨步

5. 还原步

还原步是以上几种步法使用后还原的步法。一般用滑步还原。

（四）发球

发球是乒乓球运动中的进攻技术，是各种战术的起始。发球是乒乓球比赛时，力争主动、先发制人的第一环节。发球可以直接得分，也可以为进攻创造机会。发球是以旋转、速度、落点来调动、控制对方，实现自己的战术意图。发球的种类很多，主要有发上旋球、下旋球、侧上旋球、侧下旋球、长球、短球、高抛球、低抛球和下蹲式发球等。

1. 正手平击发球

特点：一般不带旋转，是学习其他发球技术的基础。

方法：以右手持拍为例。右脚稍后，身体稍向右转，左手掌心托球，置于身体右前方。抛球时，右臂内旋，使拍面稍前倾，向身体右后方引拍，在球下降至稍高于球网时，向前挥拍击球的中上部。

2. 正手发转与不转球

特点：球速较慢，旋转变化大，发转球与不转球时的手法相似，易造成对方接球失误或为自己抢攻创造机会。

方法：正手发转球时，前臂向后上方引拍，拍面略后仰。抛球后，待球下落时，前臂迅速向前下方挥动并略外旋，手腕用力转动使拍面后仰角度大些，约与网同高时击球，摩擦球的中下部（图10-2-11）。正手发不转球时，手臂向前下方挥摆，前臂外旋与手腕的转动要慢，或外旋后在触球瞬间略有内旋，使球拍面后仰角度小些，用球拍下部偏右处向前撞击球，减小向下的摩擦力（图10-2-12）。

图 10-2-11　正手发转球

视频：正手发转球示范动作

图 10-2-12　正手发不转球

视频：正手发不转球示范动作

视频：正手发左侧上旋球示范动作

3. 正手发左侧上（下）旋球

特点：发左侧上（下）旋球时，手法较为相似，并能充分发挥手臂和手腕的作用，旋转力较强。对方挡球后，向其右侧上（下）方反弹。

方法：正手发左侧上旋球时，右脚在后。抛球时，持拍手向右上方引拍，手腕略向外展。当球下落时，手臂迅速向左下方挥动。在与网同高时触球，触球瞬间手腕快速向左上方转动，使球拍从球的中部偏下向左上方摩擦。正手发左侧下旋球时，手腕快速向左下方转动，使球拍从球的中下部向左下方摩擦（图10-2-13）。

视频：正手发左侧下旋球示范动作

图 10-2-13　正手发左侧上（下）旋球

视频：反手
发右侧上旋
球示范动作

4. 反手发右侧上（下）旋球

特点：能充分运用转体动作，旋转力较强，对方挡球后，向其左侧上（下）方反弹。

方法：反手发右侧上旋球时，右脚稍靠前，持拍手向左上方引拍，拍柄在下。抛球后，当球下落时，前臂和手腕同时发力，向右下方挥拍。在与网同高时击球，触球瞬间手腕向右上方转动，使球拍从球的中部略偏下向右上方摩擦。发右侧下旋球时，手腕向右下转动，使拍从球的中下部向下方摩擦（图 10-2-14）。

视频：反手
发右侧下旋
球示范动作

图 10-2-14　反手发右侧上（下）旋球

（五）接发球

接发球要根据对方发球的方法与来球的性能决定自己的接球方法。技术环节包括站位与判断、移动步法与接球手法三大部分。

接发球的站位应根据自己的打法和对方的发球位置来确定，接发球的方法必须根据对方来球状况确定。当对方球拍与球接触的一瞬间，根据球拍移动的方向和触球的部位来判断球的旋转方向及旋转程度；根据对方用力的大小，判断来球的速度和落点。看清并判断来球后，采用点、拨、带、拉、攻、推、搓、削、摆短、撇等技术动作接球。

接急球：接急球时，可利用推挡或攻球回击。如回斜线球应尽可能使角度大些，注意使手腕外旋，用拍触球的侧面，将球推或攻到对方球台的一侧，使对方难以侧身抢攻或本方快速变直线。

接短球：接短球时，可"以短回短"把球回到对方近网处，使其不易发动进攻。球拍触球时，如接上旋球，板形可前倾一些；接下旋球，板形则稍后仰，减力将球接回。

（六）推挡球

推挡球是左推右攻型运动员的一项主要技术。推挡球具有站位近、动作小、速度快、变化多的特点。在对攻中常用快速推压，结合力量、落点和旋转变化牵制对方，为正手攻和侧身攻创造有利条件。在被动时，还可以起到积极防御的作用。

1. 挡球

特点：球速慢、力量轻、动作简单、容易掌握，是初学者的入门技术。

方法：两脚平行站立，身体靠近球台。击球前，两膝微屈，含胸收腹。击球时，球拍由后向前，球拍触球，拍面与台面近乎垂直，在上升期击球的中部，借助对方来球的反弹力将球挡回。击球后，迅速还原，准备下次击球（图10-2-15 至图 10-2-16）。

2. 快推

特点：站位近、动作小、速度快、变化多，既利于防守，又可以辅助进攻，是推挡球时最常用的一种技术。

方法：站位近台，右脚稍后或两脚平行开立，上臂和肘关节靠近右侧身旁。击球时，前臂向前推出，食指压拍，拇指放松，球拍前倾，在来球上升前期击球的中上部。击球后，手臂随势前送（图10-2-17）。

图 10-2-15　反手挡球　　　　图 10-2-16　正手挡球

图 10-2-17　快推

视频：快推
示范动作

（七）攻球

攻球是乒乓球比赛中争取主动和获得胜利的重要技术。它具有速度快、击球力量大、落点变化多、杀伤力强等特点，是主要的得分手段。

1. 正手近台攻球

特点：站位近、动作小、球速快，能借来球反弹力还击。

方法：直拍正手近台攻球时，身体靠近球台，右脚稍后，两膝微屈，上体略前倾。击球前，引拍于身体右侧成半横状，上臂与身体约成35°，与前臂约成120°。当球从台面弹起时，手臂由右侧向左前上方迅速挥动，以前臂发力为主。击球时，食指放松，拇指压拍，使拍面前倾并结合手腕内转动作，在来球上升期击球的中上部（图10-2-18）。

横拍正手近台攻球时，前臂与手腕成直线并与台面接近平行，拍柄略朝下。击球的时间、部位，拍面角度及手臂挥动方向基本上与直拍相似（图10-2-19）。

图 10-2-18 直拍正手近台攻球

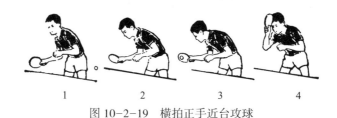

图 10-2-19 横拍正手近台攻球

2. 正手拉球

特点：速度快、动作小、线路活，是还击下旋球的有效方法。

方法：站位近台，右脚稍后，重心放在右脚上。击球前，引拍至身体右侧下方成半横状，拍面近乎垂直。当球从最高点开始下降时，上臂和前臂由后下方向前上方挥动，前臂迅速内收，结合手腕转动的力量摩擦球的中部或中下部。击球后，重心移至左脚，球拍随势挥至头部（图 10-2-20）。

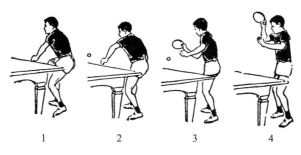

图 10-2-20 正手拉球

3. 反手近台攻球

特点：站位近、动作小、速度快、进攻性强，是直、横两面攻常用的一项重要技术。

方法：直拍反手近台攻球，身体靠近球台，两脚平行开立。击球前，引拍至腹前左侧，肘关节略前出，上臂和前臂约成 100°，拍柄稍向下。击球时，上臂贴近身体，前臂外旋向右前上方挥动，配合转腕动作，使拍柄略前倾，在球的上升期击球的中上部。击球后，随势将拍挥至右肩前（图 10-2-21）。

横拍反手近台攻球时，两脚平行开立，上体稍前倾，肘关节自然弯曲，上臂与前臂约成 100°，前臂与手腕几乎成直线，拍柄稍向下，球拍置于腹部左前方。击球时，前臂向右前上方挥动，在球的上升期击球中上部。触球时，手腕向外转动。

图 10-2-21　反手近台攻球

4. 反手快拨

特点：站位近、动作小、落点变化多，有一定速度和力量，借来球反弹力量还击，是横拍反手近台的基本技术。

方法：两脚平行开立，肘关节自然弯曲，引拍至腹部左前侧，拍柄稍向下，肘部稍前出。击球时，前臂带动手腕向右前方挥动，拍面稍前倾，在球的上升期击球中上部，借来球反弹力将球拨回。击球后，球拍随势挥至右肩前（图 10-2-22）。

图 10-2-22　反手快拨

视频：横拍反手快拨示范动作

（八）搓球

搓球是一项过渡性技术，用它来应对下旋球比较稳健，也是初学削球者必须掌握的技术。它通过旋转、落点和速度的变化，给对方回球制造一定的困难，为自己抢攻或抢拉创造机会。

1. 慢搓

特点：慢搓动作幅度较大，回球速度慢，一般在下降期击球。在对搓中如能运用旋转变化，可以直接得分或为进攻创造条件。

（1）反手慢搓。两脚开立，身体离台较远，手臂自然弯曲，向左上方引拍。击球时，前臂内旋配合转腕动作，向前下方用力，拍面后仰，在来球下降期摩擦球中下部（图 10-2-23）。

图 10-2-23　反手慢搓

视频：直拍反手慢搓示范动作

（2）正手慢搓。两脚开立，右脚稍后，两膝微屈，身体稍向右转，离台稍远。击球前，向右上方引拍，拍面后仰。击球时，前臂和手腕向左前下方挥动，在来球下降期摩擦球的中下部（图10-2-24）。

图 10-2-24　正手慢搓

2. 快搓

特点：动作幅度小，回球速度快，借来球的力量将球搓回。

（1）正手快搓。两脚开立，两膝微屈，身体靠近球台。击球时，拍面稍后仰，前臂配合手腕转动动作向前下方切动，在来球上升期摩擦球的中下部，将球快速搓出。

（2）反手快搓。两脚平行或右脚稍前，两膝微屈，身体靠近球台。击球前，右手向右上方引拍，拍面稍后仰。击球时，前臂和手腕向左前下方切动，在来球上升期摩擦球的中下部，将球搓出。

（九）削球

削球是一种防守技术，削球可以造成对方失误直接得分，也可以在稳健削球的基础上，利用削转与不转球的变化，快速结合落点变化来调动对方，为反攻创造机会。

特点：击球动作较大，球速较慢，弧线较长，比较稳健，利于制造旋转变化，防守对方的扣杀。

1. 正手远削

左脚稍前，身体离球台1米以外。上体稍右转，重心放于右脚上。击球前手臂自然弯曲，将拍引向右上方与肩同高。击球时，手臂向左前下方挥动，在下降期击球中下部。触球刹那前臂加速削击球，同时手腕向下辅助用力。击球后，球拍随势前送，重心移至左脚（图10-2-25，图10-2-26）。

图 10-2-25　正手远削（直拍）

图 10-2-26 正手远削（横拍）

2. 反手远削

右脚稍前，身体左转，手臂弯曲，球拍向左上方引至与肩同高，拍柄向下，重心放在左脚上。击球时，手臂向右前下方挥动，手臂与手腕加速用力削击来球。在下降期，击球中下部。击球后，上体向右转动，将球拍顺势挥至身体右侧，重心移至右脚（图10-2-27 至图 10-2-28 ）。

图 10-2-27 反手远削（直拍）

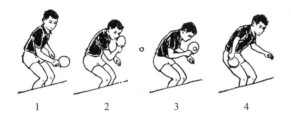

图 10-2-28 反手远削（横拍）

3. 正手近削

左脚稍前，站位距球台50厘米左右，上体稍向右转。击球时手臂弯曲，把球引至与肩同高，拍形稍后仰。触球时，前臂由右或左向前下方挥动，手腕配合下压，在球的上升后期或高点期，击球的中部或中下部。

4. 反手近削

右脚稍前，手臂弯曲向左或右上方引拍。击球时，前臂向前下方挥动，手腕配合用力下压，在球的上升后期或高点期，击球的中部或中下部。

第三节 乒乓球运动基本战术

一、发球抢攻战术

发球抢攻是我国乒乓球运动员的重要战术之一。近年来，世界各种类型打法的运动员都越来越重视这一战术，并使之有了很大的发展。

（一）发球抢攻的注意事项

（1）注意发球与抢攻的配合。发球时，应明确对方可能怎样接、接到什么位置、自己怎样抢攻等。

（2）注意发球抢攻与其他战术的配合。有时接过来的球很难抢攻。此时，可先控制一板，争取下一板抢攻。不能一心只想发球后就抢攻，一旦无机会，或盲目抢攻，或无计可施，都会形成相持球的被动。

（3）注意提高发球的质量，将速度、旋转和落点的变化结合起来。同时，应特别强调发球技术的创新，为抢攻制造更多的机会。

（4）抢攻应大胆果断，不论对方用搓拉（包括弧圈球）等技术接发球，自己都应调整位置伺机抢攻。抢攻的技术好，可以增加发球的威力。

（5）每个运动员应有两套特别突出的发球抢攻战术。

（二）发球抢攻战术类型

1. 正手发转与不转球后抢攻

一般以发至对方中路或右方短球为主，配合左方长球。开始先发短的下旋球为好，以控制对方不能抢攻或抢拉，然后再发不转球抢攻。不转球，一般也先发短的，或发至对方攻势较弱的一面；如果对方拉，还可以适当发些长的球到其正手。若能发到似出台又未出台的落点，则效果更好。

2. 侧身用正手发高（低）抛左侧上（下）旋球后抢攻

侧身用正手发高（低）抛左侧上（下）旋球的落点为：发至对方中左短、左大角、中左长、中右（向侧拐弯飞行正好至对方怀中）和右短，配合一个直线奔球。

3. 反手右侧旋后抢攻

此战术尤其适合擅长反手进攻的选手运用。一般可发至对方中右近网或半出台落点，然后用正、反手抢攻对方反手。

4. 反手发急球后抢推、抢攻

5. 反手发高抛右侧上、下旋球后抢攻

一般以发至对方正手位或中右近网为主，配合发两大角长球，伺机抢攻。

二、对攻战术

对攻战术是两名进攻型选手相遇，形成攻对攻的局面时，常采用下列战术：

（1）压对方反手，伺机正手攻或侧身攻。一般用于对付反手较弱或进攻能力不强的对手。压反手时，可用推挡、反手攻或弧圈球。

（2）压左调右（亦称压反手变正手）。适用范围：① 自己反手不如对方反手时，主动变线，避实就虚；② 对方侧身攻的意识极强，用变其正手的方法，既可偷袭空当，又可牵制对方的侧身攻；③ 对付正手位攻力不强的选手；④ 自己正手好，主动变对方正手后伺机正手攻；⑤ 自己反手攻击力很强，可在变对方正手位时直接得分或取得主动；⑥ 左手持拍的选手用此战术较多。因变线的角度大，右手持拍的选手往往被动。

（3）压左等右（紧压对方反手，等着对方变线，自己用正手抢攻）。多在对方采用压左调右的战术时使用。运用此战术时，压对方反手要凶些，否则对方变线较狠，自己往往被动。

（4）调右压左先打对方正手，将其调到正手位并被迫离台后，再打其反手位。

（5）用加减力量压对方反手、中路后，迅速抢攻用于对付站位中台的两面拉（攻）选手。一般先用加力推（攻）将对方压下去，再用减力挡将其诱上来，然后伺机加力扣杀。

三、拉攻战术

拉攻是进攻型选手对付削球打法的主要战术，即用拉球找机会，然后伺机突击。主要有以下几种方法：

（1）拉一角为主，伺机突击自己的特长线路追身。

（2）拉中路杀两角或拉两角杀中路。

（3）拉左杀右或拉右杀左。

（4）拉直杀斜线或拉斜杀直。

（5）拉长球配合拉将出台的球，伺机突击。

（6）变化拉球的旋转，伺机突击。

（7）拉搓、拉吊结合，伺机突击。

（8）拉、搓、攻结合，伺机突击。

（9）以稳拉为主，伺机突击。

四、搓攻战术

搓攻战术是进攻型打法的辅助手段之一，又是削球打法相互交锋时的主要战术。

（1）先搓反手大角，再变直线，伺机进攻。主要用来对付反手不擅长进攻的选手。逼住对方反手大角，视其准备侧身攻或将注意力都放到了反手后，将球拉起攻其正手，伺机抢攻。

（2）搓转与不转后，伺机反攻。

（3）以快搓短球为主，配合劈两大角长球，伺机进攻。

（4）搓右转快攻。

五、接发球战术

（1）接发球抢攻，这是最积极主动的接发球方法。

（2）用拉（包括小上旋和弧圈球）、拨或推的方法将球接至对方弱点处。

（3）以摆短为主，结合劈两大角长球，争取下一板主动，先上手或抢攻。

（4）稳健控制法。一般在攻对削、削对攻或削对削时采用。

（5）接发球战术的指导思想：① 力争积极主动，克服单纯求稳的思想，能攻的要攻，能撇的要撇，尽量少用搓球，应增加用正手侧身接发球的意识；② 最大限度地控制对方的发球抢攻，在此基础上，争取为下一板球的进攻制造机会；③ 接发球后，要有防御的准备，一旦被对方抢攻，应具备从被动转主动的意识和能力。

第四节　乒乓球运动基本竞赛规则

标准乒乓球比赛场地长 14 米、宽 7 米、高至少有 4 米的空间，四周用 75 厘米高的暗色挡板围住。球台总长 2.74 米，宽 1.525 米，台面离地面高度 76 厘米。球网长 183 厘米，高 15.25 厘米。

乒乓球由赛璐珞或塑料制成，多为不反光的白色、橙色，圆形，球的直径为 40 毫米，重量为 2.7~2.75 克。

一、一局比赛、一场比赛

在一局比赛中，先得 11 分的为胜方。若到 10 平后，先多得 2 分者为胜方。在大型国际乒乓球团体赛中，每场比赛，均采用五局三胜制；单打或双打比赛则采用七局四胜制。

二、交换发球次序、交换方位

开赛前，用抽签等公平选择方式决定某一方先发球和双方方位。开赛产生 2 分后换另一方发球，以此类推，直到一局结束。如果双方的比分都达到 10 分时，开始按每得一分就换发球方一次的方法，直到该局分出胜负为止。

一局中，站在某一方位的单打或双打运动员，在下一局应与对方交换方位，在决胜局中，当一方先得到 5 分时，即应与对方交换方位。

三、合理发球

发球时，球应放在不执拍手的手掌上，手掌应静止、朝上、伸平。发球时，不执拍手应始终在台面以上、端线以外，把球向上抛起 16 厘米以上，不能使其旋转，抛出的球倾斜不能超过 45°，当抛起的球从高点下降后才能击球，击球后，球应先落在本方台面，然后弹起落到对方台面上。发球时，发球者有责任让对方、裁判清楚地看见发球的技术合理性，不能有遮挡现象出现。

四、合法还击

（1）对方发球或还击后，本方运动员必须击球，使球直接越过或绕过球网装置，或触及球网装置后，再触及对方台区。

（2）在单打中，首先由发球员合法发球，再由接发球员合法还击，然后两者交替合法还击。

（3）在双打中，首先由发球员合法发球，再由接发球员合法还击，然后由发球员的同伴合法还击，再由接发球员的同伴合法还击。此后，运动员按此次序轮流合法还击。

五、重发球

回合出现下列情况应判重发球：

（1）如果发球员发出的球，在越过或绕过球网装置时，触及球网装置，此后触及对方台区。

（2）如果接发球员或其同伴未准备好时，球已发出，而且接发球员或其同伴均没有企图击球。

（3）由于发生了运动员无法控制的干扰，而使运动员未能合法发球。

（4）裁判员或副裁判员宣布暂停比赛。

（5）在双打时，运动员错发，错接。

六、得一分

除被判重发球的回合，下列情况运动员得一分：

（1）对方运动员未能合法发球。

（2）对方运动员未能合法还击。

（3）运动员在发球或还击后，对方队员在击球前，球触及了除球网装置以外的任何东西。

（4）对方击球后，该球越过本方端线而没有触及本方台区。

（5）对方阻挡。

（6）对方连击。

（7）对方用不符合条款的拍面击球。

（8）对方运动员或他穿戴的任何东西使球台移动。

（9）对方运动员或他穿戴的任何东西触及球网装置。

（10）对方运动员不执拍手触及比赛台面。

（11）双打时，对方运动员击球次序错误。

（12）执行轮换发球法时，接发球运动员或其双打同伴，包括接发球一击，完成了 13 次合法还击，接发球方得一分。

七、发球、接发球和方位的次序

（1）选择发球、接发球和这一方位、那一方位的权力应由抽签来决定，中签者可以选择先发球或先接发球，或选择先在某一方位。

（2）当一方运动员选择了先发球或先接发球，或选择先在某一方位后，另一方运动员应有另一种选择的权力。

（3）在产生每 2 分之后，接发球方即成为发球方，以此类推，直至该局比赛结束，或者直至双方比分都达到 10 分或实行轮换发球法，这时，发球和接发球次序仍然不变，但每人只轮发一分球。

（4）在双打的第一局比赛中，先发球方确定第一发球员，再由先接发球方确定第一接发球员。在以后的各局比赛中，第一发球员被确定后，第一接发球员应是前一局发球给他的运动员。

（5）在双打中，每次换发球时，前面的接发球员应成为发球员，前面的发球员的同伴应成为接发球员。

（6）一局中首先发球的一方，在该场下一局应首先接发球。在双打决胜局中，当一方先得 5 分时，接发球方应交换接发球次序。

（7）一局中，在某一方位比赛的一方，在该场下一局应换到另一方位。在决胜局中，一方先得 5 分时，双方应交换方位。

八、发球、接发球次序和方位的错误

（1）裁判员一旦发现发球、接发球次序错误，应立即暂停比赛，并按该场比赛开始时确立的次序，按场上比分由应该发球或接发球的运动员发球或接发球；在双打中，则按发现错误时那一局中首先有发球权的一方所确立的次序予以纠正，继续比赛。

（2）裁判员一旦发现运动员应交换方位而未交换时，应立即暂停比赛，并按该场比赛开始时确立的次序按场上比分运动员应站的正确方位予以纠正，再继续比赛。

（3）在任何情况下，发现错误之前的所有得分均有效。

九、轮换发球法

（1）如果一局比赛进行到 10 分钟仍未结束（双方都已获得至少 9 分时除外），或者在此之前任何时间应双方运动员要求，可实行轮换发球法。

（2）当时限到时，球仍处于比赛状态，裁判员应立即暂停比赛。由被暂停回合的发球员发球，继续比赛。

（3）当时限到时，球未处于比赛状态，应由前一回合的接发球员发球，继续比赛。

（4）此后，每个运动员都轮发一个球，直至该局结束。如果接发球方给予13次合法还击，则判发球方失一分。

（5）轮换发球法一经实行，该场比赛的剩余部分必须继续实行，直至该场比赛结束。

第十一章

羽毛球运动

第一节　羽毛球运动概述

现代羽毛球运动起源于英国。1873 年，在苏格兰格拉斯哥附近的鲍弗特公爵的伯明顿庄园内举办了一次别开生面、妙趣横生的羽毛球比赛，给众人留下了深刻的印象。从此以后，人们便用这个地名来命名这项运动"badminton"。1878 年，第一部羽毛球规则在英国出版。1934 年，世界羽毛球联合会成立，总部设在伦敦。1939 年，国际羽联制订了会员共同遵守的羽毛球规则。1992 年，羽毛球运动被列为奥运会正式比赛项目，这给世界羽毛球运动的发展带来了很大的影响。

现代羽毛球运动于 1910 年前后传入我国。1952 年，毛泽东提出"发展体育运动，增强人民体质"的号召后，越来越多的人投入羽毛球运动中来。此后，中国羽毛球运动水平几经周折，不断向上发展，我国羽毛球队的整体实力已位居世界前列。随着参与和研究羽毛球运动的人越来越多，我国羽毛球运动训练积累了丰富的经验，如以快为主，以攻为主，走自己发展的道路；在技术全面的基础上发挥特长；创新步法和手法，保证快速特点的充分发挥；注重反应速度、灵活性、爆发力和耐久力为主的身体素质训练；实行多周期训练，适应日益频繁的比赛任务等。

第二节　羽毛球运动基本技术与学练方法

羽毛球运动的基本技术主要有手法和步法。每一项基本技术都有很多的技术动作，各个技术动作之间相互联系，构成了羽毛球运动的基本技术系统。常用的羽毛球运动基本技术有握拍、发球、击球以及各种步法。

一、握拍法

（一）基本握拍法

1. 正手握拍法

左手拿住拍杆，使拍面与地面垂直，这时直视下方，从左向右拍柄可见四条斜棱，自然张开右手，用握手的方法握住球拍，虎口对准拍柄的内侧斜棱，小指、无名指和中指并拢握住拍柄，力度得当。手心能够放两个手指。单打拍柄握持的位置一般是拍柄远端靠在小鱼际肌上较佳。双打时，在前封网的选手可将手握位置偏上些，便于快速击球。后场扣杀的选手可以握后一些（图11-2-1）。

2. 反手握拍法

在正手握拍法的基础上，稍微将拍外旋，大拇指往上提，内侧顶贴着第一斜棱旁的球拍宽面，食指往下扣，其余三指与正手握拍相似；掌心、拍柄与小鱼际肌间留有空隙。发力时，后三指紧握拍柄，拇指前顶发力（图11-2-2）。

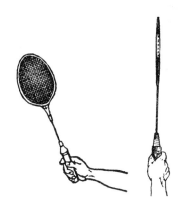
　　图 11-2-1　正手握拍法

图 11-2-2　反手握拍法

（二）练习方法

（1）通过看技术录像，观摩优秀运动员的比赛、技术示范，进行模仿练习。

（2）体会握拍的部位是否准确。正手握拍法如同与人的握手方式。常见错误是虎口不是对着拍柄窄面内侧斜棱上，而是对着拍柄宽面上；拇指掌面过于紧贴在拍柄内侧宽面上；拳式握拍，各手指相互紧靠并与拍柄棱呈垂直状态。

（3）体验握拍的松紧度。握拍太紧动作必然僵硬，握拍太松击球无力，且动作可能变形。

（4）反复进行正手握拍和反手握拍的练习。

二、发球

（一）发球基本技术

发球是羽毛球运动的一项重要的基本技术。发球的方式有许多种，如正手发球、反手发球。发球的种类有后场高远球、平高球、平射球和网前小球等。

1. 正手发后场高远球

正手发后场高远球指把球发得又高又远，使球接近垂直地落在对方后发球线附近的发球区里，最好是落在 4 个角里。这样球由于离网远，对手很难击出攻击性较大的回球，从而可以给自己的得分创造条件。

准备发球时，左肩侧对球网，两脚与肩同宽，左脚在前，脚尖正对网；右脚在后，与左脚大约成 45° 夹角，重心位于右脚；左手三指（拇指、食指、中指）拿住球中部，自然上抬到与左肩齐平，正对球网；右手握拍，自然屈肘，举到身体右后侧；两眼注视前方，观察对方准备接球的动向。左手放松羽毛球，使球自然下落，右手大臂外旋，并带动小臂沿半弧形做回环引拍动作。击球时前臂内旋，带动手腕从伸腕到展腕闪动发力，击球最佳点位于身体的右前下方。击球完毕，手腕呈展腕状态，身体重心移至左脚，持拍手随击球动作的惯性，自然向左上方挥动（图 11-2-3）。

视频：正手发后场高远球示范动作

7　　　6　　　5　　　4　　　3　　　2　　　1

图 11-2-3　正手发后场高远球

2. 正手发网前小球

发球击球后，球擦网而过，正好落于对方前发球线附近的区域内，称为发网前球。

准备动作与正手发后场高远球相同，只是大臂挥动的幅度和手腕后伸的角度要比发高球稍小。球拍触击球时，拍面从右后向左斜切击球，使球刚好越网而过，落在对方前发球线附近（图 11-2-4）。

1　　　2　　　3　　　4　　　5

图 11-2-4　正手发网前小球

▷▷▷ -

发球质量的关键

1. 能否合理掌握球拍面的击球点。

2. 能否正确运用手腕、手指的爆发力。

（二）练习方法

（1）原地挥拍做模仿练习。

（2）对墙发球练习。

（3）定点定位，多球发球练习。

（4）发球、接发球对抗性练习。

三、击球

击球技术分后场击高远球、平高球、吊球、杀球；中场击球技术包括接杀球、平推球、平挡；前场击球技术包括放网、搓球、推球、钩球、扑球等。

（一）高远球

1. 高远球基本技术

（1）正手后场击高远球。

准备姿势：击球前右脚在后，左脚在前，重心位于右脚，侧身对网，右手正握球拍，屈肘位于体侧（90°为佳）；左手自然往上，手心向外，保持身体平衡。

引拍动作：当球下落到一定高度时，手肘上抬，手臂后倒引拍（球拍与后背垂直），以肩为轴做回环动作。

击球动作：前臂急速内旋，带动手腕加速向前上方挥动，手腕屈收，手指屈指发力，用正拍面将球击出。击球点位于右肩的前上方。

击球后动作：右手随击球后的惯性，向左前下方挥动，然后顺势收回到体前，呈接球前的准备姿势（图11-2-5）。

视频：正手后场高远球示范动作

1　　2　　3　　4　　5　　6

图11-2-5　正手后场击高远球

（2）头顶后场击高远球。头顶后场击高远球是将飞往左后场区的球用正手握拍击球的正面，将球击到对方后场区的击球技术。准备动作与正手后场击高远球基本相同，只是在引拍时身体略朝左后倾斜；击球时将球拍绕过头顶，在头顶左肩上方击球。

2. 练习方法

（1）原地做击高远球挥拍动作练习。

（2）用细绳把球悬挂在适当的高度上做击球练习。

（3）一人发球，一人击高远球练习。

（4）定点定位做多球击球练习。

（二）吊球

1. 吊球基本技术

吊球分为正手后场吊球和头顶吊球，都是将后场球压击至近网两点的进攻性较强的技术。吊球飞行速度快、线路短，是一项调动对方前后奔跑的主要技术。

（1）正手后场吊球。吊球的准备动作、引拍动作和击球后的回收动作与高球的技巧相同，只是其击球点比高球更靠前些。击球时，用手指捻动发力，使球拍外旋，稍屈外，拍面向前下方切球托的右侧部位，挥拍始终放松（图 11-2-6）。

视频：正手
后场吊球示
范动作

图 11-2-6　正手后场吊球

（2）头顶吊球。起动、引拍和击球后的回收动作均与头顶击后场高远球相似，不同之处为：① 击球力量较小；② 拍面的仰角较小，一般为 90° 左右；③ 吊球时，前臂应内旋带动球拍自左向右挥动，手腕放松，手指控制好拍面。

2. 练习方法

（1）挥拍练习吊球动作。

（2）一人发高球，一人连续吊对角练习。

（3）一人挑高球，一人连续吊球练习。

（4）吊球熟练后可做高、吊、杀的综合练习。

（三）杀球

1. 杀球基本技术

杀球技术击球力量最大，速度也最快，进攻威力也最强，是后场进攻和争取得分的主要手段。

（1）正手杀球。准备姿势及击球动作与正手后场高远球基本一致。因为杀球力量大，引拍动作比后场高远球动作要大。大臂带动小臂充分地后倒回环，上身要后仰，形成一定的背弓，击球前准备要充分。击球点位于右肩的前上方，位置比高远球和吊球的位置都要偏前。在击球瞬间，将上下肢全身的力量通过手腕由伸到屈快速闪动发力，以正拍面向前下方全力压击球（图 11-2-7）。

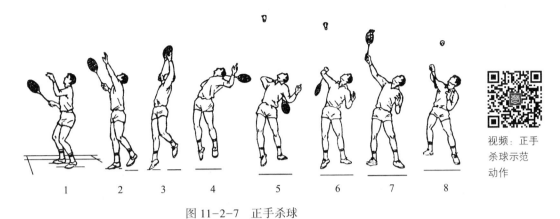

图 11-2-7　正手杀球

（2）头顶杀球。准备姿势、引拍及击球后动作均与后场头顶击高远球一致。击球动作和后场正手杀球也是一样。不同点是：① 击球的力量比击高远球大，发力的方向是向下的；② 击球点稍向前些，拍面的角度要小。

2. 练习方法

（1）手持羽毛球站在半场区，模仿杀球的方法向对方区下压掷球。

（2）陪练者发半场高球，练习者做杀球练习。

（3）一攻一防练习。

四、网前击球

（一）网前击球基本技术

1. 放网

（1）正手放网前球。

准备动作：运用正手上网步法向来球方向移动。当右脚向前蹬跨的同时，持拍手于胸前向来球方向伸出，争取高的击球位置。左手于身后拉举至右手对称的反方向，保持身体平衡。

引拍动作：在伸拍的同时，右前臂外旋，手腕后伸外展，做半弧形引拍动作。

击球动作：击球时小臂稍内旋，手腕由后伸至内收闪动，食指和拇指夹住拍柄轻击球托底部。

随势动作：击球后，右脚掌触地后立即蹬地收回，击球手臂收回至胸前，准备下一次击球（图 11-2-8）。

图 11-2-8　正手放网前球

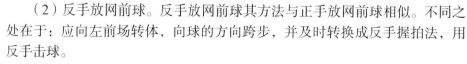

（2）反手放网前球。反手放网前球其方法与正手放网前球相似。不同之处在于：应向左前场转体，向球的方向跨步，并及时转换成反手握拍法，用反手击球。

2. 搓球

（1）正手网前搓球。正手握拍，将飞至右前场区的球用斜拍面切削球托，使球向上旋转漂浮过网。正手网前搓球的准备动作、引拍动作与击球后的随势动作与正手网前放网技术相同，只是在击球时必须用斜拍面切削球托的右侧。

（2）反手网前搓球。反手握拍，将飞至左前场区的球用斜拍面切削球托，使球向上旋转漂浮过网。反手网前搓球的准备动作、引拍动作与击球后的随势动作与反手网前放网技术相同，只是在击球时必须用斜拍面切削球托的左侧。

3. 勾球

勾球就是在网前把球击到对方网前斜对角的小球。钩对角有两种情况：一种是位置比较高；还有一种是位置比较被动，即位置较低的时候。

（1）正手网前勾对角线小球。基本动作与正手网前放网相同。以手肘一定的回拉动作带动上臂内旋手腕，由伸腕向收腕发力切击球托的右后部位，击球力量不宜太大，并根据不同来球的位置调整好击球的拍面角度。如离球网距离较近，球拍向下切击的成分要多点；如球位置较低，且离球网距离较远，推送的力量可较大些（图11-2-9）。

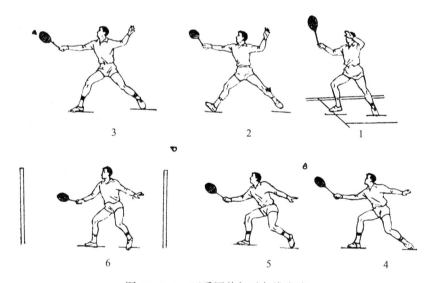

图11-2-9　正手网前勾对角线小球

（2）反手网前勾对角线小球。基本动作与反手放网前球相同。上臂外旋带动手腕伸腕发力向网前对角的斜前方向切击球托的左后侧。击球力量的大小、位置的高低和出球角度的调整均与正手网前勾对角线小球相仿。

4. 挑球

（1）直斜线挑球。基本动作均与正手放网前球相同。伸腕在身体的右前下方沿半弧形向前上方做回环动作，球拍击球瞬间，前臂迅速内旋带动。手腕向前上方展腕发力击球，击直线球或是斜线球可由调整球拍的拍面和击球方向来决定。击球后，球拍自然收回胸前，脚步迅速回位（图 11-2-10）。注意不必抢大臂。

图 11-2-10　直斜线挑球

（2）网前反手挑直斜线球。运用反手上网步法，当右脚向前蹬跨步的同时，反手握拍向前上方的来球方向伸手。以肩和肘为轴心，前臂内旋在身体的左前下方带动手腕，由展腕沿半弧形，前臂外旋带动手腕发力，并充分利用大拇指的力量将球击出。击直线球或斜线球由调整球拍的拍面和击球方向来决定。

（二）练习方法

（1）原地或跨一步做模仿练习（不用球）。

（2）原地或跨一步做多球练习。

（3）从场区中心位置开始，做上网步法并结合击球练习。

（4）从场区中心位置开始，做定点、定动作的上网击球动作练习。

（5）"吊上网"练习。

五、步法

（一）基本步法

在羽毛球比赛中，我们常常会被运动员精妙的小球、迅猛的跳杀所折服，而这一切与羽毛球的基本步法是离不开的。羽毛球场地大约30平方米，要在这样小的范围内打赢对方，需要前后左右调动对手，使对手处于被动局面而露出空当，这样才能"一招致命"。这就需要有快速灵活的步法作保证，这样才能准确、有效地发挥手法。

1. 后场步法

后场正手后退步法

（1）一步后退步法。由接球准备姿势起动，以左脚前掌为轴心，右脚向右侧后场区蹬地，在后转的同时，右脚后退一步，击球时，右脚蹬地向前交叉起跳。左脚右摆，击球后回中心。

（2）两步后退步法。起动后，右脚向来球方向后退一小步，左脚紧接着蹬地向右脚并一步，重心放在右脚上起跳接球。

（3）三步后退步法。起动后，右脚向来球方向后退一小步，左脚紧接往后交叉迈一步，重心放在右脚上起跳接球。

2. 前场步法

（1）前场正手上网步法。

① 一步步法。左脚往前蹬地，右脚前迈。

② 两步步法。两脚掌接触地起动后，左脚向身体右侧前方来球方向迈出一小步，紧接着左脚用力蹬地，同时右脚经左脚又向前跨出一大步接球。接球后，左脚稍向右脚跟进靠拢，右脚立即往中心位置蹬地退回一步，左脚紧跟其后。注意：第一，右手击球时，手要保持平衡（左手要拉开）。第二，起动以后迈出一步，迈第二步时左脚要蹬地（尽量往前蹬），右脚要向前跨，步子越大越好，这样便于接球，右脚要脚跟着地，脚尖外展一点，否则难以站稳。右脚前跨后，左脚脚掌内侧面划地，以阻止向前的冲力，也便于回到原位。

③ 三步步法。起动后，右脚迅速向身体右侧前方迈出一小步，左脚紧接着向前垫一小步并至右脚后跟出，同时左前脚掌用力蹬地，右脚又向前跨出一大步接球，右脚触地、回动。

（2）前场反手上网步法。

① 一步步法。右脚往前蹬地，左脚往前迈。

② 两步步法。两脚掌接触地起动后，右脚蹬地，左脚向身体左侧前方来球方向迈出一小步，同时右脚向前跨出一大步接球。接球后，左脚稍向右脚跟进靠拢，右脚立即往中心位置蹬地退回一步，左脚紧跟其后。

③ 三步步法。起动后，右脚迅速向身体左侧前方迈出一小步，左脚紧接着向前垫一小步并至右脚后跟出，同时左前脚掌用力蹬地，右脚又向前跨出一大步接球，右脚触地、回动。

3. 中场步法

中场步法主要用于接杀球。

（1）正手中场步法。

① 一步步法。判断来球后，脚前掌触地起动，左脚向身体右前侧右场区边线方向蹬地，右脚向来球方向转动。

② 两步步法。起动后，左脚可向来球方向小垫一步，右脚紧接其后又跨一大步接球。

（2）反手中场步法。

① 一步步法。起动后，右脚用力向来球方向蹬地，左脚向左侧转髋的同时向来球方向跨一大步接球。左脚后跟着地，脚尖注意外展。

② 两步步法。起动后，左脚向来球方向垫一小步，并向前方用力蹬地，同时身体向左侧转体，右脚紧随，用反手接球。

（二）练习方法

（1）做好准备姿势，看手势信号做起动练习。

（2）按不同的步法逐个进行练习。

（3）多球练习。

（4）一对一比赛。

第三节 羽毛球运动基本战术

一、单打战术

（一）常用单打战术

1. 逼反手

（1）调开对方位置。使对方反手区露出空当，然后把球打到反手区，迫使对方使用反拍击球。

（2）对反手较差的对手。重复攻击对方的反手区，使其身体位置远离中心。这样就会使对方优点的正手区出现大片空当，成了被攻击的目标。

2. 平高球压底线

用快速、准确的平高球打到对方后场两角，在对方不能拦截的前提下尽量降低球的飞行弧线，把对方紧压在底线，当对方回击半场高球时，就可以扣杀进攻。使用平高球压底线时，如配合劈吊和劈杀可增加平高球的战术效果。一般情况下，平高球的落点和杀、吊的落点拉得越开，效果越好。

3. 拉、吊结合杀球

此战术是把球准确地打到对方场区的四个角上，使对方每次击球都要在场上来回奔跑。使用这种战术时，对不同特点的对手要采用不同的拉、吊方法。对后退步法慢的对手可以多打前、后场；对盲目跑动满场飞的对手可使用重复球和假动作；对灵活性差的对手应多打对角线，尽量使对方多转身；对后场反手差的对手可以通过拉开后攻反手；对体力不好的对手可用多拍拉、吊来消耗其体力，然后战胜之。

4. 吊、杀上网

先在后场以轻杀、点杀、劈杀配合吊球把球下压，落点要选择在场地两边，使对方被动回球。对方还击网前球时，迅速上网以贴网的搓球，或勾对角，或快速平推创造半场扣杀机会；若对方在网前挑高球，可在其向后退的过程中把球直接杀向他的身上。

（二）练习方法

（1）发球、接发球练习。

（2）做规定球路练习。

（3）"吊上网""杀上网"练习。

（4）攻守练习。

（5）两点打一点、一点打两点、一点打多点练习。

（6）单打计分的战术练习。

二、双打战术

（一）常用双打战术

1. 攻人

这是双打中常用的一种战术，即以人为攻击目标。对付两名技术水平高低不一的对手时，一般都采用这种战术。对付两名实力相当的队员时，也可采用这一战术。这种战术集中几种攻势于对方一名队员，常能起到"集中优势兵力打歼灭战"的作用；在另一队员过来协助时，又会暴露出空当，可在其仓促接应、立足不稳时偷袭他。

2. 攻中路

（1）守方左右站位时把球打在两人的中间。这种战术可以造成守方两人抢接一球或同时让球，彼此难以协调；可以限制对手在接杀球时挑大角度高球调动攻方；有利于攻方的封网，由于打对方中路，对方回球的角度也小，网前队员封网的难度就小了。

（2）守方前后站位时把球下压或轻推在边线半场处。这种战术多半是在接发网前球和守中反攻抢网时运用。这种球守方前场队员拦截不到，后场队员又只能以下手击球放网或挑高球，后场两角便会露出很大空当，因而有隙可乘，可攻击他的空当或身体位。

3. 攻后场

这种战术常用来对付后场扣杀能力较差的对手，把对方弱者调动到后场后也可以使用这种战术。此战术多采用平高球、平推球、挑底线把对方一人紧逼在底线，使其在底线两角移动击球，在其还击出半场高球或网前高球时即可大力扣杀，取得该球的胜利或主动。如在逼底线两角时，对方同伴要后退支援，则可攻击网前空当或打后退者的追身球。

4. 后攻前封

后场队员积极大力扣杀创造机会，在对方接杀放网、挑高球或企图反击抽球时，前场队员以扑、搓、勾、推控制网前，或拦截吊、点封住前半场，使整个进攻连贯而又有节奏变化，使对方防不胜防。

（二）练习方法

（1）加强双打技术的练习。

（2）"压网"练习。

（3）跑位配合练习。

（4）双打比赛。

第四节　羽毛球运动基本竞赛规则

一、比赛场地

羽毛球场地呈长方形，长 13.40 米，单打场地宽 5.18 米，双打场地宽 6.10 米。网柱高 1.55 米，场地中间的网高 1.524 米，网宽 0.76 米。球场外面两条边线是双打场地边线，里面的两条线是单打场地边线，双打边线与单打边线相距 0.46 米。靠近球网 1.98 米与网平行的两条线为前发球线，离端线 0.76 米与底线相平行的线为双打后发球线。球场上各条线宽均为 4 厘米，用白色、黄色或其他易于识别的颜色画出（图 11-4-1）。

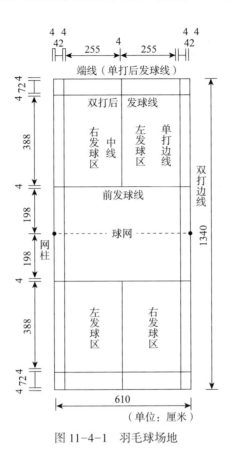

图 11-4-1　羽毛球场地

二、比赛方法及主要规则

（一）比赛的项目

羽毛球比赛项目分为男子单打、女子单打、男子双打、女子双打、混合双打、男子团体、女子团体。

（二）比赛的计分方法及规则

（1）比赛采用每球得分制，双方分数先达 21 分者胜，三局两胜。每局双方打到 20 平后，一方领先 2 分即算该局获胜；若双方打成 29 平后，一方领先 1 分，即算该局取胜。

（2）得分者方有发球权，如果本方得单数分，从左边发球；得双数分，从右边发球。单打后发球线是底线。在第三局或只进行一局的比赛中，当一方分数首先达到 11 分时，双方交换场区。

（三）比赛中的站位

1. 单打

（1）发球员的分数为 0 或双数时，双方运动员均应在各自的右发球区发球或接发球。

（2）发球员的分数为单数时，双方运动员均应在各自的左发球区发球或接发球。

（3）球发出后，双方运动员就不再受发球区的限制而可以自由击到对方场区的任何位置，运动员的站位也可以在自己这方场区的界内或界外。

2. 双打

（1）一局比赛开始和获得发球权的一方，都应从右发球区开始发球。

（2）只有接发球员才能接发球；如果他的同伴去接球或被球触及，发球方得一分。每局开始首先接发球的运动员，在该局本方得分为 0 分或双数时，都必须在右发球区接发球或发球；得分为单数时，则应在左发球区接发球或发球。

（3）上述两条相反形式的站位适用于他们的同伴。

（4）任何一局的本方发球员失去发球权后，由该局首先发球员发球，然后首先发球员的同伴发球，接着由他们的对手之一发球，然后再由另一对手发球，如此传递发球权。

（5）队员不得有发球错误和接发球的错误，或在同一局比赛中有两次发球。

（6）一局胜方的任一队员可在下一局先发球，负方中任一队员可先接发球。

（7）球发出后就不再受发球区的限制了，运动员可在本方场区自由站位和将球击到对方场区的任何位置。

（四）比赛规则

1. 交换场区

（1）以下情况队员应交换场区：第一局结束；第三局开始；第三局中或只进行一局的比赛进行至一方达到 11 分时。

（2）队员未按以上规则交换场区，一经发现立即交换，已得分数有效。

2. 合法发球

（1）发球时任何一方都不允许非法延误发球。

（2）发球员和接发球员都必须站在斜对角线发球区内发球和接发球，脚不能触及发球区的界限；两脚必须都有一部分与地面接触，不得移动，直至将球发出。

（3）发球员的球拍必须先击中球托，与此同时整个球必须低于发球员的腰部。

（4）击球瞬间球杆应指向下方，从而使整个拍头明显低于发球员的整个握拍手部。

（5）发球开始后，发球员的球拍必须连续向前挥动，直至将球发出。

（6）发出的球必须向上飞行过网，如果不受拦截，应落入接发球员的发球区。

3. 羽毛球的违例

（1）发球不合法违例。

（2）发球员发球时未击中球。

（3）发球时，球过网后挂在网上或停在网顶。

（4）发球时，击球点的高度不能超过 1.15 米。

（5）比赛时：① 球落在球场边线外；② 球从网孔或从网下穿过；③ 球不过网；④ 球碰屋顶、天花板或四周墙壁；⑤ 球碰到队员的身体或衣服；⑥ 球碰到场地外其他人或物体；⑦ 球拍或球的最初接触点不在击球者网的这一方（击球者击球后，球拍可以随球过网）。

（6）比赛进行中：① 队员球拍、身体或衣服触及网或网的支持物；② 队员的球拍或身体，以任何程度侵入对方场区；③ 妨碍对手，如阻挡对方紧靠球网的合法击球。

（7）比赛时，队员有故意分散对方注意力的任何举动，如喊叫、故作姿态等。

（8）比赛时：① 击球时，球夹在或停滞在拍上紧接着又被拖带；② 同一队员两次挥拍连续击中球两次；③ 同一方两名队员连续各击中球一次；④ 球碰球拍继续向后场飞行。

（9）队员违反比赛连续性的规定。

（10）队员行为不端。

4. 重发球

（1）遇到不能预见或意外的情况，应重发球。

（2）除发球外，球挂在网上或停在网顶，应重发球。

（3）发球时，发球员和接发球员同时违例，应重发球。

（4）发球员在接发球员未做好准备时发球，应重发球。

（5）比赛进行中，球托与球的其他部分完全分离，应重发球。

（6）司线员未看清球的落点，裁判员也不能做出决定时，应重发球。

（7）"重发球"时，最后一次发球无效，原发球员重发球。

5. 死球

（1）球撞网并挂在网上，或停在网顶上。

（2）球撞网或网柱后开始在击球这一方落向地面。

（3）球触及地面。

（4）"违例"或"重发球"。

6. 发球区错误

（1）发球顺序错误。

（2）从错误的发球区发球。

（3）在错误的发球区准备接发球，且对方球已发出。

第十二章

网球运动

第一节　网球运动概述

一、网球运动的起源及演变

网球运动的由来和发展可以用四句话来概括：孕育在法国，诞生在英国，开始普及和形成高潮在美国，如今盛行于全世界。

现代网球运动的历史是从 1873 年开始的。这一年，英国少校温菲尔德在羽毛球运动的启发下，改进了早期网球的打法，将场地移向草坪，并于同年出版了《草地网球》一书，创造了一套接近于现代网球的打法。1874 年，在规定了球网的大小和高低后，英国创办了简易的草地网球比赛。1875 年，英国板球俱乐部修订了网球比赛规则，并于 1877年 7 月举办了全英草地网球男子单打锦标赛，即后来闻名于世的温布尔登网球锦标赛。后来，该组织把网球场地定为长 23.77 米（78 英尺）、宽 8.23 米（27 英尺）的长方形，发球线距网 7.92 米，球网中央的高度为 99 厘米（在这之前，球网中央的高度是 1.42 米），并确定了每局采用 15、30、40 的计分方法。1884 年，英国伦敦玛丽博恩板球俱乐部又把球网中央的高度定为 91.4 厘米。至此，现代网球正式形成，并很快在欧美盛行起来，成为一项深受大众欢迎的球类运动。

二、网球运动的发展

1913 年 3 月 1 日，澳大利亚、比利时、法国等 12 个国家的网球协会代表在巴黎成立了国际网球联合会（International Tennis Federation，ITF），简称国际网联。国际网联的成立，标志着网球运动由游戏、娱乐阶段开始过渡到竞技、职业阶段。1972 年，60 名男子职业网球运动员组成了世界男子职业网球协会（Association Tennis Professional，ATP）。协会的会员是名列世界前 200 名的男子运动员，该协会的目的是维护职业网球运动员的利益，为他们提供职业比赛的机会和高额的奖金，并发行《国际网球周刊》。1973 年，女子职业网球协会（Woman's Tennis Association，WTA）宣布成立。其宗旨也是为女子网球运动员提供职业比赛机会和奖金，帮助她们获得健康保险和伤残保险。在奥林匹克大家庭中，网球运动占有一席之地，早在 1896 年雅典举行的第一届奥运会上，网球的男子单打和双打就是正式比赛项目，后来由于国际奥委会和国际网球联合会在"业余运动员"的定义上有分歧，已连续7届奥运会都进行的网球比赛被迫取消，直至1992年巴塞罗那奥运会，网球才重新被列为正式比赛项目。

三、我国网球运动概况

19世纪后期，英、美、法等国商人、传教士和士兵将网球运动带入中国。随后在上海、广州、北京等城市开展起来，后来在教会学校中也开始出现。

1980年，中国网球协会被接纳为国际网球联合会正式会员。随着我国网球运动水平的进一步提高，我国有多位运动员进入过世界排名前50位，如李娜、郑洁、晏紫、易景茜、李芳和彭帅等。虽然我国网球运动整体水平与欧美国家相比还有一定的差距，但中国选手的每一次进步和突破都具有历史意义，并极大地推动了我国网球运动的发展。

第二节 网球运动基本技术与学练方法

网球技术是指在网球规则允许的条件下，运动员采用的各种合理的击球动作和为完成击球动作必不可少的其他配合动作的总称。合理的击球动作是指各种直接触球的动作，如发球、接发球、挑高球、高压球和截击球等技术，这些技术称为有球技术。而准备姿势、移动、跑动和握拍方法等没有直接触及球的配合动作，称为无球技术。

一、握拍法

如果把拍柄底端平面比作一个时钟的钟面，那么，就可以按照顺时针的方向，将钟面上端12点对应的平面称为第一平面，下面依次为第二至第八平面。由于握拍方法与所对应的平面密切相关，下面对常见的握法进行形象的讲解（图12-2-1）。

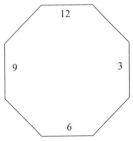

图12-2-1 网球拍柄底端平面

（一）单手正手握拍

（1）大陆式握拍法。食指远端指尖关节按在第二面上。

（2）东方式握拍法。食指远端指尖关节按在第三面上。

（3）半西方式握拍法。食指远端指尖关节按在第三、第四面上。

（4）西方式握拍法。食指远端指尖关节按在第四面上。

（二）单手反手握拍

（1）东方式握拍法。食指远端指尖关节按在第一、第二面上。

（2）半西方式握拍法。食指远端指尖关节按在第一面上。

（3）西方式握拍法。食指远端指尖关节按在第一、第六面之间（图12-2-2）。

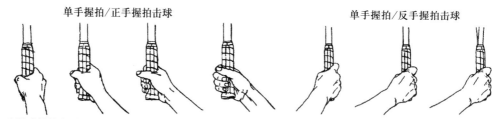

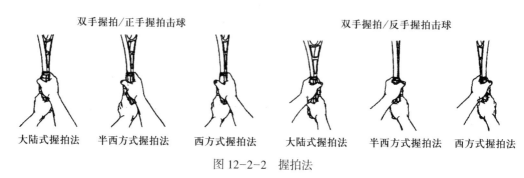

图 12-2-2　握拍法

二、不同技术的握拍法及击球特点

（一）正手击球握拍法

1. 东方式握拍（"握手"式握拍）

手掌紧贴拍柄，让球拍从手中自然伸展。

特点：可达到最大用力效果，适合于打任何高度的球。

2. 半西方式、西方式握拍

东方式握拍顺时针再向下转动即可转成半西方式、西方式握拍。

特点：易于击打腰部以上高度的球，加力握拍可打出旋转球和高反弹的球；倾向于正手主动攻击，击球点要比"东方式"靠前，具备"西方式"的旋转和东方式握拍的力量。

（二）反手击球握拍法

1. 单手反手握拍——东方式反手握拍

手掌和食指远端关节在拍柄上部，通过握拍手向内转动 1/4 周。

特点：强劲的击球力量来自握拍，握拍越有力感觉越好。

2. 双手反手握拍（不改变握拍）

东方式正手握拍（左手），东方式正手握拍（右手）。

特点：握拍比较简单，比单手握拍能获得更大的力量。

3. 双手反手握拍（变化握拍）

东方式正手握拍（左手），东方式反手或大陆式握拍（右手），双手要靠紧。

特点：握拍的变化更容易打出上旋球，双手击球力量更大，挥拍更自如、有力，控制拍面更容易，且比单手握拍击球点多。

（三）发球握拍法

可采用东方式正手握拍法或东方式反手握拍法中间的位置作为发球时的握拍法。

特点：可增加拍头速度，使发球有更多的变化（用同样握拍法可发出平击球、上旋球和侧旋球）。

初学者可先采用东方式正手握拍，待技术提高后，可逐步变为大陆式握拍。

（四）截击握拍法

大陆式握拍法是常用的截击握拍法。正、反手截击不必换握法。大陆式握拍法可以节省时间，并且易于打较低的截击球。初学者练习时，可先采用正手东方式握拍法（但不可用半西方式正手握拍或西方式握拍），反手同样可采用东方式反手握拍法，待技术提高后，可变换为大陆式握拍作为截击握拍法。

（五）高压球握拍法

正手高压球技术的握拍方法同发球。初学者可用东方式正手握拍练习，以增强信心。

（六）挑高球握拍法

正、反手挑高球握拍法与正、反手击球握拍法相同。双手反拍者可用单手握拍法来挑高球。

三、基本技术

（一）正手击球

初学者一般采用东方式握拍，也可采用半西方式握拍。

1. 东方式握拍正手击球

准备姿势：将球拍放在身体的正前方，左手握住拍颈，膝关节微屈，两脚分开与肩同宽，身体重心在两脚之间；身体前倾，重心落在前脚掌，全身保持放松，并注视来球，侧身引拍；转肩并向后引拍，使身体侧对球网，左肩在前，脚也变换成侧站位（左脚前跨）；拍头向后，拍柄底部对着来球，膝关节弯曲，做好由下向前上方移动的准备。

击球过程：开始向前挥拍时，运动员左脚应向击球方向迈步，并利用身体和肩部的转动力量；击球点在身体的右前侧（前脚的侧前方），高度在腰部与膝部之间；击球后继续挥动球拍（由下向上提拉）；挥拍结束时，肘关节应大致与肩同高，拍头挥至身体的左侧上方或左肩后（图 12-2-3）。

视频：正手击球示范动作

图 12-2-3　正手击球

2. 半西方式握拍正手击球

动作要点：此种握拍的击球站位方式采用开放式或半开放式；向后引拍由肘部带动，

后引的高度也较高,理想的击球点要比东方式更靠前、更高,挥拍动作通常比东方式要快,动作结束时肘部位置也更高。

(二)反手击球(单手握拍)

握拍:在准备动作中,一般用正手握拍。在做反手后摆时,再变为东方式反手握拍。东方式反手握拍需要从东方式正手握拍向左转动1/4周,将食指关节末端转到球拍上部。

准备姿势:同正手准备姿势一样,但初学者在开始学习时,可采用东方式反手握拍作为准备姿势的握拍方法。

侧身后引拍:将肩和胯转向侧对球网,双脚成侧站位(关闭式),身体重心移至左脚;左手握拍颈并将球拍向后引,球拍后摆并低于来球的高度,球拍底部正对来球;屈膝,为身体向前上方移动做准备,所有步法的调整都应在此阶段完成。

击球:向前挥拍开始前,右脚向击球方向迈步,击球点在右脚前,高度在膝部和腰部之间;击球时,拍面垂直于地面,由下向上朝目标方向挥拍。

随挥动作:击球后,球拍应沿目标方向继续挥出(由下向上),握拍手挥至肩上结束,左脚跟向上提,并保持身体平衡。

完整的单手反手击球动作如图12-2-4所示。

视频:单手
反手击球示
范动作

图 12-2-4　反手击球(单手握拍)

(三)反手击球(双手握拍)

握拍:右手为主的反拍,变化握拍,右手用东方式反手握拍或大陆式握拍,左手用东方式正手握拍。左手为主的反拍,双手都用东方式握拍法(不变化的握拍法)。运动员开始时通常采用双手东方式正手握拍法,随着经验的增加,可将握拍法变为大陆式或东方式反手握拍。

准备姿势:与单手击球相同,双手可在拍柄上靠在一起。

侧身引拍:转肩并向后引拍,当肩转动时,变化握拍,胯部也要随着转,身体重心转移到左脚上,双手靠紧;球拍引向后方并低于来球的高度,拍柄底部正对来球,屈膝,降低重心并做好向前上方移动的准备。

击球:在向前挥击之前,运动员向来球方向迈步,击球点比单反略靠后和靠向侧面,击球时右臂伸直,击球点在右胯前面;击球时拍面垂直于地面,球拍挥出轨迹是由下向上朝目标方向挥动。

随挥动作：击球后，球拍应沿目标方向继续挥出，动作完成时双手高于肩，左足跟向上提，重心保持平稳；手臂可在体前伸直或屈肘，随球拍送到肩后。

完整的双手反手击球动作如图12-2-5所示。

视频：双手反手击球示范动作

图12-2-5　反手击球（双手握拍）

（四）截击球

截击是指运动员在球第一次落地之前的击球。运动员通常在球网和中场之间做截击动作。

1. 正手截击

握拍：初学者可用东方式正手握拍，随着水平的提高可采用大陆式握拍。

引拍准备动作：肩部稍做转动，球拍与肩平行对准来球线路。向后引拍要稳定，球拍要适当握紧，引拍动作不可过大、过后。

击球与随挥动作：向前挥拍前左脚朝击球方向迈步，保持手腕稳固并在身体前方击球，球面应稍开放，但击高球除外；随挥动作应稳定，动作要短，以便快速回到接下一个球的位置（图12-2-6）。

视频：正手截击球示范动作

图12-2-6　正手截击

2. 反手截击

握拍：初学者用东方式反手握拍法，随着水平的提高，可用大陆式握拍法。

引拍准备动作：肩部稍做转动，球拍与肩平行，并对准来球的路线；向后引拍要稳定，手腕紧握球拍，后引拍动作不可过于靠后。

击球与随挥动作：向前挥拍前，右脚朝击球方向跨步，保持手腕稳定，并在身体前方击球；球拍面稍开放，但击高球除外；随挥动作应稳定、短促，以便快速回到下一个准备动作（图 12-2-7）。

视频：反手
截击球示范
动作

图 12-2-7　反手截击

（五）发球

在网球比赛中，发球是比赛的开始，也是得分和占据主动的重要手段。因此，现代网球技术对发球越来越重视。发好球的技术要求是动作连贯、动作简单、良好的平衡和准确的抛球、合理正确的握拍。

握拍：初学者可用东方式正手握拍。有些基础的初学者可采用大陆式握拍，即半东方式正手和半东方式反手握拍。

准备动作和站位：双脚与肩同宽，在端线后侧站立。右脚与底线基本平行，左脚正对右前方的网柱；手腕和手臂放松，握拍于体前。左手在拍颈处托住拍，两脚尖的切线对着目标（图 12-2-8）。

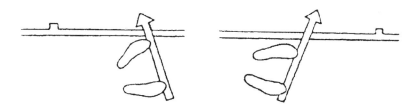

图 12-2-8　准备动作和站位

向后引拍和抛球：两手臂同时向下和向上运动，球从伸展的左手中向上垂直抛，握拍手掌在向后引拍时朝下，身体重心平稳地向前脚移动，抛球的高度应能满足击球手臂的充分伸展，并使击球感到舒适。

击球和击球点：抛球后身体开始向前上转动，球拍在身后向后下摆动，并最后加速向前上方挥动击球，尽力伸展身体，在最高点击球，击球点应在身体右前上方，大致位于右肩充分伸直的位置。击球时，手臂和球拍充分伸展，身体重心向前转动，右脚跟向上提，脚跟正对后挡网，理想的状态是从球拍的顶部到左脚跟与身体呈一条线。

随挥动作：球拍成弧形下摆，并在身体左侧结束挥动，身体重心完全落在前脚上，右脚跟上提。

注意：发球熟练后，可在击球后右脚跟进到场地里，但初学者在击球时右脚应在底线后，这样可以保持身体平衡，并可提高控球和抛球的稳定性。

完整的发球动作如图 12-2-9 所示。

视频：发球
技术示范
动作

图 12-2-9　发球

（六）高压球

运动员用头顶高压球来回击落地前或落地的挑高球。高压球与发球动作相似，但后摆准备动作较小。学习高压球技术，要把握以下技术要点：① 侧身；② 球拍及时上举；③ 用小步移动来调整位置；④ 目视来球直到完成动作；⑤ 击打时用发球握拍法（初学者用东方式正手握拍法）；⑥ 击球时身体向上伸展；⑦ 打完高压球后，要立即还原到准备动作。

完整的高压球技术如图 12-2-10 所示。

视频：高压
球示范动作

图 12-2-10　高压球

（七）挑高球

挑高球通常被用在防守中，底线队员将球挑过在网前的对手。虽然同一般的底线击球方法近似，但挑高球时拍面略开放，后摆准备动作较小，向前挥击时，向上用力较多，向前用力较少。

握拍：挑高球的握拍方法与击打底线球的握拍方法相同。

击球：尽早移动到位，后摆准备动作要小；打开拍面，将拍向前上方挥击。

当水平提高后，可练习进攻或挑高球，挑高球的弧度要小，上旋的力度应加大，提高隐蔽性。

（八）其他技术

1. 放小球

放小球的目的是把球击到对方球场的近网处。使用放小球技术时，应遵循以下原则：① 尽量调动对手；② 把对方引到网前；③ 当对方站位不佳或向前移动比较慢时，用放小球取胜。

完整的放小球技术如图 12-2-11 所示。

图 12-2-11　放小球

2. 随球上网

随球上网是在中场采用的一种进攻性击球法，可使击球者击球后快速上网。随球上网是连接底线击球和截击球的桥梁。在一般的底线对打中，球员用此击球方法来寻找对方的空当（如击深和击大角度，以便使对方回击浅球）。一旦出现空当，球员应设法打死对方或击球后随球上网。

随球上网的最初目的不是一拍打死对方，而是通过随球上网的击球，获得截击和高压球的有利位置，然后趁势得分。可以用一般击打底线球的方法完成随球上网动作（如侧旋、上旋、平击和下旋）。

3. 破网（穿越球）

打穿越球应做到以下几点：

（1）早准备。可使击球动作和意图更加隐蔽（如斜线、直线或挑高球）。

（2）准确性。过网要低，并靠近边线。

（3）上旋。使球过网后快速向下。

（4）角度。角度刁钻古怪，使对手难以封堵。

4. 反弹球

在球刚弹起时立即击球的方法称为反弹球。这种击球方法常被随球上网者在球落在脚下时使用。反弹球应向上击出，通常是一种防守型的击球方式。

四、基本技术的练习方法

（一）原地练习

1. 挥拍练习

挥拍练习非常重要，应贯穿在整个练习过程中。如不能挥好拍，则不能完成好击球。

2. 底线击球（原地）

开始练习时，可由学员相互用手抛球，以便学员能注意自己的技术，做出合理的击球动作。

原地教学时，可把击球动作分解为几部分：准备动作—向后引拍—迈步/重心移动—击球—随挥动作。

首先模仿标准的动作来学习动作，然后开始击打不同难度的来球，可按以下步骤练习：近距离下手送球—加长距离下手送球—用球拍送球—中场或底线送球（近似对打）—截击送球—底线对打送球—练习比赛。

（二）移动练习

1. 移动/对打练习

训练的目的是培养练习者的判断力、控制力和反应能力。在该练习中可以让学员对打，以此来提高其移动和跑位的能力。在移动练习过程中，练习的难度可逐渐增加，如在练习阶段，通常用简单的后引拍，并开始轻轻地把球击过想象中的球网（无网练习）或从近网处对打。随着技术水平的提高，逐渐从网前向后底线移动，并增加后引拍的幅度和随挥动作。

在初学者刚开始接触网球阶段，使用移动击球练习的最适宜的方法是小场地练习，随着各种能力的提高，可逐渐加长练习的距离，直到在底线之间练习。

2. 原地和移动结合练习

原地练习能帮助学员清晰地了解动作过程和体会击球动作的感觉（如进攻技术）。移动练习可发展判断力和移动、取位的能力。

3. 底线击球、发球和截击的练习

（1）底线击球练习方法。

① 用正确的握拍方法，把球打到目标位置。

② 和同伴轮流把球打到同一个目标位置。

③ 和同伴把球打过假设的球网或小障碍后落到目标位置。

④ 和同伴把球打过网击到目标位置，学员可分两次击球，第一次自己控球，第二次把球击给同伴（无网练习）。

⑤ 和同伴把球打过网并落在各自目标位置（双方的发球线内）。

⑥ 击球时逐渐向底线移动，并增加随挥动作，但仍将击球目标定在对面的同伴前。

（2）发球练习方法。

① 保持抛球平稳。学员将球抛向目标或某个高度，并保持身体平稳。

② 做发球挥拍练习。

③ 练习抛球。垂直抛起球后并让球落回到抛球者手里。

④ 站在球网附近,做一次发球挥拍练习,然后做一次实际发球练习,将徒手挥拍动作与实际发球动作进行比较。

⑤ 在半场将球发到发球区内,当连续 5 次都能以正确的动作将球发进区域内时,学员可向后退三步,然后发球,直到退至底线后发球。

(3)截击球练习方法。

① 握住球拍颈(握短拍),并设法用球拍拍面截击球。迈步方向要与击球方向一致,逐步握向球拍拍柄处截击球。击球者可背靠挡网或围墙处进行后引拍练习,以防止过度后引拍。

② 一人为截击练习者,另一人为送球者和接球者,做相互抛球、击球的正手和反手截击练习(距离 5~6 米)。

③ 两人在网前练习正手截击。开始时拍面相对,做力量较轻的拦截练习。

④ 同③,进行反手截击练习。

⑤ 送球者可随意送球(正手、反手均可),击球者设法将球拦击到送球者的手中。击球者设法在送球者接住球前还原到准备动作。

⑥ 提高截击的控球练习。和同伴分别站在球网和发球线之间,设法用正手截击和反手截击来保持球的回合,学员应尽量在对方接触球前还原到准备状态。

第三节　网球运动基本战术

网球战术是指运动员在比赛中,根据网球竞赛规则和网球运动的规律、比赛双方的具体情况和临场变化,合理运用个人技术及采取的有意识、有组织的行动。根据网球运动的规则和基本特点,网球战术可分为单打战术和双打战术两大类。其中单打战术主要有发球战术、接发球战术、底线战术和网前截击战术等。

一、发球战术

网球运动中最具有攻击性的技术就是发球。发球不受对手任何影响,只需根据自己的情况去击球。要想在比赛中取胜,首先要控制住发球这一回合的主动权。

运动员在发球时选择的击球方式不同,其站位及瞄准的目标也有细微的变化。单打发球站的位置一般在中线附近。

(一)发平击球

发球要领:抛球的位置及击球点在身体的右前方,用力蹬地,身体充分伸展,利用手腕力量在最高点用力击球。

1. 右区发平击球(以右手持拍者为例,下同)

站在靠近中线处,所瞄准的目标也是对方中心线。从这个位置上发球,球飞行的距离最短,球可以从球网最低处通过,发球的成功率较高。有效地打到对方发球区后,可迫使对手后撤。

2. 左区发平击球

取位于中心线附近，瞄准的目标也是对方中心线。球可以从球网最低的位置上通过，此时球虽然是发到对手的正手，但是从中心方向接回的球很难打出角度，因此，发这种球有利于自己防守（图 12-3-1）。

（二）发切削球

发球要领：抛球的位置及击球点比发平击球时稍靠右。击球时，好像是从球的右侧向左侧沿水平轴横切球一样，使之产生旋转。

1. 右区发切削球

站在离中心线标志向右边线方向横跨一步的位置上发球，瞄准的目标是对方边线。所发的切削球落地弹起后则飞向场外（从发球者看是向左侧飞），对手被迫追出场地外去接球。这样的发球能创造出较好的进攻机会（图 12-3-2）。

图 12-3-1　发平击球

图 12-3-2　发切削球

2. 左区发切削球

同样站在靠近中心线的位置上，瞄准对方边线发球。球弹起后向后飞，对手接发球难度较大。

（三）发旋转球

发球要领：抛球位置比发平击球时稍靠左，击球位置也稍向左侧移动。此时在稍低一些的位置上触球，击球时好像是从左下方向右上方摩擦似的将球击出去，使球产生旋转。

1. 右区发旋转球

站在靠近中心线的位置上，瞄准对方的中心线。旋转发球落在对方场地后弹起，向后右侧高高地飞去（从发球方看是向右），而对于接球者来说，球已弹到其反手侧。

2. 左区发旋转球

站在距中心线一步远靠近边线方向的位置上，瞄准的目标是对方边线。旋转球落地后弹起，直逼对手后侧，而且由于发球角度较大，可迫使对手追出场外去接球（图 12-3-3）。

图 12-3-3　发旋转球

二、接发球战术

与比赛一开始完全掌握主动权的发球技术相比，接发球属于被动的技术。为了控制比赛的主动权，接好发球，除了要判断出对手所擅长的发球类型，还要根据对手的不同打法采取有效的接发球策略。

（一）接平击球的战术

对于没有横向变化的快速平击球，可站在稍靠后的位置上接球（图 12-3-4）。接发球时，首先要考虑设法将对手逼到底线附近，而不是一心想打出力量大、速度快的球。

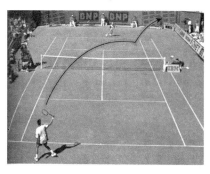

图 12-3-4　接平击球的战术

（二）接切削球的战术

对于接落地弹起后向右拐弯的切削球，站位的方法是：当对方从右区（一区）发来球时，防守应靠向边线（图 12-3-5）；当对方在左区（二区）发球时，应稍靠中线站位。最理想的击球路线是打对角线球，只有打大斜角才能有时间调整身体的姿势。

（三）接旋转球的战术

对于落地后弹得又高又远的旋转球，在球弹起时如果不能及时接球，给对方造成攻击机会的可能性较高。接旋转球的对策是稍稍站在靠前的位置上，注意在球弹起前踏进击球点（图 12-3-6）。接球时身体姿势的平衡容易遭到破坏，应抓住高点击球。

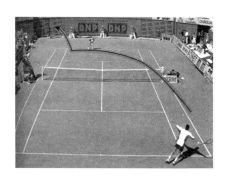

图 12-3-5　接切削球的战术

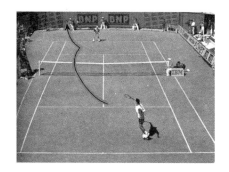

图 12-3-6　接旋转球的战术

三、底线战术

底线打法所取基本位置是底线中心位置，因为处于中心位置对于去追赶正手球和反手球都是最短的距离。

（一）针对底线型选手

作为一名底线型选手，在面临同样是底线型选手的时候，不要企图一板将对方置于死地，要在对拉过程中寻求得分的机会。这就要先于对手找到突破口，创造机会球。"三球攻击战术"是寻找突破口、创造机会的方法之一。"三球攻击战术"是指底线型选手在比赛中处于持续对拉的情况下，由三次击球组成的战术。其主要有以下几种：

1. "I" 攻击战术

要领：对手为了防守自己的空当必定要跑回中点处，这时可以趁其向中心处返回时，再向其反方向攻击（图12-3-7）。

方法：① 将对手来球打向压底线的直线球；② 对手返回一个压底线的直线球；③ 将对手返回的直线球再打回直线（此时对手正处于向中心线返回途中）。

2. "N" 攻击战术

要领：充分调动对手，让对手从场地的一端跑到另一端追赶着击球，最终迫使对手出现击球失误。

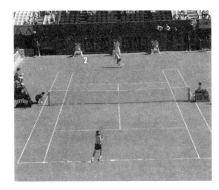

图 12-3-7　"I"攻击战术

方法：① 将对手来球打向压底线的直线球；② 对手击回一个大对角线球；③ 再将来球打出压底线的直线球（即向对手空场处击球）。

3. "X" 攻击战术

要领：让对手从场地的一端跑到另一端，最终迫使对手击球失误（图12-3-8）。

方法：① 将对手来球打向大对角；② 对手击回直线球；③ 再把这个直线球向大对角打去。

4. "E" 攻击战术

要领：当对手为防守场地空当向中心处返回的时候，突然向其反方向攻击。

方法：① 将对手来球打向大对角；② 对手击回一个大对角；③ 把回球再打向大对角。

5. "V" 攻击战术

要领：让对手在场地两端来回奔跑，即使第三个球被对方接回，对手也是处于向边线跑动中，下一个球将是自己进攻的机会（图12-3-9）。

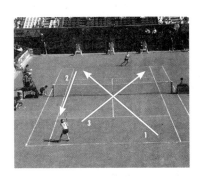

图 12-3-8　"X"攻击战术

图 12-3-9　"V"攻击战术

方法：① 将对手来球打向直线；② 对手击回一个直线球；③ 再把击回来的球向斜对角（空当）打去。

（二）针对平击球选手

平击类型的击球，由于几乎没有旋转，球擦网而过，直线飞来，落地之后，反弹很低，快速向前冲，但由于球速快，接这种球非常不容易。接球时，须把握好拍面，避免挥拍过迟。

1. 形成相持

遇到对手打平击球时，首先要能连续接起对手来球。由于平击球大多数是从网上约30厘米处通过，且球速很快，所以稍有一点疏忽就会导致失误。因此，关键是要比对手更有韧性，拖住对手，形成相持。

2. 打对角线

如果对手是平击球选手，当他击来平击球时，一般回对角线比较好。如果能迫使对手到场外追球，则可以造成对手的失误或为自己创造进攻的机会。

（三）针对削球型选手

一般情况下，以削球对付较稳妥。削球运行轨迹很低，球手必须在低位击球，要想打出有威力的上旋球很困难。对付削球要求以较低的身体姿势进行击球，同时还要具备较强的韧性。削球大部分是在两种情况下使用：一是当身体姿势被破坏时，为了使姿势恢复平衡，在打过渡拍的情况下使用；二是处理前场低浅球时使用，主要用于攻击对手的反手。

如对手为削球类型选手时，由于削球比平时击球的速度慢，因此，无论将球打到哪个区域，对手一般都有足够的时间应付。对付削球的原则就是朝对手的反手侧击球，当遇到机会时，坚决以正手抽球予以攻击。

（四）针对上旋型选手

上旋球因为是沿弧形线路飞行的，所以一般很少下网，也很少出界，可以说是准确性较高的击球方式。由于可以通过调节挥臂、旋转度的方法打出不同线路、不同旋转的上旋球，使球落地后弹得又高又远，故上旋球是最有效的一种击球手段。然而，上旋球也并非无懈可击。对付上旋球，可采用如下对策：

1. 破坏对手击球姿势

打上旋球的选手，为了加大球的旋转度，必须做到挥拍动作充分，使用全身的力量击球。因此，应尽量让对手左右不停地奔跑，迫使其不能从容击球，导致其无法完成高质量的回球，从而找到突破口。

2. 迫使对手改变打法

一般来说，旋转打法的选手，因其握拍方法的关系，大多数不擅长截击球。因此，碰到这样的选手，可以打近网低球，把对手调动到网前来，使其打并不擅长的网前球，迫使对手改变打法。

3. 截击之后立即上网

在双方对拉的持久战中，当对手掌握主动权而频频向自己反手一侧攻击，或对手得分领先而自己处于被动状况时，若来球轨迹稍高，可果断地迎上去截击，随后快速上网。

四、双打战术

在双打训练中，应先学习怎样在双打比赛中运用已掌握的技术。如果组成一队的两个人分别按自己最擅长的方式一味地进攻，是不可能取得成功的。相互了解彼此打球的方式和习惯后，战术上的安排就会变得比较容易。另外，还要相互了解彼此的缺点，然后考虑该怎样利用自己的技术与之配合，这是非常重要的。

（一）双打中的发球

在技术上，双打和单打并没有区别，但比赛战术却截然不同。

在单打比赛中，选手希望在第一次发球时就直接得分，而双打则应考虑如何提高一发的成功率，如何让自己的同伴感到对手的回球比较容易回击。

双打比赛中发球的要点如下：

1. 提高一发的成功率

在双打比赛中，一发的力量应限制到单打比赛发球力量的80%，并重视对球落点的控制。若为直接得分而使出全力发球，成功率就会下降。这样到二发时，容易遭到对手接球选手的攻击而处于不利的位置。

2. 向对手反手位发球

第一次发球，应将球打到对手接球选手的反手侧，这样接球选手的移动就会受到限制，从而造成回球不到位。此时，截击空中球的同伴就可以抢到机会击球。若把球发到对手的正手位，同伴一定要注意对手回击直线球。

3. 灵活改变发球位置

若感到自己发球可能有利于对手回球或容易让对方抓住机会，可以左右稍微移动一下发球的位置，位置的变动会导致接球的选手无法及时地做动作，破坏对手回球。

（二）双打中的截击

在双打比赛中，截击空中球是得分的重要手段。快速截击时，除了应具备打远球的基本技术，若要限制发球者上网，还要多打边角球。如果想控制网前球，就要采用近网低球打脚下。与单打相比，双打中的截击要把握如下要领：

1. 快速截击要远打

快速截击的基本要点是远打。如果对手的回球较高，可用高空截击打直线球打击对方；如果球被打到边角，为了防止对手上网抢攻，就必须以边角球回击。

2. 选择有效的进攻方式

在双打比赛中，积极进攻的一方总能给接球方施加压力。在中线接球进攻时，打距离接球方最远的边角球往往最有效。若击球距离较近且球的高度较高，就有可能遭到反击。

3. 重复落点战术

截击的另一个基本方式是把球按原来的路线打回去。在快速对攻中，回击的路线很难改变，同时也要考虑到被对手反击的可能性和截击失败的可能性。

（三）双打的接发球

双打比赛中的接发球与单打比赛中的接发球是完全不同的。由于本身处于被动位置，加上对方又有一名队员封网，所以接发球的难度加大，还要重视落点的控制。双打的接发球技术要把握如下要领：

1. 注意紧凑收拍

双打的接发球比单打的接发球要更紧凑地收拍，与其快速回击，不如控制好球，让球落在对手脚下，这样不仅可以迫使对手移动，而且会给对手发球造成压力。

2. 接发球迅速果断

由于双打的击打范围比单打小，所以，双打中的接发球如在尽可能短的时间内回出，对手就很难改变站位，从而使比赛朝着有利于本方的方向发展。

3. 多用直线球回击

在发球方展开积极的进攻之前，在比赛的前半段，接球方可以利用回击直线球给对手截击造成压力。如果接球者正、反手都能打，则把球回击到截击者的反手方，这也是双打比赛中非常重要的战术。

（四）双打中的抽击球

抽击球是双打比赛中不可缺少的技术。为了使比赛对自己有利，也要及时变化抽击球的落点，使对手失去进攻机会。双打的抽击球技术要把握如下要领：

1. 用抽击球进攻，把对手调到网前

把球按来时的路线用适当的旋转低抽回去，把对手调到网前。这时不用太担心对手的进攻，而应耐心地反击。

2. 在抽击几个回合后，抓住时机挑高球

在打了两三个抽击回合后，可在适当的时机将球挑到对手身后，迫使对手失误。尽量不要让对手从姿势上提前预判自己的企图，即使是放高球，也要采取与抽击球一样的身体姿势。

第四节　网球运动竞赛基本规则

一、场地和器材

1. 网球场地

网球场地是一个平整的长方形地面，长 23.77 米，宽 8.23 米，球网（网的中央高度为 91.4 厘米，两端高度为 107 厘米）把全场隔成相等的两个半场，接近球网两边的 4 块相等的区域是发球区，双打场地的两边较单打场地宽 1.37 米。全场除端线可宽至 10 厘米，其他各线的宽度均不得超过 5 厘米，也不得少于 2.5 厘米。全场各区域的丈量，除中线外都从各线的外沿计算。网球场地分草地、土地、硬地和塑胶场地等类型。

2. 网球球拍

网球拍一般由木质、铝合金、碳素等材质制成，各种材质的球拍都有其优缺点。目前，网球爱好者选择铝合金和碳素网球拍的居多。球拍分轻型、中型、重型，分别表示球拍的重量类型。

二、发球

1. 发球前的规定

发球员在发球前应先站在端线后、中点和边线的假定延长线之间的区域里，用手将球向空中任何方向抛起，在球接触地面以前，用球拍击球。

2. 发球时的规定

发球员在整个发球动作中，不得通过行走或跑动改变原来站的位置，两脚只准站在规定位置，不得触及其他区域。

3. 发球员的位置

（1）每局开始，先从右区端线后发球，得或失一分后，再换到左区发球。

（2）发出的球应从网上越过，落到对角的对方发球区内，或其周围的线上。

4. 发球失误

下列情况为发球失误：未击中球；发出的球，在落地前触及固定物（球网、中心带和网边白布除外）；违反发球站位规定。发球员第一次发球失误后，应在原发球位置上进行第二次发球。

5. 发球无效

发球触网后，仍然落到对方发球区内，接球员未做好接球准备，均应重发球。

6. 交换发球

第一局比赛终了，接发球员成为发球员。以后每局终了，均依次互相交换，直至比赛结束。

三、比赛通则

1. 交换场地

双方应在每盘的第一、三、五等单数局结束后以及每盘结束双方局数之和为单数时，交换场地。

2. 失分

发生下列任何一种情况，均判失分：

（1）在球第二次着地前，未能还击过网。

（2）还击的球触及对方场区界线以外的地面、固定物或其他物件。

（3）还击空中球失败。

（4）故意用球拍触球超过一次。

（5）队员的身体、球拍在发球期间触及球网。

（6）过网击球。

（7）抛拍击球。

3. 压线球

落在线上的球都算界内球。

四、双打

1. 双打发球次序

每盘第一局开始时，由发球方决定由何人首先发球，对方则同样在第二局开始时，定由何人首先发球。第三局由第一局发球方的另一球员发球。第四局由第二局发球方的另一球员发球。以下各局均按此秩序发球。

2. 双打接球次序

先接球的一方，应在第一局开始时，决定何人先接发球，并在这盘单数局，继续先接发球。双方同样应在第二局开始时，决定何人接发球，并在这盘双数局继续先接发球。他们的同伴应在每局中轮流接发球。

3. 双打还击

接发球后，双方应轮流由其中任何一名队员还击。如队动员在其同队队员击球后，再以球拍触球，则判对方得分。

五、计分方法

1. 一局

（1）每胜 1 球得 1 分，先胜 4 分者胜一局。

（2）双方各得 3 分时为"平分"，平分后，净胜两分为胜一局。

- 0 分——呼报（love）
- 1 分——呼报 15（fifteen）
- 2 分——呼报 30（thirty）
- 3 分——呼报 40（forty）

如果比分为 1∶1，呼报 15 平（fifteen all）；如果比分为 3∶3，呼报 40 平（deuce）。

2. 一盘

（1）一方先胜 6 局为胜一盘。

（2）双方各胜 5 局时，一方净胜两局为胜一盘。

3. 决胜局计分制

在每盘的局数为 6 平时，有以下两种计分制：

（1）长盘制。一方净胜两局为胜一盘。

（2）短盘制（抢七）。决胜盘除外，除非赛前另有规定，一般按以下办法执行：

- 先得 7 分者为胜该局及该盘（若分数为 6 平时，一方须胜净两分）。
- 首先发球员发第一分球，对方发第二、三分球，然后轮流发两分球，直到比赛结束。
- 第一分球在右区发，第二分球在左区发，第三分球在右区发，以此进行。
- 每 6 分球和决胜局结束都要交换场地。

4. 短盘制的计分

（1）第一个球（0∶0），发球员 A 发 1 分球，1 分球之后换发球。

（2）第二、三个球（呼报 1∶0 或 0∶1），由 B 发球，B 连发两球后换发球，先从左区发球。

（3）第四、五个球（呼报 3∶0 或 1∶2，2∶1），由 A 发球，A 连发两球后换发球后换发球，先从左区发球。

（4）第六、七个球（呼报 3∶3 或 2∶4，4∶2 或 1∶5，5∶1 或 6∶0，0∶6），由 B 发 1 分球之后交换场地，若比赛未结束，B 继续发第七个球。

（5）比分打到 5∶5，6∶6，7∶7，8∶8，……时，需连胜两分才能决定谁为胜方。但在记分表上则统一写为 7∶6。

（6）决胜局打完之后，双方队员交换场地。

第十三章

垒球运动

　　垒球运动以其特有的魅力深受全世界广大人民的喜爱。它的规则完善，技能要求全面，开展条件灵活，能有效地发展并提高速度、耐力、柔韧、力量、灵敏等身体素质，还能改善肌肉、骨骼、血液循环系统、各内脏器官和中枢神经的功能，全面提高人体的各项机能。

　　由于垒球运动的规则比较复杂，战术变化多，局面千变万化，因此需要参与者具有快速反应的能力和顽强拼搏的精神。同时对培养集体主义观念，以及集体内部成员的分工协作能力与责任感、义务感有很大的促进作用。而且，由于这项运动也充满了很强的游戏性和趣味性，所以从其诞生起就一直在世界各地广为流传。

第一节　垒球运动概述

　　现代垒球运动起源于美国，是由棒球运动发展演变而来的。1932 年，由一位新闻记者列奥·欧萨哥提议，垒球运动从棒球运动里面分化出来，逐步定名为"softball"，即现今流行的"垒球"。1934 年统一竞赛规则。1952 年 9 月，国际垒球联合会（LSF）正式成立。此后，在国际垒球联合会的积极组织下，垒球运动迅速开展起来，国际垒球联合会的会员迅速增加，并于 1965 年在澳大利亚的墨尔本举行了第一届世界女子垒球锦标赛。

　　垒球运动分为快速垒球和慢速垒球。垒球运动发展初期，包括 4 名游击手，每方有 10 名上场队员。慢速垒球又被称为"kittenball"和"mushball"，由于慢速垒球的规则要求投手掷出的球必须要有一道弧线，从而有效地限制了球速，使得比赛的比分通常很高。与此相反，快速垒球则是低分投手的竞争，比赛中也只有 9 名上场队员。

　　垒球运动虽然名为"softball"，可是并不见得比棒球运动"柔软"多少，垒球球体与棒球一样坚硬。垒球运动的历史虽然比棒球晚 40 多年，但垒球却具有更便于在群众中开展的有利条件，所以发展速度远远超过棒球运动。而且近几年来，随着人们逐渐对体育运动休闲娱乐性的关注，慢速垒球也有了长足的发展。就美国而言，十人制的慢速垒球占从事垒球运动者的 80% 左右。除美国外，加拿大的垒球也很普及。日本、中国台北、新西兰、澳大利亚、菲律宾等垒球运动也较盛行，技术水平也较高。

垒球场好像一把打开的折扇。我们把折扇打开成 90° 角，有扇纸的部分叫作"外场"，只有扇骨的部分就是"内场"。在内场中设 4 个垒包，排成一个正方形。扇轴的这个垒叫作本垒，逆时针方向分别是一垒、二垒和三垒。而投球手则站在内场中央的投球垫上。

比赛通过掷币选择先攻或先守，防守方派出 9 人上场，通过接球传球等方式造成攻方 3 人出局，随即变守为攻，这样称为一局。一场比赛分为 7 局，以最后的得分判定胜负。在防守方 9 人的具体位置上，分别是捕手、投手、一垒手、二垒手、三垒手、游击手、左外场手、中外场手、右外场手。他们虽然分工不同，但是主要的目的就是让对方的击球手出局。而变守为攻时，这些队员则要按照顺序上场击球。一个投球手投出的球速能有多快？实力强劲的投球手一般能以时速 110 千米的速度将球掷出。但是为了扰乱击球手的击球节奏，投手可能会投掷出稍微慢一点的球，击球手则有可能接空。一场高水平垒球赛事的时间在 90~120 分钟。

进攻队员取得一分形容为"过五关"。第一关就是击回投手掷出的球，而且尽量将球击到难以防守的方位。这个时候，击球员就变成了跑垒员，开始向一垒奔跑。如果防守方没有在击球手占领一垒之前先通过接球或传球让球抵达一垒，攻方便成功上一垒，上了一垒就是通过了第二关。第三关为攻占二垒，第四关为攻占三垒，第五关为攻占本垒。如果一个击球手能够顺利地跑回本垒，便能得一分。有一种情况可以令击球员躲过第一关，那就是一名投手连续投出 4 个坏球，这样击球员就可以直接被保送一垒。

垒球比赛的精彩时刻也是比赛双方斗智斗勇的焦点。例如，当攻方有两人出局的时候。一旦有三人出局，进攻的过程就终结了，因此这时候的跑垒员必须尽快跑回本垒，比赛也因此扣人心弦。但是更为精彩的时刻是击球手将球打飞到外场的网外面，也就是所谓的"本垒打"。这时候击球员和所有在垒上的跑垒员都可以顺利跑回本垒。所以当一垒、二垒、三垒上均有攻方队员时，一个本垒打就可以直接得到四分。

第二节　垒球运动基本技术

一、挥击技术

（一）基本技术

1. 握棒方法

握棒时，除大拇指以外的四指指根部分握棒，再弯曲四指将棒握住，最后压上大拇指，使两手第二指关节成一条直线并靠拢，这便于挥棒后做翻腕动作。

2. 击球准备姿势

击球员进入击球区后，左肩侧对投手，选好站立位置，握好球棒。两脚左右开立约与肩同宽或稍宽，身体重心置于两脚之间，膝关节微屈稍内扣，收腹含胸。两手将球棒置于右肩前上方，左臂稍屈（大于 90°），右臂自然斜垂，双手和肘部离开身体，两肩要平，面部转向投手，下颌微收，两眼注视投手投球。握棒站立时，球棒可成垂直式或折角式。

垂直式的球棒重心在两手的正上方，握棒比较省力，但击球时转动（从上向下）的角度大，球棒需向下转动约90°角才能触到球。折角式击球时需转动的幅度较小。良好的击球准备姿势应该使击球员全身处于稳定、放松、心情镇定、精神高度集中的状态，随时做好击球准备。

3. 挥棒和击球动作及击球点的选择

挥击球技术是击球员用全力挥棒击球的方式，是进攻战术的基本手段，往往也是评定一个队或一名队员进攻能力强弱的主要标志。

为了叙述方便，可将击球全过程的完整动作分解为"判断球""引棒伸踏""挥棒击球"和"随挥"4个部分。

（1）判断球。这是击球员贯穿于击球全过程的一项重要技巧。挥击前先要培养自己不怕球的思想，稳定情绪，集中精神，头部保持正直，两眼始终盯住投手投出的球，直到离自己7～8米时迅速做出好坏球的判断。如果是决定打的好球要继续盯住球，一直盯到击球点，以便把球击出。对于初学者，要养成把球盯到击球点的好习惯，动作上要求后脚稳住，通过练习和比赛，逐一建立起意识上"好球"和"击球点"的空间概念，从而逐步掌握好判断球的技巧，提高击球的命中率。

（2）引棒伸踏。引棒的目的是使重心后移，便于快速起棒，加大工作距离，提高击球力量。当投手分开两手摆臂时，击球员的手臂就要开始后引，使球棒随腰、肩的转动，稍向右后方伸引，同时左膝内扣，左脚稍离地面准备伸踏。此时上、下肢配合成全身用力的准备姿势。这一上一下的两个动作是同时开始的，是一个完整的技术动作。做以上动作时，两肩和上体（包括左侧臀部）应以水平方向向右半转体，头部保持正直，眼睛始终盯住来球。

（3）挥棒击球。挥棒击球是指击球员击球时的全身用力动作，是挥击技术的主要环节和关键部分。

在送髋、转体、重心前移和伸踏的同时，就要开始起棒，投手投球出手超过投球距离约一半后（即0.4～0.45秒的快球，若球速较慢，可稍晚点），力争在左脚伸踏着地、重心移在两脚之间的瞬间，球体飞至本垒板前沿的上空把球击中。这个"中球点"是个时间概念，不论是快球还是慢球，都要在这个点上将"棒心"（球棒切面的1/2）对准"球心"（球的中心）去打。因为在这个时候击球，击球力量最大，击球角度也最高。当然，若是内角球或高球则可相应提前一些，如果投来的是低球，就要稍靠后一些。要做到这一点，必须在平时培养队员正确的判断与严格的选择，随时可根据投手投球的速度、角度加以调整，使起棒与来球相适应。

挥摆中，两臂的动作应先屈后伸，击中球之后又屈，即挥摆的动作半径应是由小到大再小，以增加球棒的角速度。同时要注意发挥左前臂的积极作用，左肘前引，右肘关节靠近身体，左手拉（起主导作用，控制球棒的水平路线），右手推（调整球击出的方向），当挥摆至击中球的刹那间，两臂自然伸直，收腕，用最大的力量快速抽击球。

挥棒时髋关节的转动必须先于挥棒的动作，手腕和前臂动作要用爆发力，挥动路线尽可能控制在水平方向上，全身用力要协调一致、恰到好处。

（4）随挥。这是球棒击中球后的动作。击中球后球棒要随惯性继续挥动，不能停顿。

两手随之向相反方向翻腕，左手向上，右手向下，转腕后，由两臂带动两肩和上体垂直向左旋转，两臂随之向后上方屈肘，犹如"背口袋"上肩动作，直至把球棒收至左肩背后，双手贴近左肩时才算完成整个挥棒动作。

（二）练习方法

（1）进行无球挥空棒练习，以稳定技术动作。

（2）将球置于打击训练架上，进行静态有球挥棒打击练习。

（3）一人在侧面近距离抛球，另一人做动态有球挥棒打击练习。

（4）一人在投球垫上投球，另一人做挥棒打击练习。

二、传球技术——肩上传球

（一）基本技术

1. 握球（以三指握球法为例）

五指自然张开，球放在指根处。拇指在球体的下方，位置对准食指与中指中间。无名指与小指放在球体侧下方，自然屈指扶持球体。握球要放松，不要完全握在掌心。

2. 准备姿势

侧对传球目标站立，两脚分开，与肩同宽，双膝微屈，脚尖内扣，双眼正视传球目标，双手持球，置于胸前。

3. 发力动作

左脚自然下摆，向前伸踏，身体重心前移，支撑脚（右脚）前脚掌蹬地发力旋转，脚尖指向传球目标，脚跟抬起，转髋转体，左臂迅速屈臂收向腰侧，以加速身体旋转，带动持球臂前摆，大臂、小臂、手腕、手指依次发力，做鞭打动作，肘要平于肩或高于肩，大臂小臂约呈90°角，出球点在身体前上方，出球时用食指、中指拨球，左脚落地时，前脚掌外侧指向传球目标。

（二）练习方法

（1）进行无球徒手练习，以稳定技术动作。

（2）进行持球对墙练习。

（3）两人面对面进行传球练习。

三、接球技术——双手接球

（一）基本技术

1. 接平直球

（1）准备姿势。双眼正视来球方向，两脚开立，与肩同宽或略比肩宽，双膝微屈，脚尖内扣，两手自然张开，两拇指相抵呈"八"字形，十指指尖向上，放于胸前，两肘自然弯曲垂于身体两侧。

（2）接胸部方向来球。左掌心正对来球，五指微屈，指尖向上；手触球的一瞬间，左手稍向后缓冲，右手跟上捂住来球。

（3）接身体两侧球。接球原则上都要通过脚步的移动，尽量保持身体正面接球，这样便于衔接下一步的传球动作；如果身体移动来不及正面对球，一定要保证脸部正面对球，不受其他接球姿势的限制，以接住来球为准。

接球时，两眼要紧盯来球，直到接到球为止；接球时，两臂不可伸得太直，也不能过于贴近身体。

2. 接地滚球

（1）准备姿势。正面对球，两脚开立，略比肩宽，左脚稍前，右脚稍后，脚尖内扣，屈膝，上身前倾，臀部与膝部同高或略高于膝部，重心落在双脚前脚掌，双手自然放在双膝之间，两眼盯球。

（2）准备接球。双手前伸，指尖触地并垂直于地面，右手置于左手上方，准备保护。

（3）接球。接球的位置位于两脚正前方或略靠近左脚，两手几乎同时触球，接住球后迅速将球收向腹部，重心不可抬起，右手持球，以便衔接传球动作。

接球手接球时始终在身体前方，在眼睛容易看得到的地方接球。根据球的滚动速度提前降低重心，做好接球的准备姿势。提前判断地滚球的速度和弹跳规律，再决定向前移动还是向后移动接球。接地滚球的原则是尽力迎向前接，尽量缩短接传球的时间。

3. 接高飞球

（1）准备姿势。面对来球，两脚开立，与肩同宽或略比肩宽，左脚稍前，脚尖内扣，两膝微屈，抬头，两眼盯球。

（2）接球。两手稍稍抬起，位于视线下方，左手接球，右手保护，接到球后两手护球，顺势收向右肩，既缓冲来球，又便于衔接传球动作。

接球时，首先要判断球的落点并迅速移动，跑动时要保持视线平稳，不要反复转身，以免接球手挡住或干扰视线。

（二）练习方法

（1）老师传球，让学生接平飞球、地滚球和高飞球。

（2）两人一组，一人扔平飞球、地滚球和高飞球，另一人接球。

（3）老师挥练习棒，随机将球击出，学生依据实际情况练习各种接球技术。

第三节　垒球运动基本战术

垒球运动的基本战术是以垒球运动的基本技术为基础的。根据垒球运动一攻一守的特点，进攻时，队员要避免出局、争取进垒，尽早回到本垒得分；防守时要抓住进攻队的进攻意图和弱点，阻止其进垒得分，以快、稳、准的传接球和投手高质量的投球，制造进攻队的三人出局，巩固本队进攻时所得的成绩。

在制定和运用战术时，要根据双方的实力和特点，扬长避短，分析主客观的实际情况，有的放矢地把个人技术和战术行动合理地组织起来，充分发挥集体的力量，以争取全队的最大胜利。

一、进攻基本战术

1. 击球战术

针对投手技术较差、好球率低的投手，应采用等球和选球的策略，这是击球员击球时的重要进攻策略之一。在击球方法的选择上，对扩大防守、空出内场的队，应多用隐蔽触击，攻其空虚，造其混乱，争取上垒；对缩小防守，则应长挥突破防线，采取强攻的方法上垒；对内外场防守脱节，空当大的，则应用短挥打空当，制造安打上垒的机会。一个好的击球员不仅要掌握最基本的挥击技术，还要学会根据临场比赛的具体情况、战术要求和教练意图，进行长挥强打、短挥巧打触击等战术应用。

2. 跑垒战术

击球员完成任务，即成击跑员，到一垒后即成跑垒员，每个跑垒员都要利用和争取一切有利机会多进一个垒，甚至得分。因此，跑垒战术是非常重要的进攻战术之一。比赛中正确应用跑垒技术将直接影响到比赛的胜负。

（1）偷垒（单偷垒）。一般应用于一垒偷上二垒，特别是在守方接手接球能力较差，传球能力也不强的情况下应用较易成功。

（2）双偷垒战术。这是跑垒员之间相互配合的战术，比单偷垒复杂，是两个跑垒员前呼后应，都向各自的下一垒前进，造成守方顾此失彼，达到两个人都能进垒的目的。

双偷垒战术一般是应用在一垒、二垒有跑垒员或一垒、三垒有跑垒员时，而用得普遍的是一、三垒有跑垒员的双偷垒战术。首先是一垒跑垒员发动，也就是在投手球出手后一垒跑垒员积极偷垒，造成对方接手传杀二垒，这时三垒员及时离垒向本垒偷进，一旦行动其要稍慢于一垒跑垒员，可以起到牵制的作用。如果接手真把球传向二垒，三垒跑垒员则应力争返回本垒得分，一垒跑垒员要将防守队员的注意力集中到自己身上，引诱一、二垒间的守场员来夹杀自己，使同伴安全回本垒，而若对方传球失误，两人都能安全上垒。但如果三垒跑垒员没有把握回本垒，而守方已有准备，接手不是传球给二垒，而是传给投手或插前的游击手时，就不要盲目乱跑造成不必要的出局，只起牵制保护作用，使一垒跑垒员安全上二垒而空出一垒垒位，排除被迫进垒局面，从而达到双偷垒的目的。

（3）腾空球跑垒战术。这是根据战术需要和教练意图，击球员和跑垒员的一种配合方法。如三垒有跑垒员，这时击球员击出一左外场或右外场的腾空球，而跑垒员在守场员接到球时，即快速起动，积极向本垒奔跑，一并准备滑垒，以其安全得分而达到战术要求。

腾空球跑垒战术还有若干种，在此不一一介绍。应注意的是根据规则在二出局以后，不管击球员击出的是什么球，跑垒员都要积极跑垒，因为即使是腾空球也已是三出局，不存在离垒过早的问题。

二、防守基本战术

垒球运动的进攻与防守是截然分开的，进攻是得分的基础，防守虽然不能直接得分，但是积极果断的防守会给本队进攻得分和取得比赛胜利奠定坚实的基础。

垒球比赛的防守是以守队的投手给击球员投球开始，一旦攻队将球击出，守队就要力争将球直接接住。即使不能直接截获，也要尽快捡球传杀跑垒员或监视跑垒员，以达到阻止和减少进攻队进垒的目的。因此，要有一个严密的阵形。

1. 防守阵型的布置

垒球运动的场地较大，击出的球范围较广，为布置好防守阵型，每个人都要有明确的分工，以保证击球员击出的球在任何地方都有守场员防守。守场员分布的阵型决定着守场员防守的职责和活动范围。最基本的防守阵形是三道防线布阵法。

防守时位置分工不同，职责也不相同，因此防守范围也不同。"三道防线布阵法"中的第一道防线由投手、接手、一垒手、三垒手组成，控制内场的前半部；第二道防线由二垒手、游击手组成，控制中场；第三道防线由三个外场手组成，控制最外面一层防线。

在比赛中，防守位置的深浅应根据对方击球员的击球能力而定。如果击球员击球能力强，防守位置就深一些，以扩大防守范围；如果击球员击球能力不强，防守位置就浅一些，以缩小防守范围。场上的情况变化万千，所以守场员的分工也不是机械呆板的，应根据击球员、垒上跑垒员以及本队防守战术要求，机动灵活地调整防守阵型。例如，对右打者的队形应偏左，对左打者则应偏右。另外，还要根据投手的球速决定防守的重心，如快球慢棒的一般重点在右侧，快棒慢球的则一般在左侧。

布阵时，相邻队员不要站平排，而是要有纵深。前后位置也不能重叠，并且要保持一定距离。接"三不管"位置上的球时，不能抢，也不能让，队员之间要协调默契，相互呼应。

2. 投手、接手的防守战术

在垒球比赛中，投手和接手的配合直接影响防守的成功与失败，因为每次防守的开始都是由投手投球开始，如果投手和接手配合得好，就会致使击球员不易上垒，失去得分的可能。

对击球员的防守，投手每次投球踏投手板后，看接手暗号投球，两人之间取得联系，决定投球的性质。投手和接手为了更好地对付攻方的击球员，首先要分析攻方击球员的击球次序，并观察击球员进入击球区的动态、神情、准备姿势与击球位置的选择等。如果看出击球员性情急躁，判断能力较差，或者表现紧张，可给他投出近于好坏之间的快速球，使之来不及判断来球的性质。也可投慢速球，使击球员挥棒过早而一击不中。如果是非常有经验并且很老练，同时选球非常严格的击球员，这样的击球员一般是不击第一个好球的，投手可连续投两个好球，造成击球员心理上的紧张，然后投似好非好的快速球，造成击球困难。如果击球员击球能力不强，采用等球战术时，则投手就应该连续投好球，造成击球员出局。

投手往往可以利用击球员的站立位置和站法，采用不同的投球。如果击球员离本垒较远，可投给击球员外角球，离本垒较近，则投内角球。如果击球员站在击球区的前部，可投快球；站在击球区的后部，可投慢速球或曲线球。如果击球员站得比较直，可投膝关节附近的低好球；身体重心较低时，可投齐胸高好球。如果已看出击球员企图上垒时，可投偏高球，造成击球困难。总而言之，投手和接手的密切配合，是完成防守任务的重要手段，但是要建立在投手和接手掌握全面技术的基础上，否则战术配合将受到很大限制。

3. 防守攻方偷垒

攻方偷垒的目标，往往是由一垒偷向二垒，因二垒距离接手最远，偷垒比较容易成功。对于攻方来说，如能偷进二垒，已有了得分的可能，因而要对二垒严加防守，尽可能阻止攻方跑垒员进二垒。所以当一垒跑垒员向二垒偷垒时，接手应该将球传向二垒垒包的内侧。至于二垒手或游击手进二垒补位，要根据击球员击球的特点而定。例如，防守左击球员或擅长将球击向右外场方向的右击球员时，则由游击手上垒补位。

二垒有跑垒员时，常因内场手疏忽而向三垒偷垒，但成功较困难，为此有时击球员摆出触击姿势，引三垒手向前防守，使二垒跑垒员顺利进行偷垒。在这种情况下，投手应该防守三垒，一垒手防守一垒，击球员就无利可图了。

三垒有跑垒员时，如果接手向投手传球不理想，三垒跑垒员可利用此机会偷回本垒，因此接手传球给投手或向其他垒上传球时都必须小心慎重。

一、二垒都有跑垒员时，垒上就有两人可进行双偷垒，偷垒时多为前位跑垒员先离垒偷垒，这时接手要根据跑垒员的动态，把球传向二垒或三垒。切勿因一垒跑垒员大胆离垒而疏忽对二垒跑垒员的注意。

一、三垒有跑垒员时，这种情况有时会因过于严防双偷垒，反而会造成一垒跑垒员单偷垒成功，当一垒跑垒员开始偷垒时，二垒手迅速到二垒前面、投手后面，接手与二垒之间的连接线上。游击手也要迅速向二垒补位，接手将球传向二垒，二垒手若判定三垒跑垒员无意偷垒，二垒手则可让游击手接球，触杀偷进二垒的一垒跑垒员。若二垒手发现三垒跑垒员已经离垒包有段距离，甚至向本垒偷垒时，就应该上前截住接手传来的球，再直接传回本垒，触杀偷进本垒的三垒跑垒员。如果接手假传二垒，而转向三垒，实际是想牵制两个跑垒员，就应该向投手传较低一点的球，让投手将球截住，以防守三垒跑垒员偷垒。

第四节　垒球运动竞赛规则

一、场地

1. 垒球场

垒球运动比赛场地呈直角扇形，由内场和外场两部分组成。内场为 18.29 米 × 18.29 米的正方形，在扇形的顶端设一块五角形的橡皮板，称为本垒；在其他三个角上各设一个四方形帆布垒包，分别称为一、二、三垒；内场以外的部分称为外场。以本垒板尖角为圆心画一弧线与两侧垒线延长线相交为本垒打线，女子本垒打线距离不小于 60.96 米，男子不小于 68.58 米（图 13-4-1）。

2. 器材

垒球比赛的器材主要有球、球棒和护具等。用球应是整洁平滑，圆周为 30.2～30.8 厘米，重量度为 177～200 克。球棒的表面平滑，材质可用金属、木料、竹料、塑料、石墨、碳素、玻璃纤维等材料制成，长度不得超过 86.4 厘米，重量不得超过 1 077 克，最粗端的直径不得超过 5.7 厘米。主要的护具是手套，应为革制，必须是一种颜色，除接手和一垒手可以用边指手套外，其他队员只允许用分指手套。

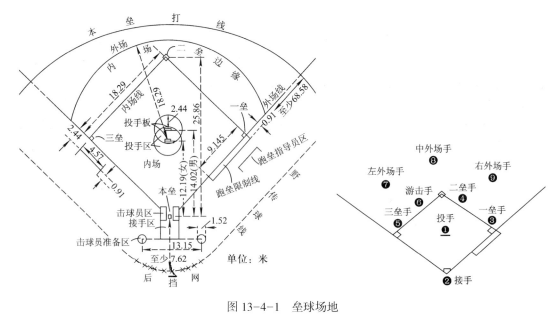

图 13-4-1 垒球场地

二、比赛规则

垒球比赛双方各有 9 名队员参赛。依照防守位置分为投手、捕手、一垒手、二垒手、三垒手、游击手、左外场手、中外场手、右外场手。进攻时，这 9 名队员要逐一上场击球，但投手可以只参加防守，不参与进攻。

9 名队员进攻时的击球棒次，按照赛前双方提供给主裁判的击球次序严格执行，不能变动。赛前，主裁判主持抽签，决定哪方先攻，哪方先守。比赛开始后，先守一方 9 名队员进入各自防守位置准备防守，先攻一方根据上报主裁的击球棒次，由排在第一棒的选手出场击球。第一局以后，每局双方的第一个击球员应为上一局最后完成击球任务的下一个击球员。

每局比赛由投手向攻方击球员投球开始。如果投手投出的球在落地前进入本垒板上空、低于击球员的腋部、高于击球员的膝部则为好球，否则为坏球。击球员有 3 次击球机会，如果 3 击不中，或者击出的球在落地前被防守队员接住，均判该击球员出局。如果击球员将投手投来的球打进界内，击球员就成为击跑员，取得跑垒的权利。此时击跑员可以根据自己击球的情况，按由一垒经二垒、三垒，最终到达本垒的顺序跑垒，也可以停在距离自己最近的垒包上成为跑垒员。在此过程中，如果击跑员被防守方封杀或触杀，均算为出局。跑垒员可以在投手再次投球出手的瞬间，选择继续向下一垒跑进或原地不动，但同一个垒包上不能同时有两名跑垒员。

进攻方每局累计有三人出局时，双方即交换攻守角色。但如果一名跑垒员能够在本方累计三名队员被杀出局前返回本垒，则计进攻方得一分。此外，如果投手在面对同一名击球员时，累计投出四记击球员未击的坏球，那么要保送击球员登上一垒，原来在一垒上的跑垒员则自动前进至二垒，以此类推。

　　垒球比赛共进行7局，每一局双方各进攻和防守一次。只有进攻方有权得分，最后以7局累计得分多的一方为胜。

三、专业术语

　　（1）安打。击球员无失误安全上垒的击球叫安打。安打按安全到垒的多少分为"一垒打""二垒打""三垒打""本垒打"。

　　（2）本垒打。击球员将球击出后（通常击出外野护栏），安全回到本垒叫本垒打。

　　（3）垒位。跑垒员为得分而必须按顺序踏触的、位于内场四角的四个位置叫垒位。

　　（4）投手。向击球员投球的守队队员。

　　（5）击球员。在击球员区内击球的攻队队员。

　　（6）击跑员。完成击球任务后向一垒跑进的攻队队员。

　　（7）跑垒员。安全到达一垒后继续进行进垒、偷垒、得分等进攻行为的攻队队员。

　　（8）击。击球员击球未中、好球未击、两击前击成界外球、触击成界外球、击球未中而球触及身体或击成"擦棒球"时都判为一击。

　　（9）平直球。异常快速，既不着地又不上升而直接飞向守场员的击球叫平直球。

　　（10）擦棒球。碰触球棒后迅猛而直接地到达接手手中并被接住的击球叫擦棒球。

　　（11）好球和坏球。投手投出的球在落地前，通过本垒板上空，低于击球员腋部、高于击球员膝部上沿的为好球，而与其相反或未从本垒板上方以及从两侧通过的球为坏球。

　　（12）界内球与界外球。击出的球落在内场，停在界外为界外球，落在界外，停在界内，为界内球。击出的球落在外场时，落点在界内的为界内球，落点在界外的为界外球。

　　（13）界内地区。从本垒经一、三垒边线及其延长线直到挡墙或围网（包括垂直的空间）以内的区域叫界内地区。

　　（14）界外地区。从本垒经一、三垒边线及其延长线直到挡墙或围网（包括垂直的空间）以外的区域叫界外地区。

　　（15）封杀。防守队员在完成封杀时，只需手握垒球，脚踩垒垫即可将跑垒员杀出局，无须碰触跑垒员身体。防守方采用封杀战术时，应从攻方最接近本垒的那名跑垒员开始杀起。

　　（16）触杀。防守队员接球后，通过用手碰触进攻队员身体一部分，使其出局的防守行为叫触杀。

　　（17）接杀。击球员击出高飞球，被防守队员直接接到，即被接杀出局。

　　（18）自由上垒。你可以选择跑向下一垒，也可以选择不跑而安全地留在现占的垒包上。例如，一垒上的跑者，在击球员击球任务未完成前，可以选择留在一垒或者偷向二垒，他的进垒与否是自由选择的，后面没有人逼迫他。同样，二三垒上跑者的相似情况也成立。

　　（19）被迫上垒。跑垒员由于击跑员上垒被迫放弃原占垒位而向下一垒位前进的跑垒行为叫被迫上垒。例如，你在一垒，击球员击出了界内球开始跑向一垒，你只能跑向二垒。这就是被迫进垒。相似的情况还有，一、二垒有人，满垒有人等，每个垒位上的跑者还有击球员在球打出来之后都是被迫上垒。

第十四章
腰旗橄榄球运动

第一节　腰旗橄榄球运动概述

　　橄榄球起源于 19 世纪早期的英国，原名拉格比足球（Rugby Football），简称拉格比，也被称为英式橄榄球。因其球形像橄榄，故被称为"橄榄球"。拉格比本是英国中部的一座城市，在那里有一所学校叫拉格比学校，这里是橄榄球的诞生地。一位名叫威廉·韦伯·埃利斯的学生，不顾当时足球规则的规定，用手抱着球跑，由此创造了有显著特点的拉格比足球比赛。

　　英式橄榄球随着英国移民被带到了北美大陆。在美国，英式橄榄球发生了本土化的转变，逐步成为美式橄榄球运动。美式橄榄球运动因其特有的竞技性，迅速风靡全美。美式橄榄球对抗性强，而腰旗橄榄球规定不允许抱人、推人，防守方位拉下持球进攻员腰带上的条腰旗，进攻即被阻止，是一种安全的"非冲撞"运动。

　　腰旗橄榄球是美式橄榄球的衍生运动之一。这项运动最早可追溯至 20 世纪 40 年代初期，普遍公认的诞生地是美国马里兰州的米德堡。这是一项由美国军人在军营中自发创造出来的休闲娱乐运动。创造这项运动的初衷是帮助军人保持身心健康，同时避免在战争期间出现不必要的伤病。战争过后这项运动被正式命名为腰旗橄榄球。

第二节　腰旗橄榄球运动基本技术

一、进攻技术

　　（一）传球
　　1. 基本技术
　　（1）持球。握球后 1/3 处，五指自然张开，根据手掌大小，让中指或无名指的第二指节扣住橄榄球缝合线第一格，并垂直于缝合线，手指尽可能贴合球，掌心留出一定空隙，手腕尽可能保持与手臂呈一条直线。
　　（2）准备姿势。身体侧对传球目标，眼睛始终注视传球目标，身体保持直立，双脚与肩同宽，右手握球，左手扶住另一面，将球置于颌前（图 14-2-1）。

（3）传球。

① 引臂：目视传球目标，左脚向前迈一小步转 90°，脚尖朝向传球目标，同时持球手抬肘向后引臂。在向后引臂时，肘关节要稍高于肩关节，手肘角度不超过 90°（图 14-2-2）。

图 14-2-1　传球准备姿势　　　　图 14-2-2　传球引臂动作

② 转体发力：右脚蹬地转髋，身体向前转体，重心逐步移动到两腿之间，同时肩关节、肘关节、手臂随着髋关节向前移动。当转至正面时，球尖指向传球目标（图 14-2-3）。

③ 出球及随挥动作：肩关节前伸，前臂顺势发力，向前下方做鞭打动作。当球由于惯性将要离手时，手指依次用力拨球，食指最后离开球，腕关节向内转动，大拇指朝下，掌心朝下或朝外，通过手指与橄榄球侧面的摩擦力，使球沿着顺时针方向高速旋转，身体重心落在左脚。出球后，手臂随着身体转动的惯性继续移动，自然落在左大腿内侧，右肩移到前方，正对传球方向（图 14-2-4）。

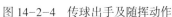

图 14-2-3　传球转体发力动作　　　　图 14-2-4　传球出手及随挥动作

2. 练习方法

（1）持球于头顶上方，右手向左手拨球，感受拨球要领。

（2）两人面对面站立，先练习正面传球，然后练习引臂、转体后的传球练习。

（二）接球

1. 基本技术

进攻和防守队员都需要接球，接球技巧也大致相同。但对于外接手来说，接球更是一项十分重要的技术。利用自身优势迅速摆脱防守、判断来球位置和方向、选择合适的接球手型，都是外接手应该具备的基本能力。如果配上精准的传球，将会使场上进攻变得更加流畅、精彩。

接球手型一般分为两种，一种是大拇指相连的接球手型，另一种是小拇指相连的接球手型。

（1）大拇指相连的接球手型。双肘微屈，手腕绷直，手掌心斜相对，两个大拇指靠拢，其他四指手指方向朝上，形成钻石型（图 14-2-5）。切记任何手指都不能指向来球，以免造成挫伤。接球时，首先判断来球的位置和方向，使球的前端飞入双手大拇指与食指形成的洞中，在触球瞬间，先迎后引。手指要握紧球，并逐步给球适当的阻力，以减缓来球的力量和速度。直到将球稳稳接住，接球时双手不要离身体太近，以免球砸到身体造成弹落。这种接球手型主要用于接胸部以上的传球，如正面胸前高位接球和侧面胸前高位接球。

图 14-2-5　大拇指相连的接球手型

（2）小拇指相连的接球手型。双肘微屈，手腕绷直，手掌心斜向上，五指自然张开，两个小拇指靠拢，其他手指不能指向来球（图 14-2-6），以免造成挫伤。接球时，首先判断来球的位置和方向，球前端飞入手指与手掌形成的洞中。在触球瞬间，先迎后引，手指要握紧球，并逐步给球适当的阻力，以减缓来球的力量和速度。接到球后，肘关节顺势后移，上体稍向前压，使球揽入怀中。这种接球手型主要用于接胸部以下的传球，如正面低位接球、侧面低位接球和背身接球（图 14-2-7）。

图 14-2-6　小拇指相连的接球手型

图 14-2-7　背身接球动作

2. 练习方法

（1）两人面对面站立，进行传球练习。

（2）跑指定线路，进行移动中接球练习。

（3）面对防守人，进行 1 对 1 移动中接球练习。

（三）开球

1. 基本技术

在每档进攻时都是中锋把球从胯下交给四分卫，球一离开地面，就表示比赛已经开始，因此中锋的开球是进攻中的第一环也是重要的一环。如果开球开不好，出现掉球的情况，那一档进攻就直接宣告结束。

中锋的开球技术分为胯下短开球和胯下长开球两种，根据战术安排四分卫会选择不同的开球方式。

（1）胯下短开球。

① 持球：大拇指握在球缝线上方，其他四个手指紧握球。这种握球方式使开出的球能够让四分卫迅速抓到球缝线。

② 准备姿势：球在中锋头部前方，将有缝合线的一面球体面向自己，将球调整到开球的最佳位置，一般球尖指向斜上方；站立时双脚略宽于肩，上体约与地面平行，膝关节弯曲，重心在前脚掌，抬头看进攻方向。右手臂伸直握球，左手置于同侧（图 14-2-8）。

图 14-2-8　准备姿势

③ 交递球：听到四分卫开球口令之后，中锋右手屈臂向后交递球，当球经过胯下时，手腕内旋，使球逆时针旋转 90° 成水平方向，然后直接将球放在自己的臀部下方位置。开球后，中锋左脚或右脚及时上步以保证开球后可以迅速移动到既定位置接球。

④ 四分卫接球动作：四分卫接球时双脚平行站立，目视前方，将重心作用于前脚掌，这样可以保证接球后向任意方向移动。四分卫双手接球时，右手在上，左手在下，两手的掌根相连，五指张开，右手背抵住中锋骶骨处，使右手正好紧贴与中锋臀部的下方，右手指与地面平行，左手指指向地面，保证双手有足够的击球空间。中锋开球时，最先碰到球的手应该是置于中锋臀部下方的手。接球后，将球持于胸前（图 14-2-9）。

图 14-2-9　中锋短开球与四分卫接短开球

（2）胯下长开球。

① 持球：同短开球。

② 准备姿势：同短开球。

③ 传球动作：中锋在开球前应快速看一眼四分卫的位置，有助于调整力量、角度和开球高度。当听到四分卫开球口令后，双臂向后做一个扫地的动作使球经过双腿之间，手臂尽量向后伸展，肘部不能弯，注意保持球的稳定性，球尖必须对准出球方向。当球经过胯下后，将球顺势传出，不可屈腕，通过手指与球的摩擦，使球逆时针旋转。出球后双手肘部碰到大腿内侧，手指指向四分卫，掌心朝上或外侧。一般传出球的高度为四分卫的胸前位置。

④ 四分卫接球动作：四分卫接球时双脚平行站立，目视前方，将重心作用于前脚掌，这样可以保证接球后向任意方向移动。双手屈臂持于胸前，肘关节自然下垂，五指张开，大拇指靠拢，其他手指指尖朝上，手腕绷直。接到传球后，持球于胸前（图 14-2-10）。

2. 练习方法

两人一组，相互练习开球、接开球。

（四）护球

不论是外接手接球后的持球继续向前还是跑锋持球后的冲跑，都需要保护好球，不让球在正常快速的跑动过程中滑落。护球技术虽然很小，但是很重要。

护球采用五点接触技术（五点，即手指、手掌、前臂、肋骨、腋窝）保护球，持球手的食指、中指分别位于球尖的两侧，确保球不会轻易滑落。跑动时，两臂自然随前跑动（图 14-2-11）。

图 14-2-10　四分卫接长开球　　　　　图 14-2-11　护球动作

（五）交递球

1. 基本技术

（1）真交递。真交递又分为前交递和后交递。前交递是指四分卫在身体前方交递球给跑锋，后交递是指四分卫在身后交递球给跑锋。一般后交递相对动作比较隐蔽，并且可以在启球线后进行多次交递，以欺骗对方的防守队员，所以运用得较多。本节主要介绍后交递的动作。

① 准备姿势：跑锋一般会位于四分卫的后方或侧后方，但根据不同的战术安排和现在的战术演变，跑锋的位置并不完全固定，也可位于四分卫身旁或前方。开球前，双脚前后开立与肩同宽，膝关节微屈、上身前倾、后背挺直，重心放在前脚掌，双手自然放松，抬头目视前方。

② 跑锋交接球动作：当跑锋向四分卫方向移动时，双手屈臂对球形成一个口袋状。贴近四分卫的一侧手臂要形成口袋的上半部分，跑锋要将该手臂的肘部抬至胸部高度，小臂与地面平行，手掌向下，手指稍弯曲。另外一只手臂形成口袋的下半部分，该手臂在腰部高度（靠近肚脐），手掌向上，两臂保持平行，两只手的肘关节不能超出身体（图 14-2-12）。在跑锋接近四分卫时，必须弯腰、弓背以缓冲球的冲击力，同时对球也起着保护和隐藏的作用，四分卫随后将球塞给跑锋。当球碰到跑锋胸部时，上下两手臂立即将球夹住，然后在球上侧的手做护球动作，并加速向前跑动。

③ 四分卫交递球动作（以跑锋与四分卫在右侧交接球为例）：四分卫接到中锋开球后，双手持球于胸前，转身向后朝跑锋方向移动，同时左手继续扶住球，右手从球的上端移到球的下方1/3处。当跑锋接近四分卫，双臂形成接球的形状时，四分卫松开左手，右手将球塞入跑锋的手中（图 14-2-13）。

图 14-2-12　跑锋交接球动作　　　　图 14-2-13　真交递球动作

（2）假交递。假交递是指四分卫与跑锋通过假的交接球，诱骗防守队员围堵跑锋或失去防守位置。四分卫迅速判断场上情况，传球给既定路线或有空位的外接手。只有四分卫与跑锋的假交递动作逼真，假跑真传的战术才能成功。假交递又分为持球假交递和无球假交递。

假交递中，跑锋的准备姿势和交接球动作和真交递完全一样，而且必须一样，这样才能诱骗到对方的防守队员。唯一不同的是四分卫在交递球时的动作。

① 持球假交递：四分卫接到中锋开球后，持球转身向跑锋方向跑动，持球手手臂伸直，做塞球给跑锋的动作。当接近跑锋时，迅速将球收回，同时跑锋一定要假装将球已经夹住，然后用身体和双手及时掩护好，诱骗防守队员认为球已经在跑锋手中，并立即向既定路线跑动以吸引防守注意力。四分卫则持球于胸前背对进攻方向继续移动，并转头看向进攻方向，寻找机会传球。

② 无球假交递：四分卫接到中锋开球后，持球转身向跑锋方向跑动，双手持球做塞球给跑锋的动作。当接近跑锋时，四分卫伸出无球的手臂迅速塞入跑锋的怀里，把球隐藏在另外一只手上，同时跑锋一定要假装将球已经夹住。然后用身体和双手及时掩护好。通常这种交递球方式速度快、较隐蔽，但如果配合不好易被防守队员发现。

2. 练习方法

两人一组，轮流进行两类交递球动作练习。

（六）后撤步（以三步后撤步为例）

四分卫从中锋胯下接到开球后，首先双手持球于胸前，同时身体向右转 90° 侧身，左脚前脚掌蹬地，右脚向后撤一大步（图 14-2-14），然后左脚在右脚前方做一个交叉步（图 14-2-15），做完交叉步后右脚再向后迈一步。三步后撤步要求"一大二小"，第一步

图 14-2-14　后撤步第一步　　　　图 14-2-15　后撤步中的前交叉步

要大，后面两步速度要快、步幅要小，从而保持身体平衡。完成后，四分卫立刻停止移动，躯干、肩部朝着传球目标，准备传球。在完成整个后撤步时，四分卫的眼睛始终注视前方。

五步、七步后撤步相较三步后撤步的区别只是从第一步大变成了前三步或前五步大，这三种步法的后两步都要求步幅小。

二、防守技术

1. 移动步法

防守队员必须跟上外接手的跑动节奏，才能进行干扰接球、拔旗或阻截。在防守时，防守队员要头脑冷静，根据球的移动和无球队员跑动情况，积极抢占有利地位，封堵抢断对手，阻止他们的进攻。因此，加强脚步动作训练，提高快速奔跑和灵活变向的能力是提高防守能力的基础。

（1）准备姿势。开球前，队员双脚平行开立（或前后开立）与肩同宽，膝盖微屈，上身前倾，后背挺直，重心放在前脚掌，双手自然放松，放于胸前，抬头目视前方，随时准备向左、右、前、后移动拔旗或阻截。

（2）防守移动步法。防守移动步法不是孤立的、单一的。防守时，根据外接手不同的跑动路线，往往会把多个步法结合起来运用。

① 后退跑：后退跑多应用于前场防守队员的防守，防守重点是外接手短距离的变向或鱼钩接球。要求防守队员双脚平行开立，上身前倾，肩部位于膝关节垂直线上方，重心降低，双脚向后移动的同时手臂前后摆动，保持身体平衡，目光始终盯着外接手。当外接手变向或做鱼钩接球时，快速向前或变向跑动，阻止外接手接球或拔旗。

② 侧滑步：侧滑步主要应用于前场防守队员根据外接手和球的方向进行横向移动或封堵持球跑动进攻的外接手。向左（右）移动时，左（右）脚向左（右）侧跨步，同时右（左）脚前脚掌内侧蹬地，随后右（左）脚向左（右）滑动。同时，两臂张开，保持屈膝。在移动中，身体重心平稳，不要起伏和跳跃。

③ 侧身跑：侧身跑多用于后场防守队员的防守，防守重点是外接手接中、长距离的传球。要求防守队员双脚前后开立，上身前倾，重心在前脚，当外接手接近防守队员时，迅速判断外接手的跑动路线是自己的左侧还是右侧，然后侧身紧跟外接手跑动，同时转头观察四分卫。一旦发现四分卫传球，立即阻止外接手的接球或拔旗。

④ 转身跑：转身跑主要应用于后场防守队员防守外接手接直线长传球。要求防守队员双脚前后开立，上身前倾，重心在前脚，当外接手接近防守队员时，防守队员重心移向中枢脚，移动脚的前脚掌蹬地跨步，上体随移动脚向后转动，转身后紧跟外接手继续跑动。防守直线长传球时，必须紧跟外接手，不要落在外接手的身后，当与外接手齐头并进时，才能转头观察四分卫传球。如果落后于外接手的速度，可以不回头看球，当外接手回头并做接球动作时，防守队员可以伸手干扰或破坏接球。

2. 拔旗

所有场上队员的腰间两侧都系有两条腰带（腰旗），持球进攻队员在进攻的时候被防守队员拔掉腰旗，则进攻方的这档进攻结束。因此，拔旗技术对防守队员非常重要，往往很多防守队员忽视了拔旗技术的练习，在比赛中出现漏旗，让外接手向前推进更多的码数，甚至得分。当防守队员练习拔旗时，需要注意以下要点：

（1）当防守队员接近外接手时，首先不是拔外接手的腰旗，而是封堵外接手的跑动路线，使外接手为了摆脱防守而改变方向，导致外接手的速度减缓，有利于防守队员的拔旗和围堵。

（2）防守队员拔旗时，眼睛紧盯外接手的腰部，不要看其他地方。拔旗要把握好时机和距离感，拔旗的中上部，做到快、准、狠。

（3）正面拔旗时，双手前伸拔进攻队员腰间两侧的腰旗（动作有点像美式橄榄球中的擒抱动作）。这样既使进攻队员有躲闪或旋转的动作，又能够保证有一侧旗被拔。如果是侧面拔旗，则用离进攻队员最近的那侧手拔旗。

3. 冲传

冲传是防守中非常有效的一种方式。冲传手需在开球前站在离启球线 7 码（1 码 ≈ 0.914 米）处的标志物后，可由一名或多名队员组成，当进攻方的中锋开球时，球一离开地面，冲传手就可以向前移动越过启球线去拔四分卫的腰旗或干扰，封堵四分卫的传球。成功的冲传能够有效限制四分卫的传球，速度越快，四分卫传球和观察进攻队员跑动的时间就越短，有时甚至球还没有传出去就被冲传手拔掉了腰旗，也称为"杀四"。因此，冲传手要速度快，具有良好的变向能力和身体平衡能力。在冲传时，需要注意以下要点：

（1）在中锋开球后，中锋或外接手会根据战术的要求做掩护（不能移动掩护），以阻挡冲传手快速地向四分卫方向移动，因此要求冲传手在向前跑动时能迅速判断掩护的方向，及时变向绕过掩护，选择最短的距离突袭四分卫。

（2）在接近四分卫时，要降低重心，不要因为跑速过快而被四分卫的假动作晃动失去重心，那会使四分卫拥有充足的传球时间。

（3）尽量从四分卫传球手臂的那一侧进行突袭，这样可以逼迫四分卫向另一侧进行移动，有时会导致四分卫传球时因动作不习惯而出现失误。

4. 抄截

抄截是指在比赛中防守队员拦截或抢断了四分卫给外接手的传球，获得控球权并直接完成攻防转换，持球向对方的阵地跑动进攻。抄截对于进攻方的打击往往是致命的，不仅会失去球权导致对方得分，而且会严重挫伤进攻方的士气和信心。但在比赛中想要抄截并不容易做到，需要防守队员做到以下几点：

（1）能够在紧盯自己防守的外接手的同时，观察四分卫的移动，判断四分卫的传球意图，当四分卫传出球时，迅速移动到位，将球抄截。

（2）防守队员需要拥有良好的接球能力，不论处在什么位置，不论来球是旋转还是翻转，都能够很好地将球接住。

（3）抄截不是靠一个人来完成的，它需要防守组的各个队员团结协作、默契配合。只有在其他队员防守到位的情况下，才可能有机会抄截。

第三节　腰旗橄榄球运动基本战术

（一）腰旗橄榄球进攻战术

1. 特点

（1）战术的稳定性。在腰旗橄榄球比赛中，设计每个战术时都要强调执行过程中的稳定性，即不轻易发生失误或丢失球权，提高每档进攻的成功率。如果战术设计考虑不周全，会把进攻的主动权让给对方，使球队处于被动状态。因此，在进攻战术的设计和执行过程中，稳是关键。

（2）战术的整体性。在比赛中所有的队员必须要把集体利益放在首位，在布置好战术后，每位队员必须服从战术安排，形成一个统一的整体来攻破对方的防守。不能自己随意改变跑动路线，使既定战术无法完成或达到预期的效果。

（3）战术的有效性。球队可根据不同的防守阵型设计自己的战术，在平时训练中不断实践和总结，找出战术中存在的问题，寻求最适合球队的打法，使球队在比赛时能够获得更高的成功率。

（4）战术的灵活性。在比赛中要时刻观察对方的防守阵型与防守方式，不能一味地进行跑球进攻或者传球进攻，需要根据对方的防守，随时变换自己的进攻战术才会起到出奇制胜、事半功倍的效果。

（5）战术的逼真性。这里所谓的真是相对的，有时假的也像真的一样。进攻队员的假动作、战术中的假跑动都是为了迷惑防守队员以提高战术的成功率，进攻战术中的虚与实、真和假往往是战术设计时常用的一种手段。

2. 腰旗橄榄球进攻战术制定原则

腰旗橄榄球的战术千变万化，球队不仅要根据本队球员的身体条件和特点设计战术，还要假设不同的防守阵型来调整战术，目的就是打乱对方防守。因此，在制定战术时需要强调以下几个原则：

（1）重点打击，长短结合。在制定战术时必须明确这次进攻的重点，是短传还是长传，并预先设计好接球的位置，一般按时间的顺序安排好2~3个接球点，当第一接球点没有出现空位时，则寻找第二或第三接球点。在四档进攻中合理安排好长传和短传的次序，做到长短结合，使对方的防守失去防守位置而造成失误，从而打击防守的信心。

（2）以多打少，把握时机。防守一般多采用区域防守，因此在制定战术时关键是要通过进攻队员的跑位，在某一区域形成二打一或三打一的局面，使对方的一名防守队员很难在同一时间内防守两名或三名在他的防守区域内处在不同位置上的进攻队员，从而提高接球的成功率。在进攻时，四分卫必须要把握好传球的时机，因为形成以多打少的局面有可能稍纵即逝，如果错过了，则可能使本方的进攻处于被动局面。

（3）灵活运用，减少失误。比赛场上的情况是瞬息万变的，对方的防守也会根据进攻的变化而变化。要打好自己的进攻必须观察和了解对方的防守方式和阵型，找出对方的防守弱点，采用合理有效的进攻战术。有时候相同的进攻战术，根据对方的防守弱点，只要改变某个队员的跑位就有可能找到空位传球，形成新的进攻战术。在每次进攻时，必须保证进攻的有效性，做到宁可不传，不可误传，否则一旦发生被防守抄截，对本方的士气有巨大影响或成为比赛的转折点。

3. 进攻战术的分类

按照四分卫的传球方式，可以把进攻战术分为长传战术、短传战术和跑球战术。按照比赛场上进攻位置，可以分为推进战术、射门战术和达阵战术。按照队员排列特点，可以分为密集型站位战术和稀疏型站位战术。按照战术针对性，可以分为破人盯人防守战术和破区域防守战术。进攻时一般不会只使用一种战术，而是根据场上情况灵活使用多种战术，让防守方顾此失彼才能取胜。

（二）腰旗橄榄球防守战术

1. 要求

（1）培养勇猛顽强的精神。腰旗橄榄球是一项激烈的球类运动，比赛变化莫测，争夺激烈。因此，必须具有勇猛顽强的精神，要勇于对抗。

（2）加强防守的意识训练。培养观察能力是防守意识训练的前提。强化视野训练，防守队员要在紧盯外接手的同时观察四分卫的移动。通过观察，提高分析判断能力，在四分卫传球的同时提前做出预判、防守到位。

（3）着重个人防守技术的基础训练。个人防守技术是全队防守战术的基础，个人防守技术水平直接影响全队防守的战术水平。其重点在于加强防守脚步动作、防守姿势、手部动作、防守选位的训练，在训练中要注意逐渐提高队员防守训练的强度、难度和对抗能力。

（4）提高体能。防守时需要队员始终保持在有利的防守位置，就要根据外接手的跑动路线，不断调整自己的防守姿势和脚步动作，确保外接手在自己的防守范围内，这就要求防守队员具有良好的身体素质。因此在训练中，要着重加强身体素质的练习，如速度、力量。

（5）强化防守的整体性。全队的防守思想必须高度统一。在进行防守时，思想要一致，行动要统一。只有在个人防守技术好、团队配合默契的基础上，才会防止出现漏防、补位不及时等情况，可减少失误，有效阻止进攻方向前推进。

2. 基本方法

（1）三角防守。当进攻队员接到传球的时候，要求防守队员对持球进攻队员形成三角防守。

① 正面阻截：距离持球进攻队员最近的防守队员负责正面截击进攻队员。他的任务是阻止进攻队员继续向前推进并迫使他减速变向，等待其他防守队员的包夹围堵。

② 协防：当最近的防守队员迫使持球进攻队员改变方向的时候，距离较近的其他防守队员应当承担协防的任务。协防队员迅速从侧面堵截进攻队员的变向路线，等待其他防守队员的包夹围堵。如果有机会迫使进攻队员变向，则与正面防守队员配合，一起拔下对方腰旗。

③ 断后：断后的防守队员应跟踪进攻队员，并尽快缩短和协防队员之间的距离，断后的队员必须对持球队员形成最终的包围圈，使进攻队员无路可逃，并拔下对方腰旗。

（2）利用边界。

① 在防守时，防守队员应利用进攻队员不能出界的规则，尽力把持球进攻队员逼到边线处。

② 当把进攻队员逼向边线处时，边线则充当防守队员的角色，进攻队员必须降速变向，这就为其他防守队员的围堵争取时间，最终形成包围并将持球队员逼至角落的形势，同时迅速拔下对方的腰旗。

3. 防守战术的类型

（1）人盯人防守战术。人盯人防守战术是指每个防守队员盯住一个进攻队员，控制其行动，并协助同伴完成全队防守任务的整体防守战术。腰旗橄榄球规则的规定，离启球线 7 码（1 码 ≈ 0.914 米）标志物后的防守队员可以突袭四分卫（在四分卫没有交递球或假传动作的情况下），因此在对四分卫的防守上，防守方专门有一名冲传手，以最快的速度移动到四分卫身边对其传球进行干扰或拔旗，其他防守队员则采取人盯人防守站位（每位防守队员对应一位进攻队员）。在比赛中，人盯人防守常用于离本方达阵区距离非常近或防守队员个人能力比较强的情况。

人盯人防守战术的基本要求：

① 防守策略以防人为主。

② 对外接手采用贴身紧逼防守、扩大防守面积、积极拼抢，不给外接手轻易接球的机会。一旦外接手接到球，必须第一时间防守到位，并迅速拔旗。

③ 在防守中，尽量做到人、球兼顾。在防守外接手的同时，观察四分卫的移动，预判四分卫的传球意图，及时防守到位，破坏或干扰外接手的接球。

④ 在应对进攻方交叉掩护时，要及时主动堵截外接手的移动切入路线。提前破坏其与其他外接手的配合。

⑤ 防守队员站位不要在一条直线上，尽量错位防守，在进攻方交叉掩护后能够及时互换防守。

⑥ 在严密控制对手的基础上，随时准备协防、补防，充分体现防守的主动性和整体性。

⑦ 冲传手必须快速绕过掩护移动到四分卫跟前，干扰四分卫的传球和拔四分卫的腰旗。冲传手的速度往往是制约四分卫传球精准度和距离的关键。

（2）区域防守战术。区域防守战术是指每个防守队员划分了各自的防守区域，负责防守进入该区域的进攻队员，并互相协同照应，形成的一个整体防守战术。在腰旗橄榄球比赛中，区域防守战术应用得较多。

区域防守的基本要求：

① 在防守中以防守进入该区域的人为主。

② 在各自的防守区域中，尽量做到人、球兼顾。在防守外接手的同时，观察四分卫的移动，预判四分卫的传球意图，及时防守到位，破坏或干扰外接手的接球。

③ 当前排的防守区域中出现两名或两名以上的外接手时，必须优先防守跑动距离短的外接手，跑动距离长的外接手交给后场防守队员防守或协防。

④ 防守后场的防守队员不能让外接手轻易地跑到自己的身后，必须紧盯外接手，以防其接到长传球后对防守形成致命打击。

⑤ 在各自的区域内紧盯外接手的同时，随时准备协防或补防其他区域，充分体现防

守的主动性和整体性。

⑥当外接手在自己防守的区域内接到传球时，必须第一时间堵截或拔旗。

⑦冲传手必须快速绕过掩护移动到四分卫跟前，干扰四分卫的传球和拔四分卫的腰旗。冲传手的速度往往是制约四分卫传球精准度和距离的关键。

第四节　腰旗橄榄球运动基本竞赛规则

（一）场地

场地为长 70 码（含两个达阵区各 10 码），宽 30 码的长方形区域（1 码 ≈ 0.914 米）。

（二）参赛者

一支队伍由 8~10 人组成，比赛采用 5 人制，攻防双方各需派出 5 名队员参赛。

（三）比赛时间

比赛总时间分上、下半场，各 10 分钟，总计 20 分钟，中场休息 3 分钟。每档进攻的进攻时间为 30 秒，从裁判放置球之后开始倒计时。除球员受伤、场上最后 2 分钟死球会停表之外，其他比赛时间内均不停表。

（四）暂停与换人

全场比赛双方各有 1 次暂停机会，暂停时间为 60 秒。场上换人次数不受限制，但必须在每一档进攻结束之后，下一档进攻开始之前完成。

（五）死球

死球指在规则范围内比赛中出现进攻停止的球。以下几种情况为死球：

（1）持球队员腰旗被拔或掉落。

（2）持球队员跑出界。

（3）除脚以外，持球者身体其他部分接触地面。

（4）球出界或落地。

（5）任何形式的得分后。

（6）球员受伤后裁判鸣哨。

（7）违例、犯规后裁判员鸣哨。

（六）加时赛

采用交替进攻法。即双方各获得一次在对方 5 码线的位置再进攻一档的机会，如仍未分出胜负，双方调整攻防顺序之后继续 1 档 5 码得分的进攻。两轮加时仍未分出胜负，则从第三轮加时开始，进攻起始位置退后到对方 10 码线，直至分出胜负。

（七）计分方式

1. 达阵：6 分

进攻球员在达阵区内街道传球或持球跑进对方达阵区时，腰旗没有被防守队员拔掉或掉落。

2. 附加分：1 分或 2 分

每次达阵后，得分方必须选择执行一次附加分。1 分附加分指在距离对方端区 5 码的位置再执行一档进攻，达阵可得 1 分，否则不得分；2 分的距离为 10 码线。

3. 安全分：2 分

安全分有 4 种情况：① 球掉落在本方达阵区内；② 进攻方球员持球跑出达阵区边线或底线；③ 进攻方球员持球在本方达阵区内被扯旗；④ 进攻方持球人在本方达阵区内除脚之外任何部位触地。

注：在男女混合赛制中，女生的任何得分为双倍。

（八）进攻规则

进攻方正常的进攻起始位置为本方 5 码线，要求在 4 档进攻内推进至少过半场以获得新的 4 档进攻机会或得分。过半场后，再在 4 档进攻次数内完成得分。否则，其他所有情况，攻防转换。

需要特别注意的进攻规则：

（1）进攻方四分卫不得接球后直接冲跑。

（2）四分卫必须在 7 秒内完成传球或交递球。

（3）距离中线 5 码的范围内以及距离达阵区 5 码的范围内为"非跑区"，在"非跑区"内开始的进攻只准使用传球进攻，不得使用跑球进攻。

（4）进攻方球员在开球前除 1 人可以横向或向后移动外，其余人必须保持静止状态 1 秒才可开球。

（5）进攻方完成传球或持球人跑过启球线后，除持球人外，其余队员均不得再移动。

（6）持球人不得使用跳跃、俯冲等动作躲避扯旗。

（7）除正常跑动和转身之外，持球人不得以任何方式阻止防守人扯旗。

（九）防守规则

（1）不得主动寻求身体接触，不得推、拉、拽、绊。

（2）.防守方可以接球，称为"抄截"，抄截之后攻防立即转换，抄截人可直接向对方达阵区奔跑进攻。如在进入达阵区前被扯旗或出界，则第 1 档进攻起始位置在被扯旗处或出界处。

（3）冲传手必须在进攻方开球前，位于距离启球线 7 码之外的任何位置。冲传人数不限。

（4）拔旗，须特别注意的是在男女混合赛制中，男生拔女生腰旗必须由 2 人分别拔下两侧的腰旗才算完成。

第十五章
武术与民族传统体育项目

第一节 武术概述

一、武术的起源

武术的起源可以追溯到远古先民的生产活动中。远古时期，人们为了生存不得不与兽斗，在狩猎的过程中逐渐学会了徒手和使用木棒、石头等器具击打野兽的方法。通过本能和无意识的身体动作积累，人类逐渐形成了比较合理的攻击技能与防守技能。此外，武舞也是原始社会时期人们集宗教祭祀、教育、娱乐以及搏斗训练为一体的活动方式，人们通过武舞来模拟在狩猎、战争场景中搏斗的动作，幻想产生一种超自然的力量来战胜对手。武舞现象既是对搏杀技能操练的一种形式，也是宣扬武威的一种手段。

随着狩猎工具的不断创新和生产力的发展，为了部落或民族利益，抑或为了满足贪欲，人类频繁爆发战争。大量的生产工具转化为互相残杀的武器，在人与兽斗的过程中积累起来的技能也随之转变为人与人之间的搏杀格斗。这一时期，人类在踢、打、摔、拿、劈、砍、击、刺等技术上不断地加以强化，积累了丰富的经验，同时也具有了创造锋利工具的能动性和使用工具方法的主动性。这种在战争中运用格斗技术的自觉性，标志着武术的初步形成。

二、武术的发展概况

在夏、商、周时期，田猎和武舞是武技训练的主要手段。据《礼记·月令》载："天子乃教于田猎，以习五戎。"五戎即弓矢、殳、矛、戈、戟 5 种兵器。田猎是训练对各种武器的使用及驭马驾车，是集身体、技术、战术为一体的综合训练。这一时期的武舞由原始时期的武舞发展而来，是将用于实战的格杀经验按一定程式来训练，是古代武术由感性认识向理性认识的升华、由支离破碎向系统化演进的象征。

春秋战国时期是我国封建社会转型的剧烈变化时代。频繁的战争推动了练兵习武的空前盛行，武术开始向多样化发展，手搏、角力在民间拥有广泛的市场，可用拳打脚踢、连摔带拿、运用奇巧战术来制胜对方。另外，在与文化的交融中，武术逐渐与养生相结合，逐渐形成了注重整体、强调精气、平衡阴阳的保健思想，这对武术的发展产生了重要影响。

近代中国，国势日渐衰弱，有许多爱国志士寻求救国救民的途径，提出了"强种强国"的思想。因此，武术被作为一种尚武强国的重要教育手段推向学校。一批武术家结合传统武术的内容与西方军事体操的特点，创编了《中华新武术》，为近代武术转型做了有益的尝试。

20世纪90年代，随着我国体育体制改革的深化，武术呈现出新的发展趋势。在1992年全国武术工作会议上，提出了编写大、中、小学的武术教材，倡导将民族体育和现代体育联系起来进行教学，这些措施对于武术在学校的开展起到了较大的促进作用。更令人关注的是，为建立规范的全民武术锻炼体系，1997年，国家体委批准颁布实施了"中国武术段位制"，该段位制将武术定为三级九段，推动了武术的发展。

1990年，在北京举行的第11届亚运会上，武术被列为正式比赛项目。1991年，又在北京举办了首届世界武术锦标赛。这标志着武术由国际性的赛事向世界性的竞赛转变取得成功。

通过多方筹措与不懈努力，中国武术以奥运会非正式比赛项目的方式进入第29届奥运会，这表明作为中华民族传统体育项目的武术正逐渐被世界所接纳，竞技武术在世界的传播和影响已不容忽视，武术终于初步实现了竞技武术国际化的目标。

三、武术的特点和价值

武术作为一项历史悠久的运动项目，汇聚了不同地域、不同民族的智慧，形成了拳种丰富、器械多样的运动形式。武术不同于其他任何体育项目，它具有浓厚的中国传统文化特点。踢、打、摔、拿、击、刺、砍、劈等多种攻防动作是组成武术套路的主要内容，也是武术搏斗项目中经常使用的技术动作；武术自身的发展规律，集中体现了武术技击性的本质；武术的习练讲究内外合一，形神兼备；在长期的历史演变中，武术又受到中国古代哲学、美学等方面的影响，形成了独具民族特色的运动形式。

长期坚持武术练习，能够加强人体肌肉韧带的伸展性，加大关节的运动幅度，提高人体的反应速度、力量、灵巧、耐力，增强人体的免疫力，对治疗多种慢性疾病和调节人体内环境平衡均有良好的医疗保健作用。同时，掌握搏斗运动的技法和规律，能促进攻防格斗的意识，既可以增强体质，又可以防身自卫。

武术在长期的发展过程中，继承和发扬了中华民族重礼仪、讲道德的优秀传统。"习武先习德""武训"说明武术历来十分注重武德教育。"尚武"与"崇德"是武术习练过程中的两个重点，可以培养习武者尊师重道、讲礼守信、宽以待人、严于律己、坚韧不拔的良好心理素质和高尚的道德情操。

武术运动也具有很高的观赏价值。武术套路的节奏美，踢、打、摔、拿、跌巧妙结合的方法美，内外合一、形神兼备的和谐美，给人们带来了强烈的视觉震撼和精神冲击，极大地丰富了人们的文化生活。

四、武术的内容与分类

武术运动按照形式，可分为功法、套路和格斗。

（一）功法

功法又称基本功，是以单个动作为主的练习，以提高武术套路和武术搏斗项目中身体某方面的能力。从锻炼的形式与功用来分，功法又可分为内功、外功、轻功和柔功。

1. 内功

通过站桩、静坐等练习方法，可使练习者达到精足、气壮、神明、内脏坚实、经络血脉通畅、内壮外强的功效。

2. 外功

通过击打、跌摔等练习方法，可使练习者达到强筋骨、壮体魄的功效。

3. 轻功

通过各种弹跳动作的练习，可使练习者达到蹦得高、跳得远的功效。

4. 柔功

通过压肩、压腿、下腰等练习方法，可使练习者达到提高肢体关节活动幅度和肌肉伸展能力的功效。

（二）套路

套路是指以技击动作为内容，以攻守进退、动静疾徐、刚柔虚实等矛盾运动的变化规律为依据编成的整套练习。按照套路运动形式，又可分为单练、对练和集体演练。

1. 单练

单练是单人演练的套路，包括徒手套路和器械套路。

（1）徒手套路是徒手练习的套路运动，主要有长拳、太极拳、南拳、形意拳、通背拳、八极拳、八卦掌、劈挂拳、翻子拳、地躺拳、少林拳、象形拳等。

（2）器械套路是手持武术兵器练习的套路运动。器械的种类很多，可分为短器械、长器械、双器械和软器械4种。短器械主要有刀、剑、鞭等；长器械主要有枪、棍、大刀等；双器械主要有双刀、双剑、双钩、双枪等；软器械主要有三节棍、九节鞭、绳镖、流星锤等。

2. 对练

对练是两人或两人以上按照预定动作进行的假设性实战演练的套路形式，包括徒手对练、器械对练和徒手与器械的对练等。

3. 集体演练

集体演练是集体进行的徒手、器械和徒手与器械的演练。要求6人以上同时演练，队形整齐，动作协调一致，可变换队形并有音乐伴奏。

（三）格斗

格斗是两个人在一定条件下按照一定的规则进行斗智、较技、较力的对抗实战形式。

1. 散打

散打是以徒手的运动形式在擂台上进行的。使用踢、打、摔等方法制胜对方的竞技项目。

2. 推手

推手是以徒手的运动形式，使用掤、捋、挤、按、采、挒、肘、靠等技法，双方粘连粘随，通过肌肉感觉借劲发力将对方推出，以此决定胜负的竞技项目。

3. 短兵

短兵是两人手持一种特制的短器械，主要使用劈、砍、斩、刺等方法进行决胜负的竞技项目。

五、武术基本功

（一）手型和步型

1. 手型

（1）拳。五指握紧，拇指压在食指、中指的第二指节上。拳面要平，腕要直（图15-1-1）。

（2）掌。四指伸直并拢、向后伸张，拇指屈靠于虎口处或外展（图15-1-2）。

（3）勾。五指捏拢屈腕（图15-1-3）。

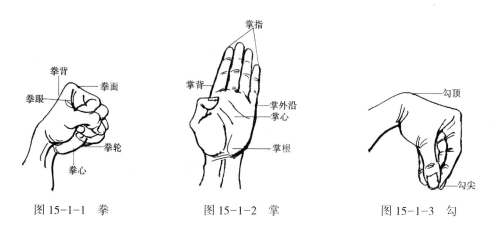

图15-1-1 拳　　　　　　图15-1-2 掌　　　　　　图15-1-3 勾

2. 步型

（1）弓步。两脚前后开立一大步，为本人脚长的4~5倍，前腿屈膝，膝与脚尖垂直，后腿挺直，脚尖外撇约45°，两脚全脚着地。上体正对前方，眼平视，两手抱拳于腰间（图15-1-4）。弓右腿为右弓步，弓左腿为左弓步。

（2）马步。两脚平行开立（约为本人脚长的3倍），脚尖正对前方，屈膝半蹲，大腿接近水平，膝不超过脚尖，全脚着地，身体重心落于两腿之间，两手抱拳于腰间（图15-1-5）。

（3）仆步。两脚左右开立，一腿全蹲，大小腿靠紧，臀部接近脚跟，全脚掌着地，膝、脚尖外展（约45°）；另一腿伸直平仆，脚尖内扣，全脚着地。两手抱拳于腰间，眼向仆腿方向平视（图15-1-6）。仆左脚为左仆步，仆右脚为右仆步。

图15-1-4 弓步　　　　　　图15-1-5 马步　　　　　　图15-1-6 仆步

（4）虚步。两脚前后开立，后脚尖外展约 45°，屈膝半蹲，左脚跟离地，脚面绷直，脚尖稍内扣，虚点地面，重心落于后腿上，两手叉腰，眼平视（图 15-1-7）。左脚在前为左虚步，右脚在前为右虚步。

（5）歇步。两腿交叉靠拢全蹲，前脚全脚着地，脚尖外展，后脚前脚掌着地，臀部坐于后小腿接近脚跟处，两手抱拳于腰间（图 15-1-8）。左脚在前为左歇步，右脚在前为右歇步。

图 15-1-7　虚步　　　　　　　　图 15-1-8　歇步

（二）肩臂功

1. 压肩

（1）两人相对，开立步站立，上体前倾，双方互扶肩部，用力向下振动压肩（图 15-1-9）。

（2）并立步或开立步，面对肋木或一定高度的物体，两臂伸直，上体前倾，做下振压肩动作（图 15-1-10）。

图 15-1-9　压肩（双人）　　　　　图 15-1-10　压肩（单人）

2. 单臂绕环

弓步站立，一手按于膝上，另一臂伸直做向前、向后绕环动作（图 15-1-11）。

图 15-1-11　单臂绕环

3. 双臂绕环

开立步站立，两臂同时或依次做向前、向后绕环动作（图 15-1-12）。

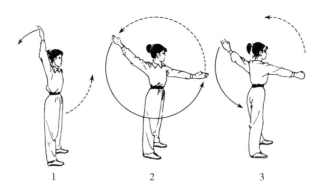

图 15-1-12　双臂绕环

（三）腿功

1. 压腿

（1）正压腿。一腿前伸放于架上，脚尖勾紧，支撑腿脚跟着地，上体前俯，两手抱紧前脚掌，以下颌尽力接近脚尖。或者可利用肋木，一脚在肋木上，脚尖勾紧，两手按在膝上，两腿伸直，体前屈下压，两臂屈肘（图 15-1-13）。

（2）侧压腿。身体侧对肋木等物体，将一腿伸直，脚放于架上，脚尖勾紧；支撑腿挺直，脚内侧正对肋木，上体向被压腿侧侧屈（图 15-1-14）。

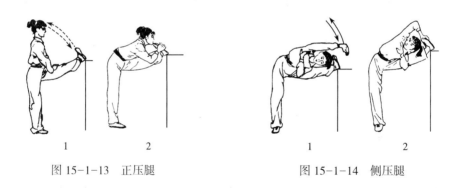

图 15-1-13　正压腿　　　　　　　　图 15-1-14　侧压腿

2. 腿法

（1）正踢腿。并步，两臂侧平举，屈腕立掌或两手叉腰。一脚上前半步，直立支撑；另一腿脚尖勾紧并轻快有力地向前额处踢起，下落成并腿直立（图 15-1-15）。

（2）侧踢腿。并步，两臂侧平举，屈腕立掌。右脚向前上半步，脚尖外撇，身体微右转，左脚尖勾紧，向左侧脑后踢起。同时，右臂上举，左臂屈肘立掌于右肩前或体前按掌，落下时脚跟靠拢支撑脚（图 15-1-16）。

（3）外摆腿。并步，两手侧平举，屈腕立掌。一脚上半步，腿自然伸直，全脚着地；另一腿向异侧方踢起，经面前向同侧方做直腿摆动，落在支撑腿旁，眼平视前方（图 15-1-17）。

图 15-1-15 正踢腿

图 15-1-16 侧踢腿

图 15-1-17 外摆腿

（4）里合腿。并步，两手侧平举，屈腕立掌。一腿上半步，自然伸直，全脚着地；另一腿向侧上方踢起，经面前向异侧方向（向内）扇面直腿摆动，落于支撑腿外侧（图15-1-18）。

（5）弹腿。并步，两手叉腰，右腿屈膝摆起，大腿与腰平，右脚绷直。提膝接近水平时，猛力向前平踢，力达脚尖，高于腰平，左腿伸直或微屈支撑，眼视前方（图15-1-19）。

图 15-1-18 里合腿

图 15-1-19 弹腿

（6）蹬腿。动作与弹腿相同，唯脚尖勾起，力点达于脚跟。

（7）侧踹腿。两腿左右交叉，右腿在前，接着右腿蹬直或稍屈，左腿屈膝提起，脚尖勾起内扣，脚跟用力向左侧上方踹出，稍高于腰，上体向右侧倾，眼视左侧方（图15-1-20）。

图 15-1-20 侧踹腿

（四）腰功

1. 俯腰

并步，两手五指交叉，两臂上举，手心翻上，上体前俯，两手尽量贴地。然后两手松开，抱住两脚，胸部贴近大腿。还可以向左、右两侧俯腰，两手贴触脚外侧地面（图15-1-21）。

2. 甩腰

开步，两臂上举，以腰髋为轴，上体做前后屈甩动，后屈时要抬头、挺胸、挺腹（图15-1-22）。

图 15-1-21　俯腰　　　　　　　　　　　图 15-1-22　甩腰

3. 涮腰

两脚开立，略宽于肩，两臂自然下垂。以腰髋为轴，上体前倾，经右侧屈、后屈、左侧屈绕环一周，两臂随之绕动（图 15-1-23）。

图 15-1-23　涮腰

（五）平衡

1. 提膝平衡

支撑腿直立站稳，上体正直，另一腿在体前屈膝提近胸，小腿斜垂里扣，脚面绷平内收（图 15-1-24）。

2. 望月平衡

支撑腿直立站稳，上体侧倾拧腰向支撑腿同侧方上翻，挺胸塌腰。后举腿在身后向支撑腿的同侧方上举，小腿屈收，脚面绷平（图 15-1-25）。

图 15-1-24　提膝平衡　　　　　　图 15-1-25　望月平衡

（六）跳跃练习

1. 腾空飞脚

摆动腿高提，起跳腿上摆伸直，脚面绷平，脚高过肩，击手和拍脚连续快速、准确响亮（图 15-1-26）。

图 15-1-26　腾空飞脚

2. 旋风脚

摆动腿直摆或屈膝，起跳脚伸直，向内腾空转体 270°，异侧手击拍脚掌，脚高过肩，击拍响亮，转体 360° 落地（图 15-1-27）。

图 15-1-27　旋风腿

第二节　初级长拳三路

一、动作名称

组别	动作名称			
起势	1. 并步站立	2. 虚步亮掌	3. 并步对拳	
第一段	1. 弓步冲拳 5. 弹腿冲拳	2. 弹腿冲拳 6. 大跃步前穿	3. 马步冲拳 7. 弓步击掌	4. 弓步冲拳 8. 马步架掌
第二段	1. 虚步栽拳 5. 马步击掌	2. 提膝穿掌 6. 叉步双摆掌	3. 仆步穿掌 7. 弓步击掌	4. 虚步挑掌 8. 转身踢腿马步盘肘

组别	动作名称			
第三段	1. 歇步抡砸拳	2. 仆步亮掌	3. 弓步劈拳	4. 换跳步弓步冲拳
	5. 马步冲拳	6. 弓步下冲拳	7. 叉步亮掌侧踹腿	8. 虚步挑拳
第四段	1. 弓步顶肘	2. 转身左拍脚	3. 右拍脚	4. 腾空飞脚
	5. 歇步下冲拳	6. 仆步抡劈拳	7. 提膝挑掌	8. 提膝劈掌弓步冲拳
收势	1. 虚步亮掌	2. 并步对拳	3. 并步站立	

二、动作说明及图解

起势：

1. 并步站立（图 15-2-1）

两脚并步站立，两臂垂于身体两侧，眼向前平视。

动作要点：头要端正，颌微收，挺胸、塌腰、收腹。

2. 虚步亮掌（图 15-2-2）

右脚向右后方撤步，右掌向右向上、向前划弧，左臂屈肘，左掌提至腰侧，掌心向上，目视右掌。

右腿微屈，重心后移。左掌经胸前从右臂上向前穿出伸直，右臂屈肘，右掌收至腰侧，掌心向上，目视左掌。

重心继续后移，左脚稍向右移成左虚步，左臂内旋向左、向后划弧成勾手，右手继续向后向右向前上划弧，屈肘抖腕，在头前上方屈腕亮掌，目视左方。

动作要点：动作必须连贯。成虚步时，重心落于右腿上，左脚尖点地。

视频：初级长拳三路完整动作示范

图 15-2-1　并步站立

图 15-2-2　虚步亮掌

3. 并步对拳（图 15-2-3）

右腿蹬直，左腿提膝，上体姿势不变。

左脚向前落步，重心前移。左臂屈肘，左勾手变掌经左肋前伸，右臂外旋向前下落于左掌右侧，掌心向下。

右脚向前上一步，两臂下垂后摆。

左脚向右脚并步，两臂向外向上经胸前屈肘下按停于小腹前，目视左侧。

动作要点：并步后挺胸、塌腰；对拳、并步、转头要同时完成。

图 15-2-3　并步对拳

第一段：

1. 弓步冲拳（图 15-2-4）

左脚向左上一步，脚尖向斜前方，右腿微屈成半马步。左臂向上、向左格打，右拳收至腰侧，拳心向上，目视左拳。右腿蹬直成左弓步，左拳收至腰侧，拳心向上，右拳向前冲出，高与肩平，目视右拳。

动作要点：成弓步时，右腿充分蹬直，脚跟不要离地；冲拳时，尽量转腰顺肩。

2. 弹腿冲拳（图 15-2-5）

重心前移至左腿，右腿屈膝提起，猛力向前弹出伸直，高与腰平。右拳收至腰侧，左拳向前冲出，目视前方。

动作要点：支撑腿可微屈，弹出的腿要用爆发力，力点达于脚尖。

图 15-2-4　弓步冲拳　　　　　　图 15-2-5　弹腿冲拳

3. 马步冲拳（图 15-2-6）

右脚向前落步，脚尖里扣，上体左转。左拳收至腰侧，两腿下蹲成马步，右拳向前冲出，目视右拳。

动作要点：成马步时，大腿要平，两脚平行，脚跟外蹬，挺胸、塌腰。

4. 弓步冲拳（图 15-2-7）

上体右转 90°，右脚尖向斜前方外撇成半马步。右臂屈肘向右格打，目视右拳。左腿蹬直成右弓步，右拳收至腰侧；左拳向前冲出，目视左拳。

动作要点：与本段的弓步冲拳相同，唯左右相反。

5. 弹腿冲拳（图 15-2-8）

重心前移至右腿，左腿屈膝提起，猛力向前弹出伸直，高与腰平。左拳收至腰侧，右拳向前冲出，目视前方。

动作要点：与本段的弹腿冲拳相同。

6. 大跃步前穿（图 15-2-9）

左腿屈膝，右拳变掌以手背向下挂至左膝外侧，上体前倾，目视右手。

左脚向前落步，右掌继续向后挂，左拳变掌，向后向下伸直，目视左掌。

右腿屈膝向前提起，左腿立即猛力蹬地向前跃出。两掌向前向上划弧摆起，目视左掌。右腿落地全蹲，左腿随即落地向前铲出成仆步，右掌变拳抱于腰侧，左掌由上向右、向下划弧成立掌，停于右胸前，目视左脚。

动作要点：跃步要远，落地要轻。

图 15-2-6　马步冲拳　　　　　　　图 15-2-7　弓步冲拳

图 15-2-8　弹腿冲拳　　　　　　图 15-2-9　大跃步前穿

7. 弓步击掌（图 15-2-10）

右腿猛力蹬直成左弓步，左掌经左脚面向后划弧至身后成勾手，右拳由腰侧变掌向前推出，目视右掌。

动作要点：推掌、勾手与弓步一致，左手向后上勾时不要挟上臂，不要弓腰、突臀、上体前倾。

8. 马步架掌（图 15-2-11）

重心移至两腿中间，左脚尖里扣成马步。右臂向左侧平摆，同时左勾手变掌由后经左腰侧从右臂内向前上穿出，目视左手。

图 15-2-10　弓步击掌　　　　　图 15-2-11　马步架掌

右掌立于左胸前，左臂向左上屈肘抖腕亮掌于头部左上方，目向右转视。

动作要点：马步同前。

第二段：

1. 虚步栽拳（图15-2-12）

右脚蹬地，左腿伸直，以前脚掌为轴向右后转体180°。右掌由左胸前向下经右腿外侧向后划弧成勾手，左臂随体转动并外旋，目视右手。

右脚向右落地，重心移至右腿上，下蹲成左虚步。左掌变拳下落于左膝上，拳心向后，右勾手变拳，屈肘向上架于头右上方，拳心向前，目视左方。

动作要点：右手勾挂要贴近右膝外侧，虚步右腿要蹲成水平。

2. 提膝穿掌（图15-2-13）

右腿稍伸直，右拳变掌收至腰侧，左拳变掌由下向左向上划弧盖压于头上方，掌心向前。

右腿蹬直，左腿屈膝提起。右掌从腰侧经左臂内侧向右前上方穿出，左掌收至右胸前成立掌，目视右掌。

动作要点：支撑腿与右臂充分伸直。

3. 仆步穿掌（图15-2-14）

右腿全蹲，左腿向左后方铲出成左仆步。右臂不动，左掌由右胸前向下经左腿内侧，向左脚面穿出，目随左掌转视。

动作要点：穿掌后两臂要呈一条直线，切忌右臂下垂。仆步左脚尖要向内扣紧。

图15-2-12 虚步栽拳

图15-2-13 提膝穿掌

图15-2-14 仆步穿掌

4. 虚步挑掌（图15-2-15）

右腿蹬直，重心前移至左腿成左弓步。右掌稍下降，左掌随重心前移向前挑起。

右脚向左前方上步成右虚步，身体左转180°。同时，左掌由前向上向后划弧成立掌，右掌由后向下向前挑起成立掌，目视右掌。

动作要点：上步要快，虚步要稳。

5. 马步击掌（图15-2-16）

右脚落地，脚尖外撇，重心稍升高并右移。左掌变拳收至腰侧，右掌俯掌向外捋手。

左脚向前上一步，以右脚为轴向右后转体180°，两腿下蹲成马步。左掌从右臂上成立掌向左侧击出，右掌变拳收至腰侧，目视左掌。

动作要点：右手做捋手时，先使臂稍内旋，手掌向下向外转，接着臂外旋，掌心经下向上翻转，同时抓握成拳。收拳和击掌动作要同时进行。

图 15-2-15　虚步挑掌　　　　　　　图 15-2-16　马步击掌

6. 叉步双摆掌（图 15-2-17）

重心稍右移，两掌向下向右摆掌，目视右掌。

右脚向左腿后插步，两臂继续由右向上、向左摆，停于身体左侧，均成立掌，右掌停于左肘窝处，目随双掌转视。

动作要点：两臂要划立圆，幅度要大，摆掌与后插步配合要一致。

7. 弓步击掌（图 15-2-18）

两腿不动，左掌收至腰侧，掌心向上，右掌向上向右划弧，掌心向下。

左脚后撤一步成右弓步，右掌向下、向后伸直摆动成反勾手，左掌成立掌向前推出，目视左掌。

动作要点：击左掌、右勾手与左脚后撤、蹬腿成弓步要完整一致。

图 15-2-17　叉步双摆掌　　　　　　图 15-2-18　弓步击掌

8. 转身踢腿马步盘肘（图 15-2-19）

两脚以前脚掌为轴向左后转体 180°，左臂向上、向前划半立圆，右臂向下、向后划半圆。

上动不停，右臂由后向上、向前划半圆，左臂由前向下、向后划半立圆。

上动不停，右臂向下成反勾手，左臂向上成亮掌，右腿伸直向额前踢。

右脚向前落地，脚尖里扣。右手不动，左臂屈肘下落至胸前，目视左掌。

上体左转 90°，两腿下蹲成马步，同时左掌向前向左平捋变拳收至腰侧，右勾手变拳，由体后向右、向前平摆至体前时屈肘，拳心向下，目视肘尖。

动作要点：两臂抡动时要划立圆，动作连贯。盘肘时要快速有力，右肩前顺。

第三段：

1. 歇步抡砸拳（图 15-2-20）

重心稍升高，右脚尖外撤。右臂由胸前向上、向右抡直，左拳向下、向左抡，臂抡直，目视右拳。

上动不停，两脚以前脚掌为轴向右后转体 180°。右臂向下、向后抡摆，左臂向上向前随身体转动。

紧接上动，两腿全蹲成歇步。左臂随身体下蹲向下平砸，拳心向上，肘部微屈，右臂伸直向上举起，目视左拳。

动作要点：抡臂动作要连贯完成，划立圆。歇步要两腿交叉全蹲，左腿大、小腿靠紧，臀部贴于左小腿外侧，膝关节在右小腿外侧，右脚尖外撇，全脚掌着地。

图 15-2-19　转身踢腿马步盘肘

图 15-2-20　歇步抡砸拳

2. 仆步亮掌（图 15-2-21）

左脚由右腿后抽出上前一步成右弓步，左拳收至腰侧，右拳变掌向下经胸前向右横击掌，目视右掌。

右脚蹬地屈膝提起，上体右转。左拳变掌从右掌上向前穿出，右掌平收至左肘下。

右脚向右落步成左仆步，左掌向下向后划弧成反勾手，右掌向右、向上划弧微屈，抖腕成亮掌，头随右手转动，亮掌时，目视左方。

动作要点：仆步时，左腿充分伸直，脚尖里扣，右腿全蹲，两脚全脚掌着地。上体挺胸、塌腰，稍左转。

图 15-2-21　仆步亮掌

3. 弓步劈拳（图 15-2-22）

右腿蹬地立起，左腿收回并向左前方上步。右掌变拳收至腰侧，左勾手变掌由下向前上经胸前向左捋手。

右腿经左腿前方向左绕上一步，左腿蹬直成右弓步。左手向左平捋后再向前挥摆。

右拳向后平摆，然后再向前、向上做抡劈拳，左掌外旋扶右前臂，目视右拳。

动作要点：左右脚上步稍带弧形。

图 15-2-22　弓步劈拳

4. 换跳步弓步冲拳（图 15-2-23）

重心后移，右脚稍向后移动。右拳变掌，臂内旋，以掌背向下划弧挂至右膝内侧，左掌背贴靠右肘外侧，目视右掌。

右腿自然上摆，上体稍向左扭转，右掌挂至体左侧，左掌伸向右腋下，目随右掌转视。

右脚以全脚掌用力向下震踩，与此同时，左脚急速离地提起。右手由左向上、向前捋盖而后变拳收至腰侧，左掌伸直向下向上向前屈肘下按，目视左掌。

左脚向前落步成左弓步，右拳向前冲出，左掌藏于右腋下，目视右拳。

动作要点：换跳步动作要连贯、协调。震脚时，腿要弯曲，全脚掌着地，左脚离地不要高。

图 15-2-23　换跳步弓步冲拳

5. 马步冲拳（图 15-2-24）

上体右转 90°，重心移至两腿中间成马步。右拳收至腰侧，左掌变拳向左冲出，目视左拳。

动作要点：马步与冲拳要同时进行。

6. 弓步下冲拳（图 15-2-25）

右腿蹬直，左腿弯曲，上体稍向左转成左弓步。左拳向下经体前向上架于头左上方，右拳自腰侧向左前斜下方冲出，目视右拳。

　　动作要点：拧腰、转髋、蹬右脚成左弓步要与架冲拳同时完成，以求动作完整。

图 15-2-24　马步冲拳　　　　　　　　图 15-2-25　弓步下冲拳

　　7. 叉步亮掌侧踹腿（图 15-2-26）

　　左拳变掌由头上下落于右腕上，右拳变掌，两手交叉成十字，目视双手。

　　右脚蹬地并向左腿后插步，左掌由体前向下、向后划弧成反勾手，右掌由前向右向上划弧抖腕亮掌，目视左侧。

　　重心移至右腿，左腿屈膝提起，向左上方猛力踹出，目视左侧。

　　动作要点：插步时上体稍向右倾斜，腿、臂的动作要一致。侧踹高度不能低于腰，大腿内旋，着力点在脚跟。

图 15-2-26　叉步亮掌侧踹腿

　　8. 虚步挑拳（图 15-2-27）

　　左脚在左侧落地，右掌变拳稍后移，左勾手变拳由体后向左上挑。

　　上体左转 180°，左拳继续向前向上划弧上挑，右拳向下、向前划弧挂至右膝外侧，同时右膝提起，目视右拳。

　　右脚向左前方上步成右虚步，左拳向后划弧收至腰侧，右拳向前屈臂挑出，拳眼斜向

图 15-2-27　虚步挑拳

上，与肩同高，目视右拳。

动作要点：臂前摆与右腿提摆要协调一致，右拳上挑与右脚前点成虚步要协调一致，力点达于虎口。

第四段：

1. 弓步顶肘（图 15-2-28）

重心升高，右脚踏实。右臂内旋向下直臂划弧以拳背下挂至右膝内侧，左拳不变，目视前下方。

左腿蹬直，右腿屈膝上抬。左拳变掌，右拳不变，两臂向前向上划弧摆起，目随右拳转视。

左脚蹬地起跳，身体腾空。两臂继续划弧至头上方。

右脚先落地，左脚向前落步，以前脚掌着地。同时两臂向右向下屈肘停于右胸前，右拳变掌，左掌变拳，右掌心贴靠左拳面。

左脚向前上一步成左弓步，右掌推左拳，以左肘尖向左顶出，目视前方。

动作要点：交换步时不要过高，但要快。两臂抢摆时要成圆弧。

图 15-2-28　弓步顶肘

2. 转身左拍脚（图 15-2-29）

以两脚前脚掌为轴向右后转体180°，右臂向上、向右、向下划弧抢摆，同时左拳变掌向下向后向前抢摆。

左腿伸直向前上踢起，左掌变拳收至腰侧，右掌由体后向上、向前拍击脚面。

动作要点：右掌拍脚时手掌稍横过来，拍脚要准而响亮。

3. 右拍脚（图 15-2-30）

左脚向前落地，左拳变掌向下向后摆，右掌变拳收至腰侧。

右腿伸直向前上踢起，左拳变掌由后向上向前拍击右脚面。

动作要点：与本段的转身左拍脚相同，唯左右相反。

图 15-2-29　转身左拍脚　　　　　　图 15-2-30　右拍脚

4. 腾空飞脚（图 15-2-31）

右脚落地。

左脚向前摆起，右脚猛力蹬地跳起，左腿屈膝继续前上摆。同时右拳变掌向前、向上摆起，左掌先上摆而后下降拍击右掌背。

右腿继续上摆，脚面绷平。右手拍击右脚面，左掌由体前向后上举。

动作要点：蹬地要向上冲，不要太向前冲，左膝尽量上提。击响要在腾空时完成，右臂伸直成水平。

图 15-2-31　腾空飞脚

5. 歇步下冲拳（图 15-2-32）

左、右脚先后相继落地，左掌变拳收至腰侧。

身体右转 90°，两腿全蹲成歇步。右掌抓握、外旋变拳收至腰侧，左拳由腰侧向前下方冲出，目视左拳。

动作要点：歇步要稳，冲拳要脆。

6. 仆步抢劈拳（图 15-2-33）

重心升高，右臂由腰侧向体后伸直，左臂随身体重心升高向上摆起。

图 15-2-32　歇步下冲拳

以右脚前脚掌为轴，左腿屈膝提起，上体左转 270°。左拳由前向后下划立圆一周，右拳由后向下、向前上划立圆一周。

左腿向后落一步，屈膝全蹲成右仆步。右拳由上向下抢劈，左拳后上举，目视右拳。

动作要点：抢臂时一定要划立圆。

7. 提膝挑掌（图 15-2-34）

重心前移成右弓步，右拳变掌由下向上抢摆，左拳变掌稍下落，右掌心向左，左掌心向右。

图 15-2-33　仆步抢劈拳　　　　　　　　图 15-2-34　提膝挑掌

左、右臂在垂直面上由前向后各划立圆一周，右臂伸直停于头上，掌心向左，左臂伸直停于身后成反勾手，同时右腿屈膝提起，目视前方。

动作要点：抡臂时要划立圆。

8. 提膝劈掌弓步冲拳（图 15-2-35）

右掌由上向下猛劈伸直，停于右小腿内侧，左勾手变掌，屈臂向前停于右上臂内侧，掌心向左，目视右掌。

右脚向右后落地，身体右转 90°。同时，左掌变拳收至腰侧，右臂内旋向右划弧做捋手。

上动不停，左腿蹬直成右弓步。右手抓握变拳收至腰侧，左拳由腰侧向左前方冲出，目视左拳。

动作要点：提膝劈掌重心要稳，捋手冲拳劲力要足。

收势：

1. 虚步亮掌（图 15-2-36）

右脚扣于左膝后，两拳变掌，两臂右上左下屈肘交叉于胸前，目视右掌。

右脚向右后落步，上体稍右转。同时，右掌向上向右向下划弧停于左腋下，左掌向左、向上划弧停于右臂上，目视左掌。

右腿下蹲成左虚步，左臂伸直向左向后划弧成反勾手，右臂伸直向下、向右、向上划弧抖腕亮掌，目视左方。

动作要点：扣腿时做舞花手；右脚后落时，两臂分摆，勾手亮举与虚步同时完成。

图 15-2-35　提膝劈掌弓步冲拳

图 15-2-36　虚步亮掌

2. 并步对拳（图 15-2-37）

左腿后撤一步，同时两掌从两腰侧向前穿出伸直，掌心向上。

右腿后撤一步，同时两臂分别向体侧下摆。

左脚后退半步，向右脚并拢。两臂由后向上经体前屈臂下按，两掌变拳，停于腹前，拳心向下，拳面相对。目视左方。

动作要点：同起势动作 3。

3. 并步站立（图 15-2-38）

两臂自然下垂，目视正前方。

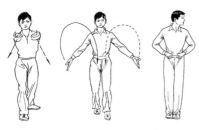

图 15-2-37 并步对拳

图 15-2-38 并步站立

第三节 初级剑术

一、初级剑术动作名称

1. 预备式
2. 第一段
（1）弓步直刺 （2）回身后劈 （3）弓步平抹 （4）弓步左撩
（5）提膝平斩 （6）回身下刺 （7）挂剑直刺 （8）虚步架剑
3. 第二段
（1）虚步平劈 （2）弓步下劈 （3）带剑前点 （4）提膝下截
（5）提膝直刺 （6）回身平崩 （7）歇步下劈 （8）提膝下点
4. 第三段
（1）并步直刺 （2）弓步上挑 （3）歇步下劈 （4）右截腕
（5）左截腕 （6）跃步上挑 （7）仆步下压 （8）提膝直刺
5. 第四段
（1）弓步平劈 （2）回身后撩 （3）歇步上崩 （4）弓步斜削
（5）进步左撩 （6）进步右撩 （7）坐盘反撩 （8）转身云剑
6. 收势

二、初级剑术动作说明

1. 预备式

身体正直，并步站立。左手持剑，即以拇指为一侧，中指、无名指和小指为另一侧，分握护手盘与剑柄的分界处，掌心贴在护手盘下部，手背朝前，食指贴于剑柄，剑身贴于前臂（即小臂）后侧。右手握成剑指，即食指和中指伸直并拢，无名指和小指屈向手心，拇指压在无名指的指甲上，手腕反屈，手背朝上，食指、中指内扣指向下侧。两臂在体侧下垂，两肘微上提。目向左平视（图 15-3-1）。

图 15-3-1 预备式

要点：持剑时，前臂与剑身要紧贴并垂直于地面。两肩松沉，上身挺胸、收腹，两膝挺直。

（1）第一步。

① 上身半面向右转。右脚向右上一步，屈膝；左脚前脚掌碾地，脚跟外展，膝盖挺直成右弓步。同时，右手剑指从身体右侧经胸前屈肘上举至左肩后向右前方平伸指出，拇指一侧在上。目视剑指（图15-3-2）。

② 上身右转。左手持剑由左侧直臂上举，经头部前上方向右侧划弧至身前时，拇指一侧朝下做反臂平举；同时，右手剑指屈肘收于右腰侧，手心朝上（图15-3-3）。

③ 左脚向右脚并步。右手持剑随之下落，垂于身体左侧；同时，右手剑指向右侧平伸指出，拇指一侧在上。目视剑指（图15-3-4）。

  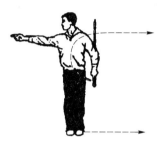

图 15-3-2 预备式第一步 1　　　图 15-3-3 预备式第一步 2　　　图 15-3-4 预备式第一步 3

要点：上步剑指平伸、转体持剑向右侧划弧和并步剑指平伸三个动作必须连贯；在动作过程中，两肩放松；持剑转体向右侧划弧时，左臂直臂上举，腰向右拧转，两脚不可移动；左臂向右侧划弧至与肩同高时，肘略屈，使右手剑指从左手背上穿出成立指，左手持剑继而下落于身体左侧，剑身垂直于地面。

（2）第二步。

① 左脚向左上一步，屈膝，右脚前脚掌碾地使脚跟外展，膝部挺直成左弓步。上身随之向左转。同时，左手持剑屈肘经胸前向上、向前弧形绕环，平举于身体左侧，拇指一侧在下（图15-3-5）。

② 左腿伸直站立，右脚向前并步。左手持剑随之从身前下落，垂于身体左侧；同时，右手剑指屈肘沿右耳侧向前平伸指出，拇指一侧在上。目视剑指（图15-3-6）。

要点：右手剑指向前指出时，肘要伸直，剑指尖稍高过肩。

图 15-3-5 预备式第二步 1　　　图 15-3-6 预备式第二步 2

（3）第三步。

① 左手持剑由右手剑指上面向前平伸穿出，拇指一侧在下；右手剑指顺左臂下面屈肘收于左肩前，并且屈腕使手指朝上。上身右转，右脚向右侧跨步，屈膝；左脚尖随之里扣，膝盖挺直成右弓步。目向左平视（图15-3-7）。

② 上身右转，右手剑指经身前向右侧平伸指出，拇指一侧在上。目视剑指（图15-3-8）。

要点：成右弓步时，左腿要挺直，两脚全脚掌均着地。上身略向前倾，挺胸，塌腰。左手持剑伸平，左肩放松。

图15-3-7　预备式第三步1　　　　　图15-3-8　预备式第三步2

（4）第四步。右脚前脚掌里扣，上身左转，重心落于右腿；左腿随之移回半步，屈膝，并以前脚掌虚点地成左虚步。在左脚移步的同时，左手持剑向胸前屈肘，手心朝外；右手剑指也向胸前屈肘，手心朝里，准备接握左手之剑，目视剑尖（图15-3-9）。

要点：做左虚步时，右实左虚要分明，右脚跟不要掀起。上身要挺胸、塌腰、稍前倾。两肘要平，剑尖稍高于左肘。

2. 第一段

（1）弓步直刺。右手接握左手之剑，左手握成剑指。左脚向前上半步，屈膝；右脚前掌碾地，脚跟外展，膝部挺直成左弓步。同时，上身左转，右手持剑向身前平伸直刺，拇指一侧在上；左手剑指随之身后平举，拇指一侧在上。目视剑尖（图15-3-10）。

要点：做弓步时，前腿屈膝蹲平，两脚全脚掌全部着地。上身稍向前倾，腰、膝向左拧转，下塌，臀部不要凸起。两肩松沉，右肩前顺，左肩后引。剑尖稍高于肩。

图15-3-9　预备式第四步　　　　　图15-3-10　弓步直刺

（2）回身后劈。左脚不动，膝部伸直；右脚向前上一步，膝略屈，上身右转。同时，右手持剑经上向后劈，剑高与肩平，拇指一侧在上；左手剑指随之由下向前上弧形绕环，在头顶上方屈肘侧举，拇指一侧在下。目视剑尖（图 15-3-11）。

要点：上步、转身、平劈和剑指向上侧举必须协调一致。转身后，腰要向右拧转，左脚不要移动，剑身和持剑臂必须呈直线。

（3）弓步平抹。左脚向左前方上一步，屈膝；右腿在后，膝部挺直，脚尖里扣成左弓步。同时，左手剑指由胸前下降，经左下向上弧形绕环，在头顶上方屈肘侧举，拇指一侧在下；右手持剑（手心转向上）随之向前平抹，剑尖稍向右斜。目视前方（图 15-3-12）。

要点：抹剑时，手腕用力需柔和。

图 15-3-11　回身后劈　　　　　　图 15-3-12　弓步平抹

（4）弓步左撩。

① 上身左转，右腿屈膝在身前提起，脚尖下垂，脚背绷直。同时，右手持剑臂外旋，使剑由前向上、向后划弧至后方时，屈肘，使手腕、前臂贴靠腹部（手心朝里）。目视剑身（图 15-3-13）。

② 右腿向右前方落步，左腿蹬直，脚尖里扣成右弓步。同时，右手持剑由后向下，向前反手撩起，小指一侧在上；左手剑指随右手运动，仍附于右手腕处。目视剑尖（图 15-3-14）。

要点：剑由前向后和由后向前撩起时，必须与提膝和向前落步的动作协调一致，握剑不可太紧。形成弓步后，上身略前倾，直背，收臀，剑尖稍低于剑指。

图 15-3-13　弓步左撩 1　　　　　　图 15-3-14　弓步左撩 2

（5）提膝平斩。左脚向前上一步，右手腕向左上翻转，屈肘，使剑向左平绕至头部前上方，右腿随之由后前屈膝提起。右手继续翻转手腕，使剑向右平绕至右方后（手心朝上），再用力向前平斩；左手剑指由下向左、向上弧形绕环，屈肘横举于头部左上方。目视前方（图 15-3-15）。

要点：剑从左向后平绕时，上身必须后仰，使剑从脸部上方平绕而过，不可从头顶绕行。提膝时，左腿必须挺膝伸直站稳，右腿屈膝尽量上提，右脚贴护裆前，上身稍向前倾，挺胸、收腹。

（6）回身下刺。右脚向前落步，脚尖外撇，膝略屈，上身右转。同时，右手持剑手腕反屈，使剑尖下垂，随之向后下方直刺，剑尖低于膝，拇指一侧在上；左手剑指先向身前的右手靠拢，然后在刺剑的同时，向前上方伸出，拇指一侧在上。目视剑尖（图 15-3-16）。

要点：右手持剑要先屈肘于身前，在后脚向前落步和上身右转的同时，使剑用力刺出。左腿伸直，右腿稍屈，腰向右拧转，剑指、两臂和剑身呈一直线。

图 15-3-15 提膝平斩

图 15-3-16 回身下刺

（7）挂剑直刺。

① 左脚向前上一步，屈膝略蹲，右臂内旋，先使拇指一侧朝下成反手，然后翘、摆臂，使剑尖向左、向上抄挂。当持剑抄至左肩时，再屈肘使剑平落于胸前，手心朝里，此时左腿伸直站立，右腿随之在身前屈膝提起，左手剑指屈肘于右腕处（图 15-3-17）。

② 接着，以左脚前脚掌碾地，上身右转，右手持剑使剑向下插，左手剑指依附于右手腕处。目视剑尖（图 15-3-18）。

③ 上动不停，仍以左脚前脚掌为轴碾地，右脚向身后退一大步，屈膝，上身从向后转；左腿在后蹬直，脚尖里扣成右弓步。同时，右手持剑向前直刺，剑尖与肩同高，拇指一侧在上；左手剑指随之向后平伸，拇指一侧在上。目视剑尖（图 15-3-19）。

要点：挂剑、下插、直刺三个动作必须连贯，它们与跨步、提膝、转身、弓步要协调一致。弓步直刺后，两脚全脚掌均着地，上身稍向前倾，挺胸，塌腰。

图 15-3-17 挂剑直刺 1

图 15-3-18 挂剑直刺 2

图 15-3-19 挂剑直刺 3

（8）虚步架剑。

① 右手持剑先将剑尖由左向右搅一小圈儿，臂内旋，使持剑手的拇指一侧朝下。同时，以右脚跟和左脚前脚掌为轴碾地，右脚尖外撇，上身从右向后转，左脚向前收拢半步，两膝均略屈成交叉步。在转身的同时，右手持剑反手向后上方屈肘上架，左手剑指屈肘经左肩前附于右腕处。目向左平视（图15-3-20）。

② 右腿屈膝不动，左脚向前进一步，膝稍屈，前脚掌虚点地，重心落于右腿成左虚步。右手持剑略向后牵引的同时，左手剑指向前平伸指出，手心朝下。目视剑指（图15-3-21）。

要点：虚步必须虚实分明，右肘略出，使剑身横架于额上方，左臂伸直，剑指稍高过肩。

图15-3-20　虚步架剑1　　　　　　　图15-3-21　虚步架剑2

3. 第二段

（1）虚步平劈。左脚跟外展，上身右转，重心移于左腿，右脚跟随之离地上步成右虚步。同时，右手持剑向下平劈，拇指一侧在上；左手剑指向上屈肘，手心向左上方。目视剑尖（图15-3-22）。

要点：虚步必须虚实分明，劈剑时手腕要挺直。

（2）弓步下劈。右脚踏实，身体重心前移，左手剑指向右腋下，右手持剑臂内旋，使手心朝下。左脚随即向左前方上步，屈膝；右腿在后蹬直，脚尖里扣成左弓步。同时，右手持剑屈腕向左平绕，划一小圈后向前下方劈剑，剑尖高与膝平；左手剑指随之由腋下面向左、向上绕环，在头顶上方屈肘侧举，上身略前俯。目视剑尖（图15-3-23）。

要点：劈剑时，右肩前顺，左肩后引，剑尖与手、肩成一直线。

图15-3-22　虚步平劈　　　　　　　图15-3-23　弓步下劈

（3）带剑前点。

① 右脚向左脚靠拢，以前脚掌虚点地，两腿均屈膝略蹲。右手持剑向上屈腕，使剑向右耳际带回，肘微屈，左手剑指随之由前下落，附于右手腕处。目向右前方平视（图15-3-24）。

② 上动不停，右脚向右前方跃一步，落地后即屈膝半蹲，全脚着地；左脚随之跟进，向右脚并步屈膝，脚尖点地成丁步。同时，右手持剑向前点击，拇指一侧在上；左手剑指即屈肘向头顶上方侧举，手心朝上。目视剑头（图15-3-25）。

要点：向前点击时，右臂前伸、屈腕，力点在剑尖，手腕稍高于肩，剑尖略比手低。成丁步后，右腿大腿尽量蹲平，左脚背绷直，脚尖点在右足足弓处，两腿必须并拢。上身稍前倾，挺胸，直背，塌腰。

图 15-3-24　带剑前点 1　　　　　　　　图 15-3-25　带剑前点 2

（4）提膝下截。

① 右腿伸直，左脚退步后屈膝，上身后仰。右臂外旋手心朝上，使剑向右、向后上方弧形绕环；左手剑指不动（图15-3-26）。

② 上动不停，右臂内旋使手心朝下，继续使剑向左、向前下方划弧下截，同时上身向前探倾，左腿屈膝提起。目视剑尖（图15-3-27）。

要点：剑从右向左的圆形划弧下截是一个完整动作，必须连贯起来做。左膝尽量高提，脚背绷直，右腿膝部挺直，站立要稳，右臂和剑身呈一直线，剑身斜向下。

图 15-3-26　提膝下截 1　　　　　　　　图 15-3-27　提膝下截 2

（5）提膝直刺。

① 右腿略屈膝，左脚向前落步，脚尖外撇。右臂外旋使手心朝上，并在左脚落步的同时向上屈肘，将剑柄收抱于胸前，手心朝里，剑尖高与肩平，左手剑指随之下落，屈肘按于剑柄上。此时，两腿呈交叉步。目视剑尖（图 15-3-28）。

② 右腿向身前屈膝提起，左腿伸直站立。右手持剑向前平直刺出，拇指一侧在上；同时，左手剑指向后平伸指出，手心朝下。目视剑尖（图 15-3-29）。

要点：抱剑与落步、直刺与提膝必须协调一致。

图 15-3-28　提膝直刺 1　　　　　　　　　　图 15-3-29　提膝直刺 2

（6）回身平崩。

① 右脚向前落步，脚尖外撇；左脚前脚掌碾地使脚跟外转，屈膝略蹲，同时上身向右后转成交叉步。右手持剑臂外旋使手心朝上，屈肘向胸前收回，剑身与右前臂呈水平直线；左手剑指随之屈臂上举，经左耳侧屈肘前落，附于右手心上面。目视剑尖（图 15-3-30）。

② 上身稍向右转，左腿挺膝伸直，右腿略屈膝。同时，右手持剑使剑的前端用力向右平崩，手心仍朝上；左手剑指屈肘向额部左上方侧举。目视剑尖（图 15-3-31）。

要点：收剑和平崩两个动作必须连贯起来做。平崩时，用力点在剑的前端；平崩后，上身向右拧转，但左脚不得移动。

图 15-3-30　回身平崩 1　　　　　　　　　　图 15-3-31　回身平崩 2

（7）歇步下劈。右脚蹬地起跳，左脚向左跃步横跨一步，落地后，右腿立即向左腿后侧插步，继而两腿屈膝全蹲成歇步。在跃步的同时，右手持剑向上举起，并在形成歇步时向左下劈，拇指一侧在上，剑尖与踝关节同高，左手剑指随着下劈动作，下按于右腕上。目视剑身（图 15-3-32）。

要点：成歇步时，左大腿盖压在右大腿上面，左脚全掌着地，右脚跟离地，臀部坐在右小腿上。劈剑时，右臂尽量向前下方伸直，剑身与地面平行。劈剑与跃步成歇步动作需同时完成。

（8）提膝下点。

① 右手持剑先使手心朝下成平剑，然后以两脚前脚掌碾地，上身经右向后转动，两腿边转边站立起来，右手持剑平绕一周。当剑绕至上身右侧时，上身稍向左后仰，同时剑身继续向外、向上弧形绕环，剑尖接近右耳侧。此时，左手剑指离开右手腕向上屈肘侧举。目视前下方（图15-3-33）。

② 上动不停，右腿伸直站立，左腿屈膝提起，上身向右侧下探俯，同时右手持剑向前下点击，拇指一侧在上。目视剑尖（图15-3-34）。

要点：仰身外绕剑与提膝下点两个动作必须连贯并同时完成。右腿独立时，膝部要挺直，左膝尽量上提。点剑时，右手腕要下屈，剑身、右臂、左臂呈直线。

图15-3-32 歇步下劈

图15-3-33 提膝下点1

图15-3-34 提膝下点2

4. 第三段

（1）并步直刺。

① 以右脚前脚掌为轴碾地，使上身向左后转。同时，右臂内旋，并向拇指一侧屈腕，使剑尖指向转身后的身前；左手剑指随之由上经右肩前、腹前绕环，向正前方指出，手心朝下。目视剑指（图15-3-35）。

② 左脚向前落步，右脚随之跟进并步，两腿均屈膝半蹲。同时，右手持剑向前平伸直刺，拇指一侧在上；左手剑指顺势附于右腕处。目视剑尖（图15-3-36）。

图15-3-35 并步直刺1

图15-3-36 并步直刺2

要点：两腿半蹲时大腿要蹲平，两膝、两脚均须紧靠并拢。上身前倾，直背，落臀。两臂伸直，剑尖与肩平。

（2）弓步上挑。右脚上步，屈膝，同时左脚跟稍内转，左腿挺膝伸直成右弓步。右手持剑直臂向上挑举，剑尖向上，手心朝左；左手剑指仍向前平伸指出，手心朝下。上身稍微前倾，目视剑指（图15-3-37）。

要点：左臂伸直，左肩前倾，剑指略高过肩，右臂上举，剑刃朝前后，上身挺胸、直背、塌腰。

（3）歇步下劈。右腿伸直，左脚向前上步，脚尖外撇，随之两腿交叉屈膝成歇步。同时，右手持剑向前下劈，拇指一侧在上，剑尖与踝关节同高；左手剑指屈肘附于右腕里侧。上身稍前俯。目视剑身（图15-3-38）

要点：同第二段歇步下劈。

图15-3-37　弓步上挑

图15-3-38　歇步下劈

（4）右截腕。两脚前脚掌碾地，并且两腿稍伸直立起，使上身右转，右腿屈膝半蹲，左腿稍屈膝，左脚前脚掌虚点地成左虚步。右臂内旋使拇指一侧朝下，用剑的前端下刃向前上方划弧翻转，随着上身起立成左虚步。右手持剑再向右后上方托起，左手剑指仍附于右手腕，两肘均微屈。目视剑的前端（图15-3-39）。

要点：两腿虚实必须分明，上身稍前倾，剑身平横于右额前上方，剑尖稍高于剑柄。

（5）左截腕。左脚向前上半步，并以前脚掌碾地使上身向左后转，右脚随之向前上一步，前脚掌着地，两腿均屈膝成右虚步。在右脚进步的同时，右臂外旋，使剑身的前端向左前上方划弧翻转，手心朝上，剑身与地面平行。左手剑指随之离开右手腕，屈肘向上侧举。目视剑的前端（图15-3-40）。

要点：同右截腕。

（6）跃步上挑。

① 左脚经身前向前上一步，右脚随之在身后离地，小腿后弯。同时，右臂外旋，手心朝里，使剑至右向上、向左划弧。剑至上身左侧、右手靠近左胯时，拇指一侧在上并向上屈腕；左手剑指在右手向左下落时随附于右腕上。目视剑尖（图15-3-41）。

② 左脚蹬地，右脚向左侧跃步，落地后屈膝略蹲，左脚随之离地，屈膝，从身后伸向右侧方，形成望月平衡。上身由左侧倾俯。在右脚跃步的同时，右手持剑由左胯旁向

下、向左划弧，当剑到达右侧方时，臂外旋并向拇指一侧，屈腕，使剑向上挑击，左手剑指立即向左上方屈肘横举，拇指一侧在下。目视右侧方（图 15-3-42）。

要点：跃步和上挑动作必须协调一致，迅速进行。挑剑时，腕部要猛然用力上屈。形成平衡动作后，右腿略屈膝站稳，左小腿尽量向上抬起。上身向右拧转，剑身斜举于右侧上方，持剑手略松，便于手腕上屈。

图 15-3-39　右截腕

图 15-3-40　左截腕

图 15-3-41　跃步上挑 1

图 15-3-42　跃步上挑 2

（7）仆步下压。

① 右手持剑使剑尖从头上经过，继而向身后、向右弧形平绕。当剑绕到右侧时，立即屈肘将剑柄收抱于胸部前下方，手心朝上。同时，右膝伸直，上身立起，左腿屈膝提于身前，左手剑指仍横于左额前上方（图 15-3-43）。

② 上动不停，左手剑指经身前下落，按在右腕上。左脚随之向左侧落步，屈膝全蹲；右腿在右侧平铺伸直，脚尖里扣成右仆步。同时，右手持剑用剑身平面向下压，剑尖斜向右上方。上身前探。目向右平视（图 15-3-44）。

图 15-3-43　仆步下压 1

图 15-3-44　仆步下压 2

要点：做仆步时，左腿要全蹲，臀部紧靠脚跟，不要凸起，两脚全脚掌均着地。上身前探时要挺胸，两肘略屈环抱于身前。

（8）提膝直刺。两腿直立站起，左腿屈膝提于身前，右腿挺直站立。同时，右手持剑向身前平伸直刺，拇指一侧在上。左手剑指屈肘在左侧上举，拇指一侧在下。目视剑尖（图15-3-45）。

要点：右腿独立须挺膝站稳，左膝尽量上提，脚背绷直，脚尖下垂。上身稍右倾，右肩、右臂和剑身要成直线，左臂屈成圆形。

图 15-3-45　提膝直刺

5. 第四段

（1）弓步平劈。右臂外旋，先使手心朝向背后，剑的下刃转翻向上，继而上身左转，同时左脚向左后侧撤一大步，屈膝；右脚以前脚掌为轴碾地，脚跟稍外转，右腿挺膝伸直成左弓步。左手剑指随着持剑臂的运行而向右、向下、向左、向上圆形绕环，仍屈肘举于头部左侧上方。同时，右手持剑向身前平劈，拇指一侧在上，臂要伸直，剑尖略高于肩。目视剑尖（图15-3-46）。

要点：向前劈剑和剑指绕环这两个动作必须协调，动作同时完成，两肩要放松。

（2）回身后撩。右脚向前上一步，膝微屈；左脚随之离地，小腿向上弯曲，上身前俯，腰向右拧转。右手持剑随右脚上步而向后反撩，剑尖斜向下方，拇指一侧在下。左手剑指前伸成侧上举，拇指一侧在下。目视剑尖（图15-3-47）。

要点：右脚站立要稳，左脚背绷直，上身挺胸，两肩放松。

图 15-3-46　弓步平劈

图 15-3-47　回身后撩

（3）歇步上崩。

① 右脚蹬地，左脚向前跃步，上身随之向右后转；左脚落地，脚尖稍外撇，右腿摆向身后。在上身转动的同时，右臂外旋，使拇指一侧朝上；左手剑指在身后平伸，手心朝下。目视剑尖（图15-3-48）。

② 上动不停，右脚在身后落步，两腿均屈膝全蹲成歇步。同时，右手持剑直臂下压，手腕向拇指一侧上屈，使剑尖上崩；左手剑指随之屈肘在头部左上方侧举，拇指一侧在下。目视剑身（图15-3-49）。

要点：向前跃步、歇步和剑尖上崩三个动作要连贯协调。跃步要远，落地要轻（前脚掌先着地）。上崩时，腕部要猛然用力上屈，剑尖高与眉平。歇步时，上身前俯，胸须内含。

图 15-3-48 歇步上崩 1

图 15-3-49 歇步上崩 2

（4）弓步斜削。

① 左脚尖里扣，上身右转，右脚随之向前上步，屈膝，左腿在身后挺膝伸直成右弓步。右手持剑臂外旋使手心朝上，在转身的同时，屈肘收于左肋前；右手剑指随之从身前下落，按在剑柄上，上身向右前倾。目视前方（图 15-3-50）。

② 上动不停，右手持剑由后向前上方斜面弧形上削，手心斜向上方，手腕稍向掌心一侧弯曲。同时，左手剑指伸向后方，拇指一侧在上。目视剑尖（图 15-3-51）。

要点：斜削时，右臂稍低于肩，剑尖斜向脸前右上方，略高于头；左臂在身后侧平举，剑指指尖略高于肩部。

图 15-3-50 弓步斜削 1

图 15-3-51 弓步斜削 2

（5）进步左撩。

① 右腿伸直，上身向左转，左腿稍屈膝。同时，右手持剑使手心朝里，经脸前，边转身边向左划弧。剑至体前时，左手剑指附于右手腕里侧。目视剑尖（图 15-3-52）。

② 以右脚跟为轴碾地，脚尖外撇，上身向右后转；左脚随之向前上步，以前脚掌虚点地。同时，右手持剑反手向下、向前、向上继续划弧撩起。剑至前上方时，肘部略屈，拇指一侧在下，剑尖高与肩平；左手剑指随右手动作，仍附于右腕上。目视剑尖（图 15-3-53）。

要点：上述左右运剑的划弧动作，必须连贯成一个完整的绕环动作。撩剑后，右腿微屈，左腿伸直，身体重心落于右腿，剑尖稍微朝下。

（6）进步右撩。

① 右手持剑直臂向上、向右后方划弧，左手剑指随势收于右肩前，手心朝左。目视剑尖（图 15-3-54）。

② 左脚踏实后以脚跟为轴碾地，脚尖外撇，右脚随之向左脚前上一步，前脚掌虚点地。同时，右手持剑由右向下、向前划弧抡臂撩起。剑至前方时，肘微屈，手心朝上，剑尖高与头平；左手剑指屈肘举于头部左上方。目视剑尖（图 15-3-55）。

要点：同进步左撩，唯左右相反。

图 15-3-52　进步左撩 1　　　　　　　　　图 15-3-53　进步左撩 2

图 15-3-54　进步右撩 1　　　　　　　　　图 15-3-55　进步右撩 2

（7）坐盘反撩。右脚踏实后向前上一小步，随即左脚从右腿后向右侧插一步，两腿屈膝下坐成坐盘式。在左脚插步的同时，右手持剑向上、向左、向下，再向右上方反手绕环斜上撩，剑尖高过头顶。左手剑指随之经体前向下、向后上方划弧屈肘横举于左耳侧，拇指一侧在下。上身向左前倾俯。目视剑尖（图 15-3-56）。

图 15-3-56　坐盘反撩

要点：坐盘必须与反撩剑动作协调进行。坐盘时，左腿盘坐地面，左脚背外侧着地；右腿盘落于左腿上，全脚掌着地，脚尖朝身前。上身倾俯时胸要内含，剑尖与右臂、左肘、左肩呈直线。

（8）转身云剑。

① 右脚蹬地，两腿伸直站起，并以两脚前脚掌碾地，使上身向左后转；转身之后，右腿屈膝略蹲，右脚踏实，左膝微屈，前脚掌虚点地，重心落于右腿。同时，右手持剑随身体转动一周后屈肘使剑平举，拇指一侧在下。此时，左手剑指附于右腕。目视剑尖（图 15-3-57）。

② 上动不停，上身后仰，右手持剑向左、向后、向右、向前圆形云绕一周，剑至身前时，右手手心朝上、松把，使剑尖下垂；左手剑指放开，拇指一侧朝上，准备接握右手之剑。此时，重心前移，左脚踏实，右腿伸直，上身前倾。目视左手（图15-3-58）。

要点：转身和云剑动作必须连贯，云剑要平、要快，腕关节放松，使之灵活。

图 15-3-57 转身云剑 1   图 15-3-58 转身云剑 2

6. 收势

（1）右手将剑柄交于左手后立即握成剑指，左手接剑后反握住剑柄向身体左侧下垂。此时，右脚向右前方上步，脚尖里扣，屈膝略蹲，上身随之左转；左脚随之向前移步，以前脚掌虚着地面，膝微屈；在上身左转的同时，右手剑指随之由身后向上屈肘，侧举于头部右上方，手心朝上。目向左平视（图15-3-59）。

要点：重心落于右腿，上身前倾，挺胸，塌腰，两肩松沉，左肘略上提，剑身紧贴前臂后侧，并与地面垂直。

（2）右腿伸直，右脚向左脚靠拢，并步站立。右手剑指下落于身体右侧，恢复成预备式。目向正前方平视（图15-3-60）。

要点：同预备式。

图 15-3-59 收势第一步   图 15-3-60 收势第二步

第四节　24 式简化太极拳 ○————

视频：24 式
简化太极拳

　　"24 式简化太极拳"是按照由简到繁、由易到难的原则，对已在群众中流行的太极拳进行改编、整理而成的。它改变了过去那种先难后易的锻炼顺序，去掉了原有套路中过多的重复姿势动作，集中了原套路的主要结构和技术内容，便于掌握，易学易懂。这套拳共 24 式动作。

一、动作名称

1. 起势
2. 左右野马分鬃
3. 白鹤亮翅
4. 左右搂膝拗步
5. 手挥琵琶
6. 左右倒卷肱
7. 左揽雀尾
8. 右揽雀尾
9. 单鞭
10. 云手
11. 单鞭
12. 高探马

13. 右蹬脚
14. 双峰贯耳
15. 转身左蹬脚
16. 左下势独立
17. 右下势独立
18. 左右穿梭
19. 海底针
20. 闪通背
21. 转身搬拦捶
22. 如封似闭
23. 十字手
24. 收势

二、动作说明

　　预备动作：身体自然直立，两脚尖向前成并立步，双掌心向内，轻贴两腿外侧，眼向前平视。

　　动作要领：头颈正直，下颌微收，手指微屈，立身中正，精神集中。

　　易犯错误：上体不正，双肩纵起，挺胸突臀，双腋紧夹。

　　1. 起势（图 15-4-1）

　　动作 1：身体重心移至右腿，左脚向左迈步开立，与肩同宽，脚尖向前，两臂自然下垂，两手放在大腿外侧，眼向前平视。

　　动作要领：左脚迈出时前脚掌先着地，随着重心移动至两腿中间，过渡到全脚掌着地踏实，轻起缓落。

　　易犯错误：重心不稳，左脚尖向左全脚掌快速跌落。

　　动作 2：两臂由体侧向前慢慢平举至两手与肩同高，两臂与肩同宽，掌指向前，掌心向下。

图 15-4-1　起势

动作要领：身体中正，两肩松沉，双肘微下垂，掌指自然舒展。

易犯错误：耸肩，挺肘，上体前俯。

动作 3：上体保持正直，两腿缓慢屈膝下蹲，同时两掌轻轻下按至腹前，两肘下垂与两膝相对，目平视前方。

动作要领：双腿屈蹲幅度适当，屈膝蹲腰，臀部不可突出，掌指微上翘，重心落于两腿之间，按掌落臀和身体下蹲的动作要协调一致。

易犯错误：耸肩夹肘，突臀弓背，屈蹲幅度过大，双掌下按超过腰腹，动作不协调。

2. 左右野马分鬃（图 15-4-2）

动作 1（抱球）：身体微右转，重心移至右腿，同时，右臂内旋划弧于胸前，手心向下，左手外旋划弧于腹前，手心向上，两手心斜相对呈抱球状，左腿随即收到右脚内侧，脚尖点地，眼看右手方向。

图 15-4-2　左右野马分鬃

动作要领：身体保持正直，沉肩坠肘，双肩撑圆。

易犯错误：上体前俯，突臀；双肩耸起，左肩夹腋。

动作 2（左野马分鬃）：上体微左转，左脚向左前方迈出，脚跟着地；上体继续左转，左脚踏实成左弓步；同时左右手慢慢分别向左上、右下分开，左手高与眼平，手心斜向上，肘微屈；右手落在右胯旁，肘微屈，手心向下，指尖向前。眼看左手方向。

动作要领：左脚上步，两脚跟不可在同一直线上，两脚横向距离为 10~30 厘米。成弓时左膝与左脚尖在同一方向，膝盖不超过脚尖，左脚尖朝前，沉肩垂肘，双手保持弧形。转体、重心移动、分手等动作应协调一致。

易犯错误：上体前俯，歪髋。

动作 3：（抱球）重心移至右腿，后坐，身体左转，左脚尖翘起后微向外撇（45°~60°），随后脚掌慢慢踏实，身体重心移至左腿，右脚收至左足弓处；同时左手内旋，右手外旋，两手心斜相对呈抱球状。眼看左手方向。

动作要领：左脚尖外撇角度应小于 60°，身体保持中正，沉肩坠肘，双臂撑圆。

易犯错误：身体重心上下起伏，上体前俯或后仰，突臀耸肩。

动作 4：（右野马分鬃）右腿向右前方迈出，脚跟着地，上体右转，右脚踏实成右弓步；同时左右手分别慢慢向左下、右上分开，右手高与眼平，手心斜向上，肘微屈；左手落在左胯旁，肘微屈，手心向下，指尖向前。眼看右手方向。

动作要领：同左野马分鬃。

易犯错误：同左野马分鬃。

动作 5（抱球）：同动作 3，唯方向相反。

动作 6（左野马分鬃）：同动作 2。

易犯错误：同动作 2。

3. 白鹤亮翅（图 15-4-3）

动作 1：重心移至左腿，右脚跟进半步，上体微向左转，左手内旋划弧，右手外旋划弧，手心向上，与左手呈抱球状；眼看左手方向。

动作要领：跟步时，身体重心保持平稳；上体保持中正，跟步与左右手呈抱球姿势应协调进行。

易犯错误：上体前俯或歪斜，跟步距离过大。

动作 2：重心移至右腿，身体右转，右手划弧摆右肩前上方，左手随之附于右臂内侧，身体向左转正，左手划弧下按于左胯前，手心向下，指尖向前，沉右肩，坠右肘，左脚活

图 15-4-3 白鹤亮翅

步，脚尖虚点地。眼平视前方。

动作要领：身体慢慢后坐，不可俯身。不可挺胸部，两臂要保持半圆形，左膝微屈。重心移动、右手上提、左手下按和虚步点地要协调一致。

易犯错误：重心移动速度过快，上体前俯或后仰。

4. 左右搂膝拗步（图 15-4-4）

图 15-4-4 第四式 左右搂膝拗步

动作1（划弧摆臂）：上体先微左转，右手从体前下落，上体再向右转，右手经体中线向下、向后上方划弧至右肩外侧，肘微屈，手与耳同高，手心斜向上，左手由左下向上、向右方划弧至右胸前，手心斜向下；左脚收至右脚内侧，脚尖点地，眼看右手。

动作要领：右掌向左下落不超过身体中线，保持上体中正，双肩松沉。

易犯错误：体前俯，侧倒或转体幅度过大。

动作2（左搂膝拗步）：上体左转，左脚向左前方迈出，脚跟着地；右手屈前臂于耳旁，左手下划；左脚踏实，重心前移至左腿，右手由耳侧向前推出，高与鼻尖平，左手向下由左膝前搂过按于左胯旁，指尖向前，眼看右手指方向。

动作要领：右手屈收于左耳侧时，虎口对耳；向前推出时，身体不可前俯，要松腰松胯。推掌时沉肩坠肘，坐腕舒掌，同时与松腰、弓腿协调一致。上步时，两脚跟的横向距离保持约30厘米。

易犯错误：上体前俯，突臀，身体重心起伏或动作不连贯。

动作3（划弧摆臂）：身体重心移至右腿，后坐，左脚尖翘起后微向外撇，随后脚掌慢慢踏实，身体左转，身体重心移至左腿，右脚收到左脚内侧，脚尖点地；同时左手外旋，由左向上划弧至左肩外侧，肘微屈，手与耳同高，手心斜向上，右手内旋向上、向左下划弧落于左臂内侧，手心斜向下，眼看左手方向。

动作要领：重心移至右腿时，上体保持中正，收腹敛臀。身体左转、重心移动，收右脚和两臂划弧摆动需连贯协调。

易犯错误：同动作1。

动作4（右搂膝拗步）：同动作2，但方向相反。

动作5（划弧摆臂）：同动作3，但方向相反。

动作6（左搂膝拗步）：同动作2。

5. 手挥琵琶（图15-4-5）

图15-4-5　手挥琵琶

重心移至左腿，右脚跟进半步，上体后坐，重心移至右腿，上体稍向右转，左脚略提起稍向前移，脚跟着地，膝部微屈；同时左手由左下向上挑起，高与鼻尖平，掌心向右，臂微屈，右手合于左肘内侧，掌心向左；眼看左手食指方向。

动作要领：身体重心平稳，沉肩坠肘，胸部放松。左手上挑时不得直线上挑，要由左向上向前弧形上挑。右脚跟进时，前脚掌先落地，再全脚踏实。身体重心后移和左手上挑、右手合手要协调一致。

易犯错误：跟步距离过大，上体前俯或后仰，突臀，双臂加紧身体。

6. 左右倒卷肱（图 15-4-6）

图 15-4-6　左右倒卷肱

动作 1（转体摆臂）：上体右转，右手经腹前由下向右后上方划弧，臂微屈，左手随即反掌向上，眼先随视右手，再转向前方看左手方向。

动作要领：身体保持中正，右手后撤时不可直接向后抽，应转体走弧线，身体转动与双掌动作同时完成。

易犯错误：两臂平展，肘挺直，歪胯，耸肩。

动作 2（右倒卷肱）：左腿轻轻提起向后（偏左）退一步，前脚掌先着地，然后全脚慢慢踏实，身体重心移至左腿成右虚步；同时右臂屈肘向前，右手由耳侧向前推出，手心向前，左臂屈肘后撤，左手翻转手心向上，撤至左肋外侧；右脚随转体以脚掌为轴碾正；眼看右手。

动作要领：左腿提起时要缓慢轻柔，重心稳固；右手向前推时要转腰松胯。左腿后撤与左手后撤速度一致，避免僵硬，两脚不可落在一条直线上。

易犯错误：左脚上提过高，重心不稳，脚后撤落地时身体前俯。

动作3（转体摆臂）：上体微向左转，左手随转体向后上方划弧，手心向上，右手随即翻至掌心向上，眼先随视左手，再转向前方看右手方向。

动作要领：同动作1，但方向相反。

易犯错误：同动作2。

动作4（左倒卷肱）：同动作2，但方向相反。

动作5（转体摆臂）：同动作3，但方向相反。

动作6（右倒卷肱）：同动作2。

动作7（转体摆臂）：同动作3。

动作8（左倒卷肱）：同动作2。

注：动作8退右脚时，脚尖外撇角度略大，便于接做"左揽雀尾"。

7. 左揽雀尾（图15-4-7）

图15-4-7　左揽雀尾

动作1（抱球）：上体右转，右手随转体向右后上方划弧收于右胸前，手心转向下，左手自然下落，逐渐翻掌经俯前划弧至右肋前，两手呈抱球状，同时身体重心移至右腿，左脚收至右脚内侧，脚尖点地；眼看右手。

动作要领：上体正直，双臂相抱成弧形与左脚内收同时完成。

易犯错误：双肘伸直，身体前俯，歪胯。

动作2（掤）：上体微左转，左脚向左前方迈出，上体继续左转，右腿自然蹬直，左腿屈膝成左弓步，同时左臂向左前方掤出（即左臂平屈，用前臂外侧和手背向前上方推出），高与胸平，手心向内，右手按于右胯前，手心向下，指尖向前，眼看掤的方向。

动作要领：左脚迈出时，左膝微屈，转体、弓步、掤臂、分手动作应协调，一气呵成。成弓步时，两脚跟横向距离不超过10厘米。

易犯错误：上体前俯，突臀；右手下按时过于向后伸直，且未落于右胯前。

动作3（捋）：身体微左转，左手随即前伸翻，掌向下，腕略高于肩；右手翻掌向上，经腹前向上、向前伸至左前臂下方内侧；然后上体右转，重心慢慢移至右腿，两手经腹前向右后上方划弧捋，直至右手心向上，高与耳平，左臂附于右臂，掌心向内；眼看右手。

动作要领：上体保持正直，两臂下捋须随身体旋转，仍走弧线。移右腿后坐时要敛臀。左脚全掌着地。

易犯错误：身体后仰，转体角度过大，重心不稳，后坐突臀。

动作4（挤）：上体微向左转，右臂屈肘折回，右手附于左手腕内侧，上体继续左转，身体重心前移逐渐变成左弓步，双手同时向前慢慢挤出，左手心向内，右手心斜向前，左前臂撑圆；眼看挤的方向。

动作要领：向前挤时，上体正直，双手与肩同高。转体、搭手、弓步、前挤动作自然连贯、协调。

易犯错误：上体前俯，两臂挺直。

动作5（下按）：左手翻掌，手心向下，右手经左腕上方向前、向右伸出，手心向下，两手左右分开，与肩同宽；然后右腿屈膝，上体后坐，重心移至右腿，左脚尖翘起；同时两手屈肘回收下按至腹前，手心均向前下方；目平视前方。

动作要领：上体后坐，重心移至右腿的动作要缓慢。

易犯错误：重心后移不到位，两臂屈肘回收时两肘外扬或双腋夹紧。

动作6（上按）：上动不停，身体重心慢慢前移成左弓步，同时两手向前、向上按出，掌心向前，指尖向上；目视前方。

动作要领：两手前按时应向前上方弧形按出，按至与肩同高，肘微屈。

易犯错误：两臂挺直，上体前俯。

8. 右揽雀尾（图15-4-8）

动作1（抱球）：上体后坐并向右转，重心移至右腿，左脚尖内扣；右手向右划弧至右侧，然后向右下经腹前向左上划弧至腹前，手心向上，左臂划弧摆至胸前，左手与右手呈抱球状；同时右脚收至左脚内侧，脚尖点地；眼看左手方向。

动作要领：左脚尖内扣幅度尽量大，上体保持正直。

易犯错误：左脚尖随身体右转时内扣幅度过小。

动作2（掤）：同左揽雀尾动作2（掤），唯方向相反。

动作3（捋）：同左揽雀尾动作3（捋），唯方向相反。

动作4（挤）：同左揽雀尾动作4（挤），唯方向相反。

动作5（下按）：同左揽雀尾动作5（下按），唯方向相反。

图 15-4-8　右揽雀尾

动作 6（上按）：同左揽雀尾动作 6（上按），唯方向相反。

9. 单鞭（图 15-4-9）

动作 1：上体后坐左转，重心逐渐移至左腿，右脚尖内扣；同时两手（左高右低）向左弧形运转，右手云至身体左侧，手心朝前，右手经腹前运至肋前，手心向斜向内，眼看左手。

动作要领：上体正直，松肩垂肘，两臂撑圆。

易犯错误：上体前俯，两臂划弧运转时肘挺直。

动作 2：身体重心再逐渐移至右腿，身体微右转，同时右手向右上方划弧，手心由里向外翻，至身体右侧时变勾手，臂与肩平，微屈，左手向下经腹前向右上划弧至右肩前，手心向里，同时左脚向右脚靠拢，脚尖点地；眼看右手方向。

动作要领：右勾手方向不超过右前方 45°，勾尖朝下。

易犯错误：耸肩，突臀，转体幅度过大。

动作 3：上体微左转，左脚向左前方迈出，脚跟先着地，右腿后蹬，身体重心移向左腿成左弓步，同时左掌随上体左转慢慢翻转向前推出。手心向前，手指与眼齐平，指尖向

图 15-4-9　单鞭

上，臂微屈；眼看左手方向。

动作要领：动作完成时，右肘稍下垂，左肘与左膝上下相对，两肩下沉。左手向外翻掌前推时，要随转体边翻边推出。弓步、推掌、重心左移要协调一致。

易犯错误：弓步时双腿落在同一直线上，重心不稳。推掌时翻掌太快或动作到位时突然翻掌。弓步时上体前俯，突臀。

10. 云手（图 15-4-10）

动作 1：身体右转，左脚尖内扣，身体重心移至右腿；左手向下经腹前向右上划弧至右肩前，手心斜向后，同时右手变掌，手心向右前；眼看右手方向。

动作要领：上体保持中正，松肩垂肘；两臂呈弧形，肘微屈。

易犯错误：身体右转超过45°。

动作 2：身体慢慢左转，重心逐渐移至左腿；左手经面前向左侧运转，手心渐向左方，右手下落经腹前向左上划弧至左肩前，手心斜向后，同时右脚抬起靠近左脚下落成小开立步，两脚尖向前（两脚间距 10~20 厘米）；眼看左手方向。

动作要领：右脚靠左脚时应先提脚跟，脚尖后离地，下落时全脚掌落地。

易犯错误：身体前俯，突臀；成开立步时两脚尖未向前，间距过大或过小。

动作 3：上体向右转，同时左手经腹前向右上划弧至右肩前，手心斜向内；右手向右侧运转，手心翻转向右；重心移至右脚，左脚向左横跨一步；眼看右手方向。

动作 4：同动作 2。

动作 5：同动作 3。

动作 6：同动作 2。

注：云手时要注意身体转动要以腰脊为轴，松腰松胯，不可忽高忽低，重心保持平稳。两臂随腰的转动向左右划立圆，速度应缓慢均匀。下肢移动时，两脚交替支撑重心。

图 15-4-10　云手

双臂保持弧形，松肩，两腋不可夹紧身体。眼的视线随左右手移动。第三个"云手"右脚最后跟步时，脚尖微内扣，便于接"单鞭"动作。

11. 单鞭（图 15-4-11）

动作1：上体右转，右手向上经面前向右划弧至右侧方时，掌变勾手；左手向下经腹前向右上划弧至右肩前，手心向内；身体重心落于右腿，左脚尖点地；眼看右手方向。

图 15-4-11　单鞭

动作要领：上体正直，松腰胯；右勾手在右体前约 45°，勾尖朝下。

易犯错误：耸肩，右臂挺直。

动作 2：上体微左转，左脚向左前方迈出，右腿后蹬成左弓步；在身体重心移向左腿时，上体继续左转，左掌逐渐慢慢翻掌转向前推出成"单鞭"式。

动作要领和易犯错误：同第九式"单鞭"动作 3。

12. 高探马（图 15-4-12）

动作 1：重心前移至左腿，右脚跟进半步，重心逐渐后移至右腿；右勾手变成掌，两手掌心翻转向上，两肘微屈，同时身体微向右转，左脚跟渐渐离地；眼看左前方。

动作要领：右脚跟进后应全脚掌落地踏实，双肩松沉。

易犯错误：右脚跟步距离过大，重心移动速度过快。

图 15-4-12　高探马

动作 2：身体向左转，面向前方；右掌经右耳侧向前推出，手心向前，手指与眼同高；左手收至侧腰前，手心向上；同时左脚微向前移，脚尖点地成左虚步；眼看右手方向。

动作要领：上体保持自然正直，双肩松沉，肘微内收。

易犯错误：上体前俯，耸肩，扬肘，姿势有起伏。

13. 右蹬脚（图 15-4-13）

图 15-4-13　右蹬脚

动作 1：左手前伸至右腕背面，手心向上，两手交叉，随即向两侧分开并向下划弧，手心斜向下；同时左脚提起向左前方进步，脚尖略外撇；身体重心前移，右腿自然蹬直成左弓步；目视前方。

动作要领：左手前伸时双肩松沉，双肘下垂，双臂撑圆；左脚迈出角度约在左前方 45°。

易犯错误：上体歪斜，耸肩抬肘；分手时两臂挺直；迈步时仰身或成弓步时上体前俯、突臀。

动作 2：两手由外向里划弧，两手交叉抱于胸前，右手在外；同时右脚向左脚靠拢点地；眼平视右前方。

动作要领：身体保持正直，松腰松胯；两手抱于胸前时，肩放松，两臂呈弧形，肘关节微屈。

易犯错误：重心不稳，上体歪斜，两手合抱时上体前俯。

动作3：两臂左右划弧分开，肘微屈，两掌逐渐外翻至掌心向外；同时右腿屈膝提起，右脚向右前方慢慢蹬出，眼看右手。

动作要领：身体保持稳定，两手分开时，腕部与肩平。右脚蹬出时，左腿微屈，右脚尖回勾，力达脚跟。右臂和右腿上下相对，方向一致。如面向南起势，蹬脚方向应为正东偏南约30°。

易犯错误：右腿提膝时，勾脚尖；成蹬脚时，两臂与右腿呈"十字形"，上体后仰、歪斜。

14. 双峰贯耳（图15-4-14）

图15-4-14　双峰贯耳

动作1：身体微右转，右腿屈膝回收，脚尖自然下垂；左手随体转由后向上、向前下落至体前，两手心同时翻转向上，随后两手同时向下划弧分落于右膝两侧；目视前方。

动作要领：左腿保持重心稳固，上体保持正直，上体右转应以髋为轴。

易犯错误：转体幅度过小。

动作2：左腿微屈下蹲，右脚向右前方落下，脚跟先着地，重心逐渐前移成右弓步，面向右前方；同时两手下落，两掌渐渐变拳，分别从两侧向上、向前划弧至面部前方成钳形状，两拳相对，高与耳齐，拳眼斜向内下方，两拳间距10~20厘米。

动作要领：右脚前落、左腿屈膝下蹲时速度要均缓；落步和双手下落要协调完成；完成式时，头颈正直，松腰松胯，两拳松握，沉肩坠肘，两臂保持弧形。弓步和身体方向与右蹬脚方向相同。

易犯错误：右脚前落速度太快；成双峰贯耳时两臂伸直，高举过头，上体前俯。

15. 转身左蹬脚（图15-4-15）

图15-4-15　转身左蹬脚

动作 1：左腿屈膝，后坐，身体重心移至左腿，上体左转，右脚尖里扣；同时两拳变掌，由上向两侧划弧分开平举，手心向前；眼看左手。

动作要领：右脚尖里扣幅度要大，上体正直，双肩放松，肘下垂，双臂成弧形。

易犯错误：上体前俯、后仰，突臀。

动作 2：身体重心移至右腿，左脚收至右脚内侧，脚尖点地；同时两手由外向下、向内、向上划弧合抱于胸前，左手在外，两手心向内；两眼平视前方。

动作要领：重心右移时保持身体正直，姿势平稳。

易犯错误：双手向内上合抱经腹前时，上体前俯。

动作 3：两臂向两侧划弧分开平举，肘微屈，两手心逐渐翻转向外；同时左腿屈膝提起，左脚向左前方慢慢蹬出，眼看左手方向。

注：左蹬脚方向与右蹬脚方向的连线呈 180°，即左蹬脚方向为正西偏北约 30°。

16. 左下势独立（图 15-4-16）

图 15-4-16　左下势独立

动作 1：左腿收回，脚尖自然下垂，上体右转；同时右掌变勾手，勾尖朝下，左掌向上、向右划弧下落，立于右肩前，掌心斜向后，指尖向上；眼看右手。

动作要领：右腿保持重心稳固，身体正直；左腿收回与左掌回落于右肩前应协调一致。

易犯错误：身体后仰、歪斜。

动作 2：右腿慢慢屈膝下蹲，重心在右腿；左腿由内向左侧伸出成左仆步；左手下落（掌指向前，掌心向外），向左下按顺左腿内侧向前穿出；眼看左手方向。

动作要领：右腿全蹲时，上体不可过于前倾。仆步时左腿伸直，左脚尖须向里扣，两脚全脚掌着地。左脚尖与右脚跟踏在中轴线上。

易犯错误：上体前倾，突臀。

动作 3：身体重心前移，左脚以脚跟为轴，脚尖外撇，左腿前弓，右腿后蹬，右脚尖内扣，上体微左转并向前起身；同时左臂继续向前伸出，立掌，掌心向右，腕与肩平；右勾手下落于体后，勾尖逐渐翻转向上；眼看左手方向。

动作要领：成仆步后，左脚尖先随重心前移外撇，而后右脚尖内扣；上体向前起身时应保持正直。

易犯错误：起身时突臀、歪胯。

动作4：右腿慢慢提起，脚尖自然下垂成左独立式；同时左手翻转掌心向下，采按于左胯旁，指尖向前，右勾手变掌，由后下方顺右腿外侧向前弧形摆出，屈臂挑掌立于右腿上方，手与眼平，肘与膝相对，手心向左；眼看右手方向。

动作要领：上体正直，支撑腿微屈；松肩，双肘微屈。

易犯错误：上体前俯或后仰。

17. 右下势独立（图 15-4-17）

图 15-4-17　右下势独立

动作1：右脚落于左脚前，脚掌着地，然后左脚以前脚掌为轴，脚跟内旋，右脚以前脚掌为轴，脚跟外旋；身体随之左转，同时左手向后上平举变勾手，右掌随着转体向左侧划弧，立于左肩前，掌心斜向后；眼看左手方向。

动作要领：右脚下落于距左脚一脚远处，上体正直，重心稳固；双臂保持弧形；转体与双手动作要协调一致。

易犯错误：右脚落地时左支撑腿伸直。

动作2：同"左下势独立"动作2，唯方向相反。

动作3：同"左下势独立"动作3，唯方向相反。

动作4：同"左下势独立，动作4，唯方向相反。

动作要领：右脚尖触地后必须稍微提起，然后再向下仆步。其他要领与"左下势独立"相同，唯方向相反。

易犯错误：同"左下势独立"，唯方向相反。

18. 左右穿梭（图 15-4-18）

动作1：身体微向左转，左脚向前落地，脚尖外撇，重心前移，右脚跟离地抬起，两腿屈膝成半坐盘式；同时两手在左胸前抱球（左手上、右手下），然后右脚收至左脚内侧，脚尖点地；眼看左前臂方向。

动作要领：向左转体约为45°；左脚前落时，重心应先在右腿，屈膝下蹲后逐渐前移，左掌与肩平，左肘微低于左掌，右臂虚腋。

图 15-4-18　左右穿梭

易犯错误：左脚迈出时重心前移过快。

动作 2：身体右转，右脚向右前方迈出，屈膝弓腿成右弓步；同时右手由脸前向上举并反掌于右额前，手心斜向上，左手先向左下回收至左肋前，再经体前向前上方推出，高与鼻尖平，手心向前，指尖向上；眼看左手方向。

动作要领：左脚迈出方向应在右前方 30° 左右，手推出后，上体不可前俯；收向上举时，防止引肩上耸；上举右手前推要与弓步动作上下协调一致；弓步时两脚跟间横向距离应保持在 30 厘米左右。

易犯错误：右脚向右前迈出角度过大。

动作 3：身体略右转，右脚尖稍向外撇，随即身体重心在移至右腿，左脚跟进，停于右腿内侧，脚尖点地；同时两手在右胸前呈抱球状（右手上、左手下）；眼看右臂。

动作要领：上体正直，沉肩垂肘；右掌与肩平，右肘低于右掌；左臂虚腋。

易犯错误：身体重心不稳。

动作 4：同动作 2，唯方向相反。

19. 海底针（图 15-4-19）

身体重心前移至左腿，右脚提起向前跟半步，重心后移至右腿，左脚稍向前移，脚尖点地成左虚步；同时身体稍向右转，右手下落经体前向后、向上提抽至右肩上耳旁，再随身体左转，由右耳旁斜向前下方插出，掌心向左，指尖斜向前下，右手向前、向下划弧落于左胯旁，掌心向下，指尖向前，眼看前下方。

图 15-4-19　海底针

动作要领：重心移动时上体保持正直，身体要先向右转，再向左转。右脚跟步应稍偏左，脚跟向内，脚尖外撇 45° 成虚步时，两脚不可在同一直线上；身体正面向前，上体

不可太向前倾，避免低头和臀部外突。左腿
微屈。

易犯错误：右掌上提过高，上体过于前
倾，重心不稳。

20. 闪通臂（图 15-4-20）

动作：重心移至右腿，同时上体稍向右
转，左脚提起向前迈出，重心前移，屈膝弓腿
成左弓步；同时右手由体前上提，屈臂上摆至

图 15-4-20　闪通臂

右额前上方，掌心翻转斜向上，拇指朝前下，左手抬起经胸前向前推出，高与鼻尖平，掌
心向前，指尖向上；眼看左手方向。

动作要领：左脚提起时身体保持平稳，双腿不可挺直；完成姿势上体自然正直，松腰
松胯，左臂前推不可挺直，右手向上屈臂撑举，不可挺肘。推掌、举掌和弓腿动作要协调
一致。弓步时两脚跟横向距离约 10 厘米。

易犯错误：身体重心上升，起伏明显；完成姿势双臂伸直，上体前倾。

21. 转身搬拦捶（图 15-4-21）

图 15-4-21　转身搬拦捶

动作 1：上体后坐，重心移至右腿，左脚尖内扣，身体向右转，然后身体重心再移至
左腿上；同时，右手随转体向右、向下（变拳）经腹前划弧至左胸旁，拳心向下；左掌摆
于额前方，掌心朝外斜向上，掌指向右；眼看前方。

动作要领：上体保持正直，敛臀正胯，左脚尖内扣幅度要大；肩放松，两臂撑圆。

易犯错误：扣脚幅度过小，转体时突臀。

动作 2：身体向右转，重心移至左腿；右拳经胸前向前翻转向前撇出，拳心向上，左
手落于左胯旁，掌心向下，指尖向前；同时右脚收回后立即向前迈出，脚尖外撇；眼看

右拳。

动作要领：右脚回收不要停顿或脚尖点地即可向前迈出，迈出时脚跟先着地；双臂弯曲，沉肩松肘。

易犯错误：右拳撇出后肘部挺直，右脚未经收回直接向前迈出。

动作3：身体继续右转，重心移至右腿，左脚向前迈一步；左手上起经左侧向前划弧拦至身体中线，掌与肩平，掌心侧向前下方；右拳向右划弧收于右腰旁，拳心向上；眼看左手方向。

动作要领：左腿迈出时，左膝微屈；身体中正，不可突臀；双臂弧形运动，松肩坠肘；右拳回收时，前臂应先慢内旋划弧再外旋停于右腰旁，拳不可握太紧；拦掌、收拳应同时协调完成。

易犯错误：右拳回收时右臂划弧过大，抬肘耸肩。

动作4：身体微左转，重心前移，左脚踏实，左腿前弓成左弓步；右拳向前打出，拳眼向上，高与胸平，左臂屈收于右前臂内侧，掌心向右，掌指向上；眼向前平视。

动作要领：左拳边内旋边打出，右肩随拳略向前引伸，沉肩坠肘，右臂微屈。

易犯错误：右拳打出时挺肘，右肩过于前送，上体前俯，突臀。

22. 如封似闭（图15-4-22）

图15-4-22　如封似闭

动作1：左手由右腕下向前伸出，右拳变掌，两手心逐渐翻转向上向外平分，两手与肩同宽；随后两手慢慢屈肘回收，同时身体后坐，左脚尖翘起，身体重心移至右腿；眼看前方。

动作要领：左手前伸时应边翻掌边伸出；身体后坐时，敛臀直背，避免后仰；肩放松，两肘下垂。

易犯错误：左手前伸翻时，两臂挺直；两掌回收时掌间距超过身体宽，上体前俯，突臀。

动作2：两手继续回收至胸前翻转掌心向下，经腹前向上、向前推出，腕与肩平，掌心向前；同时左腿前弓成左弓步；眼看前方。

动作要领：两臂随身体后坐回收，肩、肘部略向外松开，不要直线回收；两手推出宽度不超过两肩。

易犯错误：两掌推出时上体前俯，双臂挺直。

23. 十字手（图 15-4-23）

图 15-4-23　十字手

动作 1：屈膝后坐，身体重心移向右腿，左脚尖内扣，向右转体；右手随转体向右摆，掌心向前，肘部微屈；同时右脚尖随转体稍向外撇成右横弓部；眼看右手方向。

动作要领：左脚尖扣 90° 为宜，右脚外撇 45°~60°，上体正直，两臂微屈，松肩垂肘。

易犯错误：上体歪斜或前俯，双臂挺直。

动作 2：身体重心慢慢移至左腿，上体左转，右脚尖内扣，随即向左收回落地，两脚间距离与肩同宽，两脚尖向前，两腿逐渐蹬直成开立步；同时两手向下经腹前上划弧交叉合抱于胸前成十字手，两臂撑圆，腕高与肩平，右手在外，手心向后；目视前方。

动作要领：右脚回收下落时应前脚掌先落后全脚踏实，两臂环抱时须圆满舒适，沉肩垂肘。

易犯错误：重心移动太快，造成上下动作脱节；右脚内收成开立步时脚间距太小或太大；两手合抱时上体前俯。

24. 收势（图 15-4-24）

图 15-4-24　收势

动作：两手向外翻掌，手心向下，与肩同宽，两臂慢慢下落，两掌心向内轻贴于身体两侧。然后重心移至右腿，左脚提收于右脚内侧下落，两脚尖向前成并立步；目视前方。

动作要领：两手分开下落时，注意全身放松，同时气也徐徐下沉，呼吸平稳后，把左脚收于右脚旁。

易犯错误：挺胸突臀，双腋紧夹身体。

第五节　散打

一、简介

散打又称散手，在中国历代有诸多称谓，如相搏、手搏、白打、对拆和技击等。由于这种对抗多采用擂台形式——一种高于地面，见方的台子，所以在民间还被称为"打擂台"。散打在中国已有几千年的历史，一直为广大人民群众所喜爱。然而，现在开展的散打比赛与中国传统的散打却有着质的区别。

现在的散打是两人按照一定的规则，运用武术中的踢、打、摔和防守等技法，进行徒手对抗的现代竞技体育项目，它是中国武术的重要组成部分。现在的散打已不仅仅是对中国武术中传统的徒手格斗术进行单纯的继承和表现，而是在继承的基础上有了进一步发展和提高。其中最为突出的，就是把传统中注重"招法"的观念发展成为把体能、智能与技能结合起来的理念，进而突出了它的综合应用能力。

二、散打基本技术

（一）实战姿势

动作方法：两脚按开立步站立，两手握拳，左前右后，拳眼均朝上，左手臂弯曲，肘关节夹角在 90°～110° 之间，左拳与鼻同高；右手臂弯曲，肘关节夹角小于 90°，大小臂紧贴右侧肋部侧立，微收下颌，闭嘴合齿，面部、左肩、左拳正对对手。

要点：实战姿势是实战时的预备姿势，因此，要求进攻灵活，防守严密，移动方便，姿势不可太低，重心控制在两脚之间；两手紧护躯体，暴露给对手打击的有效部位尽量缩小。

（二）拳法

1. 左冲拳

动作方法：实战姿势为正架，即左脚、左手在前，右脚微蹬地面，重心微向前移动；同时左拳直线向前冲出，力达拳面（图 15-5-1）。

动作要点：

（1）冲拳时，上体不可前倾，腰略向右转。

（2）拳面领先，大臂带前臂，臂微内旋，肘微屈。

（3）快击快攻，切勿停顿，迅速还原成预备势。

图 15-5-1　左冲拳

用法：左冲拳是一种直线进攻型动作，特点是距离对手较近，易发动，灵活性强，相对力度较小，但可以变换身体姿势，或左、右闪躲击打对方腰部以上任何部位。既可主动进攻，又能防守反击，而更多是以假乱真，虚招引诱对手，为接用其他方法"探路"，是进攻技术中最常见、最主要的动作之一。

2. 右冲拳

动作方法：由实战姿势（正架）开始，右脚微蹬地，腿向内，左转腰送肩的同时，右拳直线向前冲击，力达拳面，左拳顺势回收至右肩内侧（图 15-5-2）。

图 15-5-2 右冲拳

动作要点：

（1）右冲拳的发力顺序是起于右脚，传送到腰、肩、肘，最后达于拳面。

（2）上体向左转动，以加大冲拳力量。

（3）还原时以腰带动肘，主动回收。

用法：右冲拳是主要进攻动作之一。其特点是攻击距离长，能充分利用蹬腿转腰的力量加大冲拳的力度，具有较强的威慑力。

3. 左掼拳

动作方法：上体微向右转，同时左拳向外约 45°，向前向里横掼，臂微屈，拳心朝下，力达拳面或偏于拳眼侧，右拳护于右腮（图 15-5-3）。

动作要点：

（1）力从腰发，腰绕纵轴向右转动。

（2）掼拳发力时，臂微屈，肘尖抬至与肩平。

图 15-5-3 左掼拳

用法：左掼拳是一种横向型进攻动作，可以结合身体姿势的高、低变化击打对方侧面。上盘可击其太阳穴，中盘可击其腰肋部位。

4. 右掼拳

动作方法：预备姿势（正架）开始，右脚微蹬地并向内扣转，合胯并向左转腰，同时右拳向外约 45°，向前、向里横掼，力达拳面或偏于拳眼侧，左拳顺势屈臂回收到腹前（图 15-5-4）。

动作要点：

（1）右脚内扣，合胯、转腰与掼拳发力要协调一致。

（2）掼拳发力时，肘尖微抬，使肩、肘、腕基本成水平。

图 15-5-4 右掼拳

用法：右掼拳也是一种横线型进攻动作，其特点是能充分借助右脚蹬地转腰的力量，力度较大。但因进攻路线长，动作幅度宜小不宜大，此拳法多用于连击或防守反击。

5. 左抄拳

动作方法：实战姿势（正架）开始，重心微下沉，左拳由下向前、向上抄起，肘关节夹角为 90°~110°，拳心朝里，力达拳面。

动作要点：

（1）重心下沉是为了更好地利用前脚蹬地拧转后的反作用力，以加大抄拳力量，动作要连贯、顺达，用力要由下至上。

（2）抄拳时臂先微内旋再外旋，拳呈螺旋形运行。

（3）抄拳发力时，腰微右转，发力短促。

用法：抄拳属上下进攻型动作，主要靠腰、腿的蹬转和运用内力的发劲，拳带螺旋劲，攻打的部位是胸口、腹部和下颌，有较大的攻击力。

6. 右抄拳（勾拳）

动作方法：实战姿势（正架）开始，右脚蹬地，扣膝合胯，腰微左转。同时，右拳由下向前、向上抄起，肘关节夹角保持在100°~110°，拳心朝里，力达拳面；左拳回收至右肩内侧。

动作要点：右抄拳要借助右脚蹬地、扣膝、合胯、转腰的力量，发力由下至上、协调顺达；抄拳时右臂呈螺旋形运动。

用法同左抄拳。

（三）腿法

1. 左蹬腿

动作方法：实战姿势准备，右腿直立或稍屈，左腿提膝抬起，勾脚，以脚跟领先向前蹬出，力达脚跟；亦可送髋，脚掌下压，力达脚前掌（图15-5-5）。

图 15-5-5　左蹬腿

2. 右蹬腿

动作方法：身体重心前移，左腿直立或稍屈，身体稍左转，右腿屈膝前抬，勾脚，以脚跟领先向前蹬出，力达脚跟；亦可送髋，脚掌下压，力达脚前掌（图15-5-6）。

用法：散打中的蹬腿，除与套路中的要求相同外，还吸取了前点腿的优点，当击中对方时，脚踝发力，前脚掌下压，这样，蹬击后脚易将对方蹬开或使其倒地。

3. 左踹腿

动作方法：右腿直立或稍屈支撑，左腿屈膝抬起，小腿外摆，脚尖勾起，脚掌正对攻击目标，展髋，挺膝向前踹出，力达脚掌，上体可侧倾（图15-5-7）。

图 15-5-6　右蹬腿　　　　　　　图 15-5-7　左踹腿

4. 右踹腿

动作方法：左腿直立或稍屈支撑，身体向左转180°，同时右腿屈膝前抬，小腿外摆，脚尖勾起，脚掌正对攻击目标，用力向前踹出，力达脚掌，上体可侧倾（图15-5-8）。

动作要点：上体、大腿、小腿、脚掌成一条直线，踹出时一定要以大腿推动小腿直线向前发力。

　　用法：踹腿是比赛中使用率较高的腿法之一，容易调整步法，因此，踹腿的使用变化较多。它做直线运动，速度快、力量大、不易防守，而且配合步法使用、变化多，易于在不同距离上使用。

　　5.左横摆踢腿

　　动作方法：上体稍右转并侧倾，同时带动左腿收髋、扣膝，直腿向右上方横摆打腿，踝关节屈紧，力达脚背至小腿下端（图15-5-9）。

图 15-5-8　右踹腿　　　　　　　　图 15-5-9　左横摆踢腿

　　6.右横摆踢腿

　　动作方法：左膝外展，上体右转，收腹，带动右腿收髋，扣膝，直腿向前方横摆打腿，踝关节屈紧，力达脚背至小腿下端（图15-5-10）。

　　动作要点：以转体带动摆腿，动作连贯、快速。

　　用法：横摆踢腿是在实战中使用较多的一种腿法。它以身带腿，速度快、力量大，使用得好能起到重创对手的作用。其弧形横摆，路线长、幅度大，较易被对手察觉和防守，实战中应注意动作快速、不带预兆。

图 15-5-10　右横摆踢腿

　　（四）摔法

　　1.抱腿前顶

　　动作方法：甲出拳击乙头部时，乙左脚上步，下潜躲闪，两手抱甲双腿，屈肘，两手用力回拉，同时用左肩前顶甲大腿或腹部，将甲摔倒（图15-5-11）。

图 15-5-11　抱腿前顶

动作要点：下潜快、抱腿紧、两臂后撤、肩顶有力。

用法：可用于主动进攻或防守反击。

2. 夹颈打腿

动作方法：甲用左冲拳击乙头部，乙右前臂外格甲左臂，左手由甲右肩上穿过，屈肘夹甲颈部，同时左腿背步与右腿平行，随即左转体用左小腿向后横打甲左小腿，将甲打倒（图 15-5-12）。

动作要点：格挡迅速，夹颈有力，打腿、转身协调一致。

用法：在对手用冲（掼）拳击打时，防守反击。

图 15-5-12　夹颈打腿

3. 抱腿别腿

动作方法：甲站立或左侧弹腿时，乙将甲左腿抱住，并且左脚向甲的支撑腿后上步，上体左转，转腰成右弓步，用左腿别甲右腿，同时用胸下压甲左腿（图 15-5-13）。

动作要点：抱腿准、有力，弓步转体协调，转腰、压腿顺势。

用法：可用于主动进攻或防守反击。

图 15-5-13　抱腿别腿

4. 抱腿上托

动作方法：甲用蹬腿蹬乙胸部，乙两手立即抓握住甲左脚，屈臂上抬，两手上托其左脚后，向前上方推送使甲倒地（图 15-5-14）。

图 15-5-14　抱腿上托

动作要点：抓脚准，托推动作连贯一致。

用法：适用于防守反击对方的蹬腿动作。

（五）防守法

1. 接触防守

（1）拍挡。

动作方法：实战姿势（正架）开始。左手（右手）以拳心或掌心为力点向里横向拍挡（图15-5-15）。

动作要点：前臂尽量垂直，拍挡幅度小，用力短促。

用法：防守对方直线型拳法或横向型腿法对上盘的攻击。

（2）挂挡。

动作方法：右手（左手）屈臂向同侧头部或肩部挂挡（图15-5-16）。

动作要点：大小臂叠紧并贴于头侧，要含胸侧身，暴露面小。

用法：防守对方横向型的手法或腿法攻击上盘，如左右掼拳或左右横踢腿等。

图15-5-15　拍挡　　　　　　　　图15-5-16　挂挡

（3）拍压。

动作方法：左拳（右拳）变掌，以掌心或掌根为力点由上向前下拍压。

动作要点：拍压时臂要弯曲，手腕和掌要紧张用力，臂内旋，虎口、指尖均朝右（左）。

用法：防守对方正面的手法或腿法攻击中盘，如下冲拳、勾拳、撩拳及蹬踹腿等。

（4）外抄。

动作方法：左（右）手臂外旋弯曲，上臂紧贴肋部，前臂水平，手心朝上；同时右（左）手屈臂紧贴腹部，立掌，手心朝外，手指向上（图15-5-17）。

动作要点：上臂紧护躯干，两手成钳子状。抱腿时，两手相合锁扣。

用法：抄抱对方横踢腿对中盘的进攻，如左右横踢腿等。

（5）里抄。

动作方法：左（右）手臂微屈并外旋，紧贴腹前，手心朝上，同时右（左）手屈臂紧贴胸前，立掌，虎口朝上，掌心朝外。

图15-5-17　外抄

动作要点：两臂紧贴体前，保护裆部、胸部和腹部，抱腿，右（左）手掌心朝下与左（右）手相锁合。

用法：抄抱对方直线腿法和横线腿法，如正面的蹬、踹腿和左横踢腿等。

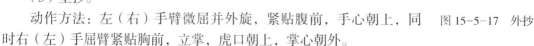

2. 闪躲防守

（1）撤闪。

动作方法：前脚由前向后收步，接近后脚时脚前掌着地，重心落于后腿（图15-5-18）。

动作要点：前脚回收迅速，虚点地面，上体正直，支撑要稳。

用法：防守对方以腿法攻击下盘部位，如低蹬腿，低踹、弹腿、低横踢或勾踢腿等（图15-5-19）。

图15-5-18 撤闪　　　　　　　　图15-5-19 撤闪用法

（2）后闪。

动作方法：重心后移，上体略后倾闪躲（图15-5-20）。

动作要点：后闪时下颌收紧，闭嘴合齿，后闪幅度不宜过大，重心落于后腿。

用法：防守对方拳法攻击上盘部位，为腿法反击做准备，因此常常配合前蹬腿防守反击。

（3）侧闪。

动作方法：两膝微屈，俯身，上体向左侧或右侧闪躲（图15-5-21）。

动作要点：上体要含胸，侧身不转头，目视对方。

用法：向两侧闪躲对方用手法正面攻击上盘部位，如左右冲拳等。

（4）下躲闪。

动作方法：屈膝、沉胯，重心下降，缩颈，弧形向下躲闪，两手紧护胸部。

动作要点：下躲闪时，膝关节、髋关节和颈部要同时弯曲、收缩，目视对手。

用法：防守对方手或脚横向攻击头部，如左右掼拳、高横踢腿等。

（5）提膝躲闪。

动作方法：后膝微屈独支撑，前腿屈膝提起（图15-5-22）。

动作要点：重心后移，提腿迅速，根据对手腿法进攻的路线及方位，膝关节分别有里合、外摆或垂直的变化。

用法：防守对方正面或横向腿法攻击下盘部位，如低踹腿、弹腿、低横打和勾踢腿等，若对手的腿法攻击的是大腿或腰腹部，则可用小腿阻挡或接触防守。

图15-5-20 后闪　　　　图15-5-21 侧闪　　　　图15-5-22 提膝躲闪

第六节　健身气功——八段锦

一、八段锦简介

八段锦的"八"字，不是单指段、节和 8 个动作，而是表示其功法有多种要素，相互制约，相互联系，循环运转。"锦"字由"金""帛"组成，表示其精美华贵。除此之外，"锦"字还可理解为单个导引术式的汇集，如丝锦那样连绵不断，是一套完整的健身方法。

八段锦之名，最早出现在南宋洪迈所著《夷坚志》中："政和七年，李似矩为起居郎……尝以夜半时起坐，嘘吸按摩，行所谓八段锦者。"这说明八段锦在北宋已流传于世，并有坐势和立势之分。本书重点对立势八段锦的源流和有关情况进行介绍。

八段锦分为南北两派。行功时动作柔和、多采用站式动作的，称为南派；动作多马步、以刚为主的，被称为北派。

中华人民共和国成立后，党和政府对民族传统体育项目非常重视。20 世纪 50 年代后期，人民体育出版社先后出版了唐豪、马凤阁等人编著的《八段锦》。后又组织编写小组对传统八段锦进行了挖掘整理。目前，八段锦作为民族传统体育项目已经进入我国高校体育课程，习练八段锦的群众逐年增多。这些都极大地促进了八段锦理论的发展，丰富了八段锦的内涵。

二、八段锦的功法特点

八段锦的运动强度和动作次序符合运动生理学规律，属于有氧运动，安全可靠。整套功法增加了预备式和收势，使套路更加完整规范。八段锦的功法特点主要体现在以下几个方面：

（一）柔和缓慢，圆活连贯

柔和，是指习练时动作不僵不拘，轻松自如，舒展大方。缓慢，是指习练时身体重心平稳，虚实分明，轻飘徐缓。圆活，是指动作路线带有弧形，不起棱角，不直来直往，符合人体各关节自然弯曲的状态。它是以腰脊为轴带动四肢运动，上下相随，节节贯穿。连贯，是指动作的虚实变化和姿势的转换衔接无停顿断续之处，既像行云流水连绵不断，又如春蚕吐丝相连无间，使人神清气爽，体态安详，从而达到疏通经络、畅通气血和强身健体的效果。

（二）松紧结合，动静相兼

松，是指习练时肌肉、关节以及中枢神经系统、内脏器官的放松。在意识的主动支配下，逐步达到呼吸柔和、心静体松，同时松而不懈，保持正确的姿态，并将这种放松程度不断加深。紧，是指习练中适当用力，且缓慢进行，主要体现在前一动作的结束与下一动作的开始之前。八段锦中的"双手托天理三焦"的上托、"左右弯弓似射雕"的马步拉弓、"调理脾胃须单举"的上举、"五劳七伤往后瞧"的转头旋臂、"攒拳怒目增气力"的冲拳与抓握、"背后七颠百病消"的脚趾抓地与提肛等，都体现了这一点。紧，在动作中只有一瞬间，而放松须贯穿动作的始终。松紧配合得适度，有助于平衡阴阳、疏通经络、分解黏滞、滑利关节、活血化瘀、强筋壮骨、增强体质。

（三）神与形合，气寓其中

神，是指人体的精神状态和正常的意识活动以及在意识支配下的形体表现。神为形之主，形乃神之宅。神与形是相互联系、相互促进的整体。本功法每势动作以及动作之间都充满了对称与和谐，体现出内实精神、外示安逸、虚实相生、刚柔相济，做到了意动形随、神形兼备。

气寓其中，是指通过精神的修养和形体的锻炼，促进真气在体内的运行，以达到强身健体的功效。习练本功法时，呼吸应顺畅，不可强吸硬呼。

三、八段锦习练要领

（一）松静自然

松静自然，是练功的基本要领，也是最根本的法则。松，是指精神与形体两方面的放松。精神的放松，主要是解除心理和生理上的紧张状态；形体上的放松，是指关节、肌肉及脏腑的放松。放松是由内到外、由浅到深的锻炼过程，使形体、呼吸、意念轻松舒适无紧张之感。静，是指思想和情绪要平稳安宁，排除一切杂念。放松与入静是相辅相成的，入静可以促进放松，而放松又有助于入静，二者缺一不可。

自然，是指形体、呼吸、意念都要顺其自然。具体来说，形体自然，要合于法，一动一势要准确规范；呼吸自然，要莫忘莫助，不能强吸硬呼；意念自然，要"似守非守，绵绵若存"，过于用意会造成气滞血瘀，导致精神紧张。需要指出的是，这里的"自然"不能理解为"听其自然""任其自然"，而是指"道法自然"，需要习练者在练功过程中仔细体会，逐步把握。

（二）准确灵活

准确，主要是指练功时的姿势与方法要正确，合乎规格。在学习初始阶段，基本身形的锻炼最为重要。本功法的基本身形，只要通过功法的预备式进行站桩锻炼即可，站桩的时间和强度可根据不同人群的不同健康状况灵活掌握。在锻炼身形时，要认真体会身体各部位的要求和要领，克服关节肌肉的酸痛等不良反应，为放松入静创造良好条件，为学习掌握动作打好基础。在学习各式动作时，要对动作的路线、方位、角度、虚实、松紧分辨清楚，做到姿势工整，方法准确。

灵活，是指习练时对动作幅度的大小、姿势的高低、用力的大小、习练的数量、意念的运用、呼吸的调整等，都要根据自身情况灵活掌握，特别是对老年人群和体弱者，更要注意。

（三）练养相兼

练，是指形体运动、呼吸调整与心理调节有机结合的锻炼过程。养，是通过上述练习，身体出现的轻松舒适、呼吸柔和、意守绵绵的静养状态。习练本功法，在求动作姿势工整、方法准确的同时，要根据自己的身体情况，调整好姿势的高低和用力的大小，对有难度的动作，一时做不好的，可逐步完成。对于呼吸的调节，可在学习动作期间采取自然呼吸，待动作熟练后再结合动作的升降、开合与自己的呼吸频率有意识地进行锻炼，最后达到"不调而自调"的效果。对于意念的把握，在初学阶段重点应放在注意动作的规格和要点上，动作熟练后要遵循似守非守、绵绵若存的原则进行练习。

练与养，是相互并存的，不可截然分开，应做到"练中有养""养中有练"。特别要合理安排练习的时间、数量，把握好强度，处理好"意""气""形"三者的关系。从广义上讲，练养相兼与日常生活也有着密切的关系。能做到"饮食有节、起居有常"，保持积极向上的乐观情绪，将有助于提高练功效果，增进身心健康。

（四）循序渐进

八段锦对于初学者来说有一定的学习难度和运动强度。因此，在初学阶段，习练者首先要克服由于练功给身体带来的不适，如肌肉关节酸痛、动作僵硬、紧张、手脚配合不协调、顾此失彼等情况。只有经过一段时间和数量的习练，才会做到姿势逐渐工整，方法逐步准确，动作的连贯性与控制能力得到提高，对动作要领的体会不断加深，对动作细节更加注意等。

在初学阶段，本功法要求习练者采取自然呼吸方法。待动作熟练后，逐步对呼吸提出要求，习练者可采用练功时的常用方法——腹式呼吸。掌握呼吸方法后，再开始注意同动作进行配合。这其中也存在适应和锻炼的过程，不可急于求成。最后，逐渐达到动作、呼吸、意念的有机结合。

由于练功者在体质状况及对功法的掌握与习练上存在差异，练功效果不尽相同。良好的练功效果是在科学练功方法的指导下，随着时间和习练数量的积累而逐步达到的。因此，习练者不要"三天打鱼，两天晒网"，应持之以恒，循序渐进，合理安排好运动量与强度。

四、八段锦动作说明

（一）手型、步型

1. 基本手型

（1）拳。大拇指抵掐无名指根节内侧，其余四指屈拢收于掌心，即握固（图15-6-1）。

（2）掌。五指微屈，稍分开，掌心微含（图15-6-2）；拇指与食指竖直分开呈"八"字状，其余三指第一、二指节屈收，掌心微含（图15-6-3）。

（3）爪。五指并拢，大拇指第一指节，其余四指第一、二节屈收扣紧，手腕伸直（图15-6-4）。

2. 基本步型

马步：开步站立，两脚间距为本人脚长的2~3倍，屈膝半蹲，大腿略高于水平（图15-6-5）。

（二）动作图解

1. 预备式

简易口诀：左脚开步，与肩同宽，屈膝下蹲，掌抱腹前，中正安舒，呼吸自然，心神宁静，意守丹田。

图 15-6-1　　　　图 15-6-2　　　　图 15-6-3　　　　图 15-6-4　　　图 15-6-5

动作一：两脚并步站立，两臂自然垂于体侧，身体中正，目视前方（图 15-6-6）。

动作二：随着松腰沉髋，身体重心移至右腿，左脚向左侧开步，脚尖朝前，约与肩同宽，目视前方（图 15-6-7）。

动作三：两臂内旋，两掌分别向两侧摆起，约与髋同高，掌心向后，目视前方（图 15-6-8）。

动作四：上动不停。两膝关节稍屈，同时，两臂外旋，向前合抱于腹前呈圆弧形，与脐同高，掌心向内，两掌指间距约 10 厘米，目视前方（图 15-6-9）。

图 15-6-6　　　　图 15-6-7　　　　图 15-6-8　　　　图 15-6-9

动作要点：

（1）头向上顶，下颌微收，舌抵上腭，双唇轻闭，沉肩坠肘，腋下虚掩，胸部宽舒，腹部松沉，收髋敛臀，上体中正。

（2）呼吸徐缓，气沉丹田，调息 6～9 次。

功理与作用：

宁静心神，调整呼吸，内安五脏，端正身形，在精神与肢体上做好练功前的准备。

2. 第一式：两手托天理三焦

简易口诀：上托、下落；上托、下落；上托、下落；上托、下落；上托、下落；上托。

动作一：接上式。两臂外旋微下落，两掌五指分开在腹前交叉，掌心向上，目视前方（图 15-6-10）。

动作二：上动不停。两腿徐缓挺膝伸直，同时，两掌上托至胸前，随之两臂内旋向上托起，掌心向上，抬头，目视两掌（图 15-6-11）。

动作三：上动不停。两臂继续上托，肘关节伸直，同时，下颌内收，动作略停，目视前方（图 15-6-12）。

动作四：身体重心缓缓下降，两腿膝关节微屈，同时，十指慢慢分开，两臂分别向身体两侧下落，两掌捧于腹前，掌心向上，目视前方（图 15-6-13）。

本式上托、下落为一遍，共做 6 遍。

图 15-6-10　　　图 15-6-11　　　图 15-6-12　　　图 15-6-13

动作要点：

（1）两掌上托要舒胸展体，略有停顿，保持抻拉。

（2）两掌下落，松腰沉髋，沉肩坠肘，松腕舒指，上体中正。

功理与作用：

（1）通过两手交叉上托，缓慢用力，保持抻拉，可使"三焦"通畅、气血调和。

（2）通过拉长躯干与上肢各关节周围的肌肉、韧带及关节软组织，对防治肩部疾患、预防颈椎病等具有良好的作用。

3. 第二式：左右开弓似射雕

简易口诀：搭腕、开弓、并步；搭腕、开弓、并步；搭腕、开弓、并步；搭腕、开弓、并步；搭腕、开弓、并步；搭腕、开弓。

动作一：接上式。身体重心右移，左脚向左侧开步站立，两腿膝关节自然伸直，同时，两掌向上交叉于胸前，左掌在外，两掌心向内，目视前方（图 15-6-14）。

动作二：上动不停。两腿徐缓屈膝半蹲成马步，同时，右掌屈指成"爪"，向右拉至肩前，左掌成八字掌，左臂内旋，向左侧推出，与肩同高，坐腕，掌心向左，犹如拉弓射箭之势，动作略停，目视左掌方向（图 15-6-15）。

动作三：身体重心右移，同时，右手五指伸开成掌，向上、向右划弧，与肩同高，指尖朝上，掌心斜向前，左手指伸开成掌，掌心斜向后，目视右掌（图 15-6-16）。

动作四：上动不停。重心继续右移，左脚回收成并步站立，同时，两掌分别由两侧下落，捧于腹前，指尖相对，掌心向上，目视前方（图 15-6-17）。

图 15-6-14　　　图 15-6-15　　　　图 15-6-16　　　图 15-6-17

动作五至动作八：同动作一至动作四，唯左右相反（图 15-6-18 至图 15-6-21）。

本式一左一右为一遍，共做三遍。

第三遍最后一动时，身体重心继续左移，右脚回收成开步站立，与肩同宽，膝关节微屈，同时，两掌分别由两侧下落，捧于腹前，指尖相对，掌心向上目视前方（图15-6-22）。

图 15-6-18　　　　图 15-6-19　　　　图 15-6-20　　　　图 15-6-21　　图 15-6-22

动作要点：

（1）侧拉之手五指要并拢屈紧，肩臂放平。

（2）八字掌侧撑需沉肩坠肘，屈腕，竖指，掌心涵空。

（3）年老或体弱者可自行调整马步的高度。

功理与作用：

（1）展肩扩胸，可刺激督脉和背部俞穴，同时刺激手三阴三阳经等，可调节手太阴肺经等经脉之气。

（2）可有效发展下肢肌肉力量，提高平衡和协调能力，同时，增加前臂和手部肌肉的力量，提高手腕关节及指关节的灵活性。

（3）有利于矫正不良姿势，如驼背及肩内收，很好地预防颈肩疾病等。

4. 第三式：调理脾胃须单举

简易口诀：上举、下落；上举、下落；上举、下落；上举、下落；上举、下落；上举。

动作一：接上式。两腿徐缓挺膝伸直，同时，左掌上托，左臂外旋上穿经面前，随之臂内旋上举至头左上方，肘关节微屈，力达掌根，掌心向上，掌指向右，同时，右掌微上托，随之臂内旋下按至右髋旁，肘关节微屈，力达掌根，掌心向下，掌指向前，动作略停，目视前方（图15-6-23）。

动作二：松腰沉髋，身体重心缓缓下降，两腿膝关节微屈，同时，左臂屈肘外旋，左掌经面前下落于腹前，掌心向上，右臂外旋，右掌向上捧于腹前，两掌指尖相对，相距约10厘米，掌心向上，目视前方（图15-6-24）。

动作三、四：同动作一、二，唯左右相反（图15-6-25，图15-6-26）。

本式一左一右为一遍，共做三遍。

第三遍最后一动时，两腿膝关节微屈；同时，右臂屈肘，右掌下按于右髋旁，掌心向下，掌指向前目视前方（图15-6-27）。

动作要点：力在掌根，上撑下按，舒胸展体，拔长腰脊。

功理与作用：

（1）通过左右上肢一松一紧的上下对拉（静力牵张），可以牵拉腹腔，对脾胃中焦肝胆起到按摩作用，同时可以刺激位于腹、胸胁部的相关经络以及背部俞穴等，达到调理脾胃（肝胆）和脏腑经络的作用。

图 15-6-23　　图 15-6-24　　图 15-6-25　　图 15-6-26　　图 15-6-27

（2）可使脊柱内各椎骨间的小关节及小肌肉得到锻炼，从而增强脊柱的灵活性与稳定性，有利于预防和治疗肩、颈疾病等。

5. 第四式：五劳七伤往后瞧

简易口诀：起身、后瞧、转正，起身、后瞧、转正，起身、后瞧、转正，起身、后瞧、转正，起身、后瞧、转正，起身、后瞧。

动作一：接上式。两腿徐缓挺膝伸直，同时，两臂伸直，掌心向后，指尖向下，目视前方（图 15-6-28）。然后上动不停。两臂充分外旋，掌心向外，头向左后转，动作略停，目视左斜后方（图 15-6-29）。

动作二：松腰沉髋，身体重心缓缓下降，两腿膝关节微屈，同时，两臂内旋按于髋旁，掌心向下，指尖向前，目视前方（图 15-6-30）。

动作三：同动作，唯左右相反（图 15-6-31，图 15-6-32）。

动作四：同动作二（图 15-6-33）。

本式一左一右为一遍，共做三遍。第三遍最后一动时，两膝关节微屈，同时，两掌捧于腹前，指尖相对，掌心向上，目视前方（图 15-6-34）。

图 15-6-28　　　图 15-6-29　　　图 15-6-30　　　图 15-6-31

图 15-6-32　　　图 15-6-33　　　图 15-6-34

动作要点：

（1）头向上顶，肩向下沉。

（2）转头不转体，旋臂，两肩后张。

功理与作用：

（1）"五劳"指心、肝、脾、肺、肾五脏劳损；"七伤"指喜、怒、悲、忧、恐、惊、思七情伤害。本式动作通过上肢伸直外旋扭转的静力牵张作用，可以扩张牵拉胸腔、腹腔内的脏腑。

（2）本式动作中往后瞧的转头动作，可刺激颈部大椎穴，达到防治"五劳七伤"的目的。

（3）可增加颈部及肩关节周围参与运动肌群的收缩力，增加颈部运动幅度，活动眼肌，预防眼肌疲劳以及肩、颈与背部等疾患。同时，改善颈部及脑部血液循环，有助于解除中枢神经系统疲劳。

6. 第五式：摇头摆尾去心火

简易口诀：上托、下按；右倾、左旋、摇头、摆尾；左倾、右旋、摇头、摆尾；右倾、左旋、摇头、摆尾；左倾、右旋、摇头、摆尾；右倾、左旋、摇头、摆尾；左倾、右旋、摇头、摆尾；上举。

动作一：接上式。身体重心左移，右脚向右开步站立，两腿膝关节自然伸直；同时，两掌上托与胸同高时，两臂内旋，两掌继续上托至头上方，肘关节微屈，掌心向上，指尖相对，目视前方（图15-6-35）。

动作二：上动不停。两腿徐缓屈膝半蹲成马步，同时，两臂向两侧下落，两掌扶于膝关节上方，肘关节微屈，小指侧向前，目视前方（图15-6-36）。

动作三：身体重心向上稍升起，而后右移，上体先向右倾，随之俯身，目视右脚（图15-6-37）。

动作四：上动不停。身体重心左移，同时，上体由右向前、向左旋转，目视右脚（图15-6-38）。

动作五：身体重心右移成马步，同时，头向后摇，上体立起，随之下颌微收，目视前方（图15-6-39）。

图15-6-35　　图15-6-36　　图15-6-37　　　图15-6-38　　　图15-6-39

动作六至动作八：同动作三至动作五，唯左右相反（图15-6-40至图15-6-42）。

本式一左一右为一遍，共做三遍。

做完三遍后，身体重心左移，右脚回收成开步站立，与肩同宽；同时，两掌向外经两侧上举，掌心相对，目视前方（图 15-6-43）。随后松腰沉髋，身体重心缓缓下降。两膝关节微屈；同时屈肘，两掌经面前下按至腹前，掌心向下，指尖相对，目视前方（图 15-6-44）。

| 图 15-6-40 | 图 15-6-41 | 图 15-6-42 | 图 15-6-43 | 图 15-6-44 |

动作要点：

（1）马步下蹲要收髋敛臀，上体中正。

（2）摇转时，颈部与尾闾对拉伸长，好似两个轴在相对运转，速度应柔和缓慢，动作圆活连贯。

（3）年老或体弱者要注意动作幅度，不可强求。

功理与作用：

（1）心火，即心热火旺的病症，属阳热内盛的病机。通过两腿下蹲，摆动尾闾，可刺激脊柱、督脉等；通过摇头，可刺激大椎穴，从而达到疏经泄热的作用，有助于去除心火。

（2）在摇头摆尾过程中，脊柱腰段、颈段大幅度侧屈、环转及回旋，可使整个脊柱的头颈段、腰腹及臀、股部肌群参与收缩，既增加了颈、腰、髋的关节灵活性，也增强了这些部位的肌力。

7. 第六式：两手攀足固肾腰

简易口诀：上举、下按、反穿、摩运、攀足；上举、下按、反穿、摩运、攀足；上举、下按、反穿、摩运、攀足；上举、下按、反穿、摩运、攀足；上举、下按、反穿、摩运、攀足；上举、下按、反穿、摩运、攀足；上举。

动作一：接上式。两腿挺膝伸直站立，同时，两掌指尖向前，两臂向前、向上举起，肘关节伸直，掌心向前，目视前方（图 15-6-45）。

动作二：两臂外旋至掌心相对，屈肘，两掌下按于胸前，掌心向下，指尖相对，目视前方（图 15-6-46）。

动作三：上动不停。两臂外旋，两掌心向上，随之两掌掌指顺腋下向后插，目视前方（图 15-6-47）。

动作四：两掌心向内沿脊柱两侧向下摩运至臀部，随之上体前俯，两掌继续沿腿后向下摩运经脚两侧置于脚面，抬头，动作略停，目视前下方（图 15-6-48）。

动作五：两掌沿地面前伸，随之用手臂举动上体起立，两臂伸直上举，掌心向前，目视前方（图 15-6-49）。

本式一上一下为一遍，共做 6 遍。做完 6 遍后，松腰沉髋，重心缓缓下降，两膝关节微屈，同时，两掌向前下按至腹前，掌心向下，指尖向前，目视前方（图15-6-50）。

动作要点：

（1）反穿摩运要适当用力，至足背时松腰沉肩，两膝挺直，向上起身时手臂主动上举，带动上体立起。

（2）年老或体弱者可根据身体状况自行调整动作幅度，不可强求。

图15-6-45　　图15-6-46　　图15-6-47　　图15-6-48　　图15-6-49　　图15-6-50

功理与作用：

（1）通过前屈后伸可刺激脊柱、督脉以及命门、阳关、委中等穴位，有助于防治生殖泌尿系统方面的慢性病，达到固肾壮腰的作用。

（2）通过脊柱大幅度前屈后伸，可有效发展躯干前、后伸屈脊柱肌群的力量与伸展性，同时对腰部的肾、肾上腺、输尿管等器官有良好的牵拉、按摩作用，可以改善其功能，刺激其活动。

8. 第七式：攒拳怒目增气力

简易口诀：抱拳；攒拳怒目、抓握、回收；攒拳怒目、抓握、回收；攒拳怒目、抓握、回收；攒拳怒目、抓握、回收；攒拳怒目、抓握、回收；攒拳怒目、抓握。

动作一：接上式。身体重心右移，左脚向左开步，两腿徐缓屈膝半蹲成马步，同时，两掌握固，抱于腰侧，拳眼朝上，目视前方（图15-6-51）。

动作二：左拳缓慢用力向前冲出，与肩同高，拳眼朝上，瞪目，视左拳冲出方向（图15-6-52）。

动作三：左臂内旋，左拳变掌，虎口朝下，目视左掌（图15-6-53）。左臂外旋，肘关节微屈，同时，左掌向左缠绕，变掌心向上后握固，目视左拳（图15-6-54）。

动作四：屈肘，回收左拳至腰侧，拳眼朝上，目视前方（图15-6-55）。

图15-6-51　　图15-6-52　　图15-6-53　　图15-6-54　　图15-6-55

动作四至动作六：同动作一至动作三，唯左右相反（图 15-6-56 至图 15-6-59）。

本式一左一右为一遍，共做三遍。

做完三遍后，身体重心右移，左脚回收成并步站立；同时，两拳变掌，自然垂于体侧，目视前方（图 15-6-60）。

图 15-6-56　　　　　图 15-6-57　　　　　图 15-6-58　　　　　图 15-6-59　　　　　图 15-6-60

动作要点：

（1）马步的高低可根据个人的腿部力量灵活掌握。

（2）冲拳时要怒目瞪眼，注视冲出之拳，同时脚趾抓地，拧腰顺肩，力达拳面，拳回收时要旋腕，五指用力抓握。

功理与作用：

（1）中医认为，"肝主筋，开窍于目"。本式中的"怒目瞪眼"可刺激肝经，使肝血充盈，肝气疏泄，有强健筋骨的作用。

（2）两腿下蹲十趾抓地、双手攒拳、旋腕、手指逐节强力抓握等动作，可刺激手、足三阴三阳十二经脉的俞穴和督脉等；同时，使全身肌肉、筋脉受到静力牵张刺激，长期锻炼可使全身筋肉结实，气力增加。

9. 第八式：背后七颠百病消

简易口诀：提踵、颠足；提踵、颠足；提踵、颠足；提踵、颠足；提踵、颠足；提踵、颠足；提踵。

动作一：接上式。两脚跟提起，头上顶，动作略停，目视前方（图 15-6-61）。

动作二：两脚跟下落，轻震地面，目视前方（图 15-6-62）。

图 15-6-61　　图 15-6-62

本式一起一落为一遍，共做 7 遍。

动作要点：

（1）上提时脚趾要抓地，脚跟尽力抬起，两腿并拢，百会穴上顶，略有停顿，要掌握好平衡。

（2）脚跟下落时，咬牙，轻震地面，动作不要过急。

（3）沉肩舒臂，周身放松。

功理与作用：

（1）脚趾为足三阴、足三阳经交会之处，脚趾抓地，可刺激足部有关经脉，调节相应脏腑的功能；同时，颠足可刺激脊柱与督脉，使全身脏腑经络气血通畅，阴阳平衡。

（2）颠足而立可发展小腿后部肌群力量，拉长足底肌肉、韧带，提高人体的平衡能力。

（3）落地震动可轻度刺激下肢及脊柱各关节内外结构，并使全身肌肉得到放松复位，有助于解除肌肉紧张。

10. 收势

简易口诀：两手合于腹前；体态安详；周身放松；呼吸均匀；气沉丹田。

动作一：接上式。两臂内旋，向两侧摆起，与髋同高，掌心向后，目视前方（图15-6-63）。

动作二：两臂屈肘，两掌相叠置于丹田处（男性左手在内，女性右手在内），目视前方（图15-6-64）。

动作三：两臂自然下落，两掌轻贴于腿外侧，目视前方（图15-6-65）。

图15-6-63　　　　图15-6-64　　　　图15-6-65

动作要点：体态安详，周身放松，呼吸自然，气沉丹田。

功理与作用：气息归元，放松肢体肌肉，愉悦心情，进一步巩固练功效果，逐渐恢复到练功前安静时的状态。

第十六章
健身操舞类项目

第一节　形体训练

　　形体练习是通过徒手、器械或舞蹈基本动作练习，锻炼健康体魄，培养正确姿态，塑造优美形体，陶冶美的情操的一个有计划、有目的的训练过程。长期参与形体锻炼，不仅可以提高身体的协调性，而且可以纠正生活中不正确的体态。

　　形体训练是在缓慢、优雅、动听的音乐中通过各种体位的变化及波浪动作和身体转动，以及肢体的屈、伸、展、踢、拉、控、压等基本动作的练习，感受力量在身体中运用对肢体动作的支配，提高身体各部位之间的协调性和动作的感染力，增强肌肉的弹性和灵活性，促进身体正确姿态的形成，从而塑造人的形体美。

一、身体的基本方位、姿势

　　（一）身体的基本方位（图 16-1-1）

　　一般以学生为基点，以面对教师的方向为正前方，称第一方位（1 点），向右转 45° 为第二个方位（2 点），以此类推，共 8 个方位（8 点）。

　　（二）站立姿势（图 16-1-2）

　　（1）站立：两脚跟并拢，脚尖分开 15～20 厘米。

　　（2）开立：两脚向侧分开站立，约与肩同宽。

　　（3）点地立：一脚站立，另一脚向前（侧、后）伸出，脚尖点地。

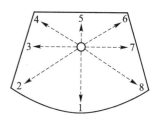

图 16-1-1

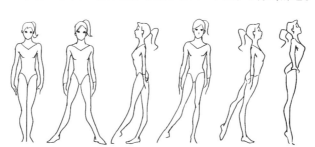

图 16-1-2

（4）提踵立：两脚跟提起，身体正直。

要求：① 在站立时，上体正直、挺胸收腹，两肩要平，稍向后展开，两臂自然下垂于体侧；② 头颈梗立，眼平视，臀部收紧上提，两腿伸直。

（三）脚位（图 16-1-3）

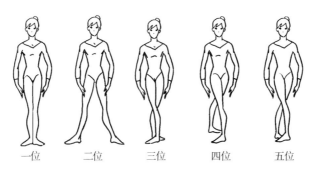

图 16-1-3

一位：两脚跟靠拢，脚尖向两侧，两脚呈"一"字形。

二位：在一位的基础上，两脚跟分开，相距约一脚。

三位：一脚跟相叠，在另一脚跟处平行站立。

四位：两脚前后平行，脚尖向两侧，两脚相距约一脚。

五位：两脚前后平行相靠，脚尖向外侧。

要求：① 做动作时，臀、背部肌肉收紧，肩关节放松，下颌稍抬；② 两腿伸直，脚位准确；③ 按照每一个动作要点进行练习，养成正确的身体姿态。

（四）手型（图 16-1-4）

动作做法：手指并拢，自然伸长，拇指与中指稍向里合。

（五）手位（图 16-1-5）

一位：两臂呈弧形置于体前，指尖相对，掌心向内，手臂稍离开身体。

二位：两臂前举（稍低于肩部），手臂成弧形，掌心向内，指尖相对。

图 16-1-4

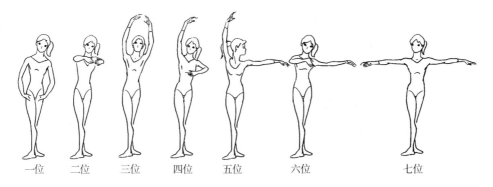

图 16-1-5

三位：两臂成弧形上举，掌心相对，稍偏前。

四位：一手臂保留在三位，另一手臂回落到二位。

五位：一手臂保留在三位，另一手臂向侧打开，眼睛跟手看过去后返回并平视前方。

六位：三位手臂下落到二位，另一手臂仍侧举。

七位：二位的手臂由前向侧打开，另一手臂仍侧举。

要求：① 做动作时，肩关节放松，下颌稍抬，臀、背部肌肉收紧；② 前臂自然弯曲保持弧形，动作舒展，位置准确。

二、基本舞姿

舞姿是展示人体的静态造型，是上肢、下肢、躯干和头部这四大部分的协调配合产生出完美的艺术造型。可通过手臂位置的变化，配合上体弯曲、扭转表现不同的神态。

（一）交叉式

1. 前交叉（图 16-1-6）

动作做法：面向 8 点，右脚在前五位站立，右脚向前擦地，脚尖点地，手在五位，头向 2 时。

2. 后交叉（图 16-1-7）

动作做法：面向 8 点，右脚在前五位站立，左脚向后擦地，脚尖点地，手在五位，头向 2 时。

（二）迎风展翅（阿拉贝斯）（图 16-1-8）

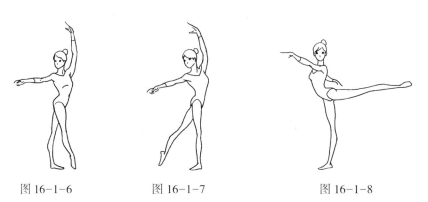

图 16-1-6　　　　　　　图 16-1-7　　　　　　　图 16-1-8

动作做法：右脚站立，左腿向正后方伸直后举（旋外、绷直），脚尖向远处伸。左臂前举，右臂侧举。配合手臂位置和头部姿态的变化，形成不同的姿态。

要求：挺胸、立腰，两肩下沉，使上体挺拔，手臂柔软而松弛地举在预定的位置上。

（三）波浪

波浪动作是形体练习中的典型动作，其特点是参加运动的身体各关节间的屈、伸要按顺序成依次连贯的推移运动。通过练习能发展身体的柔韧、灵活及协调能力。波浪练习包括手臂波浪和身体波浪，可向前、后、侧进行，动作幅度可大可小。

1. 手臂波浪（图 16-1-9）

准备姿势：自然站立，两臂侧举。

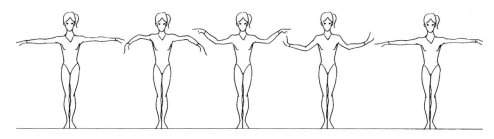

图 16-1-9

动作做法：肩、肘、腕、手各关节依次做柔和的屈伸动作。整个手臂必须放松地将动力传递到手指尖。波峰随弯曲的关节而移动，在同一时间某一关节弯曲，而另一关节正在伸展。

2. 身体侧波浪（以向左侧波浪为例）（图 16-1-10）

图 16-1-10

准备姿势：右脚站立，左脚侧点地，两臂右上举，身体稍向左侧。

动作做法：右腿稍屈，经两腿半蹲，向左侧移动重心，同时膝、髋、腰、胸、颈各关节的依次向左侧上方挺伸，成左腿站立，右脚侧点地，上体稍向右侧屈，同时两臂随着重心移动经下摆至左上举。

3. 身体前波浪（图 16-1-11）

图 16-1-11

准备姿势：两脚并立半蹲，上体前屈含胸低头，两臂上举。

动作做法：由身体前屈开始起动，踝、膝、髋、胸、下颌依次向前上方伸展，同时两臂经下向后绕至上举成抬头挺胸、提踵立姿势。波峰在体前由下向上推移。

三、垫上坐卧练习（柔韧性练习）

（一）脚的勾绷（图 16-1-12）

动作做法：由坐撑开始，两腿靠拢伸直，用力绷脚尖（可稍停），用力向回勾脚尖（不屈腿，可稍停）。

（二）腿的屈伸（图 16-1-13）

动作做法：由坐撑开始，两腿靠拢伸直，抬头、挺胸、立腰；脚掌贴地面屈膝收腿，成脚尖点地、大腿靠胸的收腹姿势。

图 16-1-12　　　　　　　　　　　　　　　　图 16-1-13

（三）含、展胸（图 16-1-14）

图 16-1-14

动作做法：并腿坐，两臂侧举，抬头、挺胸、立腰；脚掌贴地面，屈膝团身，两手抱小腿（低头、大腿靠胸），两手臂体后撑地，向前伸直腿（抬头、挺胸、展腹）。

（四）坐立体前屈（图 16-1-15）

图 16-1-15

动作做法：由两臂侧上举、两腿靠拢并腿坐开始。体前屈，两手抱小腿，大腿靠胸。

（五）坐立半劈腿，后屈腿（图 16-1-16）

动作做法：由半劈腿坐撑开始，抬头、挺胸、向后弯腰。在此基础上后腿屈膝，与头相靠。

（六）跪坐压脚面（图16-1-17）

图16-1-16　　　　　　　　　　　　　　图16-1-17

动作做法：由跪坐、两手体后撑地开始，脚面展开，挺胸、立腰，臀部坐在脚跟上。

（七）跪立弯腰（图16-1-18）

图16-1-18

动作做法：由跪立两臂上举开始。

（1）抬头、挺胸、向后弯腰，稍微停止，然后慢慢抬起身体成跪立。

（2）抬头、挺胸、向后弯腰，臀部坐在脚跟上仰卧，然后慢慢抬起身体成跪立。

（八）跪撑举腿（图16-1-19）

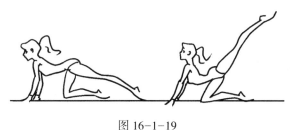

图16-1-19

动作做法：由一腿跪撑、一腿向后伸直、绷脚面点地、两臂伸直撑地开始，腿向后上方举起，同时抬头、挺胸、塌腰。

（九）仰卧踢腿（图16-1-20）

动作做法：由仰卧、两腿并拢伸直、绷脚面、两臂侧举开始，一腿伸直向上踢，还原落下。

（十）侧卧踢腿（图16-1-21）

动作做法：由侧卧、两腿并拢伸直、绷脚面、两臂屈臂侧撑地开始，一腿伸直向侧上

图 16-1-20

图 16-1-21

方踢，还原落下。

（十一）俯卧推撑（图 16-1-22）

图 16-1-22

动作做法：由俯卧、两腿并拢伸直、绷脚面、两手在体侧屈臂撑地开始，两臂撑直，上体后仰成最大背弓，控制 5 秒，然后还原。

四、把杆练习

把杆练习是形体练习的基础，利用把杆做各种身体练习是进行形体锻炼的一种方法和练习形式，它可以矫正由于长期不良的生活习惯所形成的不正确的身体姿势，改进和纠正动作错误，形成正确的身体姿势和良好的姿态。

（一）蹲立练习（图 16-1-23）

	拍	动作做法	要求
预备姿势		面对把杆，两手扶把站立	1. 半蹲时，身体保
一	1—4	两腿屈膝半蹲，上体保持正直	持正直，腿要用力
	5—8	站起，还原成直立	2. 提踵站立时，身
二	1—4	提踵立，上体保持正直	体重心要高，动作
	5—8	还原成直立	充分
三、四	1—8	重复第一、二个八拍动作	3. 手扶杆要轻

图 16-1-23

（二）屈伸腿练习（图 16-1-24）

	拍	动作做法	要求
预备姿势		面对把杆，两手扶把，左脚侧点地立	1. 大腿抬起正对肩侧，髋关节尽量外开
一	1—4	右腿支撑，左腿屈膝，脚面绷直，脚尖触支撑右小腿内侧	
	5—6	左腿向侧伸直抬起，成水平	2. 伸腿时，保持高度，腿要伸直
	7—8	控制左腿慢落下，成侧点地立（移重心，成右脚侧点地立）	3. 身体始终正直
二	1—8	重复第一个八拍动作，换另一个腿做	
三、四	1—8	重复第一、二个八拍动作	

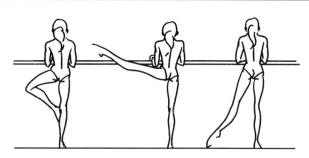

图 16-1-24

（三）躯干弯曲练习（图 16-1-25）

	拍	动作做法	要求
预备姿势		面对把杆，两手扶把，两脚开立	1. 侧屈时，身体要正，腰部不用转动
一	1—4	左手不动，右臂上举，上体向左侧弯曲，头向左侧转	
	5—8	还原成预备姿势	2. 尽量做最大幅度
二	1—8	同第一个八拍的动作，方向相反	3. 每次还原动作时身体不用放松，保持紧张、提气
三	1—4	两手把杆不动，上体向体后弯曲	
	5—8	还原成直立	
四	1—8	重复第三个八拍动作	4. 后屈时量力而行

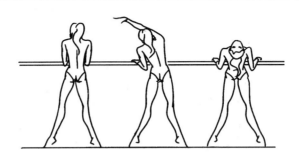

图 16-1-25

（四）含展胸练习（图 16-1-26）

	拍	动作做法	要求
预备姿势		背向把杆，两手体后扶把站立	1. 含展动作要充分
一	1—4	右腿支撑，左腿屈膝向上抬起至水平部位，同时含胸低头	2. 大腿尽量抬至水平部位
	5—8	还原成预备姿势	3. 体前屈时身体与腿的距离越近越好
二	1—8	同第一个八拍的动作，换另一腿做	
三	1—4	直腿体前曲至最大幅度	4. 扶把的手臂放松，两手距离可稍宽些
	5—8	还原成直立	
四	1—8	重复第三个八拍动作	

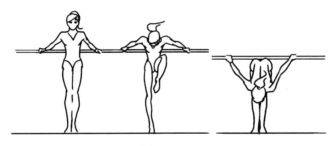

图 16-1-26

（五）移动重心

1. 前后移动（图 16-1-27）

	拍	动作做法	要求
预备姿势		侧对把杆，内侧手扶把站立	1. 移动重心时，上体保持正直、挺拔，腿要伸直
一	1—4	内侧脚向前擦地成点地立，重心前移经四位蹲，成后腿点地立	
	5—8	重心后移经四位蹲，成前腿点地立	2. 控制好屈膝半蹲的高度
二	1—8	重复第一个八拍动作	
三、四	1—8	第三个八拍同第一个八拍，第四个八拍同第二个八拍动作	

图 16-1-27

2. 左右移动（图 16-1-28）

	拍	动作做法	要求
预备姿势		面对把杆，两手扶把，左脚侧点地站立	1. 移动重心时，上体保持正直、挺拔，腿要伸直
一	1—4	重心左移，同时两腿屈膝经二位蹲，成右脚侧点地立	
	5—8	重心右移，同时两腿屈膝经二位蹲，成左脚侧点地立	
二	1—8	重复第一个八拍动作	2. 控制好屈膝半蹲的高度
三、四	1—8	第三个八拍同第一个八拍动作，第四个八拍同第二个八拍动作	

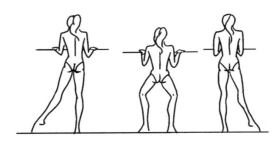

图 16-1-28

（六）压踢腿练习（前、侧、后）（图 16-1-29）

	拍	动作做法	要求
预备姿势		面对把杆，左脚搭在把杆上，两臂上举，掌心相对，身体正直	1. 压腿的动作要慢，幅度由小到大，量力而行
一	1—2	挺胸抬头体前屈	
	3—4	上体抬起成直立	2. 踢腿速度稍快，腿下落时要轻、慢
	5—8	重复 1—4 拍的动作	
二	1—6	体前屈，胸贴大腿，两手抱住小腿，静止不动	3. 动作中，支撑腿不用弯曲，始终伸直
	7—8	上体抬起成直立，左脚放下，同时向左转体 90° 侧对把杆，内侧手把杆，外侧手臂侧举，掌心向下	
三	1—8	右腿支撑站立，左腿做正踢腿 4 次	
四	1—6	同第三个八拍动作，再做 3 次踢腿动作	

续表

	拍	动作做法	要求
	7—8	向右转135°，同时右腿支撑站立，左腿侧举将脚搭在把杆上，左手扶把杆，右手臂上举，掌心向内	4. 压腿、踢腿时，要时刻注意姿态准确、优美，脚面充分绷直
五	1—2	上体向左侧屈，右手扶左脚尖	
	3—4	上体直立	
	5—8	重复第五个八拍的1—4拍动作	5. 向后踢腿时，抬头、挺胸，踢腿高度可根据个人情况而定
六	1—6	体侧屈，身体贴住大腿，手抱住小腿，静止不动	
	7—8	将腿放下，同时向左转45°，面对把杆，双手于体前把杆站立	
七	1—8	右腿支撑站立，左腿向侧踢腿4次	
八	1—6	同第七个八拍动作，做3次踢腿动作	
	7—8	还原，将右腿放在把杆上成预备姿势（以上动作换右腿做）	
九	1—8	双手把杆，向后踢左腿4次，幅度稍小	
十	1—8	继续向后踢腿4次，幅度稍大，成左腿支撑站立，右脚前点地立	
十一、十二	1—8	换另一腿，重复第九、十个八拍动作	

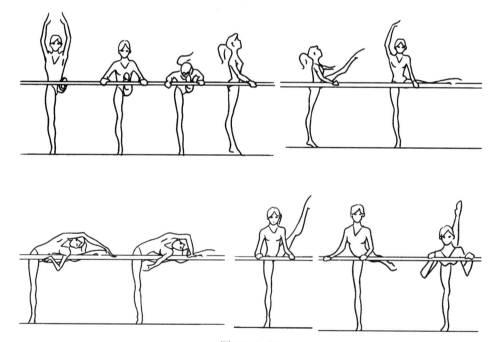

图 16-1-29

（七）调整呼吸练习（图 16-1-30）

	拍	动作做法	要求
预备姿势		面对把杆，两手扶把站立	1. 吸气时，身体要充分伸展
一	1—4	两臂向侧抬至侧上举，掌心向下，同时抬头、挺胸、深吸气	2. 呼气时，身体要充分放松
	5—8	两臂落下，两手把杆，两臂放松，同时含胸低头、深呼气	
二	1—8	重复第一个八拍动作	

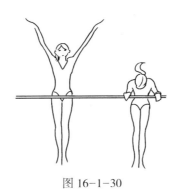

图 16-1-30

第二节　健美操

一、健美操概述

健美操（aerobics）是一项以有氧运动为基础，以健、力、美为特征，融体操、音乐、舞蹈为一体，通过徒手、持轻器械和用专门器械的体操练习达到健身、健美和健心目的的体育运动。健美操既是一种健身美体、娱乐身心的大众健身方式，又是一项竞技体育项目。

（一）健美操的起源与发展

健美操起源于 20 世纪 60 年代末的美国。健美操最早是由美国太空总署医生库珀（Kenneth Cooper）博士于 1968 年为宇航员设计的体能训练内容之一，后逐步发展成一项独特的运动。健美操作为一项独立的体育运动项目兴起的时间是 20 世纪 70 年代末 80 年代初，在此期间涌现出了一批健美操的代表人物，好莱坞影星简·方达就是其中一位。她根据自己的亲身实践与体会编写了《简·方达健身术》一书，并制作了录像带，引起了全世界的轰动，这本书也被翻译成 20 多种文字在 30 多个国家和地区传播，从而使健美操很快成为一项风靡世界的健身运动。

健美操传入我国是在 20 世纪 80 年代初。我国健美操的发展受简·方达健身术的影响较大。1984 年，北京体育学院（现"北京体育大学"）成立了健美操教研组，其编排的"青年韵律操"在全国得到了推广普及。在北京体育学院成立健美操教研组后，上海体育学院也成立了健美操教研组，率先开设了健美操专修课和选修课。随着健美操的深入发展，健美操从社会进入学校，不仅是我国大、中、小学体育教学的重要内容，也是全民健身运动的重要组成部分。

（二）健美操运动的基础知识

1. 健美操的分类

健美操内容丰富、形式多样、种类繁多，根据不同的目的和任务，可将健美操分为健身健美操和竞技健美操两大类（表 16-2-1）。

表 16-2-1 健美操的分类

分类		内容
竞技健美操	自编竞技健美操	男子单人、女子单人、混合双人、三人（混合或同性别）、五人（混合或同性别）、有氧舞蹈、有氧踏板
	规定竞技等级健美操	成年组、青少年组
健身健美操	徒手健美操	传统有氧健美操、形体健美操、爵士健美操、搏击健美操、拉丁健美操、瑜伽健美操、迪斯科健美操
	轻器械健美操	踏板操、哑铃操、花球操、皮筋操、健身球操
	特殊场地健美操	水中健美操、功率自行车操、联合器械操、垫上健美操

（1）健身健美操。健身健美操是一种有氧运动，也称为有氧健身操。它以健身为目的，通过在有氧供能的条件下，按照一定的顺序全面锻炼身体的各个部位，提高有氧代谢能力，增进健康，健美形体，娱乐身心。为了保证一定的运动负荷和锻炼的全面性，其动作多以重复对称的形式出现，也可使用器械增强锻炼效果。健身健美操主要面向大众，故也被称为大众健美操。健身健美操动作简单、实用性强、节奏感强、强度和难度相对较低，而且练习时间可根据个体情况而变化，所以为社会不同年龄、性别、职业、基础的人所喜爱。近年来，随着人们健身娱乐的需求越来越强烈，出现了多种时尚的徒手健美操和健身舞，进一步丰富了健身健美操的练习形式。

（2）竞技健美操。竞技健美操是在健身健美操的基础上发展起来的，有特定的竞赛规则和评分办法，其成套动作必须展示连续的动作组合、柔韧性和力量，并在综合运用 7 种基本步伐的同时，高质量、完美地完成各种难度动作。竞技健美操对人的身体素质、技术难度和艺术表现力有较高的要求，是展示人体健、力、美的竞赛项目。竞技健美操在参赛人数、比赛场地和动作的时间等方面也都有着严格的规定。

2. 健美操运动的特点

（1）高度的艺术性。健美操的艺术性主要体现在其"健、力、美"的项目特征上。"健康、力量、美丽"是人类所追求的完美身体状态，而无论是健身健美操，还是竞技健美操，无不处处表现出"健、力、美"的特征，并展现出高度的艺术性。健美操动作协调、流畅、有弹性，练习者不仅可以锻炼身体、增强体质，还可以从中得到美的享受，提高艺术修养。健美操运动员在比赛中所表现出的健美的体魄、高超的技术、流畅的编排和充沛的体力等，往往给观众留下深刻的印象。

（2）强烈的节奏感。健美操动作具有强烈的节奏感，可通过音乐充分表现出来。音乐是健美操运动不可缺少的组成部分。健美操音乐节奏强劲有力、旋律优美，具有烘托气氛、激发热情的作用。健美操运动与音乐巧妙结合后，产生的强烈的节奏感使得健美操更具有感染力。

（3）广泛的适应性。健美操练习形式多样，运动量可大可小，对场地器材要求不高，不同年龄层次、不同性别、不同身体素质、不同技术水平的人都能从健美操练习中找到适合自己的运动方式，都能从健美操练习中得到乐趣。

（4）健身的安全性。健美操所设计的运动负荷及运动节奏，都充分考虑了运动产生的一系列刺激结果，使之适合一般人的体质，甚至弱体质的人都能承受。人们在欢乐的音乐声中，跟随快慢有序的节奏安全、有效地进行运动。

3. 健美操锻炼常识

（1）安排好运动强度。由于每个人年龄、身体状况及锻炼基础不同，健美操锻炼时所选择的运动强度也因人而异。根据下面的公式可计算出每个人进行有氧锻炼时应承受的负荷：

$$（220-年龄）\times 60\% = A（心率）$$
$$（220-年龄）\times 80\% = B（心率）$$

A~B 的心率范围，就是运动时每分钟的适宜心跳数，不要低于 A，也不要高于 B。

合理的运动负荷应是运动时不感到心慌、气短，锻炼后感觉轻度疲劳，而全身舒适、心情愉快、食欲增加、睡眠改善、精神饱满。相反，则说明运动强度过大，对健康不利，应减小运动强度。

（2）控制好锻炼次数。如果健美操锻炼的时间在 30 分钟左右，可每天进行锻炼；如果在 60 分钟以上，可隔天锻炼，但每周应不少于 3 次。

（3）锻炼前后要适当补水。在剧烈运动或从事有氧耐力练习时，体内产热增加，出汗是主要的散热方式，因此运动时宜饮含糖量 5% 以下并含钾、钠、钙、镁等无机盐的碱性饮料。

（4）重视锻炼时的服装。进行健美操锻炼选择合适的服装和鞋非常重要。锻炼时的服装要选择透气、有弹性的，最好选择专业的健美操鞋或弹性柔软的旅游鞋。

二、健美操基本动作

（一）健美操基本步伐

健美操基本步伐是体现健美操练习者下肢动作基本姿态的主要手段。根据动作的特点及运动强度，健美操的基本步伐分为以下 12 大类：

1. 踏步类

踏步类动作运动强度较低，要求在运动过程中至少有一只脚与地面保持接触。常见的步伐有 4 种：

（1）踏步（图16-2-1）。

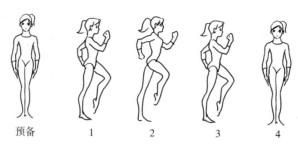

预备　　　1　　　2　　　3　　　4

图16-2-1　踏步

种类：脚尖不离地的踏步、脚离地的踏步、高抬腿的大幅度踏步。

形式：原地踏步、移动踏步、转体踏步。

方向：向前、向后、向左、向右的踏步。

技术要点：落地时，由脚尖过渡到脚跟着地；屈膝时，胯微收，两臂自然前后摆动。

（2）走步。

种类：一种。

形式：一种。

方向：前走、后走、斜向走、弧形走。

技术要点：基本同踏步。

（3）"V"字步（图16-2-2）。

预备　　　1　　　　2　　　　3　　　4

图16-2-2　"V"字步

种类：正"V"字步、倒"V"字步。

形式：平移、转体正"V"字步、小幅度跳正"V"字步和倒"V"字步。

方向：左、右腿的正"V"字步和倒"V"字步。

技术要点：一脚迈出，另一脚随之迈出，两脚成一条直线，脚间距离略比肩宽，两膝自然弯曲，然后依次收回。

（4）恰恰步（水兵步）（图16-2-3）。

种类：一种。

形式：平移和转体的恰恰步。

方向：向前、向后、向侧的恰恰步。

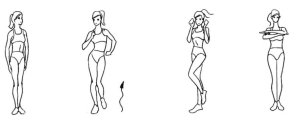

图 16-2-3　恰恰步

技术要点：在 2 拍节奏中，快速踏步 3 次。

2. 并步类

（1）点地（图 16-2-4）。

图 16-2-4　点地

种类：脚尖点地、脚跟点地。

形式：原位点地、移动点地、转体点地。

方向：脚尖向前、向侧、向后、向斜方的点地，脚跟向前、向侧、向斜方的点地。

技术要点：点地时，动作要有弹性，腿自然伸直。

（2）移重心（经半蹲左右移动）（图 16-2-5）。

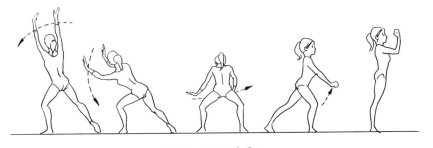

图 16-2-5　移重心

种类：双腿移重心、单腿移重心。

形式：原地移重心、移动中移重心、转体移重心、跳跃移重心。

方向：向前、向后、向左、向右的移重心。

技术要点：身体重心从一端移向另一端时，必须经两腿之间。

（3）并步（图 16-2-6）。

种类：两腿同时屈的并步和一伸一屈的并步。

形式：原位的并步、移动的并步（"之"字步）、转体的并步。

图 16-2-6　并步

方向：向前、向后、向左、向右的并步。

技术要点：一脚并于另一脚，重心要随之移动，两膝自然屈伸。

（4）交叉步（图 16-2-7）。

形式：平移的交叉步、转向的交叉步、小幅度跳的交叉步。

方向：向前、向后、向侧的交叉步。

技术要点：一脚迈出，另一脚在前或在后交叉，重心随之移动。

3. 弓步类（图 16-2-8）

图 16-2-7　交叉步　　　　　　　图 16-2-8　弓步

种类：静力性弓步、动力性弓步。

形式：左右弓步、移重心的弓步、移动的弓步、转体的弓步、跳的弓步。

方向：上步弓步、后撤弓步、侧伸弓步。

技术要点：一腿屈膝，脚尖与膝垂直，另一腿伸直，重心落于两腿之间。

4. 半蹲类（图 16-2-9）

种类：小分腿半蹲和大分腿半蹲。

形式：向侧一次半蹲、向侧两次半蹲、转体的半蹲。

方向：向侧（左和右）的半蹲。

技术要点：半蹲时，立腰。

5. 吸腿类（图 16-2-10）

图 16-2-9　半蹲　　　　　　　图 16-2-10　吸腿

形式：原地的吸腿及跳、移动和转体的吸腿。

方向：向侧、向前的吸腿。

技术要点：大腿用力上提，小腿自然下垂。

6. 弹踢类（图 16-2-11）

形式：原地的弹踢腿及跳、移动和转体的弹踢腿。

方向：向前、向侧、向后的弹踢腿。

技术要点：大腿抬起至一定角度后，小腿自然弹直。

7. 开合跳（图 16-2-12）

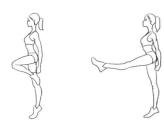 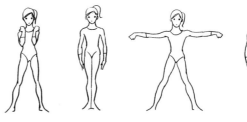

图 16-2-11　弹踢　　　　　　　　　图 16-2-12　开合跳

种类：双起双落的开合跳、单起双落的开合跳。

形式：原地的开合跳、移动的开合跳、转体的开合跳。

方向：向前的开合跳。

技术要点：开合跳分腿时，两脚自然外开，膝关节沿脚尖方向弯曲。跳起与落地时，注意屈膝缓冲。

8. 踢腿类（图 16-2-13）

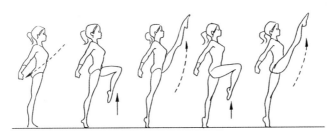

图 16-2-13　踢腿

种类：弹动踢腿和直踢腿。

形式：弹动踢腿及跳、移动的（弹）踢腿、转体的（弹）踢腿。

方向：向前、向侧、向斜前的（弹）踢腿。

技术要点：腿上踢时，须加速用力；立腰、上体尽量保持不动。

9. 后踢腿跳

形式：原位的后踢腿跳、移动的后踢腿跳、转体的后踢腿跳。

方向：向后的后踢腿跳。

技术要点：髋和膝在一条直线上，或后踢时，小腿尽量与大腿折叠。

10. 点跳

形式：原位的点跳、移动的点跳、转体的点跳。

方向：向侧、向前、向后的点跳。

技术要点：点地时，身体重心在一条腿上。

11. 摆腿跳（图 16-2-14）

形式：原位的摆腿跳、移动的摆腿跳、转体的摆腿跳。

方向：向侧、向前、向后的点跳。

技术要点：摆腿时，上体顺势前倾、后倒或侧倾。

图 16-2-14　摆腿跳

12. 并跳

形式：移动的并跳、转体的并跳。

方向：向前、向后的并跳。

技术要点：一腿迈出蹬地，另一腿并步，身体重心随之跟上。

（二）健美操基本徒手动作

健美操基本徒手动作是根据人体关节活动特点而确定的。常见的基本动作有头颈动作、上肢动作、肩部动作、胸部动作、腰部动作、髋部动作、躯干动作和地上基本姿态。

1. 头颈动作（图 16-2-15）

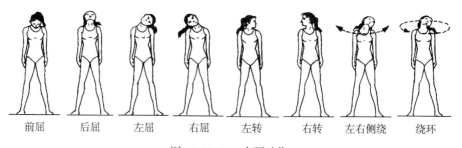

前屈　　后屈　　左屈　　右屈　　左转　　右转　　左右侧绕　　绕环

图 16-2-15　头颈动作

形式：头颈可做屈、伸、平移、侧绕及环绕。

方向：向前、向后、向左、向右的屈和平移，向左、向右的转和绕、绕环。

技术要点：做各种形式头颈动作时，节奏一定要慢，上体保持正直。

2. 肩部动作（图 16-2-16）

形式：单肩、双肩均可做提肩、沉肩、收肩、展肩、侧绕、绕环和振肩。

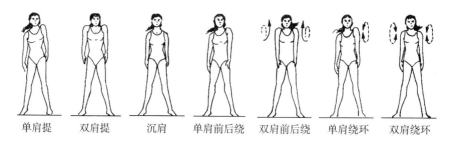

单肩提　　双肩提　　沉肩　　单肩前后绕　　双肩前后绕　　单肩绕环　　双肩绕环

图 16-2-16　肩部动作

方向：向前、向后的侧绕和绕环。

技术要点：提肩、沉肩时，两肩在额状面尽量上下运动，收肩、展肩幅度要大且保持水平，振肩动作要有速度、力度和弹性。

3. 上肢动作

（1）手形（图 16-2-17）。

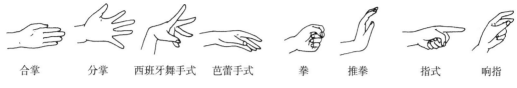

| 合掌 | 分掌 | 西班牙舞手式 | 芭蕾手式 | 拳 | 推拳 | 指式 | 响指 |

图 16-2-17　手形

健美操的手形有多种，它是从爵士舞、芭蕾舞、西班牙舞、迪斯科、武术等中借鉴和发展的。手形的恰当运用，可以使手臂动作更加生动活泼。常见的手形有：

① 五指并拢式：五指伸直并拢。

② 五指分开式：五指用力伸直张开。

③ 西班牙舞手式：五指用力，小指、无名指、中指自掌指关节处依次屈，拇指稍内扣。

④ 芭蕾手式：后三指并拢，稍内收，拇指内扣。

⑤ 拳式：握拳，拇指在外。

⑥ 屈指掌式：手掌用力上翘，五指用力弯曲。

⑦ 一指式：握拳，食指伸直或拇指伸直。

⑧ 响指：拇指与中指摩擦后打响，靠紧食指，无名指、小指屈指。

（2）臂动作（图 16-2-18）。

| 前举 | 后举 | 侧举 | 侧上举 | 侧下举 | 上举 |

图 16-2-18　臂动作

形式：举（直臂举和屈臂举，单臂举和双臂举）、屈伸（同时屈伸、依次屈伸）、摆动（同时摆动、依次摆动、交叉摆动）、绕及绕环（同时绕，单臂绕和双臂绕，小绕、中绕、大绕）、振动等。

方向：向前、向后、向左、向右、向上、向下等。

技术要点：做臂的举和屈伸时，肩要下沉；做臂的摆动、绕及绕环时，肩要拉开用力。

（3）胸部动作（图 16-2-19）。

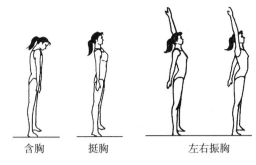

含胸　　挺胸　　　　左右振胸

图 16-2-19　胸部动作

形式：含胸、展胸、振胸。

技术要点：练习时，收腹、立腰。

（4）腰部动作（图 16-2-20）。

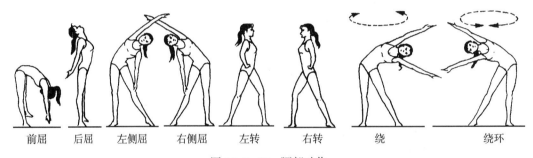

前屈　　后屈　　左侧屈　　右侧屈　　左转　　右转　　　绕　　　　　绕环

图 16-2-20　腰部动作

形式：腰的屈、转、绕和绕环。

方向：向前、向后、向左、向右。

技术要点：腰前屈、转时，上体立直；腰绕和绕环时，速度放慢。

（5）髋部动作（图 16-2-21）。

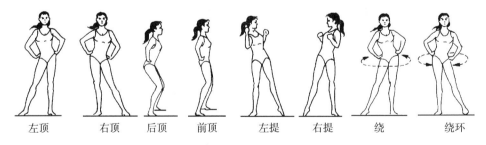

左顶　　右顶　　后顶　　前顶　　左提　　右提　　　绕　　　绕环

图 16-2-21　髋部动作

形式：顶髋、提髋、摆髋、绕和绕环。

方向：向前、向后、向左、向右。

技术要点：进行髋部练习时，上体放松。

4. 地上基本姿态

形式：坐（直角坐、分腿坐、跪坐、盘腿坐）、卧（仰卧、俯卧、侧卧）、撑（仰撑、俯撑、跪撑）等。

技术要点：做各种坐姿时，收腹、立腰、挺胸，腰背紧张。

三、全国健美操大众锻炼标准（四级）

全国健美操大众锻炼标准（四级）是大众健美操的中级标准，专为热衷于健美操的爱好者设计。在初级基础上，四级测试动作增加了健美操的典型动作和复合动作，内容更丰富，动作变化更多，节奏更快，运动量逐渐增大，对心肺功能及各项身体素质的要求均较高。

1. 前奏（4×8 拍）

1 拍：站立；2—8 拍：踏步。重复做 4 次。

2. A 段（8×8 拍）

（1）1—4 拍：左脚开始，依此成开立、还原；5—8 拍：踏步。还原成并立时稍屈膝、含胸。

（2）1—4 拍：左脚开始向前迈步，右脚跟上，然后还原，两臂依此在胸前前屈；3—4 拍：两臂同时向下振动两次；5—8 拍：左右侧并步，两臂经肩侧屈上举。注意膝关节的弹性，并腿时稍屈膝。

（3）1—4 拍：向左两次侧并步；5—8 拍：向右两次侧并步。

（4）1—4 拍：左脚开始"V"字步；5—8 拍：再做一次"V"字步，同时左右击掌。"V"字步每次要还原到原位。

（5）~（8）同（1）~（4）。

3. B 段（8×8 拍）

（1）1—4 拍：走四步，两臂经侧向上、向前做体前大绕环一周半，头上击掌，经侧举还原，前后移动应体现步伐的流动性；5—8 拍：左脚开始，脚跟点地，两臂经胸前小臂上屈、胸前平屈、侧平举，还原至体侧。注意主力腿的弹性。

（2）1—4 拍：后退 4 步；5—8 拍：左腿开始吸腿跳，两臂动作同上。

（3）~（8）同（1）~（4），重复三遍。

4. C 段（8×8 拍）

（1）1—2 拍：右转 90°，左脚上步成分腿半蹲，两臂由右经上举绕至侧举，在胸前平屈。分腿半蹲时，重心应在两脚之间；3—4 拍：左转 90°，左脚落于右脚后，重心后移，右脚原地垫一步，臂后摆；5—8 拍：不加转体，动作同 1—4 拍。

（2）1—4 拍：向左侧交叉步两臂前后摆动；5—8 拍：右脚原地小跳 4 次，同时左腿摆至左侧下举、右前下举、左侧下举，然后还原。

（3）~（4）同（1）~（2），方向相反。

（5）~（8）同（1）~（4）。

5. D 段（12×8 拍）

（1）经左腿小跳、右腿侧摆，右、左腿依此向左跨三步，右手撑地，左转 90°成体前屈，两手触脚。向侧跨步时，重心逐渐下降，手臂水平摆动。

（2）1—4拍：上体后倒成仰卧，两臂胸前平屈，依此上下摆动；5~8拍：分腿、屈膝，两臂经体侧至头后屈。

（3）~（6）4次仰卧起坐，上体抬起和下落要匀速，4拍上，4拍下，除腹肌外其他部位均不参与运动。

（7）仰卧向右翻转180°成跪俯撑。收腹，臀部稍翘，头颈自然前伸，起落要匀速。

（8）~（11）4次跪地俯卧撑。

（12）1—4拍：上体后移成跪；5—8拍：左脚向右前方上步，右脚并于左脚站起，手臂在头两侧垂直上下交换。

6. E段（4×8拍）

（1）1—4拍：左脚开始侧弓步，臂经屈肘至侧上举，拳心向下。弓步时，脚跟应有弹性地着地、还原；5—8拍：左脚开始向后弓步，两臂屈肘上摆。

（2）同（1）。

（3）1—4拍：左脚开始向前走4步，两小臂依次向前绕环；5—8拍：开合跳两次，左右臂在体侧依次向上屈伸。

（4）同（3），但1—4拍向后退，两臂向后绕环。

7. F段（4×8拍）

（1）左脚开始向前跑4步，经半蹲小分腿跳，落地缓冲。小分腿跳时要求收腹拔背，四肢在同一垂直面内。

（2）1—2拍：左脚向右前方上步，右脚在后原地垫一步；3—4拍：左脚向侧并步跳；5—8拍：右脚向后弧形跑。

（3）~（4）同（1）~（2），方向相反。

8. G段（8×8拍）

（1）1—4拍：左脚开始踏步；5—8拍：左脚开始侧点地，两臂经体前交叉摆至侧下举。点地时注意膝关节的弹动，最后一拍动作为下一拍的准备动作。

（2）左脚开始向侧弹踢两次。

（3）左脚开始向左前方、右前方做上步并步，两臂随之前摆击掌。要求上步并步动作应经弓步向前并步。

（4）左脚开始向左后方、右后方做侧滑步，两臂自然向侧、向内摆动。

（5）~（8）与（1）~（4），方向相反。

9. H段（12×8拍）

（1）1—2拍：左转90°右脚上步，左脚提膝；3—8拍：重心后倒成直角坐，再左转90°成侧卧。重心后倒时左脚先着地，再双手撑地。

（2）1—4拍：右腿侧摆一次。侧摆腿不超过45°；5—8拍：右腿后摆一次，右臂前举。后摆腿时避免脊柱和头后屈。

（3）同（2）。

（4）右腿屈膝、侧摆、屈膝、还原。

（5）同（4），但最后两拍右转180°成右侧卧。

（6）~（9）同（2）~（5），换左腿做。

（10）左转180°，右脚上步站起。

（11）1—2拍：左腿侧步，右腿后屈，同时转体180°。在做侧步屈膝时大腿屈伸要有力，富有弹性；3—4拍：右腿侧步，左腿后屈；5—8拍：动作同1—4拍。

（12）1—4拍：左脚开始做侧步后屈半蹲；5—6拍：双手在左侧击掌三次；7—8拍：两腿伸直，上体稍右转，左臂前举，右臂头后屈。

四级测试动作如图16-2-22所示。

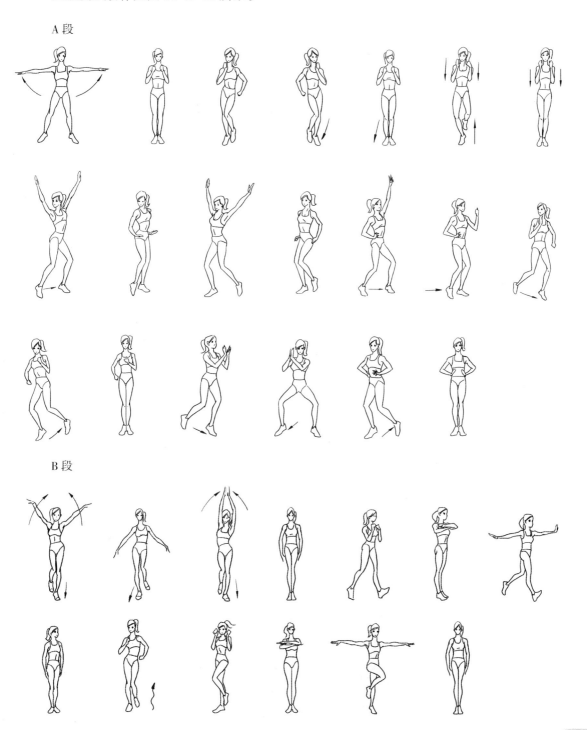

A 段

B 段

C 段

D 段

E 段

F 段

G 段

H 段

图 16-2-22　全国健美操大众锻炼标准（四级）

四、健美操比赛主要规则（评分规则）

健美操的比赛规则（评分规则）是健美操训练和比赛的导向，也是对健美操进行评判和欣赏的准则。健美操的比赛规则（评分规则）每四年修订一次。健美操比赛可分为健身健美操比赛和竞技健美操比赛两大类，两种比赛都有各自的评分规则和评分方法。

（一）竞技健美操比赛规则

1. 比赛项目与比赛时间

正式的健美操比赛（如世界健美操锦标赛）包括 5 个项目：女子单人、男子单人、混合双人、三人、集体六人。成套动作时间为：单人为 1 分 30 秒 ±5 秒；混合双人、三人、集体六人为 1 分 45 秒 ±5 秒。

2. 比赛场地

竞技健美操比赛要求赛台高 80~140 厘米，后面有背景遮挡，赛台不得小于 14×14

平方米。竞赛的地板必须是 12×12 平方米，并清楚地标出 7×7 平方米的单人，10×10 平方米的混双、三人、集体六人的比赛场地。标记带必须是 5 厘米宽的黑色带，标记带是场地的一部分。

3. 比赛着装

运动员外表给人的总体印象应当是整洁和适宜的，头发必须固定在头上。正确的健美操着装不含有任何的透明材料并且不得露出内衣，因此用绳带连接紧身衣部分要有内衬（在胸部与躯干部）。禁止穿有描绘战争、暴力、宗教信仰为主题的服装。

女运动员着一件套紧身衣和肉色连裤袜及运动袜，不允许穿上部躯干分离的（两件套）服装或上部与躯干仅用绳带连接的服装。前后领口的开口必须得体，前面不得低于胸骨中部，后面不得低于肩胛骨下缘。腿部上缘的开口必须在腰部以下并盖住髂骨脊。比赛服必须完全遮住臀纹线；男运动员必须着一件套连衣裤或背心、短裤及合体的内衣。背心的前后不得有开口。袖口处不得在肩胛骨下有开口。

4. 裁判组成

高级裁判组由健美操委员会指定 3 名成员组成。正规系列赛的裁判组由 14 人组成：其中艺术裁判 4 人、完成裁判 4 人、难度裁判 2 人、视线裁判 2 人、计时裁判 1 人、裁判长 1 人。

5. 评分

艺术分最高为 10 分，由艺术裁判根据操化动作、难度动作、过渡／连接和托举动作的成套创编，音乐的使用，操化动作组合，比赛场地的使用，表现力与同伴配合五个标准进行评分。10 分的艺术分按照以上 5 项均分，每项 2 分，以 0.1 分递增；完成分是从 10 分起评，由完成裁判根据技术技巧及合拍与一致给予评判，对每个完成动作错误给予减分；难度分由难度裁判使用 FIG 官方速记符号记录全部成套动作的难度动作，数出难度动作的数量，按照加分的方法评分，从 0 分起评。最后得分为从总分（艺术分、完成分与难度分相加为总分）中减去难度裁判、视线裁判与裁判长减分。

（二）健身健美操比赛评分规则

1. 比赛项目与比赛时间

（1）规定套路。中国学生健美操艺术体操协会审定的由一定动作组成的成套动作。

（2）徒手自编套路。根据规则及规程要求由各队自己创编的成套动作。

（3）轻器械自编套路。轻器械是指在成套动作中运动员能轻松持握或搬动的器械。无论借助什么样的轻器械创编健美操动作，都应依据该器械的特质，充分发挥其器械特点，体现该器械的健身价值。

自编套路的时间为 2 分 30 秒 ±10 秒（从第一个可听见的声音开始，到最后一个声音结束，不包括提示音）。

2. 比赛场地

（1）赛台。赛台高于地面 80～90 厘米、后面有背景遮挡、赛台大小不得少于 14×14 平方米。

（2）竞赛区域。比赛场地可为地板或地毯，要清楚地标出 12×12 平方米的比赛区域。标志带为 5 厘米宽的醒目色带，标志带是场地的一部分。

3. 着装和仪容

（1）外表。整洁与适宜的运动员外表，女运动员的头发须梳系于头后，头发不得遮挡脸部。

（2）着装。服装整体以紧身为主材，质和款式不限，但必须适宜运动。运动员必须穿白色运动鞋和运动袜，运动员可穿短裤或长裤，连体式或分体式。可根据成套动作的整体风格选择服装，服装上可有简单修饰，但不允许使用悬垂饰物，禁止佩戴饰物（含首饰、手表等），禁止穿描绘战争、暴力、宗教信仰和性爱为主题的服装。化妆应适度。

4. 评判组组成

高级评判组：由总评判长 1 人、副总评判长 2 人组成；评判组：由评判长 1 人、艺术评判 4 人、完成评判 4 人、计时员 1 人，视线评判 2 人组成；辅助评判员：记录长 1 人、记录员 2 人、检录长 1 人、检录员 2 人、放音员 1 人、报告员 2 人。

5. 评分

艺术编排：艺术分为 10 分。完成情况：完成分为 10 分。评判长减分。

第三节　体育舞蹈

一、体育舞蹈概述

（一）体育舞蹈的起源与发展

体育舞蹈起源于欧洲、拉丁美洲，原名称作"社交舞"，英文为"ballroom dancing"，为欧洲贵族在宫廷举行的交谊舞会。社交舞早在 14—15 世纪已在意大利出现，16 世纪传入法国，并于 1768 年在巴黎开办了第一家交际舞厅。法国大革命后，社交舞流传民间至今。第二次世界大战后，美国人将该舞蹈传播到全球，并形成一股跳舞热潮，至今不衰。

1924 年，由英国发起的欧美舞蹈界人士在广泛研究传统宫廷舞、交谊舞及拉美国家的各式土风舞的基础上，对此进行了规范和美化，于 1925 年正式颁布了华尔兹、探戈、狐步、快步 4 种舞的舞步，总称摩登舞。并将此种舞蹈首先在欧洲推广并进行比赛，继而又推广到世界各国，受到了许多国家的欢迎和喜爱。

1950 年，英国世界舞蹈组织（ICBD）主办了首届世界性的大赛——黑池舞蹈节（"Blackpool Dance Festival 1950"），并把规范后的舞蹈命名为国际标准交谊舞。以后每年的 5 月底，都会在英国黑池举办一届世界性的大赛。随后，摩登舞中又增加了维也纳华尔兹。

1960 年，非洲和拉丁美洲一些国家和地区的民间舞经过规范加工后又增加了拉丁舞的比赛。

经过不断发展，"社交舞"逐渐从"社交"发展为"竞技"，将单一的舞种发展为摩登舞、拉丁舞两大系列 10 个舞种，并在 1904 年成立了"英国皇家舞蹈教师协会"。这个组织将当时欧美流行的舞姿、舞步、方向等整理成统一标准，并制定了有关舞蹈理论、技巧、音乐、服装等竞技的标准，公布为"国际标准交谊舞舞厅舞"，为世界各国所遵循，英国的黑池甚至成了"国际标准舞"的圣地。

目前，国际上有两个国际体育舞蹈组织：世界舞蹈及体育舞蹈理事会和国际体育舞蹈联合会。世界舞蹈及体育舞蹈理事会，英文缩写为 WDDSC（World Dance and Dancesport

Council），1950 年 9 月 22 日在英国苏格兰的爱丁堡成立，现有 52 个会员协会，注册地为英国伦敦。国际体育舞蹈联合会，英文缩写为 IDSF（International Dance Sport Federation），1935 年成立于布拉格，现有 84 个会员协会，注册地为瑞士洛桑，1997 年获得国际奥委会的正式承认。国际标准交谊舞于 20 世纪 30 年代传入中国。我国自 1986 年正式引进后，发展迅速。1991 年 5 月，中国体育舞蹈运动协会成立。中国现在是世界舞蹈及体育舞蹈理事会的准会员，国际体育舞蹈联合会的正式会员。

目前，世界各国将国际标准舞更名为"体育舞蹈"，成为一项体育运动项目。国际体育舞蹈联合会于 1997 年 9 月 4 日正式成为国际奥林匹克委员会会员，2000 年成为悉尼奥运会表演项目。

（二）体育舞蹈的分类

体育舞蹈分为普通体育舞蹈和国际体育舞蹈两大类。

1. 普通体育舞蹈

普通体育舞蹈的特点在于普及性、流行性、实用性和自娱性。内容单纯，动作简单，人数不限，形式不拘一格。尤其紧跟时尚，能迅速、敏感地反映大众精神面貌。它包括体育教学舞蹈、实用性体育舞蹈和社交性体育舞蹈。

（1）体育教学舞蹈。它被列入教学大纲、为完成教学任务服务的一类舞蹈，它在教学中占有一定的比例。其内容是教学大纲所规定的，多以基本步伐和基本动作为主，以培养学生的节奏感和协调性。

（2）实用性体育舞蹈。练习者根据不同需求有针对性地选择内容，如健身舞、减肥舞、庆典舞等。

（3）社交性体育舞蹈。它是群众文化生活中最广泛、最具有普及性的舞蹈。其主要目的是进行社会交往、增进友谊、联络情感，如交谊舞、集体舞等。

2. 国际体育舞蹈

国际体育舞蹈又称国际标准交谊舞，是一项带有竞技性的艺术型体育项目。20 世纪 20 年代，英国率先将其规范化，形成了现代舞 5 项（华尔兹、探戈、狐步舞、快步舞、维也纳华尔兹）和拉丁舞 5 项（伦巴、恰恰恰、桑巴、牛仔、斗牛）。国际体育舞蹈具有内容美、形式美、技艺美等特点。它以生活中美的典型、美的传说为题材，通过人体运动时的艺术、感情的动态性的操作过程表现人的本质，塑造各种难度造型，成为风靡世界的体育艺术表演项目。

二、体育舞蹈基础知识

（一）基本术语

1. 舞程向

在一个舞池中，为避免互相碰撞而规定舞者必须按逆时针方向行进，这个行进方向叫舞程向。

2. 舞程线

跳舞时为了防止碰撞，规定舞者必须按规定的行进路线有序行进。这条按逆时针方向行进的路线叫舞程线。

3. 舞姿

舞姿泛指舞者跳舞的姿态。

4. 合对位舞姿（闭式舞姿）

"合"指男女交手握抱，"对"指男女面对面，合对位舞姿泛指男女面对双手扶握的身体位置。

5. 侧行位舞姿

侧行位舞姿指男士的右侧与女士的左侧身体紧密贴靠，身体的另一侧略向外展开成"V"字形站立或行进的身体位置。

6. 影子位舞姿

影子位舞姿指男女舞伴向同一方向重叠而立，形影相随的身体位置，以女士居前较常见。

7. 升降动作（起与伏）

升降动作指跳舞时身体的上升与下降。升降动作是在膝、踝、趾关节的屈和伸动作的转换中完成的。

8. 节奏

节奏指一定规律反复出现、赋予音乐以性格的具有特色的节拍。

9. 速度

速度指音乐速度，即每一分钟内所演奏的小节总数。

10. 组合

组合指两个或两个以上的舞步型的结合。

11. 套路

套路是由若干个组合串编而成一套的完整的舞步型。

12. 基本舞步

基本舞步是构成一种特定舞蹈的基调舞步型。

13. 擦步

擦步是当动力脚从一个开位向另一个开位移动时，必须先向主力脚靠拢，而重心不变的舞步。

14. 锁步

锁步是两脚前后交叉的舞步。

（二）舞姿

1. 现代舞（摩登舞）的持握姿势

男伴双脚并拢，全足着地，双膝放松，要感觉自己很高，尽量把身体拉高到极限，还要感觉自己身体很宽，双臂平抬，双手肘尖与心窝呈一条直线，左小臂向斜前上方上举与左上臂成略大于90°，右小臂向斜前下方平伸。

女伴同样要把身体拉高，双手肘尖成为一条直线，轻轻搭在男伴的手臂上，女伴要感觉到身体成两条弧线，一条是由胸腰到头部向后仰的弧线，另一条是由胸腰到头部向左倾的弧线。

2. 拉丁舞的基本站立姿态

双脚并立，身体尽量伸直，使头、肩、胯三点成一线，两眼平视，脖子拉直，下颌稍微内收，使人可以从后看到后颈较直。挺胸时，两肩胛骨向后向内关闭，两肩下沉同时将身体的中段（胸腰部分）向上拔起，使身体的中段和两肩有个互相顶压的力。臀部稍向内收，小腹向上拉，但不可过分使身体变形，感觉上身躯干是直的。两条大腿要稍内收，双膝要绷直，不可弯曲，大腿和小腿的肌肉要收紧，感觉是向反方向拉紧。

预备步站立姿态：左脚在前，脚尖向前方，身体重心在左脚，身体尽量伸直，使头、肩、胯三点呈一直线。右脚在后打开，膝盖绷直，大拇指内侧点地，脚跟向内侧下压，不要翘起来，脚面绷直。右胯向后斜45°打开，使身体从上身到右脚尖形成一条很长的直线，这可以在舞蹈中表现出很漂亮的形态和体型。

3. 四个接触点

（1）男伴左手轻握女伴的右手，男伴的左手拇指与中指稍用力，女伴用中指稍用力。

（2）男女双方身体的垂直中心线与身体右边线之间的垂直中间线的腰部部分相重叠接触。

（3）男伴右手掌轻托女伴的左肩胛骨下，手掌平伸。

（4）女伴左手虎口张开，放在男伴右上臂三角肌下部，拇指在内侧，其余四指在外侧，腕部和小臂放平，不得突起。

三、体育舞蹈基本舞步

（一）华尔兹（慢三步）

华尔兹起源于德国民间舞蹈，风格可以用圆、柔、连、挺、降、升几个字来概括。

1. 平步（图 16-3-1）

音乐节拍	男步	女步
1	左脚前进一步	右脚后退一步
2	右脚前进一步	左脚后退一步
3	左脚向右脚并步	右脚向左脚并步
4	右脚前进一步	左脚后退一步
5	左脚前进一步	右脚后退一步
6	右脚向左脚并步	左脚向右脚并步
音乐节拍	男步	女步
1	左脚前进一步	右脚后退一步
2	右脚并步稍前	左脚并步稍后
3	左脚向右脚并步	右脚向左脚并步
4	右脚前进一步	左脚后退一步
5	左脚横步稍前	右脚横步稍后
6	右脚向左脚并步	左脚向右脚并步

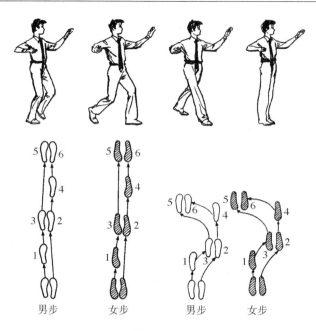

图 16-3-1

2. 方形步（图 16-3-2）

音乐节拍	男步	女步
1	左脚前迈一步	右脚后退一步
2	右脚向右侧迈一步	左脚向左侧迈一步
3	左脚向右脚并拢	右脚向左脚并拢
4	右脚后退一步	左脚向前迈一步
5	左脚向左侧迈一步	右脚向右侧迈一步
6	右脚向左脚靠拢	左脚向右脚靠拢

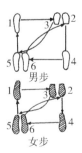

图 16-3-2

3. 转 90° 的方形步（图 16-3-3）

图 16-3-3

转 90°，要落在重拍上，即第 1 拍和第 4 拍上。

4. 180° 旋转和 360° 旋转

（1）180° 旋转（图 16-3-4）。

音乐节拍	男步	女步
1	左脚前迈并转 90°	右脚后退并左转 90°
2	右脚继续向前并转 90°	左脚继续向后并转 90°
3	左脚向右脚并拢	右脚向左脚并拢
4	右脚后退并左转 90°	左脚向前迈并转 90°
5	左脚前迈并转 90°	右脚向后迈并转 90°
6	右脚向左脚靠拢	左脚向右脚靠拢

图 16-3-4

（2）360° 旋转（图 16-3-5）。

音乐节拍	男步	女步
1	左脚前迈一步并左转 180°	右脚后退一步
2	右脚向前迈一步并左转 180°	左脚继续后退前脚掌着地
3	左脚向右脚并拢稍前	右脚向左脚并拢稍后
4	右脚向前迈一步并左转 180°	左脚向后退一步左转 180°
5	左脚以前脚掌向前迈一步	右脚以前脚掌继续
6	右脚向左脚靠拢稍前	左脚向右脚靠拢稍后

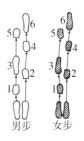

图 16-3-5

以上旋转时，男伴上步将脚插在女伴的两脚之间。

5．"之"字形交叉

男女双方按"之"字形做连续的进或退。

男伴向左侧方进右、左、右三步，第一步大，第二、三步小，在第二、三步前脚掌着地同时经过转动，身体移向右斜方，此时男伴正面朝右斜方，女随男伴左后斜方退左、右、左三步，第一步大，第二、三步小，在第二、三小步前脚掌着地，同时经过转动，身体随男伴一起移向左斜方。"之"字形交叉的退法与进法相反，步法是男伴先退左、右、左三步，女伴进右、左、右三步，二、三步时，双方均转动改变方向。

（二）探戈舞

探戈舞的舞曲是2/4拍，速度为每分钟30~40小节。舞步分快步和慢步两种。快步占一拍，慢步占二拍。探戈舞风格庄严、高雅，动作铿锵有力，表情严肃，左顾右盼，舞步顿挫明显，动静交织。

1. 前进步

（1）准备动作：闭式舞姿。

（2）男舞步：（S）左脚前进；（S）右脚前进；（Q）左脚小步前进；（Q）右脚小步前进，并步（图16-3-6）。

（3）女舞步：同男舞步，方向相反。

2. 后退步

（1）准备动作：闭式舞姿。

（2）男舞步：（S）左脚后退；（Q）右脚后退；（Q）左脚后退一小步；（S）右脚在左脚稍后交步（图16-3-7）。

（3）女舞步：同男舞步，方向相反。

3. 常步分身

（1）准备动作：闭式舞姿。

（2）男舞步：（S）左脚弧形前进；（S）右脚弧形前进；（Q）左脚前进；（S）右脚右横成散步舞姿，头快速左转（图16-3-8）。

（3）女舞步：同男舞步，方向相反。

4. 侧行并步

（1）准备动作：散式舞姿。

（2）男舞步：（S）左脚前进；（Q）右脚侧进；（Q）左脚左横成闭式舞姿；（S）右脚并于左脚（图16-3-9）。

（3）女舞步：同男舞步，方向相反。

5. 后退左侧转

（1）准备动：闭式舞姿。

（2）男舞步：（S）左脚后退；（Q）右脚后退；（Q）左脚左横步左转90°；（S）右脚并于左脚（图16-3-10）。

女舞步：同男舞步，方向相反，唯旋转方向一致。

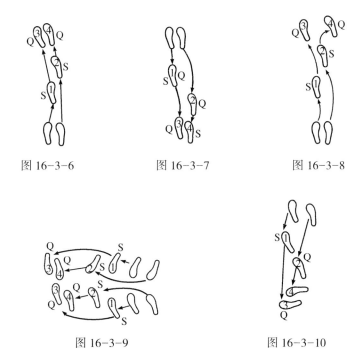

图 16-3-6   图 16-3-7   图 16-3-8

图 16-3-9   图 16-3-10

（三）伦巴舞

伦巴舞的舞曲是4/4拍，速度为每分钟28~31小节。伦巴舞有一个非常重要的特点：先出胯，后出步。伦巴舞动作舒展，舞姿优美，配上缠绵委婉的音乐，使舞蹈充满浪漫情调，令人陶醉。

1. 横行步

（1）准备动作：闭式舞姿。

（2）男舞步：① 左脚左横步；② 右脚并左脚；③ 左脚左横步；④ 右脚靠向左脚，出右胯（图16-3-11）。⑤ ~⑧ 同① ~④ ，方向相反。

2. 十字步

（1）准备动作：闭式舞姿。

（2）男舞步：① 左脚前进一步；② 右脚后回一步；③ 左脚左横一步，成单拉手势；④ 出右胯，左脚在右脚旁点地（图16-3-12）。

3. 扇形

（1）准备动作：单手位舞姿。

（2）男舞步：① 出左胯，右脚收向左脚；② 右脚退一步；③ 左脚左斜进一步；

④ 右脚横一步，身体展开成扇形步（图16-3-13）。

（3）女舞步：① 出右胯，右转90°左脚收回；② 左脚向斜前方进一步；③ 右脚向右后方退一步，左转45°；④ 右脚向左后方横步，重心左移，身体展成扇形（图16-3-14）。

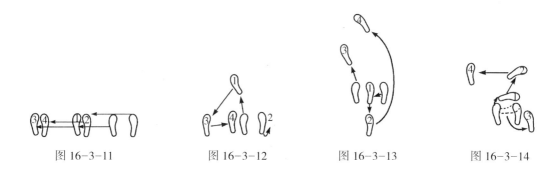

图16-3-11   图16-3-12   图16-3-13   图16-3-14

（四）恰恰恰舞

恰恰恰舞的舞曲为2/4或4/4拍，速度为每分钟32～34小节。恰恰舞热情奔放，动作频率较快，旋律轻松、愉快。

1. 进退恰恰步

（1）准备动作：闭式舞姿。

（2）男舞步：① 左脚进一步；② 右脚后回步；③ 左脚退一步，膝弯曲，脚跟离地；④ 右脚退一步，膝弯曲，脚跟离地；⑤ 左脚退一步，前脚推后脚（图16-3-15）。⑥～⑨同①～⑤，方向相反。

2. 横恰恰步

（1）男舞步：① 左脚进一步；② 右脚后回步；③ 左脚左横上，膝弯曲，脚跟离地，右脚并左脚；④ 左脚左横步，双腿伸直（图16-3-16）。⑤～⑧同①～④，方向相反。

（2）女舞步：同男舞步，方向相反。

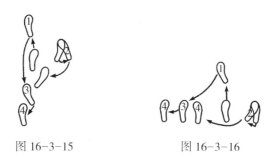

图16-3-15   图16-3-16

四、体育舞蹈竞赛规则简介

1. 比赛程序

必须经过初赛、复赛、半决赛和决赛，每一轮比赛，一般从参赛选手中筛选出不少于

1/2 的选手参加下一轮的比赛。

2. 比赛的舞种

每对选手都必须进行 5 个舞种的比赛，在决赛之前进行 4 个舞种的比赛，摩登舞是华尔兹、探戈、狐步舞、快步舞或维也纳华尔兹，拉丁舞是伦巴、恰恰恰、桑巴、牛仔或斗牛舞。

3. 比赛场地

赛场地面应平整光滑。比赛场地长 23 米，宽 15 米，赛场两条边线称为 A 线，短的两条边线称为 B 线。参赛的选手一般应按两条线的长短不同安排适当的舞步动作，沿着舞程线逆时针方向循序而进。

4. 比赛音乐的要求

华尔兹、探戈、慢狐步、快步舞、森巴、恰恰、伦巴和斗牛舞的比赛舞曲，其音乐至少得播放一分半钟，维也纳华尔兹和捷舞则最少一分钟。

5. 比赛服装和仪容

标准舞：男选手穿燕尾服，头发不得超过衣领，女选手穿不过脚踝的长裙。拉丁舞服装应有拉美风格，男女选手的服装必须搭配协调，男选手不得佩戴头饰，女选手穿露背短裙。

6. 评分标准

（1）时值和基本节奏："时值"是指每一个舞步的时间值正好与音乐合拍，"基本节奏"是指舞步在规定的时间内完成并且保持舞步之间正确的时间关系。

（2）身体线条："身体线条"是指作为一个整体的两位选手在运动中身体各部位构成的整体效果。身体线条应表现优美的舞姿。身体线条包括手臂线条、背部线条、肩部线条、胯部线条（骨盆姿势）、腿部线条、颈部和头部线条、右侧和左侧线条。

（3）整体动作：裁判必须确定选手是否准确掌握该舞蹈的风格特点，并且评估选手动作的起伏、倾斜和平衡。在控制和平衡掌握良好的情况下，动作幅度越大，评分越高。

（4）节奏表现力：裁判必须评估选手的舞蹈节奏表现力。

（5）步法技巧：裁判必须正确评估选手舞步，评价内容有对每一步脚落地部位（脚掌、脚跟、脚趾）的要求、对脚步移动的控制和艺术表现力。

第四节　瑜伽

一、瑜伽概述

瑜伽（Yoga）起源于 5 000 多年前的古印度，是东方最古老的强身术之一。"瑜伽"一词源于梵文的音译，意思是结合、联合，这也是瑜伽的宗旨和目的。瑜伽是一种非常古老的能量知识修炼方法，集哲学、科学和艺术于一身。瑜伽的基础建立在古印度哲学上，古代的瑜伽信徒发展了瑜伽体系，因为他们深信通过运动和调控呼吸，可以完全控制心智和情感，保持健康的身体。练习者一开始只有少数人，一般在寺院、乡间小舍、洞穴和茂密森林中修持，由瑜伽师讲授给那些愿意接受的练习者。后来，瑜伽逐步在印度普通人中间流传开来。如今的瑜伽，作为一种科学的修炼方法，已在全世界广泛传播。

在中国，越来越多的人从了解瑜伽、喜爱瑜伽到参与瑜伽，并把瑜伽锻炼作为生活的一部分。这些人群主要以女性为主，其中又以中青年为主体。全国各个健身中心也都开设了瑜伽练习内容。同时，瑜伽也正逐渐走进课堂，成为学生喜爱的体育锻炼项目之一。

二、瑜伽的基本分类

1. 办公室瑜伽

办公室瑜伽是以办公室作为锻炼场所，办公用品作为道具，针对白领人群的特点进行减压为主的瑜伽锻炼。

2. 居家瑜伽

毛巾也可以作为道具，通过瑜伽练习，轻轻松松扫除疲劳，调整心态，放松心情。

3. 双人瑜伽

双人瑜伽除了能提升和唤醒自我，使人学会与人分享、交流和互动，更强调与人共同协作来完成一个人难以完成的动作。

4. 形体瑜伽

通过反关节的练习，可以纠正不良身体姿态，改变生活习惯，塑造良好的身体姿势。

5. 器械瑜伽

利用器械，可以加强练习力度和强度，达到更好的练习效果。

6. 孕妇瑜伽

通过练习瑜伽掌握正确的呼吸技巧和放松方法，孕妇可提高心肺功能，为助产和产后恢复打下良好基础，增强腹肌力量有利于缩短产程。

7. 高温瑜伽

高温瑜伽可以达到排毒养颜的功效，比平时多出几倍的汗量，将体内的毒素排出，达到减肥养生的功效。

8. 减压瑜伽

通过抬高下肢的练习，使血液回流，全身肌肉放松，调节呼吸，减轻压力，缓解疲劳。

三、瑜伽的特点

（1）瑜伽练习将调息、入定、姿势、呼吸和冥想有机结合在一起，相辅相成，共同发挥调和身心的作用。

（2）瑜伽练习时人的呼吸均匀而深长，动作匀称而缓慢，而且动作和意识引导紧密结合，达到内外合一的境界。

（3）练习瑜伽的过程，不仅是肢体运动的过程，也是一个内心自我完善的过程，它不像西方竞技运动那样追求更快、更高、更强，而是从自身情况出发对运动强度进行自我调控，并且更着重在精神上战胜自我，在动作上挑战极限。

（4）瑜伽练习时，要配合柔和舒缓的音乐，引导练习者放松精神、集中意念，排除一切杂念的干扰，进入平和安静的境界。通过身心同练，在内心的平和中释放自我，对全身各系统产生功效，从而调动和发挥人体各项生理和心理机能的潜力。

四、瑜伽的呼吸方法

呼吸是调节身心的关键。虽然我们习惯了无意识的正常呼吸，但若有意识地改变和控制呼吸来进行瑜伽练习，可以有效地改变身心状态。在瑜伽练习中，让每一个动作都平缓地完成，并配合有规律的深呼吸来帮助身体放松，是非常重要的。瑜伽的呼吸方法有三种。

1. 胸式呼吸

吸气时，肋骨慢慢向外扩张，胸廓张开，将新鲜空气通过呼吸道吸入肺部。当吸气量加深时，腹部向内收紧，将吸入的气集中在胸腔。呼气时，肋骨收紧，胸廓还原，慢慢将肺内浊气呼出体外。

2. 腹式呼吸

吸气时，胸廓保持不变，腹部肌肉放松向外扩张，随着吸气量加深，膈肌下降，腹内脏器起。呼气把肺内浊气完全排出，内脏器官恢复原位。仰卧姿势、俯卧姿势的练习，多采用腹式呼吸。

3. 混合式呼吸

混合式呼吸是胸式呼吸和腹式呼吸结合在一起的自然呼吸。吸气时，用腹式呼吸过渡到胸式呼吸。呼气时，按相反的顺序，先放松胸廓，然后再放松腹部慢慢呼出浊气。

五、瑜伽的基本姿势及体位练习

（一）基本坐姿

瑜伽坐姿是练习瑜伽必须掌握的基本姿势。在练习呼吸和冥想时，基本上都采用坐立的姿势。基本坐姿主要分为盘坐和跪坐，其中常用的盘坐有简易坐和半莲花坐（图16-4-1，图16-4-2）。

图 16-4-1　简易坐

图 16-4-2　半莲花坐

（二）基本体式

在瑜伽中，反姿势对所有姿势都非常重要。进行反姿势的目的是为了在执行那些不对称的站姿后，让身体恢复对称，同时这些反姿势还能让大腿和脊椎得到放松伸展。下面介绍几种简单的姿势。

1. 三角伸展式（图 16-4-3）

基本站姿，双脚大分开，吸气，手臂侧平举；呼气，身体向右侧弯曲，右手贴着右小腿向下滑动，尽量右脚踝或右脚，左手指向上方，掌心向前，眼睛看向左手方向，两臂呈一直线，保持自然呼吸体会腰部的紧张。吸气，慢慢恢复到站立姿态。

作用：增强全身的柔韧性，对面部皮肤有益，促进血液循环，减少腰部多余脂肪，强健髋部。

2. 站士第三式（图 16-4-4）

基本站姿，吸气，双手掌心向上自体侧高举过头顶合十，拇指相扣，右脚向前迈出一步，左脚点地；呼气，以腰部为折点，上身平直下压，同时左腿向上抬起，手臂背部与左腿在一条直线上，与地面平行，保持双膝伸直，稳定好身体，注意不要掀髋，感觉腿部的紧张；吸气，上身立直，左腿回落地面，收回右腿；呼气，双手自体侧还原，放松。

作用：加强大腿肌肉，锻炼手臂和背部，增强身体平衡感，集中注意力。

图 16-4-3　三角伸展式　　　　　　　　　图 16-4-4　站士第三式

3. 双脚背部伸展式（图 16-4-5）

直角坐姿，吸气，手臂自体前高举，夹住双耳；呼气，上身前压，双手握住双脚两侧；吸气，抬头，延伸脊柱，颈部向上伸展，手臂伸直，下压腰底；呼气，腹、胸、额头依次平贴在双腿上，保持双膝伸直，尽量不要拱背；吸气，抬头，收回手臂，带动上身向上立直；呼气，放松双手。

作用：伸展背部，滋养背部脊柱神经，柔韧脊柱，伸展双臂、腿部肌肉韧带，轻盈体态，同时，按摩腹内器官，治疗痔疮、阳痿，消除便秘。

图 16-4-5　双脚背部伸展式

4. 转躯触趾式（图16-4-6）

直角坐姿，双脚向两侧大大分开，两脚跟在一条直线上，脚尖指向上方，双膝伸直，挺直脊柱。吸气，手臂侧平举；呼气，双臂带动上身向右侧扭转，左手轻触右脚趾，右手继续向右后方延伸，眼睛看向右手方向，让下巴与右肩在一条直线上，注意脚尖不要内扣；吸气，上身转回正前方；呼气，放松双手，收回双腿（对侧做法同上）。

作用：按摩腹内器官，放松肩关节和脊柱，伸展腿部肌肉和韧带。

图16-4-6　转躯触趾式

5. 骆驼式（图16-4-7）

跪立在垫子上，双膝微分，双手护腰，先做两次热身。吸气，髋部向前推出；呼气，上身立直；再次吸气，髋部退出；呼气时右手触右脚跟，左手触左脚跟，头部后仰，大腿垂直于地面，稍做保持，自然呼吸，体会腰部的紧张；吸气，收回左手放于腰间，收回右手；呼气，上身立直，放松双手，双膝合拢，臀部顺势坐在脚跟上，上身前倾，额头点地，双手掌心向上，自然放于身体两侧成婴儿式放松。

作用：柔韧脊柱，促进背部的血液循环，纠正驼背和双肩下垂。

图16-4-7　骆驼式

6. 猫伸展式（图16-4-8）

金刚坐姿，上身前倾，双手放于体前，与肩同宽，臀部抬离脚跟，背部平行地面。吸气，抬头、塌腰、翘臀，颈部向上伸展，肩部打开，腰部下压；呼气，低头，背部尽可能向上拱起，就像小猫伸懒腰一样；吸气，头部回到正中，背部放平，臀部顺势坐在脚跟上，额头点地，手臂伸直，大拜式放松。

作用：柔韧脊柱，纠正月经不调，纠正子宫异位。

图16-4-8　猫伸展式

7. 蛇伸展式（图 16-4-9）

俯卧，下巴点地，双手体后十指相握，手肘伸直。吸气，手臂背部肌肉收紧，带动头部上身向上抬起，眼睛看向上方，屏气，保持，手臂与地面平行，注意双脚并拢，不要抬离地面；呼气，上身落回地面，放松。

作用：纠正月经不调，柔韧脊柱，强壮手臂和背部肌肉。

图 16-4-9 蛇伸展式

8. 卧英雄式（图 16-4-10）

直角坐姿，吸气，屈双膝脚跟放于臀部两侧，脚趾后指，双膝并拢，掌心向下放于双脚上；呼气，上身后倾，屈肘支撑，背部平贴在地面上；吸气，手臂自体前向上高举过头顶，放松双手环抱双肘，保持双膝并拢，感觉肩部、腹部、腰部和脚踝的紧张；呼气，打开双手收回两脚掌上，吸气手肘支撑上身立直；呼气，放松双手伸直双腿。

图 16-4-10 卧英雄式

作用：减少大腿腹部多余脂肪，灵活脚踝，对消化系统有益。

（三）瑜伽套路组合练习

1. 拜日一式

动作一：祈祷式

做法：挺身直立，双脚并拢，双手胸前合掌，放松全身（图 16-4-11）。

呼吸：调匀呼吸。

作用：进入集中和宁静的状态，做好练习准备。

动作二：展臂式（双臂向上举）

做法：上臂向上举过头，双臂分开与肩同宽，稍朝后仰头和上身（图 16-4-12）。

呼吸：双臂上举时吸气。

作用：伸展腹部脏器，消除腹部多余脂肪，改善消化；锻炼手臂和肩部肌肉，加强脊神经，开阔肺叶。

动作三：前屈式（手触脚式）

做法：身体向前屈，直到双手或手指触到脚的任何一侧或脚前的地上；使前额触到双腿，但不要拉伤；双膝保持伸直（图 16-4-13）。

呼吸：身体前屈时呼气。在最后位置时试收缩腹部，最大量的呼气。

作用：有助于消除或预防胃部或腹部疾病，减少腹部多余脂肪，改善消化；有助于消除便秘，使脊柱柔软，加强脊神经。

动作四：骑马式

做法：尽量向后伸出右腿，同时屈左腿，但左脚要保持原位。两臂保持伸直，在原位上。动作末尾时，身体重量应当由两手、左脚、右膝和右脚趾来支撑。在最后姿势时，头应向后仰起，背成弓形，向上凝视（图 16-4-14）。

呼吸：右腿向后伸展时吸气。

作用：按摩腹部器官，改善其活动功能；加强两腿肌肉，使神经得到平衡。

图 16-4-11　祈祷式　　　图 16-4-12　展臂式　　　图 16-4-13　前屈式　　　图 16-4-14　骑马式

动作五：山岳式

做法：伸直双腿，双脚并拢，身体向前俯卧，臀部翘在半空，头低下，位于两臂之间。身体应成为三角形的两条边。在最后位置时，双腿和双臂应伸直，在此姿势时试将两脚跟着地（图 16-4-15）。

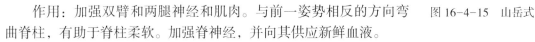

图 16-4-15　山岳式

呼吸：伸直双腿和弯曲躯干时呼气。

作用：加强双臂和两腿神经和肌肉。与前一姿势相反的方向弯曲脊柱，有助于脊柱柔软。加强脊神经，并向其供应新鲜血液。

动作六：八体投地式

做法：身体放低及地，以至于在此姿势的最后位置时只有双脚脚趾、双膝、胸部、双手和下巴触地。髋部和腹部应稍微抬离地面（图 16-4-16）。

呼吸：呼尽后再行屏气。

作用：加强大腿和手臂肌肉，发展胸部。

动作七：眼镜蛇式

做法：伸直双臂，从腰部抬起身体。头朝后仰，这个阶段与眼镜蛇式的最后位置相同（图 16-4-17）。

呼吸：抬起身体和弓背时吸气。

作用：腹部受到压缩，有助于从腹部器官挤出瘀血。这姿势对所有胃病，包括消化不良和便秘非常有用。弓背动作可以锻炼脊柱，使肌肉柔软，使最重要的脊神经重新焕发活力。

动作八：祈祷式

做法：挺身直立，双脚并拢，双手胸前合掌，放松全身（图 16-4-18）。

呼吸：调匀呼吸。

作用：有意识地控制体内能量和精神，达到放松的目的。

图 16-4-16　八体投地式　　　　图 16-4-17　眼镜蛇式　　　　图 16-4-18　祈祷式

2. 拜月式（图 16-4-19）

（1）祈祷式。吸气，山式站立，双脚并拢，双腿夹紧，头顶向上伸展（远离肩膀）；呼气，双手胸前合掌，成祈祷式。

（2）半月式。深吸气，向上举臂，食指上指，其余手指交叉，成庙宇姿势，呼气，放松肩膀；吸气，伸展双臂和上身；呼气时，左脚和左臀部用力保持稳固，身体弯向右侧。稳定右脚及臀，吸气，躯干回正呼气弯向左侧，最后吸气回正。

（3）女神式。吸气，向右迈一步（脚稍微向外）；呼气，膝盖放松缓缓下蹲，注意坐骨向下同时双臂弯曲，肘部向下，手指向上。

（4）五角星式。吸气，伸直双腿，双脚向下用力站稳，大腿向中间用力收紧，上身和头顶向上伸展；呼气，慢慢伸直手臂向两侧拉伸。保持时，可以伴随吸气身体上下拉伸，呼气，放松身体肩膀和两臂，向两侧伸展。

（5）三角式。吸气，转动右脚指向右，左脚跟向左；呼气，稳定双脚和左髋，伸展躯干弯向右侧，右臂向下延伸，左臂伸展向上（注意图上几个用力部位帮助姿势稳定舒展）。

（6）金字塔式。呼气时，身体面向右腿折叠向下，双手自然下落放在腿、脚或地板上都可以。脚要站稳，大腿拉直，膝盖骨上提（注意坐骨向上，头顺后背向前，也可自然弯背放松）。

（7）冲刺式。呼气，右膝弯曲向前，双手放在脚的两边，左膝下落着地，脚背贴地；吸气时可以稍抬头拉伸后背。

（8）展腿蹲式。呼气，两手放在右脚内，身体和右脚转正同时尾骨放低，左脚转动，脚指向前。双手以祈祷式合拢。如果感觉困难，保持双掌在地上。

（9）蹲式。吸气，把右腿收回，稳定双脚，放低尾骨，如果足够灵活的话，双手合掌与肘平，如果脚后跟抬起，可以让脚稍向外分开，但保持膝盖和脚指向同一方向。

（10）展腿蹲式。呼气，双手再次放到地上，向一边伸展右腿，手合掌或在地板上不动。

（11）冲刺式。转动身体面向左膝，手放左脚两边，转动右腿，右膝着地。

（12）金字塔式。折叠身体在伸直的左腿上。

（13）三角式。左弯。

（14）五角星式。同（4）。

（15）女神式。同（3）。

（16）半月式。同（2）。

（17）祈祷式。同（1）。

图 16-4-19　拜月式

六、瑜伽锻炼注意事项

（1）空腹时不要进行瑜伽练习，进食后至少一小时方可进行瑜伽练习。

（2）每个体位都要缓慢进行，配合呼吸，不要用力推拉、牵拉，在自己的极限范围内伸展，每个人根据自己的情况伸展到自己的最大限度或感到舒适为止。

（3）切记不要勉强用力，以免拉伤韧带。学会与自己身体对话，静心地去体会身体的舒展。

（4）练习时不要屏气，通过鼻腔保持平稳缓慢的呼吸，初学者在开始练习的过程中，如果跟不上老师的呼吸就做自己的呼吸，切记不要憋气（除非某些特定的动作要求屏气）。

（5）不能由他人帮助完成动作，不能边做边聊天。活动时关节发出"咔嚓"的响声时，是韧带开始柔软的迹象。

（6）练习时由于涉及大量的扭转、伸展四肢的姿势，因此应穿着宽松的衣服并赤脚练习。

第五节　排舞

排舞（line dance）是在音乐伴奏下通过重复的固定舞步动作来愉悦身心的一项运动。它以音乐为核心，通过风格各异的舞步组合循环，展现世界各国民间舞蹈的多元文化魅力。排舞已在全世界受到不同国家、不同性别及年龄人们的参与和喜爱。目前，我国许多大、中、小学校已经将排舞列入学校体育教学大纲，成为学生体育课、课间操、课余体育锻炼和学校庆典表演的重要内容；许多企业也将排舞列为员工工间操、业余锻炼和庆典活动的重要内容。排舞对培养学生的音乐素养、提高学生的身体素质、促进学生了解世界文化、培养学生的文明礼仪具有重要的意义。

一、排舞基本术语

排舞术语是指排舞理论和技术等方面的专门用语，它以简明、扼要的词汇，准确而又形象地反映出排舞的舞步形式和技术特征。

（一）动作方向术语

动作方向术语是指人体或人体某一部分运动的指向或位置。为了正确地辨别身体方向和检查动作旋转的角度，方便理解、记忆和讨论动作，国际排舞协会规定以时钟的方向作为运动方向。因此，动作方向的参照体前者是时钟，后者是人体（图16-5-1）。

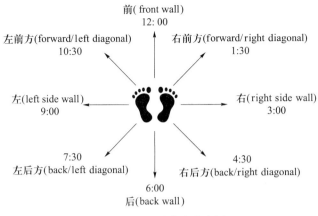

图 16-5-1　动作方向术语

（二）基本名词术语（表 16-5-1）

表 16-5-1　基本名词术语

基本名词术语（中文）	基本名词术语（英文）	基本名词术语（中文）	基本名词术语（英文）
排舞	line dance	编舞者	choreographer
音乐名	music	演唱者	singer
每分钟拍数	beat per minute（BPM）	拍子	count
方向/遍	wall	舞蹈水平	level
初级	beginner	中级	intermediate
高级	advance	前奏/介绍	count in/intro
开始	start	舞蹈顺序	sequence
小节/章节	section	段落/部分	part
结束	end	间奏	tag/bridge
从头开始	restart	重复	repeat
步伐	step	脚	foot
右脚	right foot（RF）	左脚	left foot（LF）
脚尖	toe	脚跟	heel
归位	home	原地	in place
前面	front	后面	back
侧面	side	斜角	diagonal
头	head	手	hand
面向	face	膝盖	knee
切分音	syncopated	顺时针	clockwise（CW）
逆时针	counter-clockwise（CW）		

（三）动作术语（表16-5-2）

表 16-5-2　动 作 术 语

动作术语（中文）	动作术语（英文）	动作术语（中文）	动作术语（英文）
刷地	brush/scuff	退	back
击掌	clap	交叉	cross
拖步	drag	扇步	fan
进	forward	轻弹	flick
跟弹	heel bounce	跟点	heel dig
跟磨	heel grind	跟开	heel split
跟拍	heel tap	顶髋	hip bump
抬/吸起	hitch	停顿	hold/freeze
勾提	hook	单足跳	hop
跳	jump	踢	kick
提起	lift	锁步	lock
弓步	lunge	点	point
抖肩	shimmy	滑冰步	skate
滑步	slide	踏步	stomp
摇摆	sway	扫步	sweep
旋步	swivel	踢踏步	tap
触点	touch	并步	together
转	turn	扭转	twist

（四）常见舞步术语（表16-5-3）

表 16-5-3　常见舞步术语

编号	舞步名称	节拍	基本类型
1	抛锚/支撑步 anchor step	1 & 2	右抛锚/支撑步；左抛锚/支撑步
2	平衡步 balance step（waltz）	123	右前进平衡步
			左前进平衡步
			右后退平衡步
			左后退平衡步

编号	舞步名称	节拍	基本类型
3	恰恰步 cha cha cha shuffle chase	1 & 2	进恰恰
			退恰恰
			左恰恰
			右恰恰
4	海岸步 coaster step	1 & 2	右海岸步
			左海岸步
			反向海岸步
			海岸交叉步
5	藤步 grapevine	1~4	右藤步
			左藤步
			藤转
6	爵士盒步 jazz box	1~4	右爵士盒步
			左爵士盒步
7	跳 jump	1	双脚跳
			爵士跳
		12	开合跳
8	锁步 lock	1 & 2	前锁步
			后锁步
9	曼波步 mambo step	1 & 2	前曼波步
			后曼波步
			左曼波步
			右曼波步
			交叉曼波步
10	摇摆 rock	12	前摇摆
			后摇摆
			左摇摆
			右摇摆
11	摇椅步 rocking chair	1~4	右摇椅步
			反向摇椅步

续表

编号	舞步名称	节拍	基本类型
12	伦巴盒步 rumba box	1~8	右伦巴盒步
			左伦巴盒步
13	水手步 sailor step	1 & 2	右水手步
			左水手步
			水手交叉步
14	骆驼步 camel step	1~4	骆驼步
15	剪刀步 scissors step	1 & 2	右剪刀步
			左剪刀步
16	趾踵步 strut	1 & 2	尖趾步
			跟趾步
17	糖果步 sugar step	123	右糖果步
			左糖果步
18	旋步 swivel	12	右旋步
			左旋步
			跟旋步
19	开关步 switch	1 & 2	脚尖开关步
			脚跟开关步
20	闪亮步 twinkle（waltz）	123	左闪亮步
			右闪亮步
21	跟掌交叉步 heel ball cross	1 & 2	右跟掌交叉步
			左跟掌交叉步
22	纺织步 weave	123	右纺织步
			左纺织步
23	踢换脚 kick ball change	1 & 2	踢换脚
			踢换点
			踢换旁点
			踢换交叉步
			踢旁点

（五）转体术语（表16-5-4）

表 16-5-4　转 体 术 语

编号	名称	节拍	基本类型
1	定转轴 pivot turn	12	1/4 定转轴
			1/2 定转轴
			3/4 定转轴
2	交叉转 cross unwind turn	12	右叉转
			左叉转
3	藤转 rolling vine	1~4	右藤转
			左藤转
4	蒙特利转 monterey turn	1~4	1/4 蒙特利转
			1/2 蒙特利转
5	三连步转 triple	1 & 2	三步转 180°~360°
6	划桨转 paddle turn	1~4	右划桨转
			左划桨转
7	全转 full turn	12	左进全转
			右进全转
8	螺旋转 spiral turn	12	右螺旋转
			左螺旋转

二、排舞舞谱的编写

（一）中文舞谱的编写方法

1. 对曲目进行整体描述

介绍曲目的名称、创作者、舞步组合的节拍数、曲目的方向变化、难度级别和选用音乐的出处等。

2. 编写舞步术语和舞码

舞步术语指每一个八拍或每四个三拍主要完成的舞步动作。

舞码指每一个八拍的节奏口令。

3. 连拍对舞步进行描述

根据舞步术语和舞码，逐拍对舞步进行描述。编写时按照 A—B—C 的顺序编写。A表示身体部位，B 表示动作方向，C 表示动作方法。

4. 编写间奏舞步

为保证音乐的完整性，有的曲目需要创编间奏动作使之与音乐协调融合，应特别说明间奏的节拍数及间奏的节拍和方向等。

（二）英文舞谱的编写方法

用英文编写舞谱时，要注意中英文表达方式的不同。编写舞步时，英文按照 C—B—A 的顺序编写。

（三）编写舞谱的注意事项

舞谱用语简单易懂，熟悉英文的表达方式，舞步记写要前后一致，舞步和身体动作不同时记写，熟悉各类舞步动作。

三、排舞的分类和特点

（一）排舞的分类

1. 按照舞步组合结构分类

（1）完整型排舞。不断重复固定的舞步组合。这种类型的排舞，无论是舞步动作，还是方向变化都较为简单，因此多数属于初级水平的排舞。

（2）组合型排舞。由两个或更多的舞步组合构成，而且每一舞步组合的节拍数不一定相同。这种类型的排舞，并不按照一定的规律进行循环，有些组合重复，有些组合并不一定重复。

（3）间奏型排舞。在固定的舞步组合外，还有一个或多个不一定相同的间奏舞步。间奏舞步一般不超过一个八拍。通常，这一类型的排舞在学习时较难记忆，因此属于中等难度级别的排舞。

（4）表演型排舞。这种类型的排舞，舞步较为复杂，并且没有固定的舞步组合，属于最高难度级别的排舞。

2. 按照舞步组合变化的方向分类

（1）一个方向的排舞。面向 12 时一个方向跳完所有的舞步组合。

（2）两个方向的排舞。舞步组合结束后再从相反的方向开始重复这一舞步组合。即面向 12 时的舞步组合结束后，面向 6 时重复这一舞步组合。

（3）三个方向的排舞。出现在间奏型排舞中。每完成一次舞步组合，都会按顺时针（或逆时针）方向进行变化，在第三次舞步组合完成后，由于音乐节奏的关系又会回到舞蹈的初始方向。

（4）四个方向的排舞。每完成一次舞步组合，都在一个新的方向开始动作。一般按顺时 12 时、3 时、6 时、9 时进行方向的变化，也可以按逆时针 12 时、9 时、6 时、3 时进行方向的变化。

（二）排舞的特点

1. 文化传承与文化创新的循环性

创新是排舞传承的根本动力，是保证排舞不断发展的重要法宝。从最初的方块舞、圆圈舞、宫廷舞到现在的东方舞、爵士舞、街舞，再到现在流行的排舞，充分体现了排舞对舞蹈文化、民族文化、音乐文化、体育文化的传承和创新。在多元文化的碰撞和交融中形成了今天这样丰富多样的排舞风格，而每一种风格也展现了一个民族的文化风采。桑巴风格的排舞展现了巴西文化，踢踏风格的排舞展现了爱尔兰文化，爵士风格的排舞展现了美国文化，探戈风格的排舞展现了阿根廷文化，藏族风格的排舞展现了中国藏族文化等。排舞在传承舞蹈文化、民族文化、音乐文化、体育文化的基础上不断创新、不断推进，并且特别注重健身与娱乐的融合，从而形成独具特色的运动项目。传承中有创新，创新中不断传承，两者独立而统一，推动了排舞运动协调发展。

2. 舞蹈元素与音乐风格的融合性

从排舞的产生与发展可知，排舞最初来源于方块舞、圆圈舞、欧洲宫廷舞和当时流行的迪斯科舞蹈以及美国西部乡村的民族民间舞蹈。随着时代的发展，排舞融入了越来越多时尚的舞蹈和音乐元素，在多种舞蹈和音乐元素组合、变化和不断创新之下形成今天如此丰富多样的排舞曲目。在构成排舞的诸多要素中，舞步和音乐是最为重要的。可以说音乐是排舞的灵魂，舞步是音乐的外在表现形式。音乐节奏、旋律、和声与舞步、造型和组合的浑然一体，使音乐通过排舞变成了"看"得见的艺术，而排舞通过音乐的表达也变成了"听"得见的艺术。

3. 舞步规范与自由形式的共存性

排舞是根据不同的音乐元素来表现不同舞种风格的一项健身运动。虽然排舞每首曲目的舞步全世界完全统一，并有固定的名称和节拍数，但对身体及手臂的动作并无统一的要求。练习者可以根据个人喜好及对音乐的理解，诠释属于自己的舞蹈。无论是完整型、组合型、间奏型还是表演型的排舞曲目，其舞步组合不断循环，身体动作随韵律不断变化，练习者可以在排舞的规范和自由中，尽情发挥自己的想象，充分展示自己的个性特征和诠释排舞文化内涵。

4. 网络传播途径的充分运用

排舞全面迅速的发展，得益于网络传播平台的运用。全世界的排舞专家和爱好者充分利用网络传播平台，把创编好的曲目通过互联网上传到国际排舞协会的网站，使全世界的排舞爱好者通过互联网学习排舞曲目。依靠网络平台，新的排舞视频、文字和图片作品不断推出，这有利于宣传、推广和普及排舞，对排舞的全面发展起着十分积极的推动作用。因此，我们必须以积极的态度、创新的精神，利用网络平台大力发展和传播健康向上的排舞文化，切实把排舞网站建设好、利用好、管理好。

四、排舞竞赛动作、编排及音乐

1. 成套动作要求

排舞成套动作必须采用大会组委会指定的排舞舞码版本及配套音乐，必须在音乐伴奏下完成。

2. 编排要求

（1）根据表演的需要、风格的把握以及对曲目的理解，在不改变原舞码基本风格、基本舞步和音乐节奏的前提下，编导者可对原排舞曲目的前奏、上肢动作、队形变化、入场和退场等进行编排。编排部分不能改变音乐的整体风格。

（2）单首曲目编排。在一首完整的排舞音乐伴奏下，全体选手必须完成一个完整的方向循环。其余可做队形或方向的变化。结尾可以有不超过两个 8 拍脱离原舞码的编排。

（3）串烧曲目编排。几首排舞串联表演称为串烧表演。每首曲目全体选手必须要面对评委完成原舞码规定的一个方向的完整动作；其中对组与组之间的重复动作可以进行编排。

3. 音乐的统一和规范

（1）所有表演过程中所用的音乐，必须是本队所选表演曲目的排舞音乐。

（2）规定曲目必须是一首完整的歌曲或音乐，未经剪辑、组合、拼接。

（3）在上、下场以及每首曲目衔接的过程中，不允许添加表演曲目以外的音乐。

（4）串烧曲目可以根据情绪需要对原表演曲目音乐剪辑、组合、拼接，但不得改变原音乐风格。

五、排舞竞赛评分标准与分值（表 16-5-5）

表 16-5-5　排舞比赛评分标准与分值

评分因素	评分标准	分值
动作完成程度（3分）	非常好	2.7～3.0 分
	较好	2.5～2.6 分
	一般	2.3～2.4 分
	较差	2.0～2.2 分
	差	2.0 分以下
编排设计（3分）	非常好	2.7～3.0 分
	较好	2.5～2.6 分
	一般	2.3～2.4 分
	较差	2.0～2.2 分
	差	2.0 分以下
舞曲风格及表现力（2分）	非常好	1.7～2.0 分
	较好	1.5～1.6 分
	一般	1.3～1.4 分
	较差	1.0～1.2 分
	差	1.0 分以下
服饰妆容及总体印象（1分）	非常好	0.9～1.0 分
	较好	0.8 分
	一般	0.7 分
	较差	0.6 分
	差	0.6 分以下

第十七章
休闲体育项目

第一节　游泳运动

一、游泳概述

游泳是一项历史悠久的体育运动项目，是人类的一种生存技能。游泳是在水中进行活动的项目，是日光浴、空气浴和水浴的完美结合，无论男女老少都可以参加游泳运动，残疾人和某些慢性病患者也可从中得到锻炼或治疗。

（一）游泳运动的锻炼价值

1. 保障生命安全

人类生存的地球布满江、河、湖、海，生活中不可避免地要与水打交道。不论是主动下水游泳、玩耍、进行水上作业，还是失足落水、乘船发生意外，不会游泳将威胁到自身生命安全。

2. 强身健体

据报道，人体在 12 ℃的水中停留 4 分钟所散发的热量相当于人在陆地上 1 小时所散发的热量。由此可知，游泳时消耗热量较大，能有效地消耗身体的脂肪。长期游泳还可以健身塑形。

经常游泳，可以提高机体对水温、气温的适应能力，从而增强体质。很多哮喘病患者就是通过游泳锻炼，增强了体质和对寒冷的抵御能力，进而减少了哮喘的发作次数。

游泳是周期性、动力性运动。长期坚持游泳锻炼，可以提高肌肉的力量、速度和耐力及关节的灵活性，使身体得到全面协调发展，使体型匀称健美，肌肉富有弹性。

3. 防病治病

游泳可以提高人体抵御寒冷的能力，尤其是冬泳，经常游泳者可以预防疾病，不易感冒。由于水的浮力作用，人体平卧水面时脊柱可以充分伸展，这对预防脊柱侧弯有良好的作用。水流和波浪可对人体产生特殊的按摩功效，所以，游泳对瘫痪者和残疾人的康复具有很好的疗效。

此外，经常游泳，对于身体瘦弱者和慢性疾病患者（如慢性肠胃病、神经衰弱、习惯性便秘、慢性支气管炎和哮喘等患者）有明显疗效。很多康复中心都把游泳水疗作为治疗慢性病和身体恢复的重要医疗手段。

4. 锻炼意志

初学者面对水环境，要克服怕水的心理，才能学好游泳技术，尤其是在江河等开放性水域中游泳时，更要具备勇敢顽强的精神和坚强的意志。长期游泳可以培养吃苦耐劳、不怕困难的品质。

（二）游泳安全与卫生

1. 游泳的安全措施

游泳时，如果不熟悉水性，很容易呛水或者失去平衡，以致出现溺水而危及生命。因此，游泳时，必须把安全放在第一位，并采取以下安全措施：

（1）强化安全教育。① 树立安全意识，克服麻痹思想。② 加强组织纪律教育，严格遵守纪律，一切行动听指挥，做到令行禁止。

（2）选择安全的游泳场所。不管是选择人工修建的游泳馆还是天然水域，都要充分考虑安全问题。

2. 游泳的卫生要求

保证身体健康，防止疾病传染。游泳者每年都必须进行一次全面的身体检查，以便清楚地了解自己的身体状况，确定能否参加游泳锻炼。凡患有严重高血压、心脏病、精神病、传染性疾病以及有开放性创伤的病人，都不宜游泳。此外，有腹泻、伤风感冒、咳嗽、严重沙眼、急性结膜炎等疾病的人也不宜游泳。

3. 游泳的时机

（1）饱食后不宜游泳。饱食后，消化器官活动增强。此时下水游泳，血液将首先满足肌肉活动的需要，会造成消化器官供血不足，影响食物的消化和吸收。此外，由于水的刺激，胃肠的蠕动受到限制，容易引起胃痉挛，易导致腹痛或呕吐。因此，饱食后30分钟之内不要下水游泳。

（2）饥饿时不宜游泳。饥饿时，体内血糖浓度下降，此时游泳容易出现头昏、四肢无力等症状，严重时甚至发生昏厥。

（3）疲劳时不宜游泳。激烈运动或重体力劳动后，肌肉处于疲劳状态，此时游泳，容易造成疲劳积累，易引起呛水、肌肉痉挛等情况，甚至发生溺水事故。

（4）酒后不宜游泳。酒中含有乙醇，对人体的神经系统有麻醉作用，会使人体机能下降，身体的反应能力减弱，动作协调性变差。此时下水游泳，无法清醒地处理可能发生的意外情况，很容易出现溺水事故。

（三）游泳救护知识

在游泳中，事故的发生大多都与安全观念松懈和规章制度的疏漏有直接关系。反复强调安全第一，对于发展游泳运动十分必要。游泳者不仅要能够自救，还要能够救人，因此，应具备扎实的水中救护知识和过硬的救生本领。

1. 间接施救

间接施救一般适用于对溺水程度较轻、神志比较清醒、还能使用救生器材的溺水者。在间接施救时，施救者在岸上或池边借助救生器材即可对溺水者施救，因而不会游泳或游泳技术较差的施救者，可以采用此法。下面介绍几种常用的救生器材和使用方法。

（1）救生圈。在救生圈上系一条绳子，当发现溺水者时，可将救生圈掷给溺水者。如在江河里，应向溺水者的上游掷去，使溺水者够到救生圈，然后将其拖至岸边。

（2）竹竿。溺水者离岸（船）较近时，施救者可在岸边或船舷上将竹竿伸向溺水者，待溺水者抓住竹竿后，将其拖到岸（船）边。

（3）绳子。将绳子的一头系在漂浮物上，把绳子盘成圆形，施救者握住绳子的一端，然后将盘起来的绳子掷在溺水者的前方，使溺水者握住绳子，拉其上岸。

（4）漂浮物。施救者将泡沫塑料块、木板、游泳使用的扶板、浮球等漂浮物，抛给溺水者，溺水者得到漂浮物后借助其游向岸边。

2. 直接施救

（1）入水和接近溺水者。救护溺水者时，要以最快的方式入水，在不熟悉水情时，以脚先入水为宜。

入水后，目视目标快速接近，从后面接触溺水者，如正面接近目标，应果断地拉住其手臂或扭转臀部使其背向施救者，迅速将其脸部拖出水面或使其仰卧，以便拖带。

（2）水中解脱。溺水者在水中挣扎时，凡能抓住的东西，不会轻易放手。救护时也容易被抓、抱，应设法解脱，以便顺利施救。

（3）水中拖带。水中拖带溺水者，多采用反蛙泳或侧泳技术。此时应时刻注意使溺水者脸部露出水面，包括仰式拖带法、侧式拖带法。

（4）出水和控水。溺水者处于昏迷状态时，全身是松弛的。出水时可采用从下往上拉的方法。控水时，使溺水者俯卧、腹高头低，并适当做推压动作，为倒清其肺、腹里的积水。也可采用仰卧肩背的方法控水。

（5）人工呼吸。把溺水者抬到平坦、松软和安静的地方后，松解衣裤，清除口鼻内的杂物，检查心跳和呼吸情况。人工呼吸时，可采用单人口对口或双人口对口人工呼吸。单人施救操作时，胸外按压15次，口对口吹气2次；双人施救操作时，胸外按压5次，口对口吹气1次，反复进行。也可采用举臂压胸法和俯卧压背法等。

施救时，如溺水者唇色已转红润，每做10次，间歇5秒，检查一次心跳情况，直至溺水者恢复自主心跳和自主呼吸，并及时转送医院进一步观察治疗。

二、熟悉水性练习

熟悉水性是学习各种游泳姿势前的一个重要的过渡性学习。这个练习是初学者入门必经的阶段，为学习和掌握各种竞技游泳技术打下基础。

在熟悉水性的学习和练习中，重点应抓好呼吸和滑行这两个动作。并且尽可能选择在齐腰深的水里练习。在学习浮体的方法时，应与站立的方法一起学习，以防止初学时因站立时失去平衡而呛水。

（一）水中行走练习

目的是体会水的阻力，消除怕水心理，学会在水中行走时控制身体平衡。要求在齐腰深的水里，做各种方向的行走练习。

可采用以下练习方法：

（1）在水中手（单手或双手）扶池边向前、向后、向两侧行走。

（2）用两手保持平衡，向前、向后、向两侧行走。

（3）集体手拉手向前、向后、向两侧行走。

（4）各种方向的走、跑、跳、转身、跃起和下沉等。

（5）向上、向前、向后和向侧跳跃。

（二）水中呼吸练习

水中呼吸练习的目的是初步掌握游泳的呼吸方法、呼吸过程、呼吸节奏，适应头浸入水中的刺激，消除怕水心理，学会用口吸气的动作。要求吸气一定要用口，呼气一定要在水中，用鼻或口鼻一齐呼。吸—闭—呼要有节奏，连续做30次左右。

可采用以下练习方法：

（1）双手扶住水槽或在同伴的帮助下，用口吸气后闭气，然后慢慢下蹲把头全部浸入水中，停留片刻后起立，在水面换气。

（2）同上练习。要求把头浸入水中停留片刻后，在水中用鼻慢慢地呼气，一直呼到快完（但不能把气呼尽），然后起立在水面上用口吸气（吸气之前把最后一点气呼尽）。

（3）同上练习。要求吸气后把头浸入水中，稍闭气后立即用口鼻同时呼气，在口接近水面时用力把气吐完并立即用口在水面上吸气，吸气结束后立即把头再次浸入水中，连续做有节奏的吸、闭、呼的动作。

（4）两脚原地开立，按以上练习，要求独立完成连续吸气、闭气、呼气的动作30次左右。稍休息后，重复此练习，但不同的是随头逐渐向前上抬（或向侧转）时开始加大呼气量。

呼吸是学习游泳的难点，练习呼吸应贯穿于学习的始终。

（三）浮体与站立练习

浮体与站立练习的目的是消除怕水心理，体会水的浮力，了解人在水中是可以漂浮起来的，学会浮体后站立的本领。掌握水中闭气要领，要求练习时要尽量深吸气，在水中闭气的时间应尽可能长。站立时，两臂前伸向下按压水并抬头，以脚触池底站立。

可采用以下练习方法：

（1）抱膝浮体练习。原地站立，深吸气后，下蹲低头抱膝。双膝尽量靠近胸部，前脚掌蹬离池底，成低头抱膝团身姿势，自然漂浮于水中。站立时，两臂前伸，向下按压水并抬头，同时两腿伸直，以脚触池底站立，两臂自然放于体侧（图17-1-1）。

图17-1-1　抱膝浮体练习

（2）展体浮体练习。两脚开立，两臂放松向前伸出，深吸气后身体前倒并低头，两脚轻轻蹬离池底，成俯卧姿势漂浮于水中，两臂、两腿自然伸直。站立时，收腹、收腿，两臂向下按压水并抬头，两腿伸直，脚触池底站立。

（四）滑行练习

滑行练习的目的是体会水中的平衡和身体的滑行姿势。学会蹬池壁或蹬池底和身体成流线型的动作，保持身体平衡。要求滑行时臂和腿并拢伸直，头夹于两臂之间，身体成流线型。注意要有向前滑行的动力才能滑行得好，所以必须同时学会蹬壁或蹬池底的动作。

可采用以下练习方法：

（1）蹬池底滑行练习。两脚前后开立，两臂前上举。深吸气后上体前倒并屈膝，当头、肩浸入水中时前脚掌用力蹬池底，随后两脚并拢，使身体成流线型向前滑行。

（2）蹬壁滑行练习。背向池壁，一手拉水槽，一臂前伸，同时一脚站立，一脚贴池壁；深吸气后低头，上体在水中前倾成俯卧姿势，大小腿尽量收紧，臀部靠近池壁，两脚掌贴住池壁。与此同时，拉水槽的一臂向前伸出与前伸臂并拢，头夹于两臂之间，这时两脚用力蹬离池壁，成流线型向前滑行（图 17-1-2）。

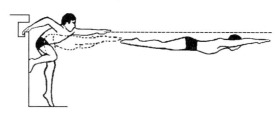

图 17-1-2　蹬壁滑行练习

三、游泳基本技术

（一）蛙泳

1. 动作方法

蛙泳整个动作与青蛙游水十分相似，所以取名为蛙泳。

蛙泳的特点是游时省力，容易学，游动时动作全部在水下，声音较小，头部可以露出水面呼吸，视野开阔。

（1）身体姿势。游蛙泳时，身体呈水平俯卧于水中，两臂向前伸直并拢，两腿自然向后伸直并拢，同时上体稍挺起，头略抬，使身体和前进方向成 5°～10°，这种流线型的姿势，既能减少前进的阻力，又可以充分发挥手、臂、腿的作用，加快游速。

视频：蛙泳
身体姿势
示范

（2）腿部动作。腿部蹬水动作是蛙泳推动身体前进和加快游速的主要动力来源。腿部动作可分为滑行、收腿、翻脚和蹬夹水 4 个动作阶段。

① 滑行：滑行是蛙泳的开始姿势，当身体借助惯性力向前滑行时，两腿并拢向后伸直，身体成水平姿势，下肢放松，只靠腿部肌肉的适当收缩，把脚跟稍稍提向水面，为收腿做好准备。

② 收腿：收腿是蹬腿的准备动作，路线要短，阻力要小，要为蹬水创造有利条件。收腿时，两腿稍微内旋，使脚跟分开，膝关节随腿的下沉向前，边收边分。收腿结束时，大腿和躯干之间角度为 130°～140°，小腿尽量靠近臀部（图 17-1-3），并藏于大腿的投影之中，两膝的距离约与肩同宽，两脚掌几乎是平行向前收，靠腿的内旋使脚跟分开与臀部同宽。

③ 翻脚：翻脚是指从收腿到蹬夹水的一个过程，是收腿的继续、蹬水的开始。蹬水效果的好坏，取决于翻脚技术是否正确。

为了增长蹬夹的路线，随着收腿的结束，两脚应继续向臀部靠紧，大腿内旋使两膝内压，同时小腿向外翻，接着脚尖也向两侧外翻，使脚掌内侧正对蹬水方向。整个翻脚的动作由内收腿、压膝、翻脚三个连贯动作组成（图 17-1-4）。

视频：蛙泳
腿部动作
示范

图 17-1-3　收腿

图 17-1-4　翻脚

④ 蹬夹水：翻脚后，立即以腰腹和大腿同时发力向后蹬夹水。先伸髋，再伸膝，以大、小腿内侧和脚掌向后做急速而有力的蹬夹动作。在蹬夹腿过程中，当两腿并拢时略向下压，以形成前后鞭打动作。蹬夹是推动身体前进的重要动力来源。

为了增长有效的蹬夹动作路线，要在两腿蹬直之后再伸直踝关节，不要过早地伸直，否则会缩短蹬夹水的有效距离。因此，踝关节的灵活性对提高蹬夹水效果特别重要。

（3）臂部动作。蛙泳的臂部动作可分为滑行、抓水、划水、收手、伸臂 5 个连续的动作。

① 滑行：伸臂结束后，身体向前滑行，这时两臂向前伸直，手指并拢，掌心向下，两手尽量接近水面，使身体在较高的位置上保持稳定，整个身体成流线型。

② 抓水：抓水是滑行后进入划水前的动作，如果立即开始做划水动作，其动作方向会向外下方，不仅不利于推进身体，还会造成身体过分起伏，所以从滑行到划水之间要有一个准备划水的抓水动作。抓水时，肩保持前伸，两臂内旋，使两臂和掌心转向斜外下方，屈手腕成 150°～160°。结束抓水时，两臂和水平面及前进方向为 15°～20°，肘关节伸直。

视频：蛙泳
手臂动作
示范

③ 划水：抓水后紧接着划水。划水路线是向后偏外下方，划至与前进方向约成 80°。划水时，肩部向前伸展，保持高抬肘的姿势。整个动作过程是肘高于手并前于肩，在手带动前臂和上臂向后划水的过程中，肘关节的角度为 120°～130°。划水是用手掌加速内拨的动作，这个动作带动前臂收至超过垂直部位并开始降肘，掌心从外后转向内后急促拨水而结束划水，这也是蛙泳划水最有效的阶段。

④ 收手：划水结束即开始收手。收手就是结束划水后，手掌在向内、向上移动的同时，上臂外旋，向前推肘的动作过程。收手时，要尽量把两臂收在身体的投影之中，以发挥划水造成的推进惯性作用，减少水对臂前移的阻力。

⑤ 伸臂：收手后继续推肘伸臂。推肘不是先伸肘关节，而是伸肩关节的同时伸肘关节。两手先向前上，再向前伸。两臂伸直后即恢复成滑行姿势。伸臂时不能有停顿的动作。

（4）呼吸和完整动作的配合。蛙泳的呼吸方法有两种：一是早吸气，二是晚吸气。早吸气在两臂抓水时抬头用力呼气，在划水过程中吸气，在收手过程小闭气低头，伸臂滑行时慢慢吐气。晚吸气是划水将要结束时才开始抬头用力呼气，在两臂结束划水和收手过程中，身体达到最高点时吸气，结束收手时闭气低头，在伸臂的后阶段直至划水过程中慢慢吐气。

一般优秀运动员多采用晚吸气的方法，因为这种方法能保持身体平衡，动作连贯，前进速度均匀，对提高成绩很有帮助。但是晚吸气动作要求严格，吸气时间比较短促。所以一般游泳爱好者和初学者，先从学习早吸气的方法开始为宜，它比较简单易学。

完整配合动作如图17-1-5所示。

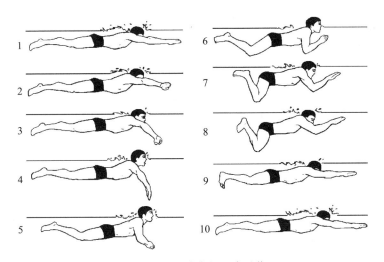

图17-1-5　蛙泳完整配合动作

2. 练习方法：

（1）腿部动作练习。

① 陆上练习：

● 模仿蛙泳腿。坐在凳上或池边上，上体稍后仰，两手撑在体后，两腿伸直并拢，髋关节展开，做蛙泳腿的收腿、翻脚、蹬夹水和停止动作。练习时，可先分解做，再连贯做。要求收腿时，大腿带动小腿，边收边分；翻脚时，脚翻向蹬水方向，膝稍内压；蹬夹水时，应向后弧形蹬夹；停止时，两腿并拢，伸直放松。

● 俯卧在凳子上做收、翻、蹬夹、停的动作。先做分解动作，再做连贯的完整动作。要求边想边做，开始可以由同伴帮助体会和纠正动作。重点体会翻脚和蹬夹水的路线及动作的节奏。

● 单腿练习。一脚站立，一脚收缩，然后用手搬脚上翻，做蹬夹水练习。

② 水中练习：

● 一手抓住水槽，一手撑住池壁做收腿、翻脚、蹬夹水和停止等腿部动作练习。

● 扶池槽，仰卧，做蹬夹水动作。

● 扶池槽，俯卧，做蹬夹水动作。

● 扶池槽，仰卧，或俯卧，由同伴帮助或纠正蹬夹水的动作。

● 在水中由同伴托住腰腹后，做腿的蹬夹水动作。

● 用救生圈或救生衣使身体浮起后，做蹬夹水动作。

● 双手扶木板或其他浮体的前端，练习收腿、翻脚、蹬夹水和停止的腿部动作。

● 由同伴拉着练习者前伸的手，牵引着做腿部的完整练习。

● 自己蹬池壁滑行后，做蛙泳腿的练习。

（2）手臂动作练习。

① 陆上练习：

● 原地站立，做手臂的划水、收手、前伸动作。

● 原地站立，上体前屈，两臂前伸，掌心向下，做蛙泳划水动作。

② 水中练习：

● 在水中原地站立，上体前屈成水平姿势。然后两手掌心向下前伸于水中，做划水、收手、前伸的动作。

● 在水中上体前倾，走动中做两臂划水、收手和前伸的连贯动作。

● 由同伴托扶腰腹，使身体成水平姿势，在水中做手臂的划水、收手、前伸动作。

● 用救生衣或救生圈保护，在水中做划臂动作。

● 自己蹬池壁，在滑行中做双臂的划水连贯动作。

（3）呼吸练习。

① 陆上练习：

● 原地站立，双臂上举，当双臂左右分开时，抬头呼吸，随之低头，双手还原。

● 原地站立，上体前屈成水平姿势，两臂前伸，掌心向下，当两臂向左右分开时，即抬头呼吸，随之划水时低头。

② 水中练习：

● 在水中原地站立，上体前倾，头没水中，两臂在水中伸直，当两臂向左右分开时，即抬头呼吸，随之划水低头。

● 在水中练习呼吸。由保护人帮助夹抱着双腿，使身体俯卧于水面，然后听保护人的口令做吐气、吸气的呼吸练习。

（4）完整配合动作练习。

① 陆上练习：

原地站立，双臂上举，开始划臂并呼吸，继而低头继续划水，收手时单腿抬举。臂伸直，蹬夹腿。

② 水中练习：

● 在同伴托扶下练习完整的配合技术，做划手、呼吸、低头划水、收手收腿、伸臂蹬夹的动作。

● 采用浮体物（如救生衣、救生圈等）练习完整配合技术。可以自己一边默念划手、吸气、收手、收腿、伸臂、蹬腿，一边做上述动作练习。

● 漂浮或俯卧后做一次划臂、两次或三次蹬腿、一次呼吸的配合动作。

● 做一次划水、一次呼吸、一次蹬腿的练习。

（二）爬泳

爬泳又称自由泳。由于这种姿势的两臂轮换划水很像爬行，所以称为爬泳。在自由泳比赛中，规则规定可以采用任何一种姿势。因为爬泳的速度最快，所以在自由泳比赛中，一般都采用爬泳这种姿势。

1. 动作方法

（1）身体姿势。游爬泳时，身体平直地俯卧在水中，身体的纵轴与水平面保持 3°～5°，微微抬起，这种平直的姿势能缩小前进时的截面，有助于减少阻力。颈部自然后屈，与水平面成 20°～30°，两眼注视前下方。两臂轮换

视频：爬泳身体姿势动作示范

前伸向后划水，两腿上下交替打水，身体保持平直，既不要收腹提臀，也不要挺胸塌腰，但在游进中身体可以绕身体纵轴有节奏地转动，这种转动一般为 35°～45°。

（2）腿部动作。爬泳的打腿，主要使身体保持平衡，有利于划水，在整个爬泳的配合技术中有着重要的作用。

视频：爬泳腿部动作示范

爬泳的打腿是两腿不停地上下交替摆动。向下时，腿自然伸直，用髋关节发力，大腿带动小腿。打水的幅度，一般两腿间差距 30～45 厘米。向下打水时，动作要快而有力，向上提腿时应放松一些。在向下打水时，由于惯性作用，此时小腿和大腿仍继续向上移动，而使膝关节有些弯曲，弯曲程度一般在 140°～160°。在打水时，脚尖自然伸直，在向下打水时，两脚应自然向里转一些。

打水的次数，一般是一个完整的划臂动作配合 6 次打水，但也有人采用 4 次打水和 2 次打水，这要根据个人的特点来定。

（3）臂部动作。爬泳的手臂动作是产生推进力的主要动力。整个手臂动作可分为入水、抱水、划水、出水和空中移臂 5 个不可分割的部分。它们之间并没有明显的界限，而是一个完整的动作。

① 入水：在完成空中移臂后，手应向前，自然放松地入水，入水点一般在身体纵轴和肩关节的前方延长线之间。入水时，手指自然伸直并拢，通过臂内旋使肘关节抬高，弯成 130°～150°，使肘关节处于最高点，掌心斜向外下方。这种姿势阻力较小。

② 抱水：臂入水后，手掌从向斜外下方转向斜内后方，并开始屈腕、屈肘，保持高抬肘姿势。抱水时，上臂和水平面约为 30°，前臂与水平面约为 60°，手掌接近垂直对水，肘关节屈成 150° 左右，整个手臂像抱个圆球似的。

③ 划水：划水是整个臂部动作产生推进力的主要环节。在抱水的基础上，划水时臂与水面成 35°～45°。

划水时应采用屈臂划水，屈臂的程度可根据自己的身体条件而定。臂长、臂力弱的可以屈臂程度大些，反之则可以屈臂程度小些。

开始划水时，屈肘 100°～120°。此时前臂移动快于后臂，当划至肩下垂直面时，屈肘 90°～120°。前臂迅速向后推水至侧腿旁，结束划水。在划水过程中，手掌微凹。

④ 出水：划水结束后，臂借助推水后的速度惯性，利用肩三角肌、肩带肌的收缩及身体沿纵轴的转动，将肘部向上方提起，并迅速将臂部提出水面，这时臂部和手腕应柔和放松。

⑤ 空中移臂：是臂部在一个划水周期中的休息放松阶段。移臂时，肘稍屈，保持比肩和手部都要高的位置（图 17-1-6），不要直臂侧向挥摆，也不要以手来带动臂成屈肘移臂，这样动作紧张，而且也不正确，还达不到放松的目的。

⑥ 两臂配合：爬泳两臂是否协调配合，是前进速度均匀性的重要条件。两臂配合，

宽平移臂：半径长　　　高肘移臂：半径短

图 17-1-6　空中移臂

视频：爬泳手臂动作示范

通常有前交叉、中交叉和后交叉三种方法。

前交叉是指一臂入水时，另一臂处在滑下阶段，这是一种带滑行阶段的技术（图17-1-7①）。

中交叉是指一臂入水时，另一臂已经进入划水阶段的中间部分（图17-1-7②）。

后交叉是指一臂入水时，另一臂已经进入划水阶段的后半部分（图17-1-7③）。

① ② ③

图 17-1-7　两臂配合

对一般游泳爱好者来说，以学习前交叉为宜，因为前交叉能更好地保持身体平衡，较易掌握呼吸技术，也可以节省体力，减少疲劳。

（4）呼吸与臂部动作的配合。爬泳的呼吸是利用头向左侧或右侧的转动，用嘴呼吸的。如以向右呼吸为例：右手入水以后，嘴和鼻开始慢慢地呼气，划臂划至肩下向右侧转头，呼气量开始增加，当右臂推水即将结束，呼气量进一步加大。右臂出水时，马上张嘴吸气。移臂到一半时，吸气就结束，并开始转头复原。此时，又闭气，继续转头和移臂，脸部向前下方。头部姿势稳定时，右臂又入水开始下一次呼吸。如此反复循环呼吸。

（5）呼吸和完整动作的配合。爬泳腿、臂、呼吸的配合动作，一般采用两手各划水一次，呼吸一次和两腿打水6次的配合方法。为了充分发挥手臂作用，提高游进速度，也有采用两臂各划一次水，呼吸一次和打腿4次的配合方法。

完整配合动作如图17-1-8所示。

视频：爬泳
完整配合动
作示范

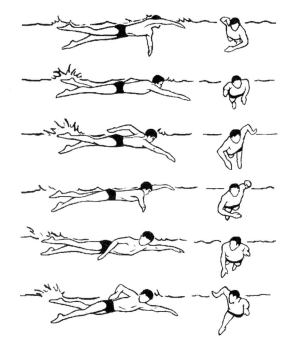

图 17-1-8　爬泳完整配合动作

2. 练习方法

（1）腿部动作练习。

① 陆上练习：

● 坐姿打水。坐在岸边或桌椅边上，两手合掌，两腿伸直，脚尖相对，脚跟分开成八字形。以髋关节为轴，大腿带动小腿，做上下交替打水动作。先可以做慢打水，然后再做快打水的练习。

● 坐在池边，两脚放入水中打水，要求同上。

● 俯卧在池边或长凳上，两臂前伸或弯曲抱住固定物体，两腿自然并拢伸直，做上下打腿动作。

② 水中练习：

● 扶池槽打水。

● 手扶浮板或救生圈打水。

● 脚蹬池壁滑行打水。打水方法按腿部动作要领做。

● 练习者由同伴拉着，做原位或后退行走的打水练习。

（2）臂部动作练习

① 陆上练习：

● 身体站立，上体前屈，两臂伸直前平举，做单臂的抱水、划水、出水、空中移臂、入水的模仿动作。

● 双臂的配合。原地站立，上体前屈，两臂伸直前平举，做左（右）臂抱水、划水、出水、空中移臂、入水模仿练习。

② 水上练习：

● 站立在水中，上体前倾，做手臂的划水练习。动作按臂部动作要领做。

● 上体前倾，入水做水中走动的动作练习。

● 两腿夹板做臂的划水练习。

● 由同伴扶住双脚，身体俯卧在水中，练习手臂划水动作。

● 蹬池壁滑行后，做手臂划水的练习。

（3）呼吸动作练习。

① 陆上练习：

● 臂腿配合。体前屈站立，两臂前伸，做脚尖不离地两膝轮流前屈的踏步，并与二次划水配合。口令配合：1~3踏步，同时左臂划水一次；4~6踏步，同时右臂划水一次。

● 单臂与呼吸配合。体前屈站立，做抱水动作，同时慢慢呼气，并向后划水、转头、用力呼气和吸气，然后做出水、入水动作。头转正时闭气。

● 双臂和呼吸配合。体前屈站立，口令配合：1~3踏步，右臂划水一次，并配合吸气、闭气、吐气、还原；4~6踏步，左臂划水一次，同时吸气、闭气、吐气、还原。

② 水中练习：

● 体前屈，脸部入水，在水中做呼气动作。转头时，用力吐气；吸气时，下颌靠近肩部，闭气还原。

● 站定水中，上体前屈成水平姿势，头部放在水里。开始时，可以练习一臂划水与呼吸的配合，再练习两臂同时划水与呼吸的配合，也可以模仿向前游泳的姿势，两脚向前走动进行练习。

● 练习者双脚由同伴扶住，身体俯卧在水中，做呼吸与两臂配合的动作。

（4）爬泳的完整技术配合。

① 滑行打腿，一臂前伸，一臂划水。划时不要太快，但划水路线要长，以推水为主。

② 滑行打腿，两臂分解配合。

③ 滑行打腿，两臂轮流划水，做前交叉配合。

④ 臂与呼吸配合，滑行打腿，单臂划水，向同侧转头呼吸。掌握技术后再做两侧呼吸。

⑤ 完整配合游。距离可以逐渐加长，在长游中改进和提高技术水平。

（三）仰泳

仰泳是仰卧在水面上的一种游泳姿势。仰泳时，依靠两臂交替向后划水，两腿交替上下（向后）打水游进。它和爬泳的动作相似，只是身体仰卧，是中老年和游泳爱好者喜欢的一种游泳姿势。

视频：仰泳
身体姿势
示范

1. 身体姿势

仰泳时，身体要自然伸展、仰卧在水中形成较好的流线型，头和肩稍高，腰腹和腿部保持水平，身体纵轴在水平面上成 4°~6°，腹部和两腿均在水面下 10~15 厘米。

仰泳的头部姿势很重要。仰泳时，头应保持相对稳定，不要左右晃动，颈部肌肉要自然放松，从整个身体姿势看上去，好像平躺在床上一样。

2. 腿部动作

仰泳的腿部动作与爬泳相似，主要是保持身体平衡。仰泳时，腿部动作是以髋关节为轴、以大腿带动小腿、小腿带动脚的"鞭打"形式来完成。它与爬泳不同的是，身体在水中的位置比爬泳低，腿的打水推动作用比爬泳要大。仰泳打水时，大腿动作幅度比爬泳小，但小腿的弯曲角度和打水幅度都要比爬泳大。

仰泳腿部动作可分为下压和上踢两个部分。前进时，主要靠向上踢水的动作，所以踢水时要脚背稍向内旋，并向后上方踢以加大踢水面。不要向两侧踢水，也不要使膝和脚踢出水面，降低踢水的效果。下压动作有一定的推进作用，但主要是为上踢动作做准备，起着使身体上升和保持平衡的作用。

视频：仰泳
腿部动作
示范

3. 臂部动作

仰泳的臂部动作分为入水、抱水、划水、出水和空中移臂 5 个阶段。

（1）入水。入水时臂自然伸直，掌心朝外下方，手指首先入水，手稍内收，与小臂成 150°~160°。入水点在肩的前方延长线上。臂的入水动作要求轻松、自然，不应击水。其顺序是大臂先入水，小臂和手接着入水。

（2）抱水。手臂入水以后，躯干上部稍向入水臂一侧转动，直臂向前下方伸，同时转手腕对准水，成屈臂抱水姿势。这时大臂与前进方向构成约 40°，手掌离水约 30 厘米。

（3）划水。仰泳的划水动作是推进身体前进的主要动力。整个动作从屈臂抱水开始，向后划水到大腿侧下方为止。划水动作由拉水和推水两个部分组成。

① 拉水：拉水时，肘关节应屈成约 150°（使手掌和小臂都达到良好的对准水的姿势）。随着划水力量的加大，屈肘角度也应逐渐减少。当划至肩部垂直平面时，手掌离水面 15

厘米左右，小臂和大臂呈 90°～110°。

②推水：推水时，应充分利用拉水的速度和划水面，使整个手臂同时用力向下方做推压的动作，并利用推水的惯性，使大臂带动小臂和手加速内旋推水，并以手的下压结束推水动作，这时手掌在大腿侧下方，离水面 45～50 厘米。

从仰泳的整个臂部动作可以看出，手掌因在不同部位时所处的深度不同，所以在整个划水动作中形成一个"S"形路线。

（4）出水。正确的出水动作是先压水后提肩，使肩露出水面后，由肩带动大臂、小臂和手依次出水。为了减少水的阻力，手出水时，手掌心应向内，大拇指向上。

视频：仰泳
手臂动作
示范

（5）空中移臂。当臂提出水面后，应迅速沿着肩的垂直面向肩前移动。移臂时不要偏离，否则身体会左右摇摆，增加前进的阻力。当手臂移过垂直部位后，手掌即开始内旋，使掌心向外翻转，接入水动作。移臂时，臂要放松，移臂的后阶段，要注意肩关节充分伸展。仰泳时，两臂的动作始终是对角交替的。当一臂完成出水时，另一臂抱水；当一臂空中移臂时，另一臂则划水。

4. 仰泳的呼吸和完整的技术配合

仰泳的呼吸一般为两臂各划一次，呼吸一次，不要过于频繁地呼吸，不然会引起动作紊乱。一般一臂移臂时开始吸气，然后作短暂的闭气，另一臂再移臂时开始吐气，按此循环运行。

仰泳腿、臂、呼吸的完整配合，一般采用打腿 6 次、臂划水两次、呼吸一次的配合方法（图 17-1-9）。

视频：仰泳
完整配合技
术示范

图 17-1-9　仰泳完整配合动作

（四）蝶泳

蝶泳是由蛙泳演变而来的，由于双臂出水时像蝴蝶飞行，所以被称为蝶泳。后来有人模仿海豚的波浪击水动作游动，所以又被称为海豚式游泳。由于海豚式游泳速度仅次于自由泳，所以在蝶泳比赛时，一般都采用这种泳姿。

1. 身体姿势

视频：蝶泳
身体姿势
示范

蝶泳时，身体俯卧在水中，两臂同时向前方入水，经抱水、划水至大腿处，然后提肘出水，在空中移臂后再入水；躯干以腰部发力，带动大腿、小腿及脚进行波浪形的鞭状打水。整个动作从头、颈、躯干到脚部沿着身体纵轴做传动式的起伏，形成波浪式动作。

蝶泳时要求身体姿势相对稳定，身体有节奏地起伏，以给臂和腿部动作提供有利的条件，但不要起伏太大，不然会破坏身体的水平游进和增加水对身体的阻力。

2. 躯干和腿部动作

蝶泳时，虽然身体的游进主要靠臂部动作，但是蝶泳的打水动作在游进中也起着十分重要的作用。它不但可以弥补臂部动作间断时速度下降的不足，而且还能使身体处于平衡，给臂和呼吸动作创造良好的条件。

视频：蝶泳
腿部动作
示范

躯干和腿部动作的开始姿势是：两腿并拢，脚掌稍加内旋，踝关节放松。在鞭打水时，从腰部发力，带动脊柱、髋、膝、踝各部位相继屈伸，形成波浪式动作。

向下打水时开始屈膝约 110°，髋关节几乎伸直，脚上抬到最高点至水面，然后向后下方打水，当小腿继续向下打水，腿部打水的反作用力使臀部升高，大腿和躯干约为 160°，脚跟距水面约 50 厘米，然后两腿伸直向上移动，由腰部发力，带动臀部下降。髋关节逐渐展开后，使脚后跟与臀部几乎成水平，经过伸直膝关节，身体也几乎成水平。这时在臀部带动下，大腿开始下压，膝关节随大腿的下压而逐渐弯曲。随着屈膝程度增加，脚向上抬到最高点接近水面，再准备向下打水。

3. 臂部动作

蝶泳的臂部动作是推进身体向前的主要动力，也是游泳姿势中推进力最大的一种。蝶泳臂部动作是两臂同时对称进行的。

蝶泳臂部动作过程也包括入水、抱水、划水、出水和空中移臂 5 个部分。

（1）入水。两臂经空中移臂后在肩前插入水中，入水时，两手距离略与肩同宽，掌心向两侧，手指向下，依手、前臂、上臂依次切入。

（2）抱水。手入水后，迅速向前下方伸肩滑下，手掌由外侧转向内做抱水动作（肘关节保持最高位置）。抱水时，手和前臂的速度比肘部快，这时前臂与水面约呈 45°，肘关节约屈呈 150°，上臂与水平面约呈 20°，两手掌距离略比肩宽。

视频：蝶泳
手臂动作
示范

（3）划水。划水时，两臂屈臂向后，靠上臂内旋，前臂和手加速向内后拉水。拉至与肩平直时，屈肘约 100°，然后继续向后推水直至大腿旁。划水时，两手臂的路线呈双"S"形。

（4）出水。推水结束后，手臂充分推直，然后借助其惯性，提肘，迅速将两臂和手提出水面。

（5）空中移臂。臂出水后，两臂经身体两侧和空中快速向前移动。移臂时，整个臂部动作要自然放松。

4. 呼吸与臂部动作的配合

当臂部入水后，用鼻和嘴慢慢吐气，两臂进入划水时，下颌微抬。划水到胸腹下方时抬头，嘴露出水面用力完成吐气，然后迅速张嘴吸气。两臂出水在空中移臂时闭气，头放平。

5. 臂、腿、呼吸的完整技术配合动作

蝶泳的动作配合比例为2∶1∶1，即采用打腿两次、两臂划水一次、呼吸一次的方式。臂和腿的具体配合方法是：两臂入水时，做第一次打水，抱水时腿向上，当两臂推水结束，同时打水结束。也可以采用打腿一次、两臂划水一次、呼吸一次的配合，但一般游泳爱好者宜采用2∶1∶1的配合方法（图17-1-10）。

视频：蝶泳
完整配合技
术示范

图 17-1-10　蝶泳完整配合动作

四、游泳竞赛规则简介

（一）比赛通则

1. 出发

（1）自由泳、蛙泳、蝶泳的各项比赛都应从出发台上出发；仰泳应在水中出发。当听到发令员发出长哨声信号后，运动员应站到出发台的后半部等候；仰泳运动员下水，面对出发台，两手握住握手器或池端水槽，两脚蹬池壁，两脚和脚趾不许露出水面或蹬在水槽上，当发令员发出第二声长哨声时，仰泳运动员在水中做好出发准备。当所有运动员都做好准备时，发令员发"各就位"口令，当所有运动员身体都处于稳定静止时，发令员发"出发信号"（鸣枪、鸣哨、电笛或口令）。运动员听到出发信号后才能做出发动作。

（2）运动员如在"出发信号"发出前出发，应判抢码犯规。第一次出发抢码犯规，发令员应召回运动员并组织重新出发。第一次出发抢码犯规以后，第二次出发无论哪个运动员抢码犯规（不论该运动员是第几次犯规），均取消其比赛资格或录取资格。如果在"出发信号"发出之后发现运动员抢码犯规，应继续比赛，在该组比赛结束后取消犯规运动员的录取资格。如果在"出发信号"发出前发现运动员抢码犯规，则不再发"出发信号"，取消抢码犯规运动员的比赛资格后，再次组织出发。

（3）如因裁判员的失误或器材失灵而导致运动员抢码犯规，发令员应将运动员召回重新出发，不作为一次抢码犯规。

2. 比赛和犯规

（1）运动员必须在自己的泳道内比赛完毕，否则即算犯规。

（2）游出本泳道或以其他方式干扰、阻碍其他运动员者应取消其录取资格。

（3）由于某运动员犯规而影响了被干扰、阻碍的运动员获得优良成绩时，则应准许受干扰阻碍的运动员补测成绩，或直接参加决赛。如在决赛中发生上述情况，应令该组重新决赛（犯规运动员除外）。

（4）在比赛中，运动员转身时必须使身体某一部分触及池壁。转身必须从池壁蹬出，不得在池底跨越或行走，否则即算犯规。

（5）在比赛中，除自由泳可在池底站立外，其他泳式（包括自由泳）均不得跨越或行走，否则即算犯规。

（6）在比赛中，运动员不得使用或穿戴任何有利于其速度、浮力的器具。

（7）每一个接力队应有4名队员，在接力比赛中，任何一名队员犯规即算该队犯规。

（8）接力比赛时，如本队的前一名运动员尚未触及池壁，而后一名运动员即离台出发，即算犯规。

（二）各项泳式的比赛规定

1. 自由泳

（1）在自由泳比赛中，可采用任何泳式。

（2）转身和到达终点时，可用身体任何部位触及池壁。

2. 蛙泳

（1）身体应保持俯卧，两肩须与水面平行。

（2）两臂和两腿的所有动作应始终同时并在同一水平面上进行，不得有交替动作。

（3）每次转身和到达终点时，两手应在水面上或水面下同时触壁，两肩应保持水平位置。

（4）在蹬腿过程中，两脚必须做外翻动作，不允许做剪夹、上下交替打水或向下的海豚式打水动作。只要不做向下的海豚式打腿动作，允许两脚露出水面。

（5）在每次转身和到达终点时，两手应在水面、水上或水下同时触壁，触壁前两肩应与水面平行。在触壁前的最后一次向后划水动作结束后，头可以潜入水中，但在触壁前的一个完整或不完整的配合动作中，头应部分地露出水面。

（6）在每个以一次划臂和一次蹬腿顺序完成的完整动作周期内，运动员头的某一部分应露出水面。只有在出发和每次转身后，运动员可在全身没入水中时，做一次手臂充分的向后划至腿部的动作和一次蹬腿动作。

3. 蝶泳

（1）两臂要同时并对称地向后划水和提出水面经空中向前摆。

（2）身体应俯卧，两肩须与水面平行。

（3）两腿动作必须同时，允许做垂直上下打水，两脚或两腿可以不在同一水平面上，但不允许有交替动作。

（4）在每次转身和到达终点时，两手应在水面、水上或水下同时触壁，触壁前两肩应与水面平行。

（5）在出发和每次转身后，允许运动员在水下做一次或多次打水动作和一次划水动作，每次划水动作必须使身体升到水面。

4. 仰泳

（1）在出发入水、转身后和整个游程中，身体必须保持正常的仰卧姿势。

（2）正常仰卧姿势是指身体与水平面不超过 90°，头部位置不受此限。

（3）在整个游进过程中，运动员身体的某部分必须露出水面。在转身过程中，允许运动员完全潜入水中。但在出发和每次转身后，运动员潜泳距离不得超过 15 米，在 15 米前运动员的头必须露出水面。

（4）在转身过程中，当运动员肩的转动超过垂直面后，可进行一次连续单臂划水或双臂同时划水动作，并在该动作结束前开始滚翻。一旦改变仰卧姿势，就不允许做与连续转身动作无关的打水或划水动作。运动员必须呈仰卧姿势蹬离池壁。转身时，运动员身体的某部分必须触壁。

（5）运动员在到达终点时，必须以仰泳姿势触壁。

5. 混合泳

（1）个人混合泳须按照蝶泳、仰泳、蛙泳、自由泳（蛙泳、仰泳及蝶泳以外的任何泳式）的顺序进行比赛。

（2）混合泳接力须按照仰泳、蛙泳、蝶泳、自由泳（蛙泳、仰泳及蝶泳以外的任何泳式）的顺序进行比赛。

第二节 跆拳道

一、跆拳道概述

跆拳道起源于朝鲜半岛三国时代，当时被称为花郎道，经千年的洗礼和锤炼，逐渐演变成为现今的跆拳道。跆拳道以腿为主，也被称为腿的艺术。"跆"（TAE）意为像风一样的踢脚，"拳"（KWON）代表拳法、擒拿，"道"（DO）是指方向、方法、尊师重道，三者合称为跆拳道（TAEKWONDO）。跆拳道是一项利用拳和脚进行的对抗性运动，通过竞赛、品势和功力检测等运动形式表现，可以使习练者增强体质，掌握技战术，并培养坚忍不拔、尊师重道的良好品质。

由于跆拳道有着极大的锻炼价值和极高的安全性，在2000年悉尼奥运会上，跆拳道被列为正式比赛项目。现在，全球有上千万人在练习跆拳道，跆拳道已成为深入人心的时尚运动。

礼仪是跆拳道精神的具体表现，又称为"礼节"。礼仪的教育和熏陶是跆拳道运动的重要组成部分。每个人在练习跆拳道时，无不为其"道"所震撼。跆拳道注重培养人的一种"气"和"量"，即志气、勇气和胆量。"气"和"量"能够使人养成勇往直前、奋力拼搏、自强不息的精神，同时能使人产生坚定的自信心。在信心的作用下，又可以产生谦虚、纯朴的良好品质，在这种品质的影响下，会使人不知不觉地克服自己的缺点，谦让他人，以和平、友爱、团结的美德促进社会的和谐。

跆拳道以培养高尚情操、造就优秀品德为根基，在不断强健体魄的同时，更讲究个人心灵的感化，它追求通过格斗技击的演练形式和坚持不懈的努力，促进身心的发展，陶冶情操，磨炼意志，不断使人超越平凡，让生命更具永恒的活力，这正是跆拳道的精髓。

二、跆拳道基本技术与学练方法

（一）实战姿势

左脚在前为左势，右脚在前为右势。

视频：实战姿势示范动作

动作规格：以右势为例：两脚前后开立与肩同宽，前脚尖45°斜向左前方，后脚跟抬起，膝关节微屈，重心落在两脚之间；上身自然直立，45°斜向左前方，双手握拳，拳心相对，两臂弯曲置于胸前；头部直立向前，目视正前方。

动作要领：身体自然，肌肉放松；膝关节松而不懈，富有弹性；心无杂念，以无意为有意。

（二）基本步法

在跆拳道习练中，步法训练非常重要。能否合理运用腿法，准确和强有力地击打对方，主要是通过机动、灵活、稳固的步法来实现的。

1. 上步（图 17-2-1）

动作方法：实战姿势（右势）站立，后脚朝前上一步，换为实战姿势（左势）。

动作要点：以前脚为轴，拧腰转髋迅速，上步时上体保持平稳。

动作特点：主要用于快速进攻，使自己处于有利的进攻位置。

2. 前跃步（图 17-2-2）

动作方法：右架站立，两脚同时向前跃出一步，保持右架姿势。

动作要点：移动时两脚距离保持不变，两脚离地不要过高，滑步稳，跟步快。

动作特点：常用于调整与对手之间的距离，使自己处于有利的进攻位置。

3. 后跃步（图 17-2-3）

动作方法：两脚同时向后撤一步。

动作要点：两脚稍离开地面即可，重心保持平稳。

动作特点：主要用于调整与对手之间的距离，躲闪对方进攻或配合技术反击。

图 17-2-1　上步　　　　图 17-2-2　前跃步　　　　图 17-2-3　后跃步

4. 后撤步（图 17-2-4）

动作方法：左架站立，左脚迅速由前向后退一步，成右架站立。

动作要点：以后脚为轴，拧腰转髋迅速，退步时重心保持平稳。

动作特点：主要用以快速退防，从而使自己处在防守的最佳位置，由被动变为主动。

5. 跳换步（图 17-2-5）

动作方法：右架站立，两脚原地前后交换，换成左架站立。

动作要点：换步灵活，弹跳不易太高。

动作特点：主要用调整实战姿势，使自己处于有利的进攻位置。

图 17-2-4　后撤步　　　　　图 17-2-5　跳换步

（三）腿法

跆拳道以其灵活多变的腿法著称，仅腿法就有上千种之多，被世人称为踢的艺术。在这些腿法中，有很多是由一些基本的腿法组合而成的。在这里，仅介绍几种基本的腿法。

1. 前踢（图 17-2-6）

动作方法：

（1）左架站立，重心移至左脚。

（2）提膝时，膝盖朝前，脚面绷直，双手握拳自然垂放在身体两侧。

（3）髋关节前送，右大腿向前抬起，当大腿抬至水平或稍高时，向前弹出小腿，用脚面击打目标，脚面绷直。在小腿弹出的一瞬间，要有一个制动的过程，使小腿产生鞭打的效果。

（4）向右转髋，使右小腿折叠快收回原位，然后后撤，右腿还原。

动作要求：出腿要快速有力，直线攻击对手，攻击中段主要使用脚前掌，攻击上段主要使用脚尖。

视频：前踢
示范动作

图 17-2-6　前踢

2. 横踢（图 17-2-7）

横踢是跆拳道比赛中运用率最高的腿法，横踢技术动作简单实用，是跆拳道技术的重点动作之一。

动作方法：

（1）左架站立，抬起右腿时，大小腿夹紧，从前方迅速提至腰部。

视频：横踢
示范动作

（2）提起右腿后，髋部略左转。为保持重心，躯干稍向左后倾，以配合快速转髋。通过腰、腿的力量，将小腿用力由外向内横踢出去。击打时，脚面稍绷直，但踝关节要放松。小腿弹出后，在弹直的一瞬间，要有一个制动的过程，使脚面产生鞭打的效果。

（3）提膝应尽量随着转髋同时进行，不能在完全转髋后再提膝，这样会

图 17-2-7　横踢

造成膝盖过早偏向外侧。

（4）左脚应积极配合髋部的转动，转动时可稍有一点踮起。

动作要求：出腿要快速有力，受力点为脚背或脚前掌。攻击中注意不要踢到对方的手、肘等部位，以防止因踢到对方的手而使脚部受伤。

3. 后踢（图17-2-8）

动作方法：

（1）左架站立，重心移至左腿。

（2）以左脚尖为轴，左脚跟外旋，身体向右后方转动，同时提起右腿，大小腿折叠。

（3）右腿向后平伸蹬出，在蹬直前膝盖稍外翻。

（4）用脚跟击打对方胸部和腹部。

（5）击打后右脚自然落下。

动作要求：身体的转体动作和后踢技术要连贯完成，受力点在脚后跟。

视频：后踢
示范动作

图17-2-8 后踢

4. 劈腿（图17-2-9）

劈腿是跆拳道技术中杀伤力较大的腿法之一，常作为跆拳道招牌性腿法动作。

动作方法：

（1）右架站立，重心移至右腿。

（2）提起左大腿，同时向右转髋，使左腿膝盖尽量与胸部贴近，身体重心向上。

（3）左脚高举过头，左腿伸直贴近身体，身体保持正直或稍前俯。

（4）左脚脚面稍绷直，左腿快速下压，用脚掌或脚后跟下砸对方的头部，身体重心前移至左腿上，身体稍后仰以控制重心。

（5）击打后，左脚自然落下。

视频：劈腿
示范动作

图17-2-9 劈腿

动作要求：腾空转体和劈腿动作要连续完成，受力点在脚后跟或脚前掌。

5. 后旋踢（图 17-2-10）

动作方法：

（1）左架站立，以左脚尖为轴，左脚跟外旋。

（2）身体向右后方转，同时提右腿，向斜后方蹬伸，头部向右后方转动。

（3）身体继续旋转，右腿向后划一个水平弧线，快速屈膝用脚掌击打对方头部。

（4）右脚自然落下，还原为左架站立。

动作要求：目视对方，后旋踢动作要连续完成，受力点在脚后跟或脚前掌。

视频：后旋
踢示范动作

图 17-2-10　后旋踢

6. 侧踢（图 17-2-11）

动作方法：

（1）左架站立，将重心移至左脚，同时左脚内旋。

（2）提右腿，大小腿折叠，同时左转髋，身体右侧侧对对方。

（3）勾脚面，右腿平蹬出去，用脚掌外侧攻击对方。

（4）右腿自然下落，并撤回原位。

动作要求：使用侧踢动作时，动作要快速有力，如双方相距较远，可用垫步移动接近对方。受力点在脚掌。

视频：侧踢
示范动作

图 17-2-11　侧踢

7. 双飞踢（图 17-2-12）

动作方法：

（1）右架站立，重心移至右脚，提起左腿使用横踢。

（2）在左脚未落地时立即用右腿横踢，也就是使用两个连续横踢。击打后，两脚自然落下。两腿交换之间，髋部要快速扭转。小腿弹出后，在弹直的一刹那，要有一个制动的过程，使脚产生鞭打的效果。

动作要求：双飞踢技术是跆拳道技术中最常用的一种连续攻击技术，两腿在攻击的瞬间要快速连贯完成，身体要在悬空状态下完成该技术，两腿的连续性和速度尤为重要。受力点在脚背和脚前掌。一般来说，在中远距离时是使用双飞踢的较好时机，双飞踢中的第一个横踢常常是为了找到合适的距离或破坏对方的进攻，以利于第二个横踢。双飞踢主要用于攻击对方的胸腹、两胁和面部。

视频：双飞踢示范动作

图 17-2-12　双飞踢

8. 前横踢（图 17-2-13）

前横踢是跆拳道比赛中较为常用的动作之一，也是运动员得分的主要技术。

动作方法：

（1）右架站立，左脚向前垫步，将身体重心移至左腿。

（2）提起右脚，向前送腿，大小腿稍折叠。

（3）绷紧脚面，右膝向内，快速弹出小腿。

（4）右腿自然落下，两腿同时后撤一步，还原成右架准备姿势。

动作要求：打击要坚决果断，后脚一定要配合积极向前移动。右腿的小腿要快速弹出，尽量增加鞭打力量。

图 17-2-13　前横踢

（四）防守动作

在跆拳道比赛中，不允许使用抓、推、抢、拌、夹等方法防守，但可以用手臂或手刀去格挡。格挡技术按照防守方向来划分，可分为向上格挡、向（左右）斜下格挡和向（左右）斜上格挡三种。

1. 向上格挡（图 17-2-14）

利用手臂或手刀自下向上的格挡动作称为向上格挡。

动作方法：左架实战姿势站立。左（右）手握拳，手臂沿身体正中线向上迅速上格。格挡时，前臂与地面平行，格挡的位置应在头部正上方，前臂外旋，以尺骨外侧接触对手的攻击腿。

动作要点：判断对手进攻要准确，上格要迅速有力。

2. 向（左右）斜下格挡（图 17-2-15）

动作方法：左架实战姿势站立。左手握拳由上至下，用左前臂向左斜下方格挡，或是右手握拳，用右前臂向右斜下方格挡。

动作要点：应以前臂尺骨外侧接触对方的攻击腿。

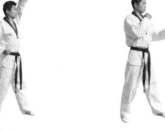

图 17-2-14　向上格挡　　　　　　图 17-2-15　向（左右）斜下格挡

3. 向（左右）斜上格挡（图 17-2-16）

动作方法：左架实战姿势站立。左手握拳由下至上，用左前臂向左斜上方格挡，或是右手握拳，用右前臂向右斜上方格挡。

动作要点：动作迅速，以前臂尺骨或桡骨外侧格挡对方的攻击。

图 17-2-16　向（左右）斜上格挡

三、跆拳道竞赛规则简介

（一）场地

跆拳道的比赛场地为长 12 米、宽 12 米的水平、无障碍物的正方形场地。场地的地面应为有弹性的垫子。场地中央长 8 米、宽 8 米的区域为比赛区，其余部分为警戒区。警戒区和比赛区表面用两种不同颜色划分，同色时用 5 厘米宽的白线划分。

（二）服装

跆拳道的服装称作道服，其款式、颜色都是特定的。系扎道服用的腰带颜色各异，以其颜色可以区分运动员的段位级别，黑带是跆拳道高手的象征，是实力的体现，更是一种荣誉和责任。

（三）比赛时间

跆拳道的每场比赛分为 3 局，每局比赛时间为 3 分钟，局间休息 1 分钟。青年锦标赛每场比赛为 3 局，每局比赛时间为 2 分钟，局间休息 1 分钟。

（四）比赛中允许使用的技术

跆拳道比赛中使用拳的技术时必须握紧拳，用拳正面的食指或中指部分击打；使用脚的技术时，必须用踝关节以下的脚前部击打。这里需要注意：指、掌、肘、膝等技术只适合于平时练习或品势表演中使用，在比赛中禁止使用；抓、搂、抱、推等动作在比赛中也是禁止使用的。如出现，将被判罚警告一次，警告两次将被扣一分。

（五）比赛中允许攻击的部位

跆拳道比赛中允许攻击的部位包括髋骨以上至锁骨以下以及两肋部，但背部没有护具保护的部位禁止攻击。头部两耳向前头颈的前部只允许用脚的技术攻击。

（六）比赛中如何得分

有效得分部位包括躯干中部（被护具包裹的躯干部位）和头部（头盔下沿线以上的所有头部部分）。

使用允许的技术，准确、有力地击中躯干或头部得分部位，即为得分一次。击中躯干得 1 分，旋转踢技术击中躯干得 3 分；击中头部得 3 分，旋转踢击中头部得 4 分。

（七）比赛的获胜方式

（1）击倒胜（KO 胜）。

（2）主裁判终止比赛胜（RSC 胜）。

（3）比分胜（PTF 胜）。

（4）分差胜（PTG 胜）。

（5）优势判定胜（SUP 胜）。

（6）弃权胜（WDR 胜）。

（7）失去资格胜（DSQ 胜）。

（8）主裁判判罚犯规胜（PUN 胜）。

第三节　踢毽

踢毽是在我国流传很广的一项民间体育活动，由古代蹴鞠演变发展而来，至今已有2 000 多年的历史。踢毽对身心健康极为有益。踢毽虽然是用下肢做踢、接、落、跳、绕等动作完成各种花样，使下肢的关节、肌肉、韧带得到充分的锻炼，但其对全身的锻炼作用也很大。学生利用课间和课余时间踢一会儿毽子，可以调节身心，提高学习效率。踢毽子不仅是锻炼身体的手段，也是一种优美的艺术表演，观看高水平队员踢毽子也是一种美的享受。

一、踢毽基本技术

（一）盘踢（足内侧踢）

用两足内侧互换踢毽。踢毽时，髋关节和膝关节放松，踝关节发力，小腿上摆，屈膝、大腿外展、外旋，用足内侧将毽子垂直踢起，一般不超过下颌。

（二）磕踢

磕踢即用两腿膝部互换踢毽子。踢毽时，髋关节、膝关节、踝关节放松，小腿自然下垂，足尖稍指地，膝关节发力，大腿上摆，将毽子磕起（撞起），一般不超过下颌。

（三）拐踢（足外侧踢）

拐踢即用两足外侧互换踢毽子。踢毽时，髋关节、膝关节放松自然下垂，勾足尖，踝关节发力，小腿向体侧后上方摆动，当踢毽的一刹那，踢毽脚的足内侧应平行于地面，高度约为 30 厘米，踢起的毽子一般与肩部平齐。

（四）绷踢（足尖踢）

绷踢即用足尖外三趾部分互换踢毽。踢毽时，髋关节、膝关节、踝关节放松，大腿向前抬起，与身体呈 150°~160°，足尖外三趾部位与足跟同时发力，足尖外三趾向上发力时全脚向上勾起，两足跟发力，小腿向前摆出，大腿保持原角度，将毽子踢起，高低均可。

二、踢毽锻炼策略与练习方法

（一）踢毽锻炼策略

（1）学习踢毽技术前，必须做好身体特别是腿部、腰部的柔韧性练习，腿部、腰部的柔韧性是学习各种踢法的基础。

（2）重视基本踢法的训练。掌握踢毽的 4 种基本踢法，是练好踢毽子的必经之路。

（3）做好空踢技术的练习。空踢不仅是学习基本踢毽技术的前提，更是提高踢毽腿的耐力及连续上举能力，增强支撑能力、平衡能力、耐久能力的保证。

（4）学习花样踢毽时，要注意遵守循序渐进的原则，根据自己的能力和实际情况进行训练，不能好高骛远。

（5）编排花样踢毽套路时，要注意上下、左右、前后、快慢、难易等多种变化相结合；动作之间的连接要自然、优美、合理、流畅；安排难度动作时，要注意初级、中级和高级难度动作相结合。

（6）有较好的基本功做保障，技术水平才能得到较好的发挥，游戏时才更安全。

（二）踢毽练习方法

1. 对比练习法

脚内侧踢和脚外侧踢是基本踢法之一。脚内侧踢时，应做到左脚支撑，右大腿带动小腿，屈膝，膝关节外展、外旋，小腿上摆，击毽子的一刹那，踝关节内侧端平，用脚弓内侧把毽子向上踢起。

2. 竞赛练习法

竞赛的形式能促使学生在比赛过程中相互学习、取长补短，更能使学生掌握多种踢毽方法，不断提高技术水平。

3. 花样练习法

踢毽也是一种优美的形体艺术，具有较高的观赏价值。踢毽可以单人踢、双人踢和多人踢，也可以用绕转、静止、跳跃各种踢法形成千姿百态的花样。花样练习法不仅具有提高踢毽技术的作用，更能培养练习者的兴趣和积极性。

三、踢毽自我评价

踢毽锻炼时，可采用单项基本技术的指标来进行自我评价（表 17-3-1）。

表 17-3-1　踢毽自我评价标准表　　　　　　　　　（单位：个）

等级	项目				
	盘踢（连续个数 n）	磕踢（连续个数 n）	盘踢（连续个数 n）	拐踢（连续个数 n）	绷踢（连续个数 n）
一级	$n \geqslant 500$	$n \geqslant 500$	$n \geqslant 500$	$n \geqslant 500$	$n \geqslant 500$
二级	$500 > n \geqslant 400$	$500 > n \geqslant 400$	$500 > n \geqslant 400$	$500 > n \geqslant 400$	$500 > n \geqslant 400$
三级	$400 > n \geqslant 300$	$400 > n \geqslant 300$	$400 > n \geqslant 300$	$400 > n \geqslant 300$	$400 > n \geqslant 300$
四级	$300 > n \geqslant 200$	$300 > n \geqslant 200$	$300 > n \geqslant 200$	$300 > n \geqslant 200$	$300 > n \geqslant 200$
五级	$200 > n \geqslant 100$	$200 > n \geqslant 100$	$200 > n \geqslant 100$	$200 > n \geqslant 100$	$200 > n \geqslant 100$
六级	$n < 100$	$n < 100$	$n < 100$	$n < 100$	$n < 100$

四、踢毽规则简介

一般个人比赛场地为边长 2 米以下、双人为边长 4 米、多人为边长 6 米的正方形场地。目前，基层进行盘踢、磕踢的个人比赛，多用边长为 1 米的场地。全国踢毽比赛项目较多，难度较高，一律使用边长为 6 米的场地。

比赛项目规则如下：

（1）耐久赛。比赛规定，某一名运动员用手将毽子接住或触毽子及毽子落地，即判为该运动员比赛结束，所踢次数为比赛成绩。

（2）计时赛。在规定的时间内比赛踢毽次数，每出现一次毽子落地、手接毽、手触毽，判失误一次，不判比赛结束，运动员可继续进行比赛。

（3）三项单踢赛。由"盘踢""磕踢""交踢"三种踢法组成，每种踢法各比赛一分钟，每种踢法的所踢次数相加为比赛成绩。每一种踢法的比赛方法同计时赛，以次数多者获胜。

第四节　花样跳绳

　　花样跳绳是在传统跳绳的基础上集技巧性、观赏性、适用性于一体，结合音乐、舞蹈、体操、技巧等元素创造出的一些非常新颖的跳法，可简可繁，随时可做，如交互绳、车轮跳、网绳等。花样跳绳给古老的跳绳运动增添了更多的趣味性，深受各界人士的喜爱。通过花样跳绳的学习，学习者可以提高对跳绳的兴趣，锻炼协调性、节奏感、反应能力，提高心肺功能，发展身体素质，增进身体健康，培养永不言弃、挑战自我、勇于进取、顽强拼搏、团结互助的精神。

一、花样跳绳概述

　　（一）花样跳绳运动的特点

　　1. 简便易行

　　花样跳绳简便易行的特点主要体现在对场地、器材、实施条件的便利性和经济性方面。花样跳绳项目不受场地的限制，只要是地面平整、无安全隐患的空间，即可成为花样跳绳的练习场地。花样跳绳器材简单便宜、小巧携带，一根绳子就能展示出很多花样。

　　2. 花样繁多

　　花样跳绳有多种跳法，每种跳法又可以衍生出更多的跳法。花样跳绳创意无穷，练习者可根据自身特点选择练习适合自己的动作，还可以激发灵感，创编出新的花样。

　　3. 安全性高

　　花样跳绳运动量可大可小，锻炼强度也可自由掌握。跳绳过程中没有直接的身体对抗，器材简单安全，跳绳者可以根据自身能力完成不同难度的花样动作，不容易受伤。

　　（二）花样跳绳运动的分类

　　根据绳子的长短，可以将花样跳绳分为三类：① 短绳类，适合 1~2 人练习，绳子长短根据跳绳者身高决定，一般不超过 3 米。② 中长绳类，适合 3~5 人练习，两人摇绳，1~3 人在绳中跳跃，一般长度为 5 米左右。③ 长绳类，适合多人练习，长度根据同时在绳中跳跃人数决定，一般为 7 米左右。

　　根据参与跳绳的人数，可以将花样跳绳分为个人跳绳、双人跳绳、三人跳绳、四人跳绳和多人跳绳（5 人及 5 人以上）。

　　根据跳绳时使用绳子的数量，可以将花样跳绳分为单绳类、双绳类和多绳类。

　　根据跳绳技术特点和动作结构，可以将花样跳绳分为速度类、花样类（个人花样、朋友跳、车轮跳、交互绳、绳网绳阵）和表演类。

　　（三）绳具的选择

　　绳具种类繁多，功能各有不同。根据绳具的制作材料，绳具可以分为棉绳、塑料绳、珠节绳、钢丝绳等。跳绳者可根据自身的情况以及不同的训练阶段选取适合自己的绳具。

1. 棉绳

棉绳大多是由棉纶和涤纶材料制作的，绳子打在身上不会很疼，打地后不会弹起，绳速较慢，比较容易控制。棉绳也常被交互绳初学者使用，有利于帮助摇绳者掌握摇绳的正确动作以及跳绳者把控过绳的时间。棉绳绳体牢固，可随意打结，携带方便；但跳速度时棉绳较笨重，阻力大，易弯曲磨损。

2. 塑料绳

塑料绳是用含有聚氯乙烯（PVC）或热塑性聚氨酯弹性体橡胶（TPU）成分的塑料制成的，直径一般为3~5毫米。其优点是绳子价格便宜，重量较轻，跳速度及花样都可胜任，缺点是当绳子速度较快时，绳体会变形拉长，并容易卷曲，天气较冷时，易变硬折断。

3. 珠节绳

珠节绳是用多个直径为2.5~3毫米的塑料珠节串在一起组成的绳子。其优点是外观绚丽，轻重适中，手感舒适，不容易卷曲，能胜任个人花样、车轮跳、交互绳等各类花样跳绳，绳子打地及珠节空隙与空气摩擦会发出声音，表演效果较好，是新手入门的最佳选择。

4. 钢丝绳

钢丝绳是专门的速度绳，绳中是钢丝，外包耐磨尼龙材料，绳体较细，有一定的重量，在空气中的阻力较小，跳起来速度非常快。短手柄的设计使得摇绳直径更短，速度更快。特殊的手柄轴承，转动灵活，完美地解决了绳体容易打卷的问题。专业竞技速度绳适合具有一定跳绳基础的人。

二、正确的跳绳方法

（一）跳绳的预备动作

并脚站立，两膝关节并拢，两脚踝稍错开；两手握绳柄，将绳置于身后，绳的中央位于脚踝处；两手臂贴近身体两侧，前臂自然弯曲，前臂与上臂形成约120°夹角。

（二）基本握绳方法

1. 有绳柄握法

大拇指与食指捏住绳柄后端，其余三指并拢后贴住绳柄，有正握和反握两种握法，正握比较常用，反握一般不常用，在交互绳速度跳的摇绳中可以使用反握。

2. 绕手握法

这种握法适合于没有绳柄的绳，将绳的两端分别绕在手上，用大拇指和食指捏住绳子。这种握绳方法便于调整绳子的长度，但长时间练习时容易磨伤手指。

（三）基本摇绳方法

两手握绳，两臂自然屈肘，以肘关节为轴，两前臂和手腕协调用力，由后向前摇动绳子。熟练后可仅用手腕用力。

三、单绳篇

（一）两弹一摇跳（图 17-4-1）

1. 动作方法

跳跃一次，踮脚一次，跳跃时绳子过脚，手臂自然摇绳。

2. 动作要领

下肢动作：两脚前后站立，一脚在另一只脚脚心旁，避免脚踝相撞且易于掌握平衡；前脚掌压地后自然弹起；膝关节微屈，避免出现前踢腿或后屈腿动作，缓冲压力，保护脚踝和大脑。

上体动作：上身自然放松，挺直但不僵硬；两臂摇绳至上方时，张开双臂以便减慢摇绳速度，控制摇绳节奏，手腕发力。呼吸均匀自然，有节奏。两眼直视前方约5米处。

3. 易犯错误及纠正方法

（1）易犯错误。手脚不协调，不完全按照两弹一摇跳的节奏；跳起后，身体后仰，两腿不自觉后踢。

（2）纠正方法。反复练习踮步跳，增大双手向上摇绳的幅度；上体保持直立，重心微向前倾，小腿自然下垂，不要撅臀，落地时膝关节微屈，缓冲压力。

图 17-4-1　两弹一摇跳

（二）一弹一摇跳（图 17-4-2）

1. 动作方法

两手持绳，绳子置于身后，由后向前摇动绳子，当绳子摇至脚前瞬间，双脚同时跳过绳子。

2. 动作要领

下肢动作：两脚并脚站立，双脚前后稍错开，避免两内踝相撞且易于掌握平衡；前脚掌压地后自然弹起；膝关节微屈，避免出现前踢腿或后撩腿动作，缓冲压力，保护脚踝和大脑。

上体动作：上身自然放松，挺直但不僵硬；控制摇绳节奏，手腕发力。呼吸均匀自然，有节奏。两眼直视前方约5米处。

3. 易犯错误及纠正方法

（1）易犯错误。

① 前踢腿：跳起后，两腿不自觉的前踢，落地时易用后脚跟着地。

② 后踢腿：跳起后，身体后仰，两腿不自觉后踢。

③ 手臂幅度过大：跳跃过程中，两手臂向两侧张开，前后摆动幅度过大。

（2）纠正方法。上体保持直立，重心微向前倾，小腿自然下垂，不要撅臀，落地时膝关节微屈缓冲压力。强化摇绳动作练习，肘关节贴于两侧，可采用腋下夹纸片，跳跃过程中纸片不准掉落的方法练习。

图 17-4-2　一弹一摇跳

（三）双脚轮换跳（踏步跳）（图 17-4-3）

1. 动作方法

由基本姿势开始，两脚交替抬起落地的踏步动作。

2. 动作要领

在手臂和上体保持基本跳绳动作的前提下，身体重心在两脚之间，保持稳定，一般稍低；以大腿带动小腿小幅度上抬，不可有后踢或前踢等多余动作。

3. 易犯错误及纠正方法

（1）易犯错误。

① 后踢腿：身体易前倾，小腿后踢。

② 前踢腿：脚往前踢。

（2）纠正方法。上体保持直立，重心微向前倾，小腿自然下垂，不要撅臀。落地时膝关节微屈，缓冲压力。全脚掌着地跳，练习前脚掌踏步跳。

图 17-4-3　双脚轮换跳（踏步跳）

（四）开合跳（图 17-4-4）

1. 动作方法

由基本姿势开始，双脚分开为开，并拢为合，摇绳过脚后两脚在空中左右分开或并拢后落地，开合连续交替跳动即为开合跳。

2. 动作要领

手臂为基本摇绳姿势，控制步法节奏；脚左右打开时与肩同宽，合时两脚并拢；绳子过脚瞬间做开合跳时，两手腕注意放松，自然匀速摇绳，手与脚的节奏注意做到一摇一跳，一开一合。

3. 易犯错误及纠正方法

（1）易犯错误。开合与过绳的时机把握不准确，控制不住绳子的节奏，把握不住开与合的时间差。

（2）纠正方法。由合到开时，绳子先过脚再打开；由开到合时，先合并两脚再过绳。绳子过脚时适当的加快摇绳速度，当绳子过脚后手臂适当撑开向上加大摇绳幅度，来减慢摇绳的速度，形成匀速摇绳的节奏。前后跳时，身体跟随脚步移动幅度过大；破坏了动作的稳定性。地面画三根约一脚半的等距线，站在中间位置进行前后跳跃练习。

图 17-4-4　开合跳

（五）左右跳（滑雪跳）（图 17-4-5）

1. 动作方法

由基本姿势开始，摇绳过脚后两脚在空中向左方并脚落地为左跳，反之为右跳，左右连续交替跳动即为左右跳；左右跳连贯练习时如滑雪动作，因此也称为"滑雪跳"。

2. 动作要领

手臂保持基本摇绳姿势，上体保持在原竖直面跳动，脚步左右跳动。左右落地位置距起始位置约一脚距离；重心稳定，节奏清晰，绳子弧度饱满。

3. 易犯错误及纠正方法

（1）易犯错误。左右跳时，身体跟随脚步移动幅度过大，破坏了动作的稳定性。

（2）纠正方法。地面画三根约一脚的等距竖线，站在中间位置跳跃左右练习。

图 17-4-5　左右跳（滑雪跳）

（六）弓步跳（图 17-4-6）

1. 动作方法

由基本姿势开始，摇绳过脚后两脚在空中前后分开，落地后双脚成弓步姿势，下一次跳跃落地后两脚并拢，也可连续左右弓步交替练习。

2. 动作要领

手臂保持基本摇绳姿势，上体保持直立；落地时，两脚分开成前后弓步动作，间距约两脚半；动作转换时，两脚跳后在落地的瞬间并拢，再次落地时成弓步动作。做弓步跳时，两手腕注意放松，匀速摇绳，手与脚的节奏注意做到一摇一跳，一弓一并。踝关节与膝关节注意放松，控制好节奏与时机，做到前脚掌着地，富有弹性。注意身体直立姿态，直视前方。

3. 易犯错误及纠正方法

（1）易犯错误。弓步跳时，身体摆动幅度过大，破坏了动作的稳定性。

（2）纠正方法。徒手练习，先练习小幅度的弓步，然后逐渐向标准弓步跳接近。

图 17-4-6　弓步跳

（七）前后打（图 17-4-7）

1. 动作方法

前后打即绳子不过脚在身体前后打地动作。双脚自然站立，两手持绳，绳子置于身后，向左（右）边 45° 摇至左（右）前方，顺势左转体带动绳子至右（左）前方后，绳子向后摇至左（右）后方顺势向右转体带动绳子至右（左）后方，重复完成动作。

图 17-4-7　前后打

2. 动作要领

两手同一高度，摇绳时手腕高度低于肘关节。

打地与转身的配合：绳子打地后要顺势转身，让绳子紧贴地面运行，保持绳子饱满的弧度。

手腕与腰部的配合：整个过程中靠手腕发力摆动绳子，腰部转动配合可使绳子运行顺畅。

3. 易犯错误及纠正方法

（1）易犯错误。绳子摇至后方时打脚，手臂屈肘过大。

（2）纠正方法。固定角度，强化绳子打地或转身的配合，两手用力均匀，手腕与腰部配合，尽量减小动作幅度。

（八）手臂缠绕（图17-4-8）

1. 动作方法

由基本姿势开始，绳子置于身后，由后向前摇动绳子，当绳子摇至头顶后，双手并向左侧，在左侧做顺势侧打地一次后绳子缠腕一周，接着双手摆绳至身体另外一侧，侧打地两次解开绳子，然后做右侧缠腕动作，两侧可交替重复练习。

2. 动作要领

缠手腕：绳子应尽量缠绕于前臂处，避免缠绕于大臂或肩部；节奏清晰，绳子舞动轨迹饱满；摆臂幅度适中。

3. 易犯错误及纠正方法

（1）易犯错误。分不清侧打与缠绕的顺序，两次侧打地都做同样动作或顺序相反。

（2）纠正方法。先顺势侧打，再缠手腕，转换方向时，手臂摆动幅度过大，绳子舞动轨迹不饱满；两大臂夹紧，肘关节贴住肋部，摆动时前臂带动手腕发力。

图17-4-8 手臂缠绕

（九）基本交叉单摇跳（挽花）（图17-4-9）

1. 动作方法

由基本姿势开始，绳子置于身后，由后向前摇动绳子，当绳子摇过头顶至额前时，双手于腹前交叉，起跳过绳后，当绳子再次摇过头顶至额前时，双手打开，起跳过绳。

2. 动作要领

双手肚脐前交叉时，双手要保持一条直线，与地面平行。交叉时，双手要紧贴腹部。

3. 易犯错误及纠正方法

（1）易犯错误。双手交叉时容易上提，交叉后两只手没有保持与地面平行，一高一低，起跳时臀部容易后翘。

（2）纠正方法。分解动作练习，双手练习腹前交叉动作，固定双手交叉的动作；起跳时注意双膝弯曲，重心略向前倾。

图 17-4-9　基本交叉单摇跳（挽花）

（十）一带一单摇跳（图 17-4-10）

1. 动作方法

两人面对面站立，一人双手持绳，由基本姿势开始，绳子置于身后，由后向前摇动绳子，绳子要同时越过两人头顶，绳弧下落时，两人同时起跳，跳过绳子。

2. 动作要领

摇绳者在摇绳时，双手不能向两侧打开过宽，双手手臂尽量向身体前侧摇，主动用绳子套对方；起跳时踝关节重点发力，减少膝关节发力及弯曲。

3. 易犯错误及纠正方法

（1）易犯错误。两人起跳时膝关节弯曲弧度过大，容易撞在一起；两人起跳节奏不一致。

图 17-4-10　一带一单摇跳

（2）纠正方法。起跳发力点放在踝关节，减少膝关节的弯曲。练习过程中，由一人喊节拍，两人固定好起跳节拍。

（十一）基本并肩跳（图17-4-11）

1. 动作方法

两人并肩同向站立，分别用外侧手持绳，保持一致的节奏跳动，即为基本并肩跳。

2. 动作要领

持绳手臂保持基本摇绳姿势，两人摇绳手位置在同一水平线，手部张开程度一致，另一手臂自然贴住身体，上体保持直立；两人摇绳与跳绳节奏一致，跳动时重心稳定；膝关节自然微屈，避免出现前踢和后屈；注意身体直立姿态，眼视前方，精神饱满。

3. 易犯错误及纠正方法

（1）易犯错误。两人动作节奏不一致；跳绳时会越跳越快从而导致失误。

（2）纠正方法。数着拍子练习，固定节奏。

图17-4-11　基本并肩跳

（十二）基本轮流跳（图17-4-12）

1. 动作方法

两人并肩同向站立，分别用外侧手持绳，两人同时摇动绳子，相互配合，单人轮流跳动，即为基本轮流跳。

2. 动作要领

持绳手臂保持基本摇绳姿势，两人摇绳手高度在同一水平线，另一手臂自然贴近身体，上体保持直立；两人摇绳配合默契，且位于同一高度，绳体饱满，节奏一致；膝关节自然微屈，避免出现前踢和后屈；注意轮流跳的节奏，手臂摇绳位置的转换，保持直立姿态，眼视前方，精神饱满。

3. 易犯错误及纠正方法

（1）易犯错误。配合摇绳者摇绳不到位。

（2）纠正方法。一人辅助摇绳，另一人在绳中正常跳动，练习两人摇绳节奏，反复练习。轮流摇绳转换过程中，动作幅度过大，导致节奏紊乱，绳子弧度不饱满。固定位置，减小弧度，稳定重心，反复练习。

图 17-4-12　基本轮流跳

四、双绳篇

（一）两人两绳同步跳（图 17-4-13）

1. 动作方法

两人面向同一个方向，两人相邻手交替拿绳，即每名跳绳者一手握住自己的绳，另一手握住另一名跳绳者的绳，两人同时摇绳，同时起跳，两绳同时越过两人头顶及脚下。

2. 动作要领

两人并排站立，摇绳和跳绳节奏要保持一致，两人靠近内侧的摇绳手臂要尽量贴近自己的身体。

3. 易犯错误及纠正方法

（1）易犯错误。两人摇绳节奏不一致，靠近两人身体内侧手臂摇绳时容易撞在一起。

（2）纠正方法。两人可以先配合练习徒手摇绳动作，然后喊节拍，固定好摇绳节拍和跳绳节拍。

图 17-4-13　两人两绳同步跳

（二）基本车轮跳（图17-4-14）

1. 动作方法

两人面向同一个方向，两人相邻手交替拿绳，即每名跳绳者一手握住自己的绳，另一手握住另一名跳绳者的绳，两根绳子必须交替打地摇动，速度一致，即为基本车轮跳。

2. 动作要领

两人同侧手摇绳节奏一致；左右手摇绳位置时刻保持相对交替的位置，节奏匀速，绳体饱满；两人跳绳的时机相反，初学者一般保持两弹一跳；跳起来脚自然弯曲，不能前踢和后踢。

3. 易犯错误及纠正方法

（1）易犯错误。摇绳节奏错误，两手习惯性的同时摇动，导致失误；两手不能匀速连续的摇绳，初学者很容易把注意力集中在一个手上，导致失误。

（2）纠正方法。反复练习摇绳的节奏；练习两手匀速交替摆动，同时双脚连续跳跃，有意识地控制双手节奏，同时数着节拍跳。

图 17-4-14　基本车轮跳

（三）基本交互绳跳（图17-4-15）

1. 动作方法

两人相向站立，左右手各持同一条绳的把柄，依次摇动两条长绳，双绳频率相同，摇动方向相反，一条在上，另一条在下，交互摇动，互不相撞。

2. 动作要领

摇绳者双手摇绳的过程中，双手要相对，摇绳节奏要匀速交替进行，两条绳子要打地且打地间隔的时间相同。跳绳者进绳时，要跟随离自己远端的绳子进绳。

3. 易犯错误及纠正方法

（1）易犯错误。摇绳节奏不容易控制，产生双手同步摇绳，跳绳者进绳的时机把控不对，容易死绳，跳绳的节奏跟不上摇绳的节奏。

（2）纠正方法。两人一组配合练习摇绳动作，跳绳者在旁边跟随摇绳者的节奏进行无绳练习；摇绳者控制摇绳节奏，在跳绳者进绳时采用套人的方法将其套入绳内。

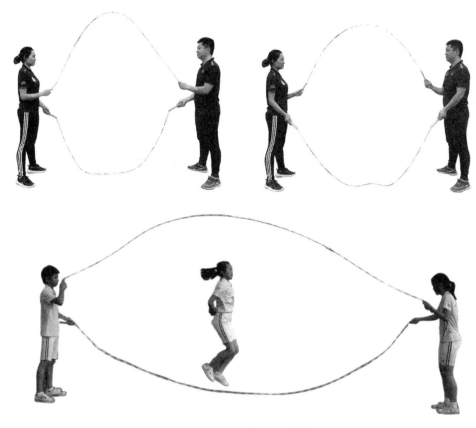

图 17-4-15 基本交互绳跳

第五节 定向运动

一、定向运动概述

定向运动是一项参赛者借助地图和指北针，在尽可能短的时间内到达若干个被分别标记在地图上和实地中检查点的运动。

按照运动模式，国际定向运动联合会将定向运动划分为徒步定向、滑雪定向、山地自行车定向和轮椅定向。其中，徒步定向也被称为定向越野。

（一）定向运动的起源

定向（orienteering）一词最早出现在 1886 年的瑞典，意思是在地图和指北针的帮助下，穿越未知的地带。地处北欧斯堪的纳维亚半岛的瑞典，地表崎岖不平，覆盖着一望无际的森林，散布着无数的湖泊、城镇和村庄，人们主要利用隐现在林中湖畔的小径来往于各地。因而，人们必须学会并具备精确辨别方向的能力，否则会有迷失的危险。这样，地图和指北针就成为人们行走和生活的必需品。生活在半岛上的居民、军队，便成了定向运动的先驱者。

最初的"定向"只是一项军事活动，军人们把在山地中辨别方向、选择道路和越野行进作为军事训练的内容。后来，在瑞典和挪威的军营中，士兵利用军用地图先后组织了最初的定向体育竞赛。

1897 年 10 月 31 日，挪威组织了第一次面向大众的定向比赛，当时参赛的人数仅有 8 人。其后，在挪威还举行了一些小规模的定向比赛。

20 世纪初，瑞典的一位童子军领袖吉兰特（Ernst Killander）于 1918 年组织了一次名为"寻宝游戏"的活动，给定向运动赋予了游戏的特性，这引起了人们的极大兴趣。从此，该项活动在北欧广泛开展起来。1919 年 3 月 25 日，一次影响深远的定向比赛在斯德哥尔摩南部城市纳卡（Nacka）的林中举行，参赛人数达到 217 人。这项比赛的组织模式与规格标志着定向运动作为一项独立的体育项目的诞生。时任瑞典斯德哥尔摩体育联合会主席的吉兰特也被人们视作"定向运动之父"。

（二）定向运动的发展

20 世纪 30 年代，定向运动已在瑞典、挪威、芬兰和丹麦等国有了较好的发展。1932 年，第一届世界定向越野赛举行。1966 年，第一届世界定向锦标赛在芬兰举行。

1943 年，定向运动传入英国。1946 年，美国引进了定向运动。在随后的 20 年间，加拿大、澳大利亚、法国、德国、日本等国都相继开展了这项运动。从此，定向越野在西方国家得到了蓬勃的发展。

1961 年 5 月，国际定向运动联合会（IOF）在丹麦首都哥本哈根成立。在这次成立会上，确定了定向运动正式的比赛项目，制定了一系列的比赛规则与技术规范。国际定向运动联合会的成立，标志着定向运动进入了崭新的发展时期。目前，国际定向运动联合会已拥有包括中国在内的 70 多个会员国和地区，是国际体育联合会总会之一，同时定向越野也是国际承认的奥林匹克体育项目。

目前，全世界有 400 多万名定向运动爱好者。在北欧，热爱定向运动的人数已经超过了"世界第一运动"足球的爱好者。在瑞典 1 000 多万人口中，定向运动爱好者就高达150 万人，全国有 700 多个定向运动俱乐部，每年组织 1 000 多场定向比赛，每次参赛人数都是成千上万，最多时有 4 万多人。所有瑞典学校的学生和军人都必须学习定向运动，并将它列为一门必修课程。定向运动已成为许多瑞典人的一种生活方式。

目前，定向运动在我国也初具规模，并且呈现出强劲的发展势头。早在 1992 年 7 月，国际定向运动联合会就批准中国以"中国定向运动委员会"的名义加入该组织，成为正式会员。1995 年，"中国定向运动委员会"正式更名为"中国定向运动协会"，简称"中国定协"。此后，中国定向运动协会积极推动定向运动在国内的发展，每年在全国范围内组织"全国定向锦标赛"和"全国城市定向系列赛"。2003 年，中国大学生体育协会定向运动分会的成立，对我国定向运动的发展，尤其是高校定向运动的发展起到了积极的推动作用，全国学生定向越野锦标赛已举行了 18 届。近年来，定向运动在高校陆续开展起来，各校纷纷建立了定向运动俱乐部并开设选项课，还举行了各种各样的定向比赛。

定向运动是一项智力与体力相结合的运动。参加各种各样的定向运动，既可提高学生的体适能水平，又可以增长知识和技能，改善心理素质，培养团队精神，特别是培养学生自立、自信和独立解决问题的能力。现在，定向通常被人们看作野外勘测者、徒步旅行者、登山者、探险者所必须具备的一种重要的生存能力。随着越来越多的人参与以回归自然为主题的户外运动，定向运动又成了一种必须掌握的生存技能。

二、定向运动基础知识

（一）定向运动的装备

定向运动的基本装备有定向地图、指北针、点标旗和点签计时系统等（图 17-5-1）。

拓展知识：
定向运动器
材介绍

一条完整的定向运动路线包括一个起点（用三角形表示）、一个终点（用双圆圈表示）和若干个检查点（用单圆圈表示），这些检查点用数字标明了顺序（图 17-5-2）。

定向地图　　　　　　指北针　　　　　　点标旗　　　　　　点签计时系统

图 17-5-1　定向运动的装备

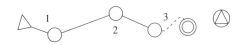

图 17-5-2　定向运动路线

（二）定向地图的识别

地图所表现的是地球上的物体和现象在平面上的缩写。定向地图是为了开展定向运动专门制作的，它要求对读图和选择路线有影响的因素都要表示出来，如地貌、地表状况、可奔跑性、水系、建筑群与独立房屋、道路网、其他线状地物以及对判定方向与确定点位有用的地物等。

1. 比例尺

比例尺是地图上某线段的长度与相应实地水平距离之比。比例尺越大，图上量测的精度就越高；比例尺越小，图上量测的精度就越低。例如，比例尺为 1∶10 000 的地图是指地图上所标示的实地面积在地图上被缩小了 10 000 倍，也说明地图上 1 毫米的距离在实地的距离为 10 000 毫米（10 米）。在定向运动中，量算实地距离是比例尺的主要作用。

2. 定向地图上的地物符号

地面上的各种地物是用形状不同、大小不一、色彩有别的符号表示的。它们不仅具有确定客观事物的空间位置、分布特点以及数量、质量特征的基本功能，还具有相互联系和共同表达地理环境诸要素总体特征的特殊功能。

（1）符号的分类（按符号所代表的事物情况来分）。

① 面状符号。地面事物呈面状分布。当实际面积较大，按地图比例尺缩小后，仍能表示出其分布范围时，可用面状符号表示（图17-5-3），如大的湖泊、大片森林、沼泽等。这种符号能表示事物的分布位置、形状和大小。一般又把这种符号称为依比例符号。

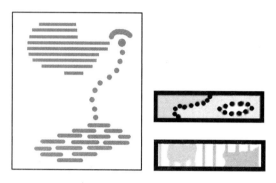

图 17-5-3　面状符号

② 线状符号。地面上呈带状或线状延伸的事物，按地图比例尺缩小后，长度可依比例表示。宽度不能依比例表示时，在图上用线状符号表示（图17-5-4），如道路、输电线、河流等。由于这种符号仅能表示事物的分布位置、长度和形状，但不能表示其宽度，所以一般又把这种符号称为半依比例符号。

③ 点状符号。客观事物在地面上所占的面积较小，在图上不能按比例尺表示其分布范围时，则用点状符号表示（图17-5-5），如表示居民点的房屋、小塔形建筑、石块、小树等。由于它只能表示分布位置，不能表示事物的形状和大小，所以一般又称这种符号为不依比例符号。

图 17-5-4　线状符号　　　　　图 17-5-5　点状符号

（2）符号的构成要素。

① 符号的图形。主要用于表达地理事物性质上的差别。面状符号的图形与事物的实际形状相似；线状符号的图形为不同线形，如双线、单线、实线、虚线和点线等。个体符号的图形多为简单的几何图形或象形图形。

符号图形具有图案化和系统化的特点。所谓图案化，就是符号图形有些类似于事物本身的形状（图 17-5-6）。图案化的图形既形象又简单、规则，因而便于根据符号图形联想实际事物的形状。

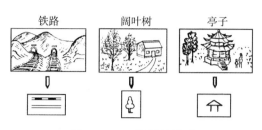

图 17-5-6　符号的图形

符号图形系统化是指各种符号图形具有内在的联系，通过图形的变化，可以把事物的量和质等特征表现出来。符号图形系统化表现为同类事物符号图形相类似。例如，道路一般分为铁路、公路及其他道路，分别以黑白相间的双线、普通双线及单线、虚线、点线等表示其差异（图 17-5-7）。

系统	陆上交通线		
亚系统	铁　路	公　路	其他道路
按主次区分	常轨 ▭▬▭ 双线 ▬▭▬	公路 ══	大车路 ═══
	窄轨 ▭▬▭ 单线 ▬▭▬	简易公路 ┅┅┅	乡村路 ━ ━ ━
			小　路 ·······
			时令路 · · · · ·

图 17-5-7　符号图形系统化

② 符号的大小。主要反映事物的重要程度及数量差异。一般来说，表示重要的、数量多的事物的符号大些；反之，则符号小些。

为了完整而详细地表示出地形，同时又能保证定向地图清晰易读，国际定联规定了定向图符号的最小尺寸以及当它们相互靠近时的关系处理原则与最小间隔。符号的大小、线条的粗细、符号间最小距离的规定，都是以日光条件下的正常视力和当今的印刷技术水平为依据制定的。

③ 符号的颜色。主要表示事物的质量差异、数量差异和区分事物的重要程度。一般用不同颜色表示质量的差异，如用蓝色表示水系，用绿色表示植物；用同一（或相邻）颜色的深浅表示数量变化，如用深浅不同的绿色表示森林，颜色越深，则表示森林越密，越不易通过。

根据定向比赛的特殊需要，国际定向联合会对定向地图上颜色的使用规定如下：
- 黑色——代表任何人造物体、小路、岩石、悬崖峭壁和大石头等。
- 棕色——表示等高线和主干道及坚硬的路面。
- 蓝色——表示任何有水的地方。
- 白色——表示容易通过的林区。

- 绿色——表示浓密、不易通过的森林，绿色越深，越难通过。
- 黄绿色——表示禁入的民宅、私家花园或草坪。
- 黄色——表示开阔地，如田野、牧场或空旷区。
- 紫色——表示比赛线路，包括起点、检查点、终点。

3. 定向地图上的地貌符号

定向地图是利用等高线来表示山的形态及起伏状态的。利用等高线，不仅可以了解地面上各处的高差、地势起伏的特征，还可以根据地图上等高线的密度和图像分析地貌特征，如山脉的走向、斜坡的坡度和方向，了解哪里是山脊，哪里是谷坑和凹地等，而且还可以进行高程、面积、坡度等的计算。

能熟练地应用等高线图形理解地貌是从事定向运动的基础。在地物稀少的地方及森林中，地貌是主要的甚至是唯一的行进参照物。

（1）等高线显示地貌的原理。等高线是地面上高程相等的点所连成的闭合曲线。使用"平截法"，假设把一座山从底到顶，按相同的高度，用一层一层的水平面横截，则山的表面与水平面相交得到一组曲线，再将这些曲线垂直投影到地平面上，得到一圈一圈的曲线图形（图17-5-8）。因为每条线上各点的高度恒等，所以把这些曲线叫作等高线。

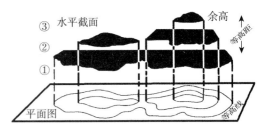

图17-5-8 等高线显示地貌的原理

（2）等高线显示地貌的特点。

① 地图上的每条等高线都是实地等高线的水平投影，它既描绘出地貌的水平轮廓，也表示出地貌的起伏。

② 等高线是闭合的曲线，同条等高线上的任何点的高度都相等。

③ 在同一地图上，等高线多，山高；等高线少，山低。

④ 在同一地图上，等高线间隔大，坡缓；等高线间隔小，坡陡。

⑤ 地图上等高线的弯曲形状与相应的实地地貌相似。

（3）示坡线。示坡线是指顺着下坡方向绘制并与等高线垂直相交的小短线（图17-5-9）。示坡线通常被绘在等高线特征最明显的弯曲处，如山顶、鞍部或凹地底部。示坡线可以帮助读图者了解山的起伏，即哪里是上坡，哪里是下坡。顺着示坡线的方向为下坡，逆着示坡线的方向为上坡。

（4）等高距。等高距是各相邻等高线的高程差，常用"↑↓"表示，它的大小在很大程度上决定了地貌表示的详略（图17-5-10）。同一地形，

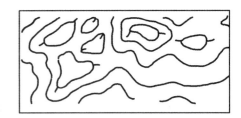

图17-5-9 示坡线

等高距越小，则等高线越密，地貌显示就越详尽；相反，等高距越大，则等高线越稀，地貌显示就越简略。国际定联规定，定向地图的标准比例尺为1∶15 000，等高距为5米。在大面积的平缓地形，其他地物不多的情况下，也可以采用25米的等高距。

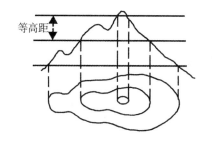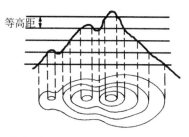

图 17-5-10 等高距

4. 定向地图的方位与磁方位角

定向地图的方位是上北下南、左西右东。图上绘有若干条相等距离的、平行的、北端带有箭头的红色线条，这就是磁北方向线（简称磁北线）。磁北线所指的方向即地图的北方。可以利用这条线确定地图的方位、标定地图、测量磁方位角、估算距离等。

磁方位角也是定向运动中的一个重要参数，这一参数对确定方位有很大的帮助。什么是磁方位角呢？在应用地图的过程中，往往需要从图上判断两点的相对位置。如果仅有两点之间的水平距离，而没有方位关系，显然无法确定两点的相对位置。而要确定两点之间的方位关系，则必须规定起始方向，然后求出两点间的连线与起始方向之间的夹角，以此确定两点的相对位置。这就需要用方位角来表示，它是指从起始方向北端算起，顺时针转至目标方向线间的水平角（图 17-5-11），角值变化范围为 0°～360°。起始方向为真子午线，其方位角称为真方位角；起始方向为磁子午线，则其方位角称为磁方位角。在定向地图中，都以磁北为起始方向，故所用的方位角均为磁方位角。

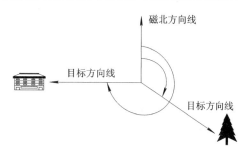

图 17-5-11 定向地图的方位与磁方位角

5. 在定向地图上的图例注记

在定向地图上的图例注记，除了上面介绍过的比例尺注记、等高距注记，还有图例说明、检查点说明以及图名和出版单位说明等。

图例说明可以帮助理解地图所表示的事物。它采用的是国际语言符号，所有符号在全球通用。根据国际定向联合会制定的《国际定向运动图制图规范》（ISOM 2000），定向地图上的语言符号分为地貌、岩石与石块、水系与淤泥地、植被、人工地物、技术符号、线路符号 7 个类别。

在定向地图的一侧，还可以看到一个以符号表的形式（有时也附有文字）出现的《检查点说明》（图 17-5-12）。它是根据国际定联颁发的一套"明确地指示检查点特征物、检查点点标与该特征物之间的相对位置关系"的符号和文字说明系统，用以说明检查点点标在地貌、地物的具体位置。在比赛中，根据这一说明系统，结合地图，可以迅速地找到检查点。

一条完整线路的检查点说明符号表由表头、表体和表尾三部分组成。

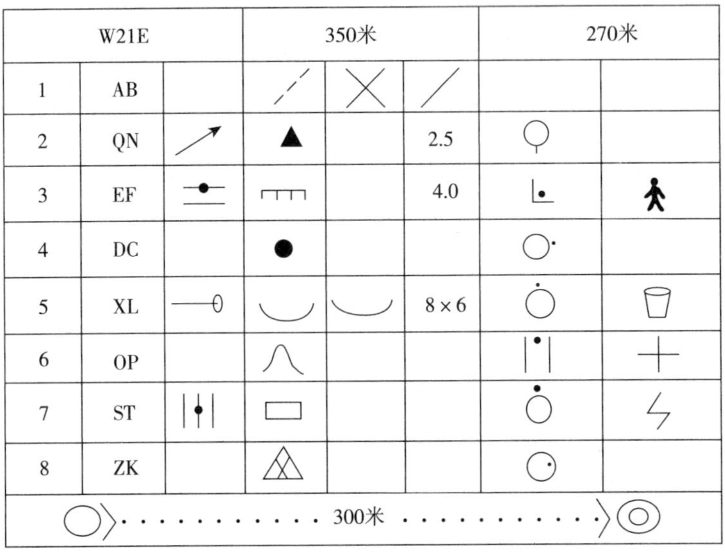

W21E			350米			270米	
1	AB	⁄ ⁄	✕	/			
2	QN	↗	▲		2.5	○	
3	EF	•—	⊓		4.0	⊡	🚶
4	DC		●			⊙	
5	XL	—○	⌣	⌣	8×6	⊙	🪣
6	OP		∧			⦙	+
7	ST	¦•¦	▭			⊙	⚡
8	ZK		⟁			⊙	
○⟩· · · · · · · · · · 300米 · · · · · · · · · ·⟩◎							

图 17-5-12　检查点说明

（1）表头（图17-5-13）。图中甲表示组别（分组），乙表示路线长度，丙表示总爬高量。

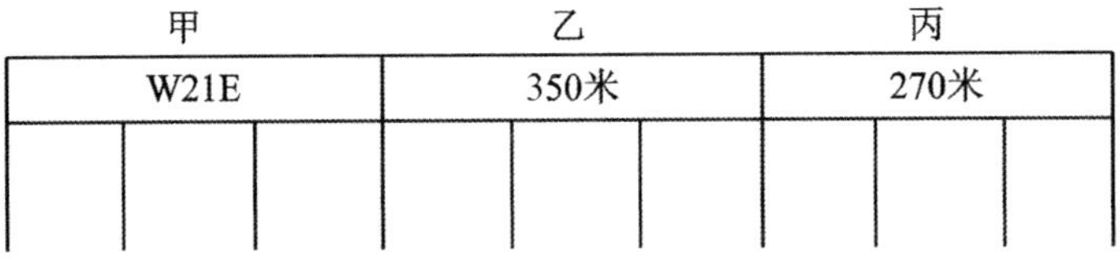

甲		乙		丙	
W21E		350米		270米	

图 17-5-13　表头

（2）表体（图17-5-14）。

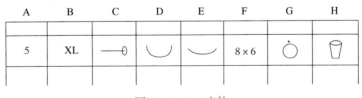

A	B	C	D	E	F	G	H
5	XL	—○	⌣	⌣	8×6	⊙	🪣

图 17-5-14　表体

A栏：检查点序号（按比赛路线的顺序）。

B栏：检查点点标代号。

C栏：检查点所在地物（地貌）的方位。

D栏：检查点所在地物（地貌）的名称。

E栏：检查点所在地物（地貌）的外观特征。

F栏：检查点所在地物（地貌）的大小。

G栏：检查点标志与地物（地貌）的相对位置。

H栏：其他情况。

（3）表尾。表尾标出的是所有标识路段（必经路线）的长度与类型，包括赛程的、最后检查点至终点的长度与类型（图17-5-15）。

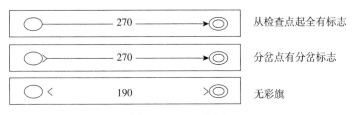

图17-5-15 表尾

（4）表体中C栏至H栏内容释义。

C栏：检查点所在地物（地貌）的方位（图17-5-16）。

D栏：检查点所在地物（地貌）的名称（图17-5-17至图17-5-23）。

E栏：检查点所在地物（地貌）的外观特征（图17-5-24）。

F栏：检查点所在地物（地貌）的大小（图17-5 25）。

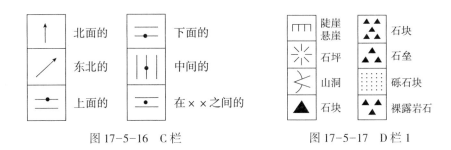

图17-5-16 C栏   图17-5-17 D栏1

图17-5-18 D栏2   图17-5-19 D栏3   图17-5-20 D栏4

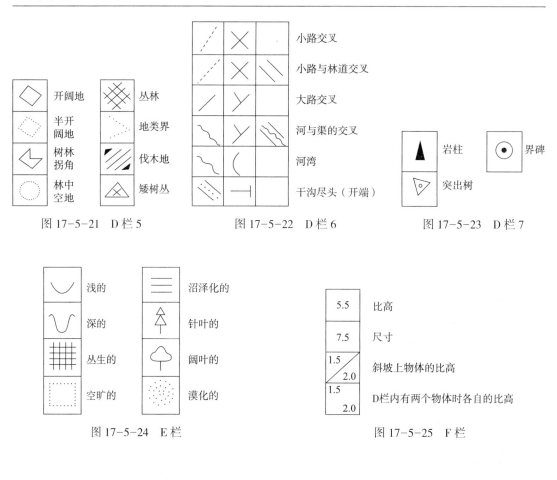

图 17-5-21　D 栏 5　　　　图 17-5-22　D 栏 6　　　　图 17-5-23　D 栏 7

图 17-5-24　E 栏　　　　　　　　　　图 17-5-25　F 栏

G 栏：检查点标志与地物（地貌）的相对位置（图 17-5-26）。

H 栏：其他情况（图 17-5-27）。

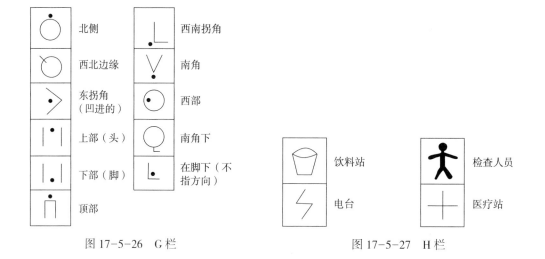

图 17-5-26　G 栏　　　　　　　　图 17-5-27　H 栏

（三）指北针的使用方法

1. 用指北针给地图定向（标定地图）

（1）将地图与指北针置于水平状态，前进方向箭头朝向地图上方，与地图上磁北线平行（图17-5-28）。

（2）转动地图和指北针，使磁针北端对正磁北线。

2. 用指北针确定目标点的方向

（1）指北针与地图水平放置，使直尺边垂直于站立点至目标点的连线，前进方向箭头朝向目标方向（图17-5-29）。

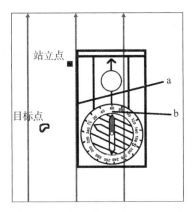

图17-5-28　用指北针给地图定向

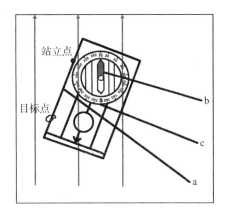

图17-5-29　用指北针确定目标点的方向

（2）水平转动指北针与地图，身体也随之转动，直至指北针上的红色指针与地图上表示南北方向的指北线都和北方平行。

（3）这时指北针上的方向箭头所指方向就是行进的正确方向。

3. 测定自己的位置

在比赛中，初学者容易忽略自己的位置。遇到这种情况时，应保持冷静，可利用地理环境及指北针找出自己在地图上的位置，再定出前往目标的路线。

三、定向运动基本技能

定向运动的实质就是用最短的时间到达规定的目标点。要想尽快地到达目标点，首先要学会辨明方向、判定方位，即了解自己实地所在的位置，并能够在地图上找到站立点位置，在此基础上确定目标点的方向和位置，迅速找到目标点。

（一）实地判定方位

实地判定方位是指在实地辨明方向。了解实地的方位是使用地图的前提。在野外，可帮助我们辨明方向的工具很多，白天可利用太阳和手表来辨明方向，晚上可利用星体来辨明方向，还可以利用地物特征、建筑物、风向等来判定方位。

1. 利用指北针判定方位

将指北针放平，待磁针完全静止后，磁针的红色一端（即N端）代表北面，蓝色一端（即S端）代表南面。如果测定方位的人面向北，则他的左为西、右为东、背后为南。

如果想测某一点的方位，可将罗盘上的零刻度对准目标，待罗盘水平静止后，N 端所指的刻度便是测量点至目标的方位。如磁针 N 端指向 36°，则表示目标在测量位置的北偏东 36°。

2. 利用地物判定方位

在有地物和植物生长的野外，可以根据日常生活习惯和自然客观规律判定方位。如在北半球，我们居住的房屋或用于朝拜的庙宇大门通常都朝南开设；树木一般朝南的一侧枝叶茂盛，色泽鲜艳，树皮光泽；长在石头上的青苔喜阴湿，以北面为多旺；积雪多半是朝南的一面先融化。

3. 利用太阳和手表判定方位

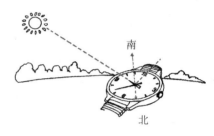

"时数折半对太阳，12 指的是北方"，一般在上午 9 时到下午 4 时可以较快地辨别出方向，用时间的一半时针所指的方向对准太阳，12 时刻度方向就是北方（图 17-5-30）。如下午 4 时，其一半为 8 时，时针 8 时指向太阳，那么时针 12 所指方向即为北方。需注意的是，判定方向时，表盘应平置，在南北纬 20°～30° 区域内中午前后不宜使用。

图 17-5-30　利用太阳和手表判定方位

（二）标定地图

给地图定向就是标定地图，使地图的方位与实地的方位一致。通过标定地图，可以将地图上的地物地貌符号与实地的地物地貌一一对应，这不仅可以迅速查看地图，了解实地地物的分布和地貌的起伏以及它们之间的关系，还可以根据地图上的路线选择具体的实地运动路线。这一技能将贯穿整个运动过程。图 17-5-31 就是一张被定向了的地图，湖泊位于地图的右边，运动场和学校位于地图的左边。常用标定地图的方法有概略标定、利用指北针标定、利用地物标定。

1. 概略标定地图

地图上的方位是上北、下南、左西、右东。当我们在实地正确地辨别了方向之后，只要将越野图的上方对向实地的北方，地图即已标定。这种方法简单、易学，是定向比赛中最常用的方法。

2. 利用指北针标定地图

在定向地图上标有磁北线，用红色粗线条标出，箭头指向地图的上方。利用指北针标定地图时，通过转动地图，使指北针上的红色指针与磁北线的方向吻合或平行。由于指北针上的指针和地图上的磁北线都是红色的，所以也称此方法为"红对红"或"北对北"（图 17-5-32）。

3. 利用地物标定地图

（1）利用直长地物标定地图。直长地物是指较长的线状地物，如铁路、公路、土垣、沟渠、高压线等。

方法：首先在图上找到这段直长地物；然后转动地图，使图上的直长地物与实地的直长地物方向一致；再对照两侧地形，使图与实地各地形点的关系位置相符。如图 17-5-33 所示，利用路边的沟渠来标定地图时，平移且转动地图，使图上的沟渠与实地的沟渠大致重合。

（2）利用明显的地形点标定地图。在实地找出一个与地图上地物符号对应的明显地物，如小桥、亭子、独立的建筑等，然后转动地图，使图上的站立点至目标的连线与实地的站立点至目标的连线相重合。

方法：首先选择一个图上与实地都有的明显的地物，然后转动地图，使图上的站立点至目标的连线与实地的站立点至目标的连线相重合（图17-5-34）。

图 17-5-31　标定地图

图 17-5-32　利用指北针标定地图

图 17-5-33　利用直长地物标定地图

图 17-5-34　利用明显的地形点标定地图

（三）确定站立点在地图上的位置

确定站立点在地图上的位置是从事定向运动的一项基本技能。其主要方法是：通过标定地图，将地图与实地的地物、地貌逐一对照，来确定自己的方位。

1. 直接确定

当自己所处位置在明显地形点上时，只要从地图上找出该地形点，站立点即可确定。这是最常用的确定方位的方法。图17-5-35表示定向者可利用道路交会点来确定自己所在的位置。

2. 利用位置关系来确定

当站立点位于明显地形点附近时，可以利用相对位置关系来确定。利用位置关系法确定站立点主要依据两个要素：一是站立点至明显点的方向，二是站立点至明显点的距离。

在地形起伏明显的地方，还可以结合高差情况予以判定。如图 17-5-36 所示，定向者站立于小河北岸、村舍正右方，左距北上偏定向运动公路 150 米远处。依照这样的方位关系，可在地形图上定出站立点的位置。

图 17-5-35　直接确定站立点　　　　图 17-5-36　利用位置关系确定站立点
　　　　　　在地图上的位置　　　　　　　　　　　　在地图上的位置

3. 利用"交会法"确定

当站立点附近无明显地形点时，可以利用"交会法"确定站立点位置。按不同情况，它又可以具体分为 90° 法、截线法、连线法、后方交会法和磁方位角交会法。这些方法的优点是不需要判断或测量距离也能确定出较为准确的站立点位置。这对于初学者学习、巩固使用定向图是很有意义的。下面介绍几种常用的方法：

（1）90° 法。当待测点位于线状地形（包括道路、沟渠、山背线、谷底线、坡度变换线等）上时，如果在与运动方向相垂直的方向上能够找出一个明显地形点，那么线状地形符号与垂直方向线的交点即为站立点（图 17-5-37）。

（2）连线法。当待测点位于线状地形上，同时待测的位置恰好是在某两个明显地形点的连线上，可以利用这种方法确定站立点（图 17-5-38）。

（3）后方交会法。在待测点上无线状地物可利用，地图与实地相应地都有两个以上的明显地形点，而且地形较开阔、视线良好的情况下，可以采用这种方法确定站立点（图17-5-39）。

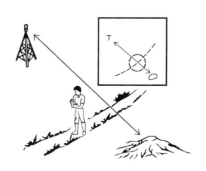

图 17-5-37　90° 法　　　　　　图 17-5-38　连线法　　　　　　图 17-5-39　后方交会法

标定地图后，在地图上取一个山顶为标志，与实地相应山顶在地图上作一直线。地图上的树丛与实地相应的树丛在地图上作一连线。两条直线的交会点就是站立点。

四、定向运动（越野）竞赛规则简介

（一）竞赛路线符号

（1）起点用等边三角形，检查点用圆圈，终点用两个同心圆。必经路线必须用虚线表示。

（2）三角形或圆圈的中心点表示起、终点及检查点的准确位置，但中心点不必绘出。

（3）检查点按规定顺序注记编号，编号数字字头朝向磁北方向，编号数字应以不压盖图上重要目标为宜。

（4）除必经路线外，起点到检查点及检查点之间按编号顺序用直线连接；遇有重要目标又不能避开时，连线应断开或画得更细些。

（5）竞赛路线、起点、检查点、终点符号、检查点编号一律用红紫色套印或标绘。

（二）检查点标志

（1）检查点标志应悬挂在图上标明的地点，一般距地面80~120厘米，实际位置应与检查点说明一致。

（2）检查点标志应有代号，代号用英文字母和两位阿拉伯数字表示，数字从31开始选用，字母和数字为黑色字体，高5~10厘米，笔画粗5~10毫米。

（3）检查点标志的设置应使运动员在寻找时具有一定的难度，但无须隐藏。

（4）每个检查点应有电子打卡计时系统，基层竞赛如没有电子打卡计时系统可用打印器，但是打印器的图案不能重复。

（三）检查卡

（1）检查卡是运动员通过检查点的记录载体，是运动员完成竞赛的成绩证。

（2）电子打卡计时系统检查卡又称指卡，运动员使用指卡时必须是按顺序触及放置在检查点上的点标打卡器，当指卡插入点标打卡器中成绩就会自动记录。

（3）运动员打卡，下列情况不影响成绩：① 在寻找过程中，打到非自己路线的检查点，但已按本组规定的路线和顺序完成竞赛；② 如运动员打卡顺序错误，可以按顺序重新打卡一遍。

（4）运动员回到终点应将检查卡交给终点裁判员，读取竞赛成绩。

（5）基层竞赛中采用传统的检查卡，检查卡可用耐用的纸张制成，大小不得超过10厘米×21厘米。运动员通过检查点时，在卡片的空格内打上清楚的标记，若标记打错位置，可在备用格中打上正确标记，但到终点交还时，需向终点裁判说明。

（四）抽签和出发表

（1）在竞赛中，运动员按相等的时间间隔依次出发。在接力赛中，同组第一棒的运动员可以同时出发。

（2）出发顺序可采用人工或计算机抽签排定，但必须是在总裁判长的监督下进行。采用何种抽签形式由竞赛委员会决定。

（3）抽签顺序结束应编印出发顺序表，并应在组委会召开的裁判长及教练联席会议前公布此表。

（4）所有报名参加竞赛的运动员和运动队都编排出发顺序。如有缺席，出发顺序不变。

（5）来自同一运动队的队员不能编排连续出发。

（五）警告

（1）代表队成员擅自出入预备区，但未造成后果。

（2）在出发区提前取图和抢先出发者。

（3）在比赛区域内蓄意帮助或获取他人帮助，但未造成后果。

（4）在比赛中妨碍裁判员正常工作。

（5）完成赛事者以任何形式向其他运动员传递赛场信息。

（6）出发后未到终点报到者。

（7）一次检录不到者。

（8）未按大会要求佩戴比赛标志者。

（六）成绩无效

（1）受到两次警告者。

（2）在比赛中丢失检查卡、地图或号码布者。

（3）因各种原因退出比赛者。

（4）竞赛中超过组委会规定的终点关闭时间。

（5）未按规定读取成绩者。

（6）未通过全部检查点，即检查卡片上打印器图案不全者。

（7）检查卡打印器图案模糊不清，无法辨认者。

视频：定向
运动欣赏

（七）取消竞赛资格

（1）冒名顶替参加竞赛者。

（2）在定向越野竞赛中使用交通工具者。

（3）不符合分组年龄标准或谎报年龄、弄虚作假者。

（4）蓄意破坏点标、打卡器或其他竞赛设备者。

（5）有意妨碍他人竞赛者。

第六节　极限飞盘

一、极限飞盘概述

极限飞盘自诞生之日起，吸引了世界上无数爱好者投身其中。它之所以广受欢迎，是因为该项运动集足球、篮球和美式橄榄球的特点于一身。且极限飞盘技术易于掌握，强调团队配合，方便开展。极限飞盘运动是一项团体性竞技运动，场上队员无性别要求，同时比赛中除表现出速度、耐力、灵敏和弹跳等身体素质之外，还表现出各种巧妙的掷盘、接盘技术和默契的团队配合。

（一）极限飞盘的起源与发展

20世纪初期，美国耶鲁大学刚好比邻康涅狄格福瑞斯比面包公司，这家面包公司所卖的一种装在锡盘里的派很受学生欢迎，而耶鲁大学的学生发现作为包装盒的锡盘被抛出后，可以平稳地飞行一定的距离。由此，抛接锡盘游戏开始在耶鲁大学的学生中兴起。

1948年，瓦特·毛里森（Walter Morrison）发明了塑料飞盘。由于塑料飞盘比金属飞盘和木制飞盘更耐用，而且具有更好的飞行性能。所以此发明带动了大批量飞盘的生产，名为"冥王星飞盘"。1951年Wham-O玩具公司开始生产这种塑料飞盘。

1958年，在福瑞斯比面包公司停止营业的一年后，Wham-O公司在美国加利福尼亚州为他们生产的飞盘注册了"Frisbee"一名。据说，这个商标是来源于耶鲁大学和哈佛大学的学生为这种新玩具所起的绰号"福瑞斯比"。

1968年，美国新泽西州梅普尔伍德地区哥伦比亚高中的校报和学生会成员乔尔·希尔弗（Joel Silver）发明了极限飞盘运动（Ultimate Frisbee）。最初，他们把它称作飞盘橄榄球（Frisbee Football），每场比赛可以上20~30名队员，可以持盘跑以及摔、抱等。随着该项目运动的发展，希尔弗等人对规则进行了改变，并制定了新的防守规则，比赛变成了7人制。此时的极限飞盘运动强调的是休闲娱乐，参与的人员也非专业运动员，且无性别限制。更重要的是，运动员在比赛中不允许任何身体接触，并进行自我裁判，这就是极限飞盘运动的雏形。

1970年，哥伦比亚高中和密尔本高中进行了世界上第一次校际极限飞盘比赛，最后，哥伦比亚高中以43∶10获胜。第二年，新泽西州的5所高中就成立了极限飞盘协会。其中就包括哥伦比亚高中和密尔本高中。1972年11月6日，新泽西州的两所高校进行了第一次大学间的极限飞盘比赛。罗格斯大学以29∶27击败了普林斯顿大学，最后赢得了冠军。随着极限飞盘运动的发展，耶鲁大学在1975年举办了第1届由8所高校组成的美国大学极限飞盘巡回赛，耶鲁大学队获得冠军。同年夏天，在罗斯波尔举行的第2届世界飞盘冠军赛正式将极限飞盘运动列为比赛项目。这是极限飞盘运动得到世人认可的标志。

随着国际交流越来越频繁，飞盘运动也得以在世界各国迅速发展起来。瑞士在1974年成立了欧洲第一个飞盘协会；日本在1975年成立了亚洲第一个飞盘社团。随后，1976年，澳大利亚也成立了大洋洲第一个飞盘协会。在这期间，飞盘运动的发展尤以欧洲最为迅速。1977年，比利时和奥地利相继成立了飞盘协会。随后，芬兰和丹麦也在1978年相继成立了飞盘协会和飞盘运动协会。飞盘运动在迅速发展的同时，极限飞盘运动也飞快地发展壮大起来。美国于1979年成立了极限飞盘运动员协会（UPA）。这是第一个极限飞盘运动的国家政府组织。1980年，法国巴黎举办了第1届欧洲极限飞盘冠军赛，芬兰、英国和瑞典队分获冠、亚、季军。

1984年，世界飞盘联合会（WFDF）的成立推动了极限飞盘运动的发展。其于1986年在英国的科尔切斯特举办了第1届世界极限飞盘冠军赛。两年后，又在德国科隆举办了第1届世界极限飞盘俱乐部冠军赛。而后，极限飞盘运动在30多个国家和地区以惊人的速度迅速发展起来。2001年是极限飞盘运动发展具有里程碑意义的一年。在日本举办的第6届世界运动会正式将极限飞盘运动列为世界运动会的比赛项目。这标志着极限飞盘运动正式步入国际体坛的舞台。

（二）中国极限飞盘运动的发展

随着我国经济的迅速发展和对外交流的日益频繁，参与极限飞盘运动的人数越来越多，其影响力也在不断扩大。

我国香港每年10月都会举办一次国际飞盘公开赛。近年来，内地也有队伍参加。2007年5月，由北京、上海、天津和香港等7个队共同参加的首届极限飞盘公开赛在天津举行，代表着中国极限飞盘运动发展的起点。2008年5月，第2届中国极限飞盘公开赛已扩大为14支队伍参赛，并增加了大连、青岛、深圳和武汉等队伍。2009年5月，第3届中国极限飞盘公开赛更是扩大到35支，再次推动了极限飞盘运动在中国的发展。

（三）极限飞盘的锻炼价值

在极限飞盘运动练习和比赛过程中，可以有效提高人们的力量、速度、灵敏、耐力、柔韧等身体素质，增强心血管系统、呼吸系统等内脏器官的功能，从而促进人体健康。

由于极限飞盘运动对抗激烈、运动强度大，因此参加极限飞盘练习和比赛有助于增强学生的意志力和自制力，培养勇敢顽强、机智果断和团结协作的品德。

极限飞盘比赛强调极限飞盘精神，有助于培养学生自信、自尊和自律的精神。

二、极限飞盘的基本技术

极限飞盘的基本技术主要由掷盘和接盘两大技术组成。极限飞盘技术并不复杂，但如果想成为一名高超的极限飞盘运动员，就需要了解极限飞盘飞行的基本原理，并能够在不同的天气情况下，合理而又熟练地运用极限飞盘的基本技术。

（一）掷盘

1. 反手掷盘

（1）握法。大拇指扣紧飞盘的正面，其余四指扣紧飞盘的边缘，并要求食指顺着盘缘，第二关节刚好与飞盘的边缘卡在一起，另外三指置于盘沟（图17-6-1）。

（2）掷法。以右手持盘为例，右腿向左前方跨出一步，扩大掷盘范围。身体稍转向左侧，屈臂屈腕。发力时，转体带动摆臂，接近出盘方向时，快速伸腕将飞盘掷出。为了保持飞盘在空中飞行的稳定性，出手瞬间尽量保持飞盘处于水平位置。低位出盘更稳定（图17-6-2）。

图17-6-1　反手掷盘握法　　　　　　　　　　　图17-6-2　反手掷盘掷法

2. 正手掷盘

（1）握法。伸出手指做出篮球三分球的手势，用盘缘抵住虎口。大拇指扣紧飞盘的正面，食指和中指撑住飞盘背面，无名指、小指要卷曲并扣住外边缘，以便能够紧紧地握住飞盘（图 17-6-3）。

图 17-6-3　正手掷盘握法

（2）掷法。以右手持盘为例，向右侧跨出一步，身体向右侧稍倾斜。右手扣住飞盘向后伸腕蓄力。转动腰部带动手臂向前，接近出盘方向时，快速屈腕掷出飞盘。出手瞬间尽量保持飞盘处于水平位置。低位出盘更稳定。向侧后方迈开一大步更易于避开防守（图 17-6-4）。

3. 上手掷盘

上手掷盘的握法与正手掷盘相同。以右手持盘为例，左脚上步（或者右脚撤步），侧身向前，持盘手臂向后引盘，屈臂成倒"L"形，飞盘反面朝外。蹬地发力后，利用身体的转动带动手臂前挥。出手瞬间，迅速拨指前送，使飞盘侧向前方飞出，之后飞盘逐渐转为正面朝下飞行，直至落下（图 17-6-5）。

图 17-6-4　正手掷盘掷法　　　　图 17-6-5　上手掷盘掷法

4. 学与练

（1）初学阶段。两人相距 5~10 米相互掷盘，不要过于发力，重点体会正手和反手的握盘方法。

（2）提高阶段。在掌握正确握盘方法的基础上，进一步改进掷盘的技术动作，提高掷盘的稳定性和方向性。

（3）强化阶段。一方面要通过跨步、降低重心等方式加大出手的范围；另一方面，通过假动作摆脱防守队员的封堵，适时采用合理的技术完成掷盘。练习时可以三人一组，一人掷盘一人防守，一人接盘。

（二）接盘

1. 双手接盘

（1）双手夹盘。五指微张，一手在上，另一手在下，两手合力夹住飞盘。接盘时，要主动迎接飞盘，顺势接住（图 17-6-6）。

图 17-6-6　双手夹盘

（2）双手腰上接盘。双手抬起，五指自然张开，四指在上，大拇指在下。盯紧飞盘伸手向前迎接，顺势接盘于腰上。接盘瞬间，五指扣紧（图 17-6-7）。

（3）双手腰下接盘。双手抬起，五指自然张开，四指在下，大拇指在上。盯紧飞盘伸手向前迎接，顺势于腰下接盘。接盘瞬间，拇指扣紧（图 17-6-8）。

图 17-6-7　双手腰上接盘　　　　图 17-6-8　双手腰下接盘

2. 单手接盘

（1）当飞盘较高时，采用四指在上、拇指在下的方法接盘。接盘时，伸手向前迎接，虎口对准飞盘，掌心向下，顺势接盘并将飞盘拉近身体。

（2）当飞盘较低时，采用四指在下、拇指在上的方法接盘。接盘时，伸手向前迎接，虎口对准飞盘，掌心向下，顺势接盘并将飞盘拉近身体（图 17-6-9）。

3. 学与练

（1）初学阶段。两人相距 10~15 米，一人掷盘，另一人接盘。掷盘者不要发力，要使盘的飞行速度适中。接盘者重点体会接盘的基本技术。

（2）提高阶段。在掌握正确接盘技术的基础上，提高接盘的稳定性，并能够根据飞盘的速度、高度等情况，选择合理的接盘方法。

（3）强化阶段。接盘者要提高在快速移动中完成接盘的能力，并且接盘后能够快速停下，为掷盘做准备。

拓展知识：
极限飞盘
精神

图 17-6-9　单手接盘

三、极限飞盘的基本战术

进攻和防守是进行极限飞盘比赛的两个重要因素。极限飞盘选手站位是否合理决定着进攻和防守质量的高低，而短传和长传则是极限飞盘战术组成的基础，也是极限飞盘选手必须具备的基本技能。

（一）进攻与防守的站位技巧

1. 掷盘手的站位与技巧

掷盘手的任务是将盘合理地传给接盘手，当面对防守队员时，以一只脚为轴，向两侧迈步的幅度决定着出手的范围和传盘角度的大小。因此，掷盘手在面向前方站位的同时，应通过上身快速的虚晃和脚下大幅度的两侧迈步来寻找传盘的机会（图 17-6-10）。

2. 防掷盘手的站位与技巧

一般来说，防掷盘手的站位以防其反手为主，逼迫对方传正手盘。同时，其他防守队员也需要注意掷盘手传出正手盘的路线，并封锁对方的传盘。另外，防掷盘手要与掷盘手之间保持一盘的距离，防守时应降低重心、张开双臂，扩大防守范围（图 17-6-11）。

图 17-6-10　掷盘手的站位与技巧

图 17-6-11　防掷盘手的站位与技巧

3. 接盘手的站位与技巧

接盘手要选择站位，同时侧身向前，用两眼的余光关注飞盘和防守队员，在活动区域摆脱防守，寻找空间，进行接应（图 17-6-12）。

4. 防接盘手的站位与技巧

防接盘手要保持面向对手站立，同时降低重心、张开双臂，防止摆脱。另外，站位应守住内线，防止对手的内切。听到出手的信号后，兼顾飞盘，破坏对手接盘（图 17-6-13）。

图 17-6-12　接盘手的站位与技巧　　　　图 17-6-13　防接盘手的站位与技巧

（二）短传

短传是极限飞盘战术组成的基础，也是初级选手必备的基本技能之一。比赛中，短传的稳定性直接决定着整体控盘的能力。同时，区域间的短传配合也是调动对方防守，打开进攻空间的有力武器。

比赛中，短传可以采用正手、反手和上手传盘，以防止防守队员的拦截。短传配合是控盘手经常运用的技术手段，掷盘手与控盘手之间穿插接应，通过直传、斜传、回传来进行飞盘的转移和控制，而控盘手也可以通过短传配合进行 2~3 人间的快速推进。

1. 初学者练习短传的方法

（1）两人短传练习。两人相距 15 米左右站立，进行各项技术的传接盘练习。

（2）两人移动短传练习。两人一组进行行进间的半场短传练习（50 米左右），传盘时要求一人正手传盘，一人反手传盘，同时注意传盘的时机和位置，到达底线后，互换位置，继续传盘返回起点。

（3）传盘练习。传盘练习（图 17-6-14）可以进行一人对多人的传接盘练习，也可以进行两组间的传接盘练习。一人对多人的传接盘练习，要求接盘队员接到盘后，迅速掷回，并返回到排尾的位置进行轮换；两组间的多人传盘练习，要求每隔一人手持一盘，接到盘后，迅速持盘返回到排尾进行轮换。

2. 提高者练习短传的方法

（1）两人短传练习。已经具有稳定的传接盘技术的选手，进行两人短传练习时（图17-6-15）持盘队员掷盘到接盘队员的侧方，接盘队员接到盘后迅速传回。然后，持盘队员再将盘传到接盘队员身体的另一侧。传出的落点应与接盘队员的跑位正好合拍，并注意把握节奏和力度。

（2）多人传盘练习。多人传盘练习（图 17-6-16）要求跑前接应，接应同时要做假定的摆脱防守。接盘队员接到盘后，迅速跑向对方队列后进行轮换。此项练习均在移动中完成，要求传盘队员把握好传盘的时机，并且传盘稳定、准确，接盘队员摆脱防守后的跑动要及时，接盘要迅速、稳定。

（3）捉兔子。捉兔子（图17-6-17）一般采用五打二的练习（人数可随机自定），持盘队员不能传盘给相邻的队员，只能传给隔一人的队员。练习中，一名防守者负责防守持盘队员，另一名防守者负责封锁传盘队员的传盘路线，争取断盘。断盘后，失误的队员进去防守，里面的一名防守者替换失误队员的位置（防守者按照先后顺序进行替换），练习继续进行，以此类推。

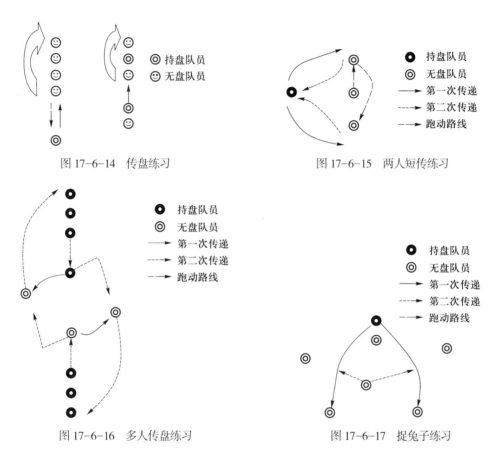

图17-6-14　传盘练习　　　　　图17-6-15　两人短传练习

图17-6-16　多人传盘练习　　　　图17-6-17　捉兔子练习

（三）长传

长传不仅是战术的组成部分之一，还是掌握基本传接盘技术的初级选手需要进一步提高的技术。比赛中，长传是发动快攻的有力手段，也是破解密集防守很好的方法，但不宜在刮风天使用。极限飞盘比赛中，强队经常采用长传战术突破防守和得分。另外，在对方采用区域防守时，中路防守比较密集，往往可以通过长传边路，利用边锋队员的速度来打破对方的防守。掷盘手可以采用正手或反手掷出弧线盘，从高位出手，同时增加飞盘的速度，越过邻近的防守队员，防止飞盘被拦截。长传进攻需要在有把握的情况下进行，另外，还需要接盘队员有一定的身高和良好的速度，否则容易被抢断。

练习长传的方法如下：

（1）两人长传练习。两人进行远距离传接盘练习。

（2）三人长传练习。一人防守，两人长传的传接盘练习。练习中，防守成功则轮换掷盘。

（3）四人长传练习。二对二的练习，需要结合防守与摆脱。如图 17-6-18，可以看到，进攻方摆脱防守后，掷盘手迅速掷出飞盘，接盘手应判断准确、果断。接到飞盘后，继续进行练习，失误后需要轮换进攻。

◉	进攻方
◎	防攻方
--→	跑动路线
→	掷盘方向

图 17-6-18　四人长传练习

四、极限飞盘基本规则

（一）比赛场地（图 17-6-19）

（1）比赛场地为长 100 米、宽 37 米的长方形场地。

（2）比赛场地周围的边线是由两条与比赛场地等长的边线和两条与比赛场地等宽的底线组成。场上所有边线的宽度应该在 75～120 毫米。

（3）比赛场地分为长 64 米和宽 37 米的中间正式比赛场地，以及长 18 米和宽 37 米的两端得分区。

（4）两条得分线划分了正式比赛场地和两个得分区，但是得分线属于正式比赛场地。

（5）标点是由两条 1 米长的线交叉所形成的点。其位置在正式比赛场地中，距两条得分线的中点 20 米远的距离。

（6）使用 8 个颜色鲜艳、质地柔软的物体（如塑料角标）来标示正式比赛场地和得分区的边角。

（7）在练习赛或其他一些非正式的飞盘比赛中没有必要划定比赛场地的边界。

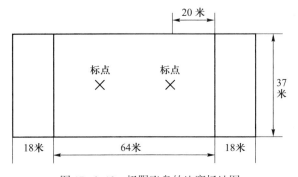

图 17-6-19　极限飞盘的比赛场地图

（二）比赛装备

（1）允许使用任何一种经过世界飞盘联合会（WFDF）批准的飞盘。标准重量为 175 克（±3 克），直径 274 毫米（±3 毫米）。

（2）每位上场的队员须穿着能够区分于其他队伍的队服。

（3）比赛队员不允许穿着或者戴有可能会造成其他队员伤害的物件，例如，手表、搭扣、带长钉或尖钉的鞋、突出的首饰等。

（三）比赛人数

极限飞盘比赛每个队至少有 5 名队员上场，但不能多于 7 人，男、女运动员可以混合在一起进行比赛。

（四）开赛

两支队的上场选手排在防护得分区里，先防守的队伍把飞盘扔给进攻队（称为"发盘"）。

（五）移动飞盘

参赛队员为了将飞盘传给自己的队友，可以往任何方向掷飞盘。选手不许拿着飞盘跑动，也不允许将飞盘直接交给队友。掷盘手从接到飞盘起，有 10 秒的时间来决定往哪里扔盘，防掷盘手应大声地报数（称为"延时计数"），如果掷盘手 10 秒内未将飞盘掷出，飞盘将交给原来的防掷盘手，双方攻防转换。

（六）失误

进攻队伍传盘时若没有能够成功地传给一位队友（如出界、没接住、被对方拦截），防守的一方就有权拿起飞盘起盘，此时双方攻防立即转换。

（七）得分

进攻队员在界内接住了一个正规的传盘，同时在他接住飞盘后最先着地的部分完全在对方的得分区内，进攻方获得一分。得分之后，双方应交换场地，由得分的一方发盘，比赛重新开始。

（八）比赛胜负

当两队中任意一队首先取得 17 分时（现在的比赛一般为 13 分制），比赛结束。比赛分为上下半场，当一队先取得 9 分时，开始中场休息，休息时间为 15 分钟。

（九）换人

在一方得分之后或选手受伤的时候，允许换下场上比赛的人员，且没有次数、人数的限制。

（十）非接触

选手之间不应该有任何身体接触，也不允许阻挡其他选手的跑动。

（十一）垂直空间原则

垂直空间原则是指所有队员都有权使用他们头顶以上的空间，对方不允许妨碍、侵占另一位队员头顶以上的空间。一名队员起跳时，对方队员不允许占据其起跳点上空和落地时所需要的空间。

（十二）犯规

当一位选手跟另一位选手有身体接触时为犯规。如果因犯规产生了失误，飞盘将还给被影响的选手。如果犯规的选手觉得他没有犯规的话，飞盘将还给前一位拿飞盘的选手，然后再继续进行比赛。如果防守队员使一名在得分区里拥有飞盘的接盘手或掷盘手失去对飞盘的控制，判进攻方得一分。若进攻队员与防守队员同时犯规，飞盘将退还给前一个掷盘者并回到原来的位置。

（十三）自判

飞盘比赛中没有裁判，队员自行对自己的犯规和出界负责，选手之间应该文明地讨论场上出现的矛盾，并且自行解决场上的争执或纠纷。

［1］卢元镇．体育社会学［M］．2版．北京：高等教育出版社，2006．

［2］王瑞元，苏全生．运动生理学［M］．北京：人民体育出版社，2012．

［3］邓树勋，王健，乔德才，等．运动生理学［M］．3版．北京：高等教育出版社，2015．

［4］孙庆祝，郝文亭，洪峰．体育测量与评价［M］．2版．北京：高等教育出版社，2010．

［5］姚鸿恩．体育保健学［M］．4版．北京：高等教育出版社，2006．

［6］季浏，殷恒婵，颜军．体育心理学［M］．2版．北京：高等教育出版社，2010．

［7］王健，马军，王翔．健康教育学［M］．2版．北京：高等教育出版社，2012．

［8］白晋湘，等．大学体育理论与实践教程［M］．北京：民族出版社，2009．

［9］殷学锋，杨彬，朱常斌．大学体育教程［M］．武汉：武汉理工大学出版社，2009．

［10］王旭冬．体育健身原理与方法［M］．北京：北京体育大学出版社，2008．

［11］李重申，李金梅．体育实践教程［M］．2版．北京：高等教育出版社，2010．

［12］王家宏．球类运动——篮球［M］．2版．北京：高等教育出版社，2009．

［13］姜桂萍．健身健美［M］．北京：高等教育出版社，2006．

［14］郝光安，冯青山，丁兆峰．大学体育教程［M］．北京：人民体育出版社，2012．

［15］黄汉升．球类运动——排球［M］．2版．北京：高等教育出版社，2009．

［16］苏丕仁．乒乓球运动教程［M］．北京：高等教育出版社，2004．

［17］冯爱华，何秋华，李永平．乒乓球运动［M］．2版．北京：高等教育出版社，2010．

［18］编写组．球类运动——乒乓球 手球 垒球 羽毛球［M］．3版．北京：高等教育出版社，2017．

［19］邱丕相．中国武术史［M］．北京：高等教育出版社，2008．

［20］蔡仲林，周之华．武术［M］．2版．北京：高等教育出版社，2009．

［21］梅雪雄．游泳［M］．3版．北京：高等教育出版社，2007．

［22］刘卫军．跆拳道［M］．北京：高等教育出版社，2004．

［23］李艳翎，汤长发．大学体育［M］．北京：高等教育出版社，2009.

［24］张惠红，陶于．定向运动与野外生存［M］．2版．北京：高等教育出版社，2011.

［25］乔德才．运动人体科学基础［M］．北京：高等教育出版社，2012.

［26］孙麒麟，顾圣益．体育与健康教程［M］．5版．北京：高等教育出版社，2013.

［27］黄宽柔，姜桂萍．健美操 体育舞蹈［M］．北京：高等教育出版社，2006.

［28］李鸿江．田径［M］．3版．北京：高等教育出版社，2014.

郑重声明

高等教育出版社依法对本书享有专有出版权。任何未经许可的复制、销售行为均违反《中华人民共和国著作权法》，其行为人将承担相应的民事责任和行政责任；构成犯罪的，将被依法追究刑事责任。为了维护市场秩序，保护读者的合法权益，避免读者误用盗版书造成不良后果，我社将配合行政执法部门和司法机关对违法犯罪的单位和个人进行严厉打击。社会各界人士如发现上述侵权行为，希望及时举报，我社将奖励举报有功人员。

反盗版举报电话 （010）58581999　58582371
反盗版举报邮箱　dd@hep.com.cn
通信地址　北京市西城区德外大街4号　高等教育出版社法律事务部
邮政编码　100120

读者意见反馈

为收集对教材的意见建议，进一步完善教材编写并做好服务工作，读者可将对本教材的意见建议通过如下渠道反馈至我社。

咨询电话　400-810-0598
反馈邮箱　gjdzfwb@pub.hep.cn
通信地址　北京市朝阳区惠新东街4号富盛大厦1座
　　　　　高等教育出版社总编辑办公室
邮政编码　100029

防伪查询说明

用户购书后刮开封底防伪涂层，使用手机微信等软件扫描二维码，会跳转至防伪查询网页，获得所购图书详细信息。

防伪客服电话 （010）58582300